PastaPasta

Die **besten Nudelgerichte** aus aller Welt

a cook book

PastaPasta

Die **besten Nudelgerichte** aus aller Welt

a cook book

Inhalt

Wa

Pasta, Pasta und kein Ende: ein Überblick über die vielen internationalen Angebotsformen von getrockneten Nudeln – »Pasta secca« – in den verschiedensten Formen und Farben, von Italien bis Asien. Und was es da nicht alles gibt: Die Dicken und Runden, die Kurzen und Langen, die Gewellten und Glatten, die Durchsichtigen und Bunten. Darüber hinaus Rezepte, Tipps und Tricks aus dem Profi-Lager rund um das Thema »Pasta fresca«.

renkunde

Der Interessierte erfährt, wie man Teige richtig knetet, färbt und schneidet oder wie – optisch gelungen – die Kräuter in den Teig kommen. Welche Zutaten sich zum Aromatisieren eignen und welcher Käse wann am besten passt. Eine Zusammenstellung der wichtigsten Hilfsmittel und Gerätschaften der Pastaküche fehlt ebenso wenig wie die unentbehrlichen Pasta-Saucen mit Tomaten, Käse oder Fleisch.

Pasta – Natur pur

Aus der Nähe betrachtet scheinen die allseits beliebten Nudeln ein recht simples Nahrungsmittel zu sein: Wenige Zutaten – Mehl, Wasser, eventuell Eier und ein bisschen Salz – reichen schon für die Herstellung aus, und der Teig kann, einmal in Form geschnitten, ganz einfach in Salzwasser gekocht werden.

Dieses Prinzip ist überall auf der Welt, wo man Nudeln herstellt, das gleiche, auch wenn das Mehl aus den unterschiedlichsten Ausgangsprodukten, von Getreide bis hin zu Hülsenfrüchten, gewonnen werden kann. Aber gerade weil ein Nudelteig mit so wenigen Zutaten auskommt, sind diese dann für den Geschmack des Produkts ausschlaggebend – das gilt für hausgemachte Eiernudeln ebenso wie für industriell gefertigte und getrocknete Pasta: Die Eier müssen topfrisch, das Wasser muss klar und rein, das Mehl von guter Qualität sein.

Im klassischen Stammland der Pasta, in Italien, wird überwiegend Weizenmehl oder -grieß für die Herstellung von Nudeln verwendet. Doch selbst Weizen ist nicht gleich Weizen: Man unterscheidet Weich- und Hartweizen; Letzterer ist auch unter dem Namen Durumweizen bekannt. Aus Weichweizen werden die gebräuchlichen Haushaltsmehltypen hergestellt; die relativ mehligen Körner lassen sich ebenso gut glatt vermahlen wie zu körnigem Grieß verarbeiten. Weichweizen enthält viel Stärke, und die daraus hergestellten Erzeugnisse – je nachdem, wie viel vom Korn vermahlen wird – sehen mehr oder weniger weiß aus. Die Körner des Hartweizens sind dagegen, wie der Name schon sagt, hart und spröde und lassen sich deshalb nicht so fein mahlen wie Weichweizen – der Grund dafür, dass Hartweizen nur als mehr oder weniger feiner Grieß, der sich durch eine goldgelbe Farbe auszeichnet, in den Handel kommt. Für die Pastaherstellung ist jedoch ein anderer Unterschied zum Weichweizen wichtig: Hartweizen weist einen deutlich höheren Eiweißanteil im Korn auf. Der ist dafür verantwortlich, dass sich der Grieß bereits dann zu einem glatten, elastischen Teig von appetitlicher Farbe verkneten lässt, wenn man ihn lediglich mit Wasser anrührt. Ein solcher Teig kann dann ganz nach Wunsch zu Nudeln verarbeitet werden, die beim Kochen ihre Form behalten; bei Weichweizen ist das nur dann möglich, wenn man den Teig mit Eiern zubereitet.

Weit über Italien hinaus sind die reinen Hartweizennudeln inzwischen beliebt – und das kommt nicht von ungefähr, sind sie doch ein preisgünstiges, vielseitiges und darüber hinaus noch wertvolles Nahrungsmittel. Allerdings nimmt kaum jemand, selbst im nudelbewussten Italien nicht, die Mühe auf sich, Hartweizenpasta für den Hausgebrauch frisch herzustellen. Denn das Bearbeiten des Teigs verlangt jede Menge Kraft, Ausdauer und Geschicklichkeit.

Der Griff zu industriell gefertigten, fachmännisch und hygienisch getrockneten Nudeln aus dem Päckchen ist daher keineswegs ein Stilbruch. Um herauszufinden, welche Fertigpasta am besten schmeckt, empfiehlt es sich, einfach einige der Marken im Sortiment durchzuprobieren, bis man dann diejenigen gefunden hat, die dem persönlichen Geschmack am weitesten entsprechen.

Ohne Weizen geht es kaum – er ist die Grundlage für die meisten Nudeln. Überwiegend wird nur der Mehlkörper zu Mehl oder Grieß verarbeitet, das heißt der innerste Teil des Korns. Vollkornmehl dagegen enthält darüber hinaus Teile der umgebenden Randschichten sowie den Keimling – mitsamt den darin enthaltenen Nähr- und Ballaststoffen.

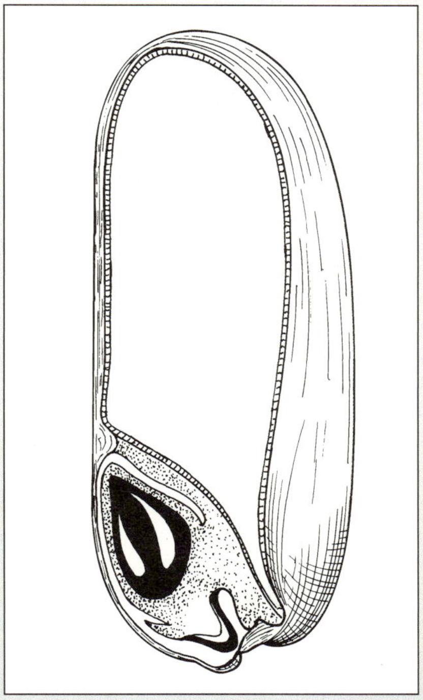

Doch die Qual der Wahl ist damit nicht zu Ende: Die Hersteller bieten eine nahezu unüberschaubare Vielfalt an Nudelformen an, deren Benennungen vermutlich selbst bei Pastaexperten zuweilen zu Verwirrung führen kann. Was, beispielsweise, macht Spaghetti zu Spaghettoni, wo liegt der Unterschied zwischen Zitoni und Maccheroni, und wie breit müssen Bandnudeln jeweils sein, damit man sie Fettuccine, Lasagnette oder Pappardelle nennt? Der Ausweg: Beim Einkauf einfach eine Form wählen, die der im Rezept angegebenen am ehesten entspricht – ganz gleich, wie die entsprechende Pastasorte nun auf der Packung gerade bezeichnet wird.

Frische Eier sind eine unverzichtbare Zutat für viele Nudeln, vor allem für solche, die nicht mit Hartweizengrieß hergestellt werden. Sie machen den Teig schön geschmeidig – allerdings auch üppig – und sorgen für eine appetitlich goldgelbe Farbe.

Getrocknete Nudeln

In den verschiedensten Formen, Farben und mit den unterschiedlichsten Zutaten – so sind fertige, getrocknete Nudeln in Tüte oder Päckchen im Handel. Die folgenden Seiten zeigen das große Spektrum der internationalen Nudelvielfalt, und die Reportage auf dieser und der folgenden Seite gibt – am Beispiel einer italienischen Pastafabrik – einen Einblick in die industrielle Herstellung.

Spaghetti

Fadennudeln (Pakistan)

Capellini

Capellini

Fedelini

Spaghettini

Spaghettini

Spaghettini, Vermicelli

Spaghetti integrali

Spaghetti

Spaghetti

Spaghetti mit Spinat

Optimale Trocknungsbedingungen sind bei industriell hergestellter Pasta für konstante Qualität unabdingbar: Bei Temperaturen zwischen 60 bis 70 °C dauert das Trocknen etwa 15 Stunden. Spaghetti werden dafür wie Gardinen auf lange Eisenstangen gehängt. Bandnudeln fallen in Rohre mit aufsteigender Luft, werden dadurch zu Nestern geformt und anschließend so getrocknet.

Bis ins Detail durchdacht und an die unterschiedlichen Pastaformen angepasst sind die einzelnen Herstellungsschritte. In diesem Bild laufen Lumaconi rigati, das sind kurze, dicke Hörnchennudeln mit geriefelter Oberfläche, nach dem Trocknen über eine Schüttelmaschine, die eventuell noch aneinander klebende Nudeln trennt. Anschließend transportiert ein Förderband die Lumaconi weiter zum Wiegen und Verpacken.

Reine Formsache

Nichtitaliener mögen sich fragen, warum eigentlich so viele unterschiedliche Pastaformen existieren. Italiener werden antworten: Weil spezielle Saucen einfach zu bestimmten Sorten gehören, und damit basta! Und in dieser Hinsicht gibt es im Stammland der Pasta subtile Kenntnisse. Was Nudelfans aber nicht davon abhalten sollte, sich auch einmal an neue, eigene Kombinationen zu wagen.

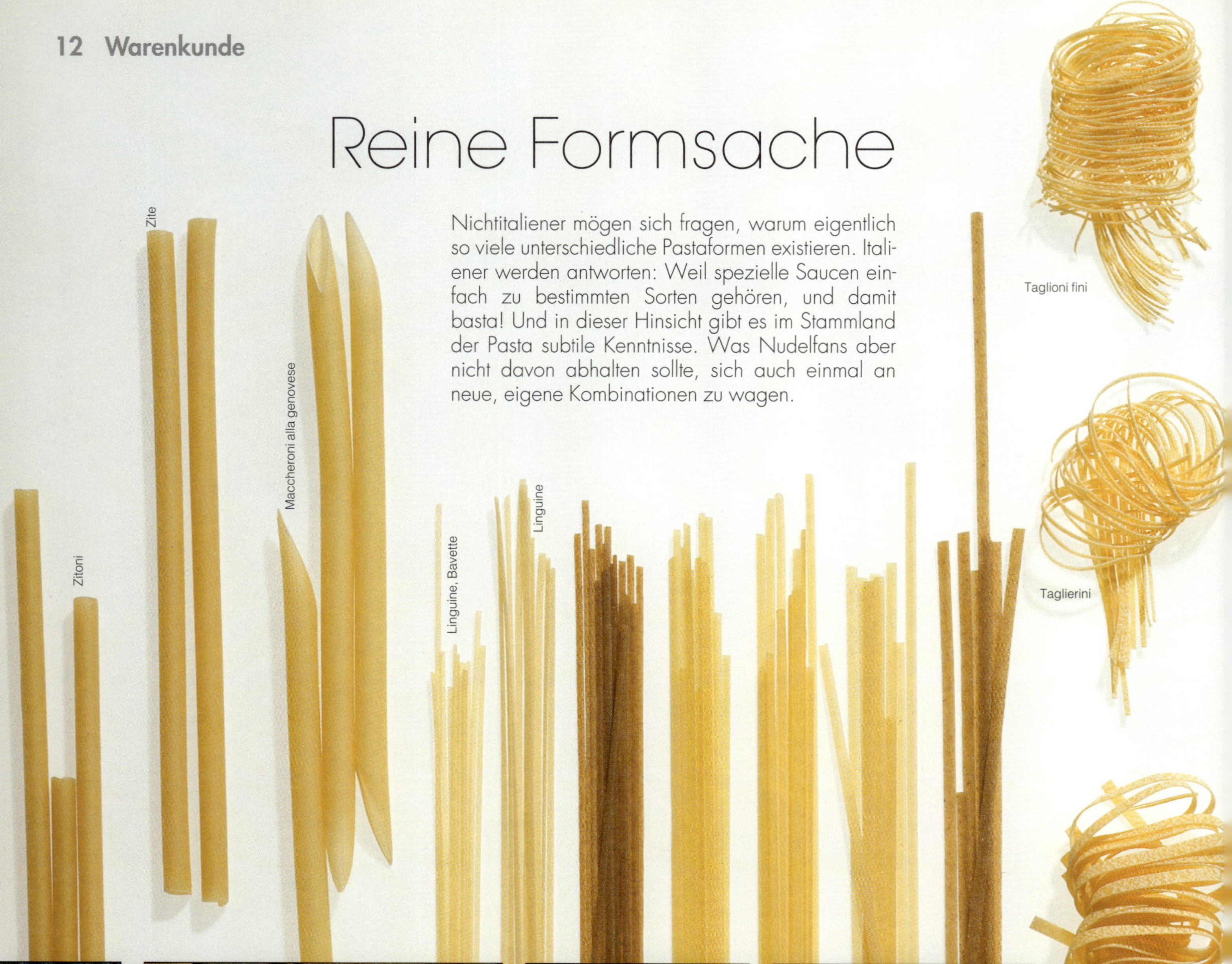

Auch bei Spaghetti muss vor dem Verpacken gewährleistet sein, dass sie nicht aneinander kleben. Dafür zieht man einen fest gespannten Draht nach dem Trocknen an den Nudeln entlang, der sie auffächert. Nach Angebotsform abgewogene Pastaportionen werden dann vollautomatisch verpackt – nur der Versandkarton wird von Hand bestückt.

Capelli d'angelo
Pappardelle
Trinette
Reginette
Lasagne festonate lunghe
Fettuccine
Fettucelle
Tagliatelle
Pappardelle festonate
Fettuccine mit Spinat
Lasagnette
Pappardelle
Lasagne ondine
Lasagne
Lasagne
Pappardelle
Riccitelle, Tripolini
Lasagne integrali

Tagliardi mit Spinat
Tagliardi
Sagnarelli
Farfalline
Tacconelli
Maltagliati
Farfalloni
Nastrini,
Farfalline
Tortelli
Maltagliati
Farfalle
Galle rotonde
Cannelloni integrali
Teigquadrate
(Israel)
Farfalle
Canestrini
Cannelloni
Quadrucci
Cravattine
Panierine

Galle quadre
Riccioli
Caserecce, Gemelli
Cappelletti
Banane
Caserecce
Sorprese
Muscheln
Strozzapreti
Conchiglie
Conchiglioni da ripieno
Fileia del Calabrese
Conchiglie
Conchiglioni
Radiatori

Lumaconi rigati grandi
Hörnchen (Vollkorn)
Emmentaler Hütli, Trulli
Gramigna, Gabelspaghetti
Tortiglioni, Elicoidali
Lumaconi rigati medie
Hörnchen
Dischi volanti
Spaccatelle
Rigatini
Pipette, Fischiotti, Chiocciole
Creste di gallo
Spiralen
Spaccatelle (Vollkorn)
Eliche, dick
Pipette (Vollkorn)
Chifferi rigati
Fusilli rigati, Cellentani
Fusilli col buco, Fusilli corti
Eliche (Vollkorn)
Lumacine
Chifferotti rigati
Sigarette mezzini
Eliche, dünn

Penne rigate
Ditali, klein
Ditaloni rigati
Mezze rigatoni
Penne rigate
Ditali
Ditali rigati
Mezze maniche rigate
Mezze penne rigate
Penne
Pennette rigate
Elicoidali (Vollkorn)
Mezze maniche
Pennini
piccoli
Penne lisce
Elicoidali
Millerighe
Pennoni
Cannelloni medi rigati,
Maccheroncini rigati
Sedanini
Millerighe giganti

Gnocchi

»Pasta corta«: die Kurzen

Gnocchetti sardi

Sind lange getrocknete Nudeln schon in einer unglaublich großen Zahl von Formen im Handel, so sind der Fantasie bei den »Kurzen« kaum mehr Grenzen gesetzt: Da gibt es diverse Arten flacher Bänder, kleiner Röhren, Muscheln, Schmetterlinge, Schnecken, Hörnchen, ja sogar Räder oder – saisonal – Tannenbäume und und und. Viele dieser Sorten können durch ihre Form oder eine geriefelte Oberfläche – sie heißen in Italien »rigati« – besonders viel Sauce aufnehmen, und manche sind so groß, dass sie sich problemlos füllen lassen.

Gnocchi rigati

Malloreddus, Fini

Gnocchi integrali

Garganelli

Orecchiette

Gnobetti

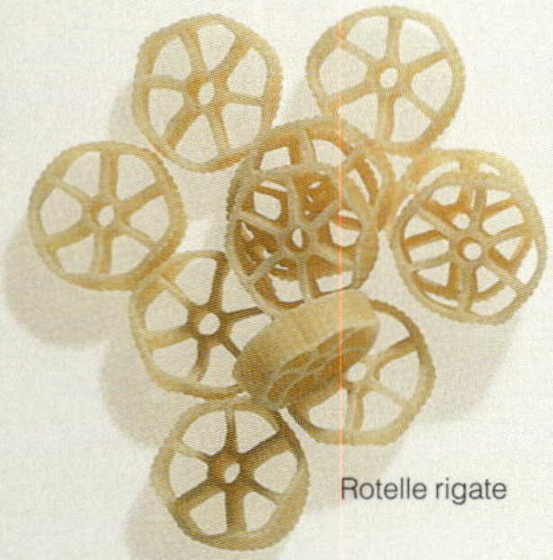
Rotelle rigate

Spätzle

Orecchiette

Gnobetti d´Abruzzo

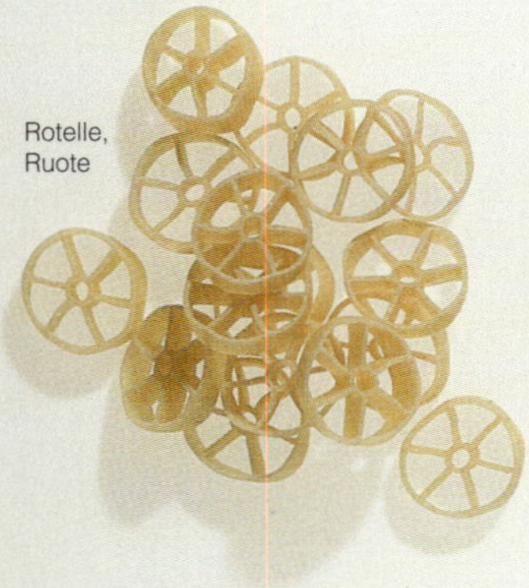
Rotelle, Ruote

Spätzle (Vollkorn)

Cavatielli

Gnobetti aus Sardinien

Suppen-nudeln

Eine einfache und schmackhafte Einlage für klare Suppen sind sie, die Herzen, Buchstaben, Sterne und was es an winzigen Teigwarentypen sonst noch gibt. Ebenso wie die reiskornähnlichen Nudeln, die vor allem im östlichen Mittelmeerraum beliebt sind, werden sie aber auch gern zum Anreichern herzhafter Eintöpfe verwendet.

Rotelline

Ricciutelle

Coralline

Kritharakia (Griechenland)

Gallanini, Tripolini

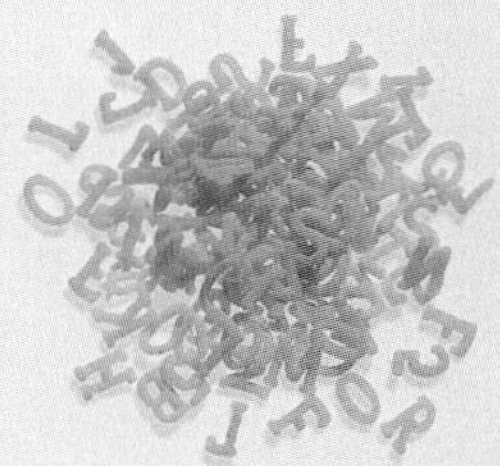
Buchstaben

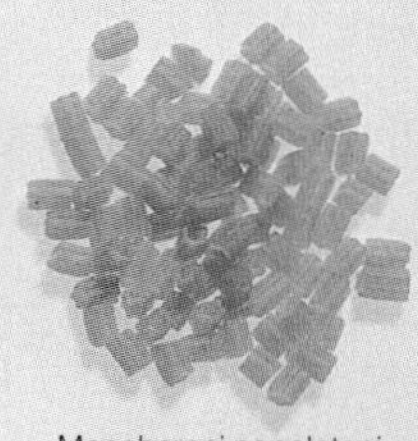
Maccheroni napoletani

Risone

Funghini

Occhi di pernice

Muscheln

Buchstaben (Vollkorn)

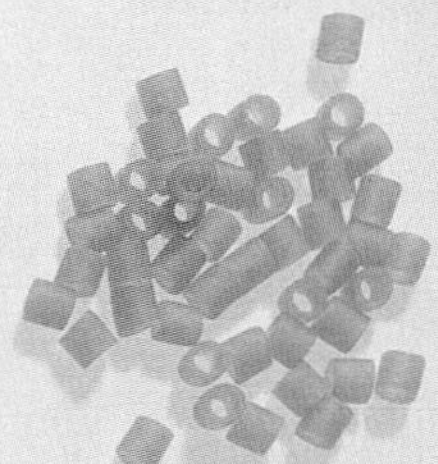
Ditalini

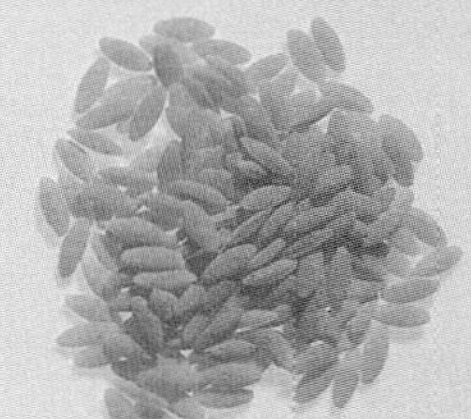
Sehriye (Türkei)

Stelline

Occhi di pernice

Conchiglie

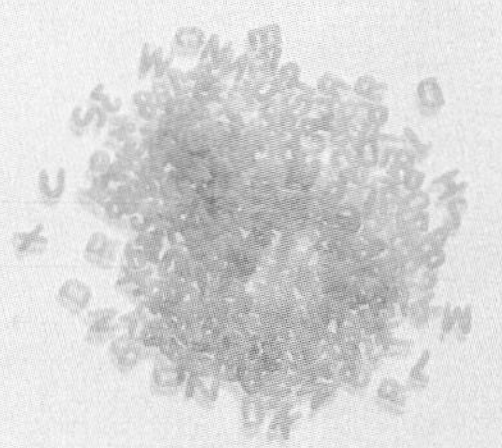
Buchstaben

Ditali piccoli rigati

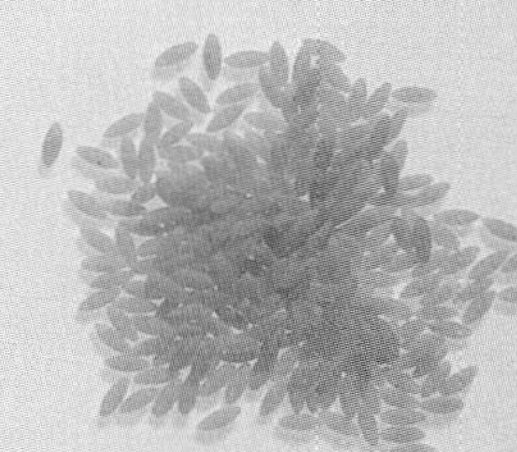
Riso, Risino, Risoni

Sternchen

Anellini

Filini

Tempeste

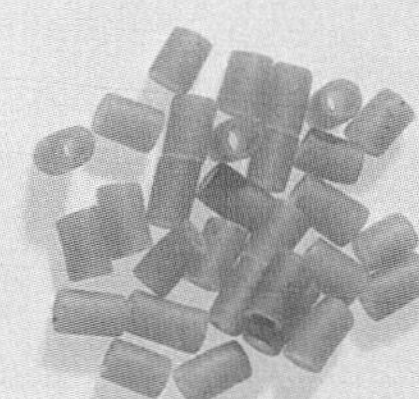
Tubetti lisci

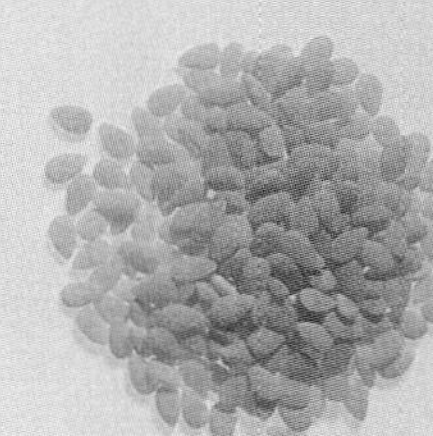
Pevide (Portugal)

Herzen

Quadratini

Fili d´oro

Tempestine

Tubetti

Minestrine

Anellini rigati
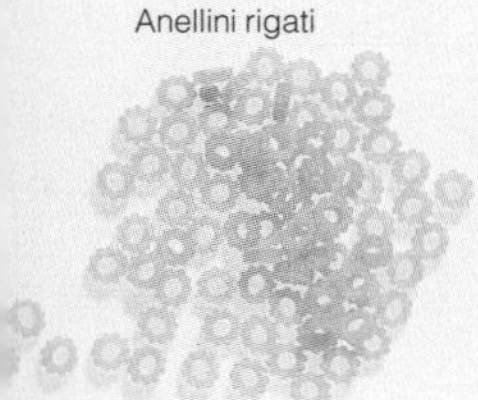

Quadretti

Gorhalik sehriye (Türkei)

Kuskus (Türkei)

Renette

Riebele

Penne rigate integrali
Eliche
mit Haferkleie
Vollkorn-Bandnudeln,
gedreht
Taglierini mit Hirse
Spaghetti mit Mais
Strozzapreti integrali
Eliche mit Roggenschrot
Vollkornnudeln
mit Soja
Taglierini mit Dinkel
Mezze penne rigate
mit Buchweizen
Eliche integrali
mit Spinat
Vollkorn-Lockennudeln
Tagliolini integrali
Tagliatelline integrali
mit Steinpilzen
Vollkorn-Gabelspaghetti
Eliche
mit Grünkern
Farfalle
integrali
Vollkornnudeln
mit Spinat
Tagliatelline
mit Dinkel und Grünkern
Sigarette
integrali
glutenfreie Fusilli mit
Mais, Reis und Soja
Radiatori integrali
mit Zwiebeln
Tagliolini mit Soja
Fettuccine mit Soja
Gramignina
mit Soja
Fusilli mit Mais
und Dinkel
Radiatori integrali
mit Brennnesseln und Möhren
Fettuccine mit Soja
Vollkornnudeln
mit Dinkel

Vollwertnudeln

Grundlage ist bei den meisten von ihnen Weizenmehl oder -grieß, überwiegend aus dem ganzen Korn hergestellt – italienische Vollkornpasta erkennt man an der Bezeichnung »integrali«. Zusätzlich können auch andere Mehlsorten und färbende oder aromatisierende Zutaten beigemischt werden; das alles führt zu einer riesigen Sortenvielfalt. In Reformhäusern sind darüber hinaus Nudeln ohne Weizenanteil erhältlich, die sich im Rahmen einer glutenfreien Diät einsetzen lassen.

Spaghetti mit Roggen

Linguine integrali

Spaghetti mit Soja

Spaghetti mit Mais

Spaghetti mit Weizenkeimen

Spaghetti mit Meeresalgen

Spaghetti mit Soja

Spaghetti integrali

Makkaroni mit Weizenkeimen

Lasagne integrali

Tagliatelle mit Sepiatinte
Tagliolini mit Chilis
Fettuccine mit Spinat
Spaghetti mit roten Peperoni
Tagliatelle mit Chilis
Taglioni mit Sepiatinte
Tagliatelle mit Tomaten
Tagliatelle mit Brennnesseln
Taglioni mit Lachs
Tagliatelle mit Spinat
Penne rigate mit Spinat
Lasagne mit Spinat
Fettuccine mit Roter Bete
Taglierini mit Spinat
Penne rigate mit Chilis
Matassine mit Spinat
Matasse mit Spinat
Cannelloni mit Spinat

Bunte Nudeln

Glänzendes Schwarz, helles Rot, appetitliches Grün – wer sagt, dass Pasta immer gelb sein muss? Sepiatinte, Tomaten, Spinat oder Rote Bete bringen Farbe in den Teig, wenn auch nicht unbedingt intensiven Geschmack; diese Färbemittel sind im Aroma eher zurückhaltend. Kommen dagegen rote Peperoni beziehungsweise Chili oder auch mal Lachs ins Spiel, macht sich das auch geschmacklich bemerkbar – darauf sollte man etwa bei der Wahl der entsprechenden Sauce achten.

Orecchiette mit Spinat

Cappelletti – neutral, mit Tomaten, mit Spinat

Gnocchetti sardi – neutral, mit Tomaten, mit Spinat, mit Safran

Farfalline – neutral, mit Tomaten, mit Spinat

Conchigliette – neutral, mit Tomaten, mit Spinat

Rotelline – neutral, mit Tomaten, mit Spinat

Herzen – neutral, mit Tomaten, mit Spinat

Farfalle – neutral, mit Tomaten, mit Spinat

Malloreddus sardi – neutral, mit Tomaten, mit Safran, mit Spinat

Radiatori – neutral, mit Roter Bete, mit Spinat

Conchiglie – mit Tomaten, mit Spinat

Eliche – neutral, mit Tomaten, mit Spinat

Creste di gallo – neutral, mit Tomaten, mit Spinat

Hörnchen – neutral, mit Roter Bete, mit Spinat

Sedanini – neutral, mit Tomaten, mit Spinat

Fusilli – mit Kürbis, mit Mais, mit Tomaten

Spaghetti mit Tomaten

Spaghetti mit Spinat

Naeng myun, koreanische Buchweizennudeln

Nudeln aus Fernost

Als Band- oder als Fadennudeln von unterschiedlich starkem Durchmesser – so kommen fast alle asiatischen Nudelsorten auf den Markt. In der Formenvielfalt mögen sie sich daher mit italienischer Pasta vielleicht nicht vergleichen lassen. Doch wählt man in Asien häufiger Mehlsorten, die im Westen eher selten für die Nudelherstellung verwendet werden – beispielsweise Reis- oder Buchweizenmehl. Und die weißlichen dünnen Glasnudeln aus Mungbohnenstärke, die beim Einweichen und Kochen transparent werden, sind gar eine ausschließlich fernöstliche Spezialität. Als Färbemittel kennt man zwar auch in Asien den Spinat, doch werden darüber hinaus vor allem in Japan grüner Tee oder Roter Shiso, ein Kraut mit brennnesselähnlichen, purpurfarbenen Blättern, verwendet. Asiatische Nudeln werden vor Ort frisch oder getrocknet angeboten, hier zu Lande sind sie allerdings lediglich getrocknet erhältlich. Für alle, bei denen's ganz schnell gehen soll, gibt es aber Instant-Nudeln, die in Minutenschnelle gar sind.

Japanische Weizennudeln

Somen, japanische Weizennudeln

Japanische Weizennudeln

Chasoba, japanische Buchweizennudeln mit grünem Tee

Japanische Nudeln aus Buchweizen- und Weizenmehl

Ikeshima shiso somen, japanische Nudeln mit Rotem Shiso

Ikeshima cha somen, japanische Nudeln mit grünem Tee

Zaru soba, japanische Nudeln aus Buchweizen und Yamswurzel

Aji no udon, japanische Nudeln aus gröberem Weizenmehl

Japanische Weizennudeln

Kishimen, Sanuki udon, japanische Weizennudeln

Hime chuka soba, japanische
Nudeln nach chinesischer Art

Longevity noodles,
Fadennudeln aus Malaysia

Poh chai mee,
Hong Kong Nudeln

Long life noodles, chinesische Eiernudeln

Chinesische Nudeln mit Spinat

Malaysische vorgedämpfte Nudeln

Mee, chinesische Vollkornnudeln

Mee, chinesische Nudeln

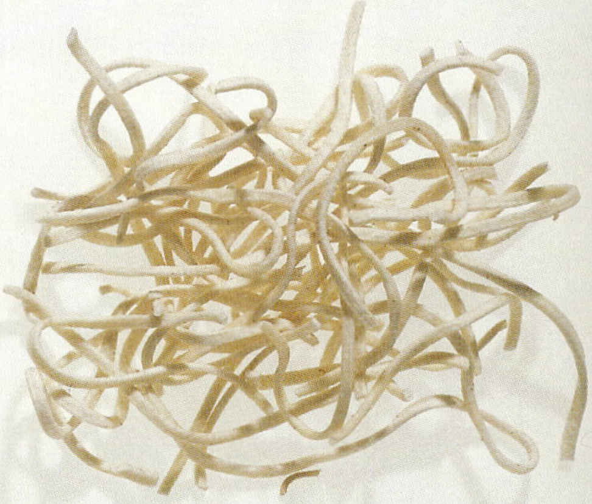

Kanton-Schnittnudeln

Chinesische
Instant-Eiernudeln

Mee, chinesische Nudeln
mit Spinat

Mee, chinesische Nudeln
ohne Ei

Aufs »Gewusst wie« kommt es an – dann ist die Herstellung von frischer Pasta gar nicht so schwer.

Nudelteige selbst gemacht

Wer denkt, Nudelteig ist gleich Nudelteig, der irrt gewaltig. Unterschiede bestehen vor allem in der Zusammensetzung der einzelnen Komponenten, etwa im Verhältnis von Mehl zu Eiern oder Eigelben; ein besonders gehaltvolles Rezept beispielsweise sieht 1 Ei, 7 Eigelbe und 1 EL Öl auf 300 g Mehl vor. Ein solcher Teig nimmt beim Kochen stark an Volumen zu, er »geht« regelrecht »auf«. Enthält der Teig jedoch mehr Mehl oder Grieß im Verhältnis zu den Eiern, verändert er sein Volumen weniger und ist kerniger, aber weniger fein im Geschmack.

Ganz wichtig ist aber auch das Mehl selbst. Für viele Rezepte kommt man mit dem im Haushalt gebräuchlichen Weizenmehl Type 405 aus. Im Nudelland Italien wird auch ein gröber ausgemahlenes Mehl für Pasta verwendet, das dort die Typenkennung »0« trägt, bei uns die Type 550. Hervorragend ist auch doppelgriffiges Weizenmehl für Pasta geeignet: Es ist etwas körniger als das normale Mehl, aber feiner als Grieß, bindet weniger Wasser und ergibt so einen schönen glatten Teig.

Nudelteig Nr. 1

Ein Allround-Teig für alle gebräuchlichen Pastasorten von Bandnudeln über Lasagne bis hin zu Ravioli. Wichtig: Die Zutaten sollten gleich temperiert sein.

300 g Weizenmehl Type 405, 3 Eier
1 EL Olivenöl, 1/2 TL Salz

Alle Zutaten zu einem glatten Teig verkneten, wie in der Bildfolge rechts gezeigt. Ist der Teig zu fest, noch etwa 1 EL Wasser einarbeiten.

Nudelteig Nr. 2

Ein Teig für rustikale Nudeln. »Biss« erhalten sie durch den relativ hohen Anteil an Hartweizengrieß.

125 g feiner Hartweizengrieß, 125 g Weizenmehl Type 405, 2 Eier, 1 Eigelb, 1/3 TL Salz

Den Grieß auf die Arbeitsfläche schütten, das Mehl dazu sieben. In die Mitte eine Mulde drücken, Eier und Eigelb zufügen. Weiterverfahren, wie gezeigt.

Das Mehl auf die Arbeitsfläche schütten und in die Mitte eine Mulde drücken. Die Eier aufschlagen und in die Mulde geben. Eventuell Olivenöl und Salz zufügen und die Zutaten in der Mulde mit einer Gabel verrühren.

Immer mehr Mehl vom Rand einarbeiten, bis ein dickflüssiger Teig entsteht. Mit den Händen den Mehlrand über den Teig verteilen und unterkneten. Etwas Wasser zufügen, falls der Teig zu bröckelig und fest ist.

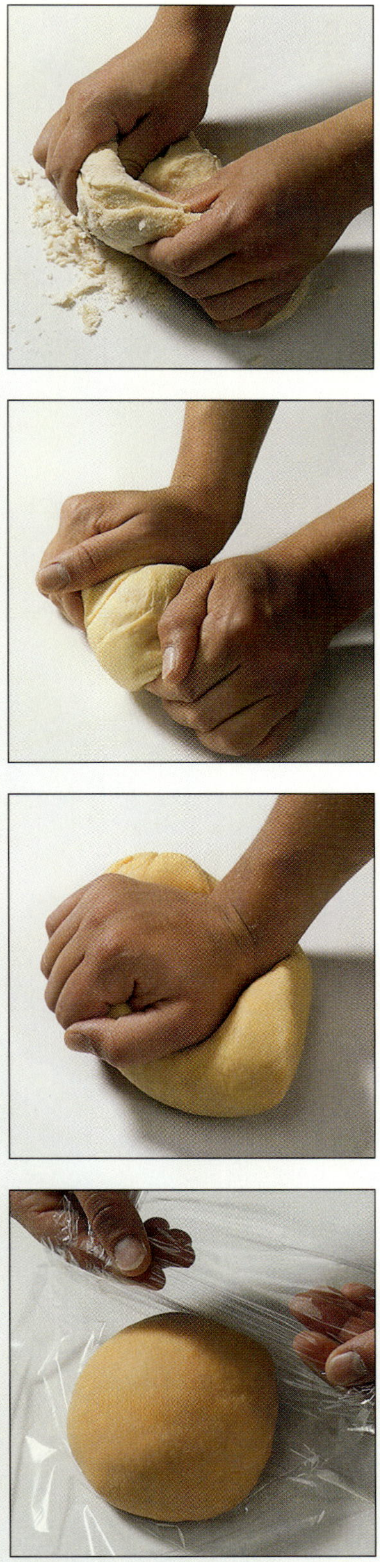

Das Wasser und das restliche Mehl einarbeiten. Alles kräftig mit den Händen zu einem glatten, festen Teig kneten und diesen zu einer Kugel formen. In Frischhaltefolie wickeln und den Teig etwa 1 Stunde ruhen lassen.

Hausgemachte Pasta mit dem gewissen Etwas: ein Kapitel für kreative Köchinnen und Köche.

Teige färben und aromatisieren

Grünen Nudelteig herstellen: Für die Spinatmatte wenige Spinatblätter mit 2 bis 3 EL Wasser im Mixer fein pürieren. Den restlichen Spinat nach und nach zufügen und zerkleinern. Das Spinatpüree in ein Passiertuch füllen. Den Saft durch Zusammendrehen auspressen und auffangen.

Den Spinatsaft auf 65 °C erhitzen. Mit einem Teesieb das Blattgrün abschöpfen, das sich an der Oberfläche zusammenzieht.

In das gesiebte Mehl eine Mulde drücken, die Eigelbe hineingeben und die abgetropfte Spinatmatte dazupassieren.

Öl, Gewürze und Butter zufügen. Zuerst mit einer Gabel verrühren, dann mit den Händen zu einem glatten Teig verkneten.

Den Nudelteig zur Kugel formen, in Frischhaltefolie wickeln und vor der Weiterverarbeitung etwa 1 Stunde kühl ruhen lassen.

Gefärbter Nudelteig setzt besondere Akzente – harmonisch oder kontrastreich, ganz nach Lust und Laune. So passen grüne Nudeln etwa umwerfend zu Tomatensauce, und tiefschwarze setzen einen aparten Kontrapunkt zu hellem Fisch. Für den Gaumen aber spielt bei vielen bunten Teigen die Farbe keine Rolle, da sie oft relativ geschmacksneutral ist. Ein ganz neues Aroma dagegen erhält, wer etwa den Nudelteig Nr. 1 auf der vorigen Seite mit – dann aber wirklich sehr fein – gehackten Kräutern, Knoblauch oder Chilis abwandelt. Hervorragend macht sich in puncto Pasta auch das fruchtige Aroma von Tomaten oder das intensive getrockneter Steinpilze, und wer den vollen Getreidegeschmack schätzt, sollte einmal einen Teig mit Vollkornmehl ausprobieren.

Grüner Nudelteig

Als Färbemittel dient hier das Chlorophyll der Blätter, das den Geschmack der Pasta nicht beeinflusst.

200 g Spinat, 160 g Weizenmehl Type 405
5 bis 6 Eigelbe, 1 EL Olivenöl, 1/2 TL Salz
frisch geriebene Muskatnuss, 40 g weiche Butter

Die Spinatmatte herstellen, wie in den ersten drei Bildern der Folge gezeigt. In den Teig einarbeiten, wie auf den restlichen Bildern zu sehen.

Schwarzer Nudelteig

Die hierfür benötigte Sepiatinte ist als dickflüssige Paste, in kleine Portionen abgepackt, im Handel.

300 g Weizenmehl Type 405, 2 Eier
1 EL Olivenöl, 1/2 TL Salz, 20 ml Sepiatinte

Das Mehl auf eine Arbeitsfläche sieben, eine Mulde in die Mitte drücken. Eier, Öl, Salz und Sepiatinte zufügen, in der Mulde miteinander verrühren und dann mit dem Mehl zu einem glatten Teig verkneten.

Tomaten-Nudelteig

Er verdankt seine Geschmeidigkeit dem zerlassenen Butterschmalz im Teig.

50 g Butterschmalz, 250 g Weizenmehl
Type 405, 3 bis 4 Eigelbe, 1/2 TL Salz
30 bis 40 g Tomatenmark, etwa 50 ml Wasser

Das Butterschmalz zerlassen, etwas abkühlen lassen. Mehl sieben, eine Mulde in die Mitte drücken. Restliche Zutaten zufügen, alles glatt verkneten.

Steinpilznudeln

Wer das herrliche Aroma noch intensivieren möchte, setzt auch dem Kochwasser für diese Nudeln eine Handvoll getrockneter Steinpilze zu.

10 g getrocknete Steinpilze, 250 g Weizenmehl
Type 405, 2 Eier, 1 Eigelb, 2 EL Öl, 1/2 TL Salz
1 EL sehr fein gehackte Petersilie

Die Steinpilze im Mörser sehr fein zerstoßen oder mit einem Messer sehr fein hacken. In das gesiebte Mehl eine Mulde drücken, alle restlichen Zutaten hineingeben und zu einem glatten Teig verkneten, dabei nach Bedarf etwas Wasser einarbeiten.

Vollkornnudeln

Hier kommt auch »normales« Weizenmehl mit in den Teig – so lässt sich dieser leichter verarbeiten.

125 g Weizenvollkornmehl Type 1700
125 g Weizenmehl Type 405, 1/4 TL Salz
1 Ei, 1 TL Öl, etwa 100 ml lauwarmes Wasser

Den Vollkornteig zubereiten, wie in der Stepfolge rechts gezeigt.

Vollkornnudelteig herstellen:

Beide Mehlsorten und das Salz auf eine Arbeitsfläche häufen, in die Mitte eine Mulde drücken, Salz, Ei und Öl hineingeben.

Mit einer Gabel die Zutaten in der Mitte gut verrühren, dabei immer mehr Mehl vom Innenrand her einarbeiten.

Sobald in der Mulde ein dickflüssiger Teig entstanden ist, mit beiden Händen den Mehlrand von außen nach innen schieben.

Das Mehl unter den Teig drücken, dabei so viel Wasser mit beiden Daumen einarbeiten, dass der Teig gut zusammen hält.

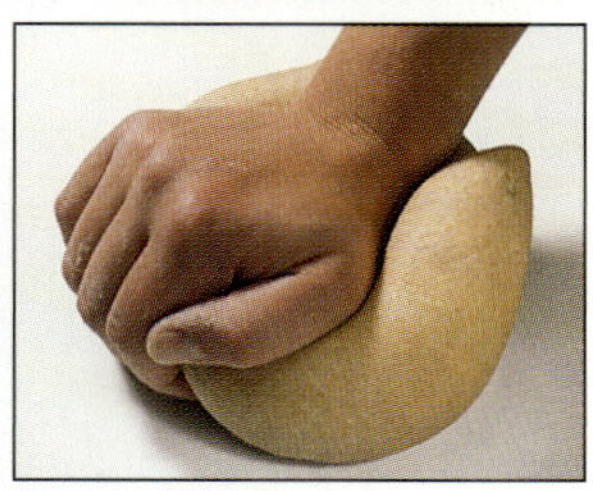

Den Teig mehrfach mit den Handballen auseinander drücken und wieder zusammenlegen. So lange kneten, bis er ganz glatt ist.

Den Vollkornnudelteig zur Kugel formen, in Frischhaltefolie wickeln und mindestens 1 Stunde kühl ruhen lassen.

Den Teigfladen zu einer »sfoglia« – also einem gleichmäßig dünnen Teigblatt – auszurollen, ist eine anstrengende Tätigkeit, die eine langjährige Erfahrung voraussetzt.

Ob mit der Nudelmaschine oder von Hand – mit der richtigen Methode geht's ganz leicht!

Teig ausrollen und schneiden

Wer einmal auf den Geschmack gekommen ist, wird sie immer wieder wollen, selbst gemachte »Pasta fresca«, wie man sie so umwerfend in den kleinen italienischen Trattorien essen kann. Häufig wird sie dort direkt hergestellt, meist übrigens von Frauen, die auch in den Haushalten traditionell für die Nudelherstellung zuständig sind. Dabei ist das Ausrollen des Teiges keine leichte Arbeit, und man benötigt schon eine ordentliche Portion Ausdauer und Erfahrung, um die »sfoglie« – die Teigblätter – superdünn ausrollen zu können. Daher nutzen viele Italiener das Angebot der »pastaie«, wie die speziellen Nudelmacherinnen genannt werden, und kaufen ihre frischen Nudeln dort. Leider ist es außerhalb Italiens eher schwierig, frische Pasta guter Qualität zu erstehen – und darum bleibt nichts anderes übrig, als sie selbst zu machen. Doch ist das kein Hexenwerk. Wer gerne und oft frische Pasta isst, sollte allerdings die Anschaffung einer Nudelmaschine – gängige Modelle sind meist aus Edelstahl und haben eventuell verschiedene Schneidevorsätze – in Erwägung

ziehen, denn mit einer solchen kleinen und handlichen Maschine ist das Ausrollen des Teiges ein Kinderspiel – und auch das Schneiden geht damit fast von alleine. Der Nudelteig wird zunächst portionsweise zwischen zwei Walzen ausgerollt, deren Abstand variabel ist und über eine Rasterskala reguliert werden kann. Zum Auswellen beginnt man mit dem größten Abstand und verringert diesen von Durchgang zu Durchgang, bis die gewünschte Teigstärke erreicht ist. Auf diese Weise erhält man gleichmäßig starke Teigbahnen, die dann, je nach Sorte, nur noch durch den entsprechenden Vorsatz gedreht werden müssen – und fertig sind Fettuccine, Tagliatelle und Co. Soll der Teig von Hand ausgerollt werden, so verwendet man dafür am besten ein langes dünnes Rollholz, etwa in der Art, wie es unten abgebildet ist. Achten sollte man in diesem Fall beim Ausrollen – in beide Richtungen, das ist wichtig – darauf, dass der Teig überall dieselbe Stärke hat. Nur so ist gewährleistet, dass die Nudeln gleichzeitig gar werden. Zum Schneiden verwendet man am besten ein Holz- oder Kunststoffbrett als Unterlage und ein langes, scharfes Messer. Seine Klinge sollte glatt und nicht zu dick sein, damit die Nudeln beim Schneiden nicht gequetscht werden. Wichtig ist außerdem, den Teigfladen vor dem Zusammenfalten gut mit Mehl zu bestauben und ihn kurz antrocknen zu lassen. Zu viele Lagen übereinander sollten es nicht sein, sonst wird der Teig mehr gedrückt als geschnitten – das Ergebnis wäre nicht entsprechend. Befolgt man jedoch diese einfachen Regeln, steht der eigenen Nudelproduktion nichts mehr im Wege.

Nudeln von Hand herstellen:

Die Arbeitsfläche gleichmäßig mit Mehl bestauben und darauf den Teig abwechselnd in beide Richtungen ausrollen.

Den Teig für Bandnudeln antrocknen lassen, mit Mehl bestauben und zu einem mehrlagigen Streifen falten. So klebt er nicht zusammen beim Schneiden.

Den Teig für Pappardelle und Lasagnette in 1,5 bis 2 cm breite Streifen schneiden. Diese sofort auseinander falten, damit sie nicht zusammenkleben.

Für Tagliatelle – dies sind die gängigsten Bandnudeln – den Teig in 5 mm breite Streifen schneiden. Fettuccine oder Fettucce sind 6 bis 8 mm breit.

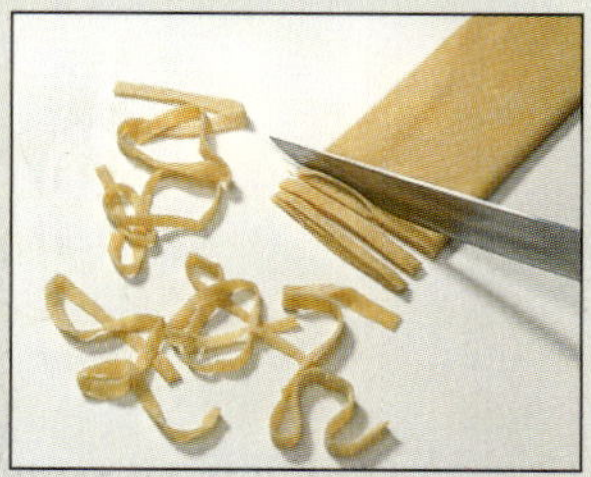

Für Taglioni oder Taglierini den Teig in 2 bis 3 mm breite Streifen schneiden. Im Piemont nennt man die dünnen Nudeln »Tajarin«.

Nudeln mit der Maschine herstellen:

Den Teig in kleineren Portionen in mehreren Durchgängen bis zur gewünschten Stärke ausrollen, dabei die Walzen immer enger stellen.

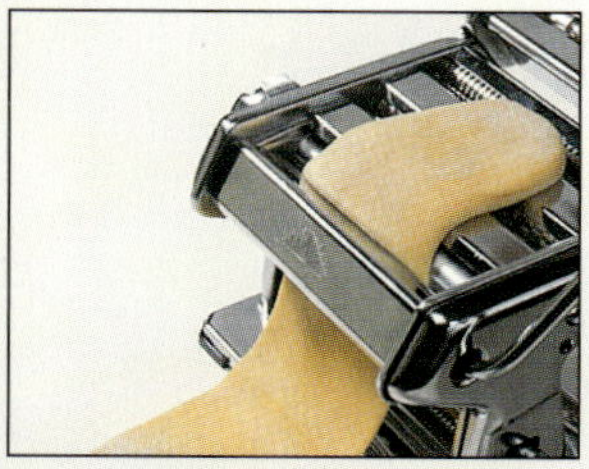

Den Vorsatz für Pappardelle oder Lasagnette auswählen, befestigen und die Teigstücke damit schneiden. Die bemehlten Nudeln zu lockeren Nestern legen.

Den entsprechenden Vorsatz für Tagliatelle auswählen und befestigen. Die geschnittene Pasta mit Mehl bestauben und ebenfalls zu lockeren Nestern legen.

Den Vorsatz für die schmalen Taglioni oder Taglierini auswählen. Die geschnittenen dünnen Bandnudeln zum Trocknen nicht zu dicht nebeneinander legen.

Wer die Bandnudeln nicht zu Nestern wickeln will, der kann sie zum Antrocknen auch über solch einen praktischen Nudelständer aus Holz hängen.

Frischen Teig in Form bringen: Nudeln einmal ganz individuell.

Nudel-vielfalt

Teigwaren – nun, das müssen nicht immer Bandnudeln sein, so gut sie auch schmecken. Und es wäre schade, sich ausschließlich darauf zu beschränken, wo es doch so viele verschiedene Nudeltypen gibt. Freilich lassen sich nicht alle gleichermaßen gut von Hand herstellen – so wird man Röhrennudeln wie Bucatini oder Maccheroni immer fertig kaufen. Viele aber, etwa die unten vorgestellten, sind gar nicht so schwierig: Man braucht für sie lediglich ein wenig Zeit und Geduld. Sowohl Orecchiette als auch Fusilli müssen nämlich Stück für Stück von Hand in Form gebracht werden. Schneller geht's dagegen wieder bei den flachen Quadrucci oder Maltagliati, die man einfach mit dem Messer zurechtschneidet.

Fleckerln, Quadrucci. Teig dünn auswellen, mit Mehl bestauben und kurz antrocknen lassen. Den Teig längs in breite Streifen, dann quer in Streifen und schließlich in Quadrate schneiden.

Maltagliati, »schlecht geschnitten« heißen diese Nudeln, für die man den Teigfladen zunächst mit Mehl bestaubt und ihn dann zusammenfaltet. Nun nach Belieben Ecken abschneiden.

Fusilli. Den Teig nicht zu dünn ausrollen. In 8 cm lange und 2 mm breite Streifen schneiden. Die Teigstreifen um ein Holzstäbchen wickeln, dieses herausziehen und die Fusilli antrocknen lassen.

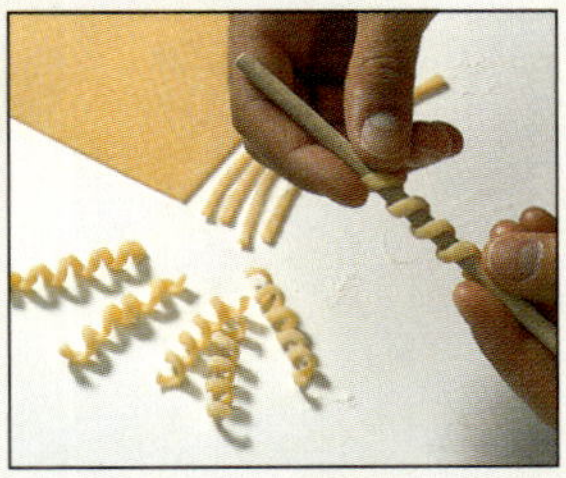

Orecchiette. Den Teig zu 1 cm dicken Rollen formen. Davon gleichmäßige, etwa 1 cm starke Stücke abschneiden und diese jeweils mit dem Daumen muschelartig formen.

Aromatisch und optisch attraktiv: Kräuterblätter im Teig.

Kräuter-nudeln

Nudelblätter mit Kräutern eignen sich hervorragend für größere gefüllte Teigtaschen. Sehr gut kommen sie aber auch nur »in brodo«, in der Brühe, serviert zur Geltung. Die interessanten Muster entstehen durch den Druck von Wellholz oder Walzen der Nudelmaschine auf die frischen Kräuterblättchen, die dadurch feine Risse bekommen. Dabei hat man verschiedene Möglichkeiten, das Muster zu beeinflussen: Beim Ausrollen mit der Nudelmaschine wird der Teig nur in eine Richtung gepresst. Mit dem Rollholz kann man ihn dagegen in verschiedene Richtungen dehnen. Wichtig ist nur, dass kein Mehl zwischen die beiden Nudelschichten gelangt, sonst haften sie nämlich nicht aufeinander.

Nudelblätter mit Kräutern herstellen:

Die Teigstreifen in mehreren Durchgängen ausrollen und dabei die Walzen immer enger stellen, bis die Teigblätter relativ dünn sind.

Je 2 rechteckige Teigblätter gleich groß schneiden. Eines davon mit den Kräutern belegen. Das zweite Teigblatt bündig auflegen.

Den doppelten Teigstreifen mit der Nudelmaschine in mehreren Durchgängen walzen, sodass die beiden Teigblätter gut haften.

Teigblätter in ausreichend kochendem Salzwasser garen, abschrecken und auf einem Tuch auslegen, damit sie nicht aneinander kleben.

Etwas Besonderes: ganze Kräuter im Teig. Wer seinen Gästen einmal ausgefallene Pasta vorsetzen möchte, für den sind diese hübschen Kräuternudeln genau das Richtige – nicht allein des Geschmacks, sondern auch der schönen Optik wegen. Durch die unterschiedlichen Formen und Farben der Blätter ergeben sich immer neue, phantasievolle Kreationen. Hervorragend eignen sich solche Nudelblätter zum Füllen, etwa für Fazzoletti. Achten sollte man allerdings darauf, dass die begleitende Sauce oder Füllung zu Geschmack, Farbe und Aroma der Kräuter passt. Grundsätzlich eignen sich jedoch sehr viele Kräuter dafür: Angefangen von Petersilie über Schnittlauch, von Kerbel über Estragon, von Salbei bis Basilikum. Aber auch Melisse, Liebstöckel oder Dill machen sich gut. Letzterer, dessen fein verästelte Zweige einen reizvollen Effekt ergeben, passt etwa besonders gut zu Füllungen oder Kombinationen mit Fisch. Am besten, man probiert einfach einmal ein paar Variationen aus.

Jede Nudelsorte hat ihre spezielle Garzeit. Es empfiehlt sich daher, die Pasta im Auge zu behalten und gelegentlich eine Nudel zu probieren, um festzustellen, ob sie schon gar ist.

Nudeln kochen ist nicht schwer – damit sie aber auch den richtigen Biss haben, sollte man einige Grundregeln beachten.

Pasta »al dente«

Eine gute Pasta-Köchin oder ein guter Nudelkoch nimmt das Garen der Nudeln genauso ernst wie die Herstellung der Pasta selbst. Das Wichtigste dabei ist ein guter Topf: Der ideale Pastatopf ist höher als breit und muss für den Elektroherd einen Boden haben, der plan auf der Herdplatte aufliegt. Außerdem muss er groß genug sein, um – der Nudelmenge entsprechend – ausreichend Wasser aufnehmen zu können. An der Wassermenge darf nämlich auf keinen Fall gespart werden. Die Faustregel lautet: Pro 100 g Pasta 1 l Wasser und 1 schwach gehäufter TL Salz. Diese sollte man immer beherzigen, egal, um wie viel und um welche Sorte Pasta es geht. Im Gegenteil: Erhöht man die Wassermenge noch um etwa 1/4, kann das für ein gutes Ergebnis nur von Vorteil sein, denn Nudeln brauchen während ihrer relativ kurzen Garzeit eine möglichst konstante Temperatur. Und die lässt sich in einer größeren Wassermenge einfach leichter halten, außerdem werden so die Nudeln beim Garen gleichmäßiger von Wasser umspült. Nachdem die Nudeln – alle auf einmal – in das sprudelnd kochende Salzwasser hineingelegt oder -geschüttet wurden, gilt es, möglichst schnell wieder die nötige Betriebstemperatur zu erreichen. Dafür wird der Deckel aufgelegt, jedoch nicht ganz, sondern nur zu 2/3, damit der Dampf abziehen kann. Wer die höheren Energiekosten nicht scheut, kann die Nudeln selbstverständlich auch bei vollständig geöffnetem Topf fertig garen. So lässt sich zudem der Kochvorgang besser überwachen. Während des Kochens sollte die Wasseroberfläche deutlich in Bewegung sein – sie darf sich kräuseln –, aber das Wasser sollte jetzt nicht mehr sprudelnd kochen. Hilfreich ist auch, ab und zu mit einem Holzlöffel oder einer Holzgabel umzurühren, damit sich keine Nudelnester bilden, die dann zusammenkleben und ungleichmäßig gar werden könnten. Zusätzliches Öl im Kochwasser ist nur bei großen Nudelblättern nötig, die nicht zusammenkleben dürfen, oder aber bei sehr frischen Nudeln. Beim Kochprozess nehmen die Teigwaren, mehr oder weniger langsam, Wasser auf. Sie werden also von außen nach innen immer weicher und quellen auf. Gegen Ende der Garzeit empfiehlt es sich, hin und wieder eine Nudel zu probieren, um den exakten Garpunkt zu erwischen. Er ist dann erreicht, wenn sie sich insgesamt weich anfühlen, beim Hineinbeißen jedoch noch deutlichen Widerstand spüren lassen. Keinesfalls jedoch sollten sie noch einen trockenen und harten Kern haben. Ist die Pasta gar, gießt man sie in ein Sieb ab und lässt das Kochwasser ablaufen. Abgebraust wird sie nur, wenn die Nudeln später nicht kleben sollen, etwa, wenn man sie als Beilage reichen will. Für typische Pastagerichte hingegen ist die an den Nudeln klebende Stärke willkommen, weil so die Sauce besser an den Nudeln haftet.

Grundregel Nr. 1: Viel Wasser! Man rechnet 1 l Wasser pro 100 g Nudeln, eher mehr. Damit die Pasta nicht auslaugt, wird dem Kochwasser Salz zugefügt: 10 g – 1 schwach gehäufter TL, auf 1 l Wasser. Dies gilt für alle Nudelsorten gleichermaßen. Öl benötigt man dagegen nur in Ausnahmefällen: Nämlich dann, wenn große Nudelflächen nicht zusammenkleben dürfen, wie es etwa beim Garen von Fazzoletti der Fall ist. Nudeln, egal welcher Form, kommen auf einmal in das sprudelnd kochende Wasser. Dann rührt man mit einer Holzgabel um, damit sie nicht zusammenkleben. Den Deckel zu 2/3 auflegen, so kann der Dampf abziehen. Während des Kochens soll sich die Wasseroberfläche leicht kräuseln. Es empfiehlt sich, hin und wieder eine Garprobe zu machen. Ist die Pasta »al dente«, die Nudeln abgießen und abtropfen lassen. Abgebraust werden sie nur, wenn sie als Beilage vorgesehen sind. Um die Nudeln kurz warm zu halten, übergießt man sie mit heißem Kochwasser.

Die berühmtesten Würzkäse, die sich allesamt hervorragend zum Reiben eignen: Parmigiano-Reggiano (der große Laib ganz oben) ist der bekannteste der italienischen Extrahartkäse. Bei ihm werden, ebenso wie beim **Grana padano** (Mitte links) Struktur und Konsistenz bereits beim Käsen angelegt. Der Schweizer **Schabziger** (Mitte rechts, in der typischen Form des Kegelstumpfs) ist ein besonders würziger Reibkäse, er wird mit getrocknetem und gemahlenem Ziegerklee vermischt. Zunächst als Schnittkäse produziert, wird er durch entsprechend lange Lagerung zum Reibkäse: Der niederländische **Overjarige Gouda** (unten links) ist ein Gouda, der dann aber noch über ein Jahr reifen sollte. Aus der Schweiz stammt der **Sbrinz** (unten rechts), ein besonders fein schmelzender Extrahartkäse.

Zwei, die gut zusammenpassen: Mal überbacken, mal gratiniert oder als Füllung: der würzige Geschmack ist immer willkommen.

Käse und Nudeln

Die Käseherstellung ist auch heute noch weitgehend Handarbeit. Mit einem Tuch wird hier der Käsebruch von der Molke getrennt und danach aus dem Kessel gehoben.

Pasta ohne Käse, Spaghetti ohne Parmesan? Undenkbar – ist doch für viele gerade der Käse in Verbindung mit Nudeln das Tüpfelchen auf dem i. Ob als pikante Kruste, als zarter Schmelz oder als feine Füllung in Ravioli, Tortellini und Co., der Käse bringt immer zusätzlichen Geschmack mit. Dabei ist Käse natürlich nicht gleich Käse. Man denke nur an die unendlich vielen Sorten, die alle anders schmecken und verschiedene Schmelzpunkte und -eigenschaften aufweisen. Auch in der Verwendung sind sie unterschiedlich: Als spezielle Würzkäse werden etwa die lange gereiften – dieser Prozess kann bis zu 24 Monate und mehr dauern – Extrahartkäse bevorzugt, die sich mit ihrer mürben und bröckeligen Teigstruktur zum Reiben ganz besonders gut eignen. Der berühmteste unter ihnen ist wohl der italienische Parmesan, der Parmigiano Reggiano. Bei ihm handelt es sich um einen reinen Kuhmilchkäse, der ursprünglich nur in den Sommermonaten hergestellt wurde. Heute produziert man ihn jedoch das ganze Jahr über, doch dürfen die Kühe, deren Milch für die Parmesanherstellung verwendet wird, noch immer nur mit Gras oder Heu gefüttert werden. Echten DOC-geschützten Parmesan – und beim Einkaufen sollte man darauf achten, ihn auch zu erwischen – erkennt man an der strohgelben Farbe des Teiges sowie an der Rinde mit der charakteristischen, punktierten Schrift: »Parmigiano Reggiano« steht da in endloser Folge ringsum eingegraben. Wird in einem Rezept Parmesan verlangt, dann sollte man zum Original greifen. Übrigens kauft man Parmesan oder auch andere Reibkäsesorten am besten am Stück. Fein gerieben oder grob geraspelt wird er dann grundsätzlich erst kurz vor der Verwendung, nur so bleiben Konsistenz und Aroma voll erhalten. Kläglich nimmt sich dagegen bereits geriebener Parmesan aus, wie er im Supermarkt im Kühlregal abgepackt erhältlich ist. Dieser kann mit dem Original keinesfalls konkurrieren; man kann ihn getrost liegen lassen. Der echte Parmesan stammt übrigens aus einem genau begrenzten Gebiet zwischen Parma, Mantua, Reggio Emilia und Bologna. Doch nicht nur dort wird würziger Reibkäse produziert. Es gibt noch andere Extrahartkäse in Italien, die ihrerseits ebenfalls ursprungsgeschützt sind. Das sind der Grana padano sowie der Grana trentino. Ersterer darf in einem relativ großen Gebiet nördlich des Po hergestellt werden und trägt als Gütesiegel ein eingebranntes Kleeblatt mit Schriftzug; Letzterer stammt, wie der Name schon sagt, aus Trient. Ihn erkennt man an der Raute und dem Schriftzug »Trentino«. Außerdem lassen sich die diversen Pecorino-Sorten aus Mittel- und Süditalien gut reiben, sofern sie nur ausreichend lange reifen konnten. Im Geschmack können sie, je nach Herkunft und verwendeter Milch – von Schaf oder Kuh – ganz unterschiedlich ausfallen; doch in der Regel sind sie ebenfalls überaus würzig und pikant. Empfehlenswert ist außerdem der Sbrinz, ein Extrahartkäse aus der Innerschweiz.

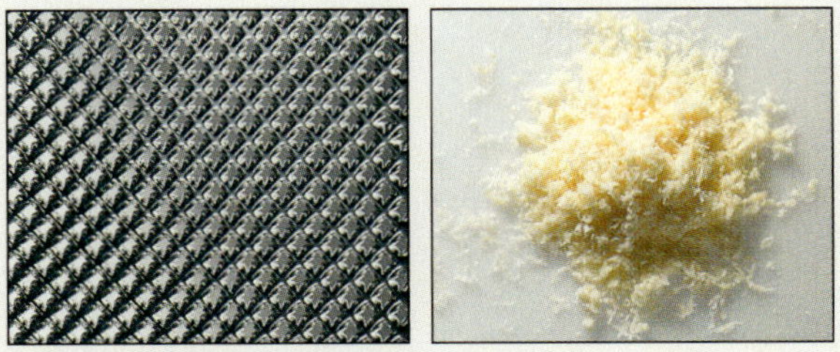

Reiben mit sternförmigen Zacken eignen sich bestens zum Reiben von Extrahartkäse wie etwa Parmesan.

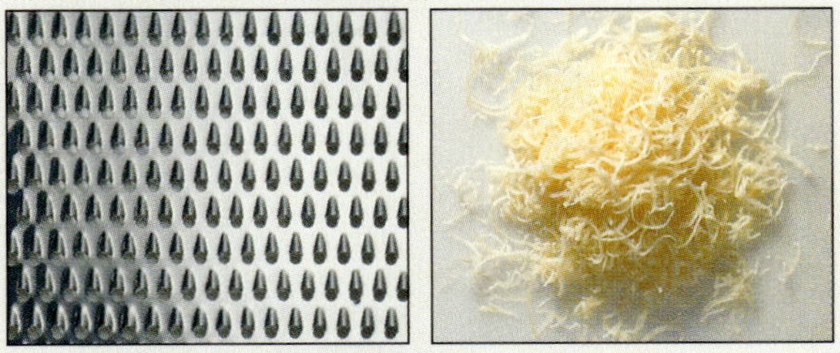

Reiben mit feiner Lochung ergeben dünne Käsestreifen. Sie eignen sich für Hartkäse wie Emmentaler oder Greyerzer.

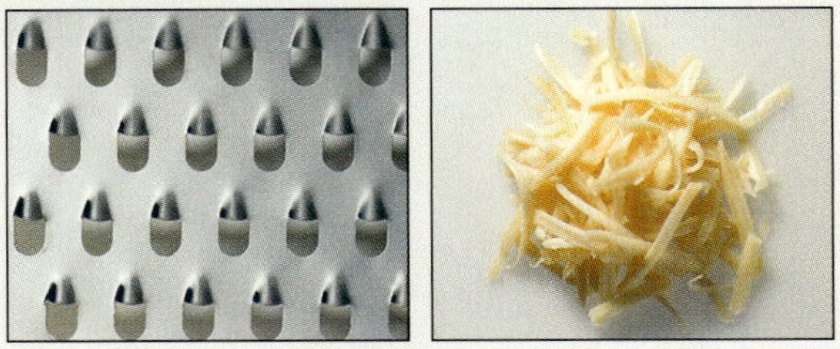

Auf Reiben mit grober Lochung lassen sich auch weichere Schnitt- oder Halbhartkäse wie etwa Fontina raspeln, ohne zu verschmieren.

Verschiedene Hartkäsesorten unterschiedlicher Herkunft: Gruyère oder Greyerzer (oben links) aus Rohmilch, mit sehr kräftigem Aroma. Würzig ist auch der **Allgäuer Bergkäse** (oben Mitte) ein Rohmilchkäse der Vollfettstufe. Mild bis nussig schmeckt der **Emmentaler Käse** (oben rechts), der Prototyp des Schweizer Hartkäses. Zweite Reihe oben von links nach rechts: **Asiago vecchio,** wird nach 8 bis 24 Monaten Reife zu extrahartem Reibkäse, ebenso wie der **Montasio vecchio.** Der **Provolone piccante** ist bereits nach 6 Monaten zum Reiben geeignet. Die zweite Reihe unten zeigt verschiedene Pecorino-Sorten, die in der Regel aus Schafmilch hergestellt werden: Links ein **Pecorino romano,** der mindestens 8 Monate reift. In der Mitte ein **Pecorino toscano.** Rechts ein **Pecorino canestrato** aus Sardinien. In der Reihe unten von links nach rechts: **Mimolette vieille,** ein Reibkäse aus den Niederlanden, gefolgt von zwei spanischen Hartkäsesorten aus Schafmilch: **Manchego** und **Idiazabal.**

Jede Region mit Milchwirtschaft hat ihre ganz eigenen Hartkäse-Spezialitäten hervorgebracht, von denen einige der wichtigsten links abgebildet sind. In Europa findet man diese beispielsweise in den Alpen – Frankreich oder die Schweiz sind sicher nicht von ungefähr für ihren Käse berühmt geworden. Und gerade in diesen Gegenden kennt man dann auch eine Vielzahl von Rezepten, die Teigwaren mit Käse kombinieren. Die Fettstufen der Berg- oder Alpkäse liegen zwischen mager (15 % F.i.T.) und vollfett (45 % F.i.T.). Entsprechend unterschiedlich sind sie in Geschmack und Teigbeschaffenheit. Während Ersterer vom Alter abhängt – jung sind Bergkäse eher mild, mit fortschreitender Reife werden sie dann würziger – ist die Teigbeschaffenheit eine Frage des Fettgehalts, je fetter, desto cremiger der Teig. Aber nicht nur in den Bergregionen der Alpen gibt es die unterschiedlichsten Käsesorten. Auch der Süden, etwa Süditalien oder Spanien, haben in Sachen Käse viel zu bieten. Dieser wird dort allerdings weniger aus Kuh-, sondern eher aus Schafmilch hergestellt, da Klima und Boden eine Bewirtschaftung mit Kühen nicht zulassen. Doch sind Schafkäse wie Pecorino oder Manchego besonders würzig und daher als Begleitung für pikante, manchmal auch scharfe Pastagerichte, geradezu ideal. Allein den Pecorino gibt es in Italien in unzähligen Sorten, selbst die großen Inseln, Sardinien und Sizilien haben ihre eigenen Typen hervorgebracht. Dasselbe gilt für den spanischen Manchego, den es ebenfalls in unzähligen regionalen Sorten gibt. Im Gegensatz zu den Extraharten verwendet man die »nach Emmentalerart« hergestellten Hartkäsesorten wie Gruyère oder Bergkäse weniger zum Bestreuen von Pastagerichten als vielmehr zum Überbacken und Gratinieren von Nudelaufläufen und Co. Gerieben sind sie zudem die ideale Zutat für verschiedene Saucen mit Käse, denen sie einen zartwürzigen Schmelz verleihen. Zu den so genannten Brüh- oder Filatakäse zählen Mozzarella oder Provolone. Während der Provolone von mild bis pikant im Angebot ist und sich dann auch zum Reiben eignet, wird Mozzarella grundsätzlich frisch verzehrt. In Verbindung mit Nudeln würfelt man ihn entweder klein und mischt ihn unter die Pasta oder aber man legt Scheiben davon auf die Nudeln und schiebt das Ganze zum Überbacken in den heißen Ofen.

Auf regionalen Märkten werden hauptsächlich Käse der Umgebung verkauft, wie hier auf einem der Märkte in Palermo. Es dominieren natürlich die sizilianischen Käsesorten, die in verschiedenen Reifegraden angeboten werden.

Mozzarella di bufala mit seinem milden, leicht süßlichen und angenehm feinwürzigen Geschmack wird aus Büffelmilch hergestellt. Da allerdings der Bedarf aus Büffelmilch allein nicht mehr gedeckt werden kann, wird heute für die Produktion meist Kuhmilch verwendet.

Mozzarella aus Kuhmilch, auch als »Fior di latte« bezeichnet, ist weniger aromatisch als Büffelmozzarella, dafür aber auch günstiger. Er wird meist zum Überbacken verwendet.

Die beiden Extreme: Dominant der Gorgonzola-piccante, zurückhaltend Frischkäse wie Ricotta und Quark.

Von mild bis pikant

Geschmacklich ausgezeichnet zu Nudeln passen auch die diversen Blauschimmelkäse, wie sie in verschiedenen Ländern produziert werden, allen voran der französische Roquefort sowie der italienische Gorgonzola. Ihn gibt es in einer milden Variante als Gorgonzola dolce und in einer sehr würzigen; dann wird er als Gorgonzola piccante bezeichnet. Welchen Typ Blau- oder Edelschimmelkäse man jeweils für ein Pastagericht auswählt, bleibt selbstverständlich ganz dem eigenen Geschmack überlassen, je nachdem, ob man eher milde oder pikant-würzige Pastasaucen bevorzugt. Für Unentschlossene: Geschmacklich dazwischen liegt der Dolcelatte, eine Gorgonzola-Variante mit Mascarpone-Schichten dazwischen, die dadurch ziemlich mild ist.

Formaggini heißt einfach »kleine Käse«. In Italien bezeichnet man damit frische Tafelkäse mit weichem, geschmeidigem Teig.

Stracchino – ein Frischkäse mit zartem, formfestem Teig, der bis zu 2 Wochen gereift sein kann. Mild bis fein-säuerlich im Aroma.

Magerquark enthält nur 1 bis 2 % F.i.T. Deshalb ist er in der Konsistenz eher fest und krümelig-trocken als cremig.

Robiola osella ist ein milder Frischkäse aus Piemont mit einem Fettgehalt von 70 % F.i.T., daher auch die sahnige Konsistenz.

Quark mit 20 % F.i.T. ist weicher als Magerquark. Das kann man nicht nur sehen, sondern auch auf der Zunge spüren.

Mascarpone, der bekannteste Frischkäse Italiens. Wenig säuerlich, im Geschmack angenehm mild, auch für Desserts.

Auch so mancher Frischkäse spielt in der Nudelküche eine wichtige Rolle. Allen voran Ricotta, der leicht säuerliche, quarkähnliche Molkefrischkäse. Mit seinem milden Geschmack dient er vornehmlich als Grundlage für die diversen Füllungen von Ravioli und Co., etwa in Kombination mit Kräutern, Pilzen oder Gemüse wie Spinat. Die cremige Konsistenz verbindet sich dabei ganz hervorragend mit den anderen, geschmacksgebenden Zutaten und sorgt so für eine sämige Bindung. Des Weiteren wird Ricotta gern für Desserts verwendet, dann sollte man zu der ungesalzenen Variante greifen. Käse kommt jedoch nicht allein für Füllungen in Frage. Ganz wichtig ist er auch für Saucen, verbinden sich doch die meisten Nudeltypen mit sämig-sahnigen Pastasaucen aufs Beste. Man denke hier nur an eine Gorgonzolasauce oder an die Sauce Mornay, deren Basis eine Béchamelsauce ist. Derartige Käsesaucen gibt es zwar bereits fertig zu kaufen, doch selbstverständlich gilt auch hier: Selbst gemacht schmeckt besser! Und da eine Sauce Mornay nun überhaupt kein Hexenwerk ist, gibt es eigentlich keinen Grund, sich nicht mal selbst als Saucenkoch zu versuchen.

Ricotta di pecora ist ein spezieller Frischkäse, der aus der Molke gewonnen wird, die bei der Schafkäserei anfällt.

Ricotta di vacca, in Norditalien verbreitet, wird aus Kuhkäsemolke hergestellt, der meist noch Kuhmilch zugesetzt wird.

Ricotta salata ist etwas fester und trockener als Ricotta »tipo dolce«. Wird während der Herstellung wiederholt gesalzen.

Ricotta salata al forno. Durch das Backen im Ofen erhält der Käse eine braune Kruste, manchmal wird er auch geräuchert.

Sauce Mornay

Nach diesem Grundrezept lassen sich verschiedene Sorten verarbeiten, etwa Gruyère, Emmentaler oder ein anderer würziger und gut schmelzender Käse.

Für die Béchamel:
25 g Butter, 30 g Mehl, 1/2 l Milch
1/2 TL Salz, frisch gemahlener Pfeffer
1 Messerspitze frisch geriebene Muskatnuss
1 Eigelb, 100 ml Sahne
Außerdem:
je 30 g frisch geriebener Parmesan und Fontina
1 bis 2 EL geschlagene Sahne

Die oben aufgeführten Zutaten herrichten und daraus eine Käsesauce kochen, wie unten gezeigt.

Sauce Mornay herstellen:

Die Butter in einer Kasserolle zerlassen und das Mehl darin unter Rühren farblos anschwitzen.

Die Milch zugießen und mit der Mehl-Butter-Mischung glatt rühren. Würzen und unter Rühren 20 Minuten köcheln lassen.

Das Eigelb mit der Sahne verquirlen. Die Kasserolle vom Herd nehmen und die Sauce mit der Eigelb-Mischung legieren.

Die Mischung einmal kräftig aufkochen lassen und durch ein Sieb passieren. Noch einmal gut aufwärmen.

Den Käse, hier Parmesan und Fontina, unter Rühren in der Sauce schmelzen. Zum Schluss die geschlagene Sahne unterheben.

Viel Geschmack an die Nudeln bringen mehr oder weniger aufwändige Saucen – hier zwei wunderbare Grundrezepte.

Sugo & Ragù – die Klassiker

Tomaten-Sugo zubereiten:

Das gewürfelte Tomatenfruchtfleisch in einen Topf einfüllen. Die geschälte und klein gewürfelte Möhre zufügen.

Die Zwiebeln- sowie die Selleriewürfel putzen und beides fein würfeln. Mit dem übrigen Gemüse 40 Minuten köcheln lassen.

Weiche Gemüsemischung portionsweise mit einem Löffel durch ein nicht zu engmaschiges Sieb drücken und auffangen.

Das noch an der Außenseite des Siebs anhaftende Gemüsepüree mit einem Löffel abstreifen und in die Sauce einrühren.

Die Sauce in eine Kasserolle umfüllen, auf dem Herd erwärmen, pfeffern und salzen. Das Öl löffelweise unterrühren.

Das nicht zu fein gehackte Basilikum in die Sauce einrühren und den Sugo nach Bedarf mit Salz und Pfeffer abschmecken.

Auf die Saucen kommt es an, sie sind das A und O der Pastaküche. Sie können ganz einfach sein, etwa nur aus zerlassener oder leicht gebräunter Butter und ein paar Salbeiblättchen bestehen, manchmal aber auch durchaus raffiniert sein. So kann es nicht verwundern, dass manche Nudelköchin und mancher Nudelkoch ihre Saucenkreationen nicht leichtfertig preisgeben. Zwar sind die Zutaten der meisten Rezepturen, wie etwa bei einer Tomatensauce, recht ähnlich – wer aber schon einmal den Versuch gewagt und einige davon ausprobiert hat, wird zugeben müssen: Zwischen Tomatensauce und Tomatensauce können Welten liegen. Mal köchelt sie mit, mal ohne Kapern, mal mit, mal ohne Sardellen, mal mit, mal ohne Perperoncini und Oliven. Ganz sicher nicht enttäuscht werden Experimentierfreudige von den beiden Grundrezepten auf dieser Seite – einmal ein herrlich leichter Sugo aus frischen Tomaten, der von den Zutaten her wenig aufwändig ist; sodann ein wunderbar würziges Ragù alla bolognese, das man unbedingt einmal nachkochen sollte.

Tomaten-Sugo

Das Besondere an dieser Tomaten-Grundsauce ist, dass hier nicht, wie oft üblich, die gehackten Zwiebeln zunächst in Öl angeschwitzt werden. Stattdessen beginnt man – ganz ohne Fett – mit dem Köcheln der Tomaten.

800 g reife Eiertomaten
50 g Möhre, 100 g Zwiebeln
100 g Stangensellerie
frisch gemahlener Pfeffer, Salz
4 EL Olivenöl, 1 EL gehacktes Basilikum

Tomaten blanchieren, häuten, halbieren, Stielansatz und Samen entfernen und das Fruchtfleisch klein würfeln. Möhre und Zwiebeln schälen, Stangensellerie putzen und das Gemüse klein würfeln. Weiterverfahren, wie links gezeigt. Je nach Geschmack kann man diesen Tomaten-Sugo mit gehackten frischen oder getrockneten Kräutern anreichern, eine gehackte und geschälte Knoblauchzehe hinzufügen oder ihn durch Zugaben von Butter oder Öl verfeinern.

Ragù alla bolognese zubereiten:

Das vorbereitete Gemüse im erhitzten Öl anschwitzen, die Petersilie einstreuen und alles unter Rühren gut durchschwitzen.

Die beiden Fleischsorten durch den Wolf treiben, zufügen und unter ständigem Rühren braten, bis es krümelig zerfällt.

Den Parmaschinken würfeln, unter die Hackfleisch-Gemüse-Mischung rühren und 5 Minuten mitbraten.

Die Hälfte der Butter und das gewürfelte Fleisch der gehäuteten und von Samen befreiten Tomaten zufügen.

Die Dosentomaten einrühren, im offenen Topf kurz mitköcheln lassen. Das Tomatenmark löffelweise unterrühren.

Brühe zugießen, würzen. Im fast abgedeckten Topf 1 Stunde köcheln lassen.

Bolognese Fleischsauce

Wer einmal ein »ragù alla bolognese«, die berühmte Bologneser Fleischsauce, zubereiten will, der sollte bereits beim Einkauf auf entsprechende Qualität der Zutaten achten. Also nicht einfach Hackfleisch kaufen, sondern sich gute Stücke beim Fleischer hacken lassen. Denn ohne erstklassiges Fleisch und ein wenig Geduld wird das Ergebnis nicht entsprechend ausfallen. Die köstlich duftende Sauce muss einfach lange genug bei geringer Hitze köcheln, um ihr ganzes Aroma zu entfalten. Das Grundrezept auf dieser Seite ist jedoch nicht Vorschrift, sondern lediglich ein Vorschlag und damit Ausgangspunkt für eigene Variationen.

200 g Möhren, geschält und fein gewürfelt
200 g Zwiebeln, geschält und fein gehackt
2 Knoblauchzehen, geschält und fein gehackt
160 g Stangensellerie, geputzt und gewürfelt
4 EL Öl, 4 EL gehackte Petersilie
300 g Rinderschulter
200 g Schweineschulter
200 g Parmaschinken
80 g Butter
800 g frische, reife Tomaten
800 g Dosentomaten (Pelati), zerkleinert
6 EL Tomatenmark
1/4 l Fleischbrühe
Salz, frisch gemahlener Pfeffer
1/2 TL Zucker nach Belieben

Die Zutaten vorbereiten und herrichten, wie in den Zutaten verlangt, und das Ragù alla bolognese zubereiten, wie in den Steps der nebenstehenden Bildfolge beschrieben.

Gigina kocht »ragù« in ihrem Restaurant in Bologna jeden Tag in größeren Mengen frisch – und immer mit der nötigen Sorgfalt.

Die Bologneser Fleischsauce zum Fertigstellen mit Zucker würzen und weitere 30 Minuten köcheln lassen. Restliche Butter einrühren, mit Salz und Pfeffer abschmecken.

Für die Pastaküche braucht man nicht viel an Spezialzubehör. Hier sind aber einige nützliche Gerätschaften abgebildet, die die Nudelherstellung einfacher machen. Etwa eine Nudelmaschine mit diversen Schneidevorsätzen, wie sie nebenstehend abgebildet ist. Nun ist diese zwar kein Muss, aber doch eine feine Sache, da sie das Ausrollen und gleichmäßige Schneiden des Teiges doch erheblich erleichtert.

1 Mehlsieb

2 Nudelmaschine

3 Vorsatz zum Schneiden von Cappelli d'angelo und Trenette

4 Vorsatz zum Schneiden von Spaghetti

5 Vorsatz zum Schneiden von Lasagnette

6 Rollholz mit Griffen

7 Durchschlag

8 Rollholz ohne Griffe, italienische Form

9 Spätzlebrett

10 Messbecher

11 Sieb

12 Spatzenhobel

13 Gezacktes Teigrad

14 Glattes Teigrad

15 Teigpinsel

16 Kleines gezacktes Teigrädchen

17, 18 Schaumlöffel

19 Gezackter runder Ausstecher für Ravioli

20 Glatter runder Ausstecher für Ravioli

21 Teigschaber aus Kunststoff und Metall

22 Kochtopf für lange Nudeln, etwa Spaghetti

23 Keramikform für Lasagne

24 Kochtopf für kurze Nudeln

25 Schüsselsatz

26 Keramikformen für Aufläufe

27 Schaumlöffel für den Wok, wie er in den asiatischen Küchen gebräuchlich ist

28 Parmesanreibe

29 Kartoffelpresse

30 Formen für gefüllte Pasta

31 Spaghettizange

32 Holzgabel zum Entnehmen von Nudelproben

33 Holzlöffel zum Umrühren

34 Holzlöffel zum Herausheben von Spaghetti

35 Mörser mit Stößel

36 Scharfe Messer in verschiedenen Größen

37 Lineal

38 Alufolie

Nudeln in der Suppe haben eine lange Tradition. Früher galt eine Brühe mit Nudeleinlage als Hauptgericht, heutzutage wird sie eigentlich nur noch als Vorspeise serviert. Das ist schade, denn eine Nudelsuppe kann ein kulinarisches Meisterstück und eine komplette Mahlzeit sein, wenn man der Phantasie ein wenig freien Lauf lässt und sie mit Geflügel, ein wenig Wild oder Fleisch und mit knackigem Gemüse serviert. Worüber rund um die Welt Einigkeit herrscht, ist die Tatsa-

Suppen

che, dass Teigwaren sich nur als Einlage für eine klare Suppe, eine Bouillon oder Consommé eignen, nicht aber für gebundene oder mit Rahm veredelte Suppen. Und am besten schmecken die Nudeln, wenn sie direkt in der Brühe gegart werden, denn so können sie den kräftigen Geschmack der anderen Zutaten mit aufnehmen.

Je höher die Türme, desto mächtiger waren die Familien der Patrizier Bolognas. So hat man einst Einfluss und Reichtum demonstriert.

In der Fleischbrühe serviert, schmecken die gefüllten Nudelringe besonders fein.

Tortellini in brodo

In der Emilia-Romagna versteht man es, gut und herzhaft zu essen. Die hier zubereiteten Tortellini werden in einer kräftigen Brühe angerichtet.

Für den Nudelteig:
250 g Mehl, 1 Ei, 1 EL Olivenöl
1/2 TL Salz, Mehl zum Bestauben
Für die Füllung:
1/8 l Kalbsbrühe, 200 g Kalbfleisch
1 EL Sahne, 1 Eigelb, 3 EL frisch geriebener Parmesan, Salz, frisch gemahlener weißer Pfeffer, etwas geriebene Muskatnuss
Außerdem:
Eiweiß zum Bestreichen, 5 l Salzwasser
3/4 l Fleischbrühe, geriebener Parmesan
1 EL gehackte Petersilie, 1 EL gehackter Salbei

Je kleiner, desto besser, sagen die Bologneser, wenn es um die Tortellini geht. So bemüht man sich auch, die gefüllten Nudelringe so klein wie möglich zu machen. Bei »Bertino«, einem der populärsten Restaurants von Bologna, hilft dabei täglich die ganze Familie mit.

Aus den angegebenen Zutaten einen Nudelteig herstellen, der weich und geschmeidig, aber nicht klebrig ist. Bei Bedarf noch etwas Mehl oder Wasser zugeben. Mit Mehl gleichmäßig bestauben, mit einem Tuch bedecken und 20 Minuten bei Zimmertemperatur ruhen lassen.

Für die Füllung die Kalbsbrühe erhitzen, das Kalbfleisch zugeben und bei geringer Hitze in 15 Minuten leicht siedend garen. Herausnehmen, abtropfen lassen und in feine Würfel schneiden. In eine Schüssel geben, die Sahne untermischen, das Eigelb zufügen, den Parmesan darüber streuen und alles gut miteinander vermengen. Mit Salz, Pfeffer und Muskatnuss würzen.

Zunächst etwa 1/4 des Teiges auf einer bemehlten Arbeitsplatte sehr dünn ausrollen und etwas entspannen lassen. Quadrate von 5 cm Kantenlänge schneiden und je 1/2 TL der Füllung in die Mitte setzen. Die Ränder der Quadrate mit Eiweiß bestreichen, die Teigplatten zu einem Dreieck zusammenlegen und dabei die Ränder fest andrücken. Die Dreiecke über eine Fingerspitze rollen und zu Ringen zusammendrücken. Die fertigen Tortellini auf ein mit Mehl bestaubtes Tuch legen und 1 Stunde ruhen lassen. Den restlichen Teig ebenso verarbeiten.

Das Salzwasser aufkochen und die Tortellini hineingeben. Mit einem Holzlöffel vorsichtig umrühren, damit sie nicht aneinander kleben. 8 Minuten leicht köcheln lassen, dann mit einem Schaumlöffel herausnehmen, auf ein Sieb geben, mit heißem Wasser abbrausen und abtropfen lassen.

Die Fleischbrühe einmal kurz aufkochen lassen, die Tortellini darin erneut erhitzen. Auf 4 Teller verteilen. Nach Belieben mit Parmesan sowie den Kräutern bestreuen und servieren.

Einen Wildfond selbst klären, bedarf einiger Mühe. Wenn es einfacher gehen soll, kann man auf geklärten Fond aus dem Glas zurückgreifen, der heutzutage in bester Qualität im Handel ist.

»Pasta ripiena«, gefüllte Nudeln wie diese, kosten einige Mühe – sind aber eine wahre Delikatesse.

Tortelloni – gefüllt mit Fasan in Wildessenz

Besonders pikant an diesen Tortelloni ist die Füllung. Die Form der Nudeln ist dabei zweitrangig. Man könnte daraus auch Tortelli oder Ravioli bereiten, und sie müssen auch nicht in einer Wildessenz serviert werden. Mit flüssiger Butter und geriebenem Parmigiano schmecken sie ebenfalls sehr fein.

Für den Nudelteig:
300 g doppelgriffiges Weizenmehl Type 405
2 Eier, 4 Eigelbe, 1/3 Teelöffel Salz
nach Bedarf 1 EL Wasser
Für die Füllung:
1/2 Fasan, längs geteilt
30 g getrocknete Morcheln, 4 cl weißer Portwein
30 g Schalotten, gehackt
1 zerdrückte Knoblauchzehe
50 g Stangensellerie in Würfeln, 30 g Butter
1/2 TL Salz, frisch gemahlener Pfeffer
2 TL gehackte Kräuter (Thymian und Salbei)
Für den Fasanenfond:
2 EL Olivenöl, 50 g Lauch, 50 g Möhre
1/2 Zwiebel, 1 Lorbeerblatt, 1/2 l Wasser
Für die Wildessenz:
800 ml Wildfond
60 g Lauch, 60 g Möhre, etwas Selleriegrün
Außerdem:
1 Eiweiß zum Bestreichen

Aus den angegebenen Zutaten einen geschmeidigen Nudelteig herstellen. Zur Kugel formen, den Teig in Folie wickeln und mindestens 1 Stunde im Kühlschrank ruhen lassen.

Den Fasan entbeinen, das Fleisch in Würfel schneiden, beiseite stellen. Für den Fond Knochen, Haut und Sehnen des Fasans in einer Kasserolle in dem erhitzten Olivenöl von allen Seiten kurz anbraten.

Den Lauch putzen, die Möhre schälen, beides in Stücke schneiden. Die Zwiebel schälen und vierteln, alles zusammen mit dem Lorbeerblatt zu den Knochen in die Kasserolle geben und bei starker Hitze 2 bis 3 Minuten mit anbraten. Das Wasser aufgießen. Bei schwacher Hitze im offenen Topf etwa 1 Stunde kochen. Abseihen, auf etwa 1/8 l Flüssigkeit reduzieren und erkalten lassen.

Für die Füllung die getrockneten Morcheln in dem Portwein und dem inzwischen erkalteten Fasanenfond einweichen. Die Hälfte des Fasanenfleisches in der Küchenmaschine oder mit dem Blitzhacker fein pürieren, das restliche Fleisch ganz fein hacken. Schalottenwürfel, Knoblauch und Selleriewürfel in der heißen Butter hell anschwitzen und das gehackte Fasanenfleisch darin ganz kurz anbraten. Vom Herd nehmen und mit dem pürierten Fasanenfleisch, Salz, Pfeffer und den gehackten Kräutern vermischen. Die Morcheln aus der Flüssigkeit nehmen, in Würfel schneiden, zu der Fleischfarce geben. Zum Schluss die Einweichflüssigkeit der Morcheln untermischen und zu einem glatten Fleischteig verarbeiten.

Den Nudelteig dünn ausrollen. Mit einem gezackten Ausstecher Kreise von 5 cm Durchmesser ausstechen. Jeweils ein Häufchen der Füllung darauf verteilen, die Ränder mit Eiweiß bestreichen und zusammenklappen, dabei die Teigränder fest andrücken. Die Tortelloni in sprudelnd kochendem Salzwasser in 6 bis 8 Minuten gar kochen, abseihen und in Suppenteller geben.

In der Zwischenzeit für die Wildessenz den Wildfond um etwa die Hälfte (etwa 400 ml) reduzieren. Den Lauch, die Möhre und den Sellerie in dünne Streifen schneiden. Die Gemüsestreifen kurz vor dem Anrichten zum Wildfond geben und diesen über die Tortelloni verteilen.

Ein gutes Suppenhuhn sollte mindestens 2 kg wiegen, wenn die Suppe auch den entsprechend vollen Geschmack haben soll.

»Canja com hortela« heißt sie in Portugal und wird oft mit selbst gemachten Nudeln serviert.

Hühnersuppe mit Nudeln und Würstchen

Diese Suppe, schon fast ein Eintopf, wird gern als Hauptgericht gegessen. Dazu reicht man ein Glas frischen »vinho verde«, der zum Aroma von Zitrone und Minze besonders gut passt. Wer die Nudeln nicht selbst machen will, kann natürlich auch getrocknete Tagliatelle oder andere Bandnudeln guter Qualität verwenden.

Für den Nudelteig:
150 g Weizenmehl Type 405
2 Eier, 1/2 EL Öl
1 Prise Salz, nach Bedarf etwas Wasser
Für das Huhn:
1/2 küchenfertiges Suppenhuhn (etwa 1 kg)
Schalenstreifen von 1/2 unbehandelten Zitrone
4 Petersilienstängel, 2 l kaltes Wasser
Salz, frisch gemahlener Pfeffer
60 g Zwiebel
Außerdem:
80 g Möhren, in Stifte geschnitten
80 g Lauch, in Ringe geschnitten
300 g portugiesische Würstchen
frisch gehackte Minzeblättchen

Aus den angegebenen Zutaten einen Nudelteig herstellen. In Folie wickeln und 1 Stunde kühl ruhen lassen. In der Nudelmaschine ausrollen und mit einem Vorsatz in 1,5 cm breite Streifen schneiden.

Das Huhn innen und außen waschen. Mit der Zitronenschale und der Petersilie in einen Topf geben. Mit Wasser bedecken, salzen, pfeffern und im offenen Topf aufkochen. Die Zwiebel mit der Schale halbieren, die Schnittflächen in einer Pfanne ohne Fett oder auf der heißen Herdplatte bräunen und einlegen. Das Huhn bei mäßiger Hitze in 1 1/2 Stunden gar kochen. Herausnehmen und beiseite stellen. Die Brühe durch ein Sieb in einen separaten Topf passieren und wieder erhitzen.

Vom Huhn die Haut entfernen, das Fleisch auslösen und in Stücke schneiden. Möhrenstifte und Lauchringe in der Brühe etwa 5 Minuten kochen. Die Würstchen nochmals 5 Minuten mitkochen. Das Fleisch zufügen und alles zusammen kurz erwärmen.

Die Nudeln in sprudelnd kochendem Salzwasser al dente kochen. Abseihen und zur Suppe geben. Abschmecken und mit Minze bestreut servieren.

Die kleinen, scharf gewürzten Würstchen, die auf der Iberischen Halbinsel angeboten werden, geben der Suppe das typische Aroma. Man kann aber auch die feurige, mit Paprika gewürzte »chorizo« in Scheiben schneiden und kurz vor Ende der Garzeit zugeben oder ersatzweise ungarische Kabanossi verwenden.

Kräftig und gehaltvoll – durch Schweinebauch, Languste, Garnelen, Kalmar und Hähnchen.

Nudelsuppe mit Fleisch und Meeresfrüchten

»Nuoc mam«, die in Vietnam allgegenwärtige Sauce aus eingesalzenem Fisch, sorgt auch in dieser Suppe für zusätzliche Würze. In welchem Maße, das kann jeder selbst bestimmen, denn Nuoc mam wird zum individuellen Gebrauch einfach mit auf den Tisch gestellt.

1 gekochter Langustenschwanz (etwa 350 bis 400 g)
150 g roher Schweinebauch, Salz
150 g Hähnchenbrust ohne Haut und Knochen
150 g Garnelenschwänze mittlerer Größe
1 Kalmar von etwa 150 g
800 ml Geflügelfond
1 rote Chilischote, 40 g Frühlingszwiebeln
frisch gemahlener Pfeffer nach Belieben
100 g dünne asiatische Eiernudeln
Außerdem:
50 g Schalotten, 2 EL Erdnussöl
1 EL gehacktes Koriandergrün
Fischsauce (Nuoc mam)

Symbol für ein langes Leben sind in vielen Ländern Asiens die langen, dünnen Nudeln – »longevity noodles«. Wie dem auch sei: Wer eine solch köstliche Suppe in der Schale hat, lebt vielleicht nicht länger, zumindest aber ausgezeichnet.

Den Langustenschwanz aufbrechen und das Fleisch möglichst unversehrt und am Stück herausnehmen. Den Darm am Schwanzende lösen und von der anderen Seite her vorsichtig herausziehen. Das Langustenfleisch in gleichmäßige Scheiben schneiden. Diese bis zur weiteren Verwendung zugedeckt im Kühlschrank aufbewahren.

Den Schweinebauch in einen entsprechend großen Topf legen, mit 1/4 l Wasser übergießen, salzen und den Topfinhalt zum Kochen bringen. Die Temperatur reduzieren und das Fleisch 20 Minuten bei geringer Hitze köcheln lassen. Hähnchenbrust zufügen und 10 bis 15 Minuten mitköcheln, dabei darauf achten, dass beide Fleischsorten ständig von Flüssigkeit bedeckt sind.

Die Garnelenschwänze bis auf das letzte Segment von der Schale befreien und den Darm entfernen. Den Kalmar waschen und häuten. Die Tentakel ganz aus dem Körperbeutel ziehen und knapp über den Augen so abschneiden, dass sie durch einen schmalen Ring miteinander verbunden bleiben. Diesen von unten in der Mitte fassen, die Kauwerkzeuge herausdrücken und abschneiden. Das transparente Fischbein aus dem Körperbeutel entfernen. Körper und Fangarme sorgfältig waschen, den Körper in etwa 1/2 cm breite Streifen schneiden, die Tentakel dagegen ganz lassen.

Schweinebauch und Hähnchenbrust aus der Brühe heben. Die Fleischbrühe durch ein Haarsieb gießen. Den Geflügelfond zugeben und die halbierte, von

Samen und Scheidewänden befreite Chilischote einlegen. Erneut zum Kochen bringen.

Die Frühlingszwiebeln fein hacken und die Hälfte davon in die Suppe rühren. Die Kalmarringe sowie die Tentakel einlegen und 5 Minuten bei geringer Hitze köcheln lassen. Die Garnelen hinzufügen und 3 Minuten in der mäßig kochenden Brühe garen.

Den Schweinebauch in mundgerechte Stücke und die Hähnchenbrust in Scheiben schneiden. Beides zusammen mit den Scheiben vom Langustenfleisch in der Suppe erhitzen. Mit Salz und Pfeffer würzen.

Die Nudeln etwa 5 Minuten in Salzwasser kochen, abseihen und gut abtropfen lassen, aber nicht abbrausen. Die Schalotten schälen und in feine Ringe schneiden. Das Erdnussöl in einer Pfanne erhitzen, die Schalottenringe darin goldgelb und knusprig braten. Aus der Pfanne nehmen und das Fett auf Küchenpapier gut abtropfen lassen.

Die Nudeln in Suppenschälchen verteilen. Die heiße Brühe mit dem Fleisch und den Meeresfrüchten über die Nudeln schöpfen. Mit den restlichen Frühlingszwiebeln, den gerösteten Schalottenringen sowie dem gehackten Koriander bestreuen und mit der Fischsauce servieren.

Eine klare Suppe, die sich jeder nach Geschmack bei Tisch mit »nuoc-cham«, einer süßsauren Sauce, und Fischsauce würzen darf.

Rindfleischbrühe mit Nudeln und Wasserkastanien

Wasserkastanien haben mit unseren heimischen Kastanien den Namen gemein und schmecken auch ähnlich, botanisch gesehen handelt es sich bei ersteren jedoch um die Sprossknollen eines Riedgrasgewächses. Verbreitet ist die Wasserkastanie in Westafrika, Madagaskar und Indien, vor allem aber in ganz Ostasien, wo sie sich besonderer kulinarischer Beliebtheit erfreut. Hier zu Lande werden die Knollen mit dem festen, cremefarbenen Inneren meist küchenfertig in Dosen angeboten.

Für die Brühe:
30 g frische Ingwerwurzel, 120 g Zwiebeln
700 g Rinderschulter, 300 g Rinderwade mit Knochen, 1 Stück unbehandelte Mandarinenschale, 4 Kapseln Sternanis, Salz
150 g frische Wasserkastanien
80 g Frühlingszwiebeln
100 g frische Sojabohnensprossen
250 g Mee (chinesische Eiernudeln)
Für die Nuoc-cham-Sauce:
1 rote Chilischote, 20 ml Limettensaft
60 ml Fischsauce, 20 g Palmzucker oder brauner Zucker, 20 g geröstete Erdnüsse, gehackt
30 g Möhre, geraspelt
Außerdem:
1 EL Korianderblättchen, Fischsauce (Nuoc mam)

Ingwer und Zwiebeln schälen. Den Ingwer in Scheiben schneiden, die Zwiebeln vierteln. 2 l Wasser mit Rinderschulter und -wade, Ingwer, Zwiebeln, Mandarinenschale sowie Sternanis in einem entsprechend großen Topf zum Kochen bringen, die Hitze reduzieren, salzen und etwa 2 1/2 Stunden köcheln lassen.

Währenddessen die Nuoc-cham-Sauce zubereiten. Dazu die Chilischote vom Stielansatz befreien, in Ringe schneiden, dabei die Samen entfernen. Den Limettensaft, die Fischsauce, den Zucker und 60 ml Wasser so lange miteinander verrühren, bis sich der Zucker gelöst hat. Anschließend die Chiliringe, die Erdnüsse und die Möhre unterrühren.

Die Wasserkastanien gründlich waschen. Gelbliche, welk wirkende Exemplare aussortieren. Die restlichen mit einem scharfen Messer wie einen Apfel schälen, dabei auch den zähen Stielansatz entfernen. Die Knollen in Scheiben schneiden.

Die Frühlingszwiebeln putzen und in feine Ringe schneiden. Die Sojabohnensprossen verlesen, waschen und 1/2 Minute blanchieren. Abgießen und gut abtropfen lassen. Das Fleisch aus der Suppe nehmen und in dünne Scheiben schneiden. Die Brühe durch ein feines Haarsieb gießen. Die Nudeln in leicht gesalzenem Wasser etwa 8 Minuten kochen, abgießen und gut abtropfen lassen.

In der Zwischenzeit die Brühe noch einmal zum Kochen bringen, die Wasserkastanien darin 5 Minuten köcheln lassen und die Brühe abschmecken.

Die heißen Nudeln auf vorgewärmten Tellern verteilen, die Fleischscheiben darauf anrichten und die Frühlingszwiebeln sowie die Sojasprossen darüber streuen. Die Brühe mit den Wasserkastanien darüber gießen und die Rindfleischbrühe mit Korianderblättchen bestreuen. Die Nuoc-cham-Sauce sowie Fischsauce separat dazu reichen.

Der Octopus und alle seine Verwandten sind in Japan begehrte Zutaten für eine ganze Menge interessanter Gerichte.

Ein »Nudeleintopf« mit Gemüse, Hühnerfleisch, Tintenfisch, Muscheln und Garnelen.

Japanischer Nudeltopf

Grundlage für dieses leichte und delikate Gericht ist eine aromatisierte, fast klare Brühe, »Dashi« genannt. Der Extrakt aus Fisch und Algen läßt sich in nur wenigen Minuten zubereiten und ist völlig fettfrei. Der dazu verwendete Seetang heißt »Kombu«. Der zweite Bestandteil der Brühe sind geschabte Flocken von getrocknetem Bonito, einem tunfischähnlichen Meeresfisch.

Für 800 ml Dashi (Brühe):
20 g Kombu, 1 l kaltes Wasser
30 g Bonitoflocken, 3 EL helle Sojasauce
2 EL Mirin, Salz, frisch gemahlener Pfeffer
Für das Gemüse:
6 Chinakohlblätter (180 g), 80 g Möhren
100 g Zuckerschoten, 200 g Spinat
200 g Venusmuscheln in der Schale
130 g japanische Weizennudeln
200 g Hühnerfleisch, in Würfel geschnitten
200 g Tintenfischringe
8 Garnelenschwänze ohne Schale
40 g Shiitake-Pilze
Für die Beilagen:
1 Reiskuchen (50 g), 3 Frühlingszwiebeln
1 Limette, 1 Stück Ingwerwurzel

Kombublätter feucht abreiben, in kaltem Wasser aufsetzen, langsam erhitzen, bis nach 10 bis 15 Minuten die ersten Blasen aufsteigen. Herausnehmen und prüfen, ob die Blätter weich sind, ansonsten noch 1 bis 2 Minuten ziehen lassen. Bonitoflocken einrühren und 80 ml kaltes Wasser zugießen. Sobald die Brühe wieder kocht, den Topf vom Herd nehmen und warten, bis die Flocken abgesunken sind. Die Brühe durch ein mit einem Tuch ausgelegtes Spitzsieb gießen. Mit Sojasauce, Mirin, Salz und Pfeffer würzen.

Seafood und Nudeln werden bei mehreren japanischen Spezialitäten kombiniert. Der »udon suki« gehört dazu und ist ein besonders beliebter Eintopf, der vor allem auch den europäischen geschmacklichen Erwartungen entgegenkommt.

Die Chinakohlblätter waschen, in sprudelnd kochendem Salzwasser 1 Minute kochen, herausnehmen, gut abtropfen, auskühlen lassen, dicke Blattrippen entfernen. Je 2 Blätter so auf ein Tuch legen, dass die Blattrippen gegenläufig liegen und die Blätter sich zur Hälfte überlappen. Fest in das Tuch rollen, dabei das verbliebene Wasser herauspressen, wieder auswickeln, in 2,5 cm lange Stücke schneiden.

Die Möhren schälen und in Scheiben schneiden, die Zuckerschoten putzen. Den Spinat waschen und von den groben Stielen befreien. Die Muscheln unter fließendem kaltem Wasser gründlich abbürsten. Geöffnete Exemplare wegwerfen, sie sind verdorben. Die Nudeln in kochendem Salzwasser al dente kochen und abseihen.

Die Brühe erhitzen. Das Hühnerfleisch, nach 5 Minuten die Tintenfischringe, nach weiteren 5 Minuten die Garnelen, nach weiteren 3 Minuten die Möhren und am Ende noch kurz Zuckerschoten, Spinat und Pilze zugeben.

In der Zwischenzeit den Reiskuchen vierteln, in einer beschichteten Pfanne ohne Fett goldbraun braten. Die Frühlingszwiebeln putzen, in feine Ringe schneiden. Die Limette achteln. Die Ingwerwurzel schälen und fein reiben. Alles in Schälchen anrichten.

Die Nudeln sowie die Chinakohlröllchen in der Suppe erwärmen, diese mit Salz und Pfeffer abschmecken. Den Japanischen Nudeltopf mit Reiskuchen, Ingwer und Limettenachtel servieren.

Ähnliche Suppen gibt es zwar in allen Ländern des früheren Indochina, in Laos ist diese Kombination von Suppe, Nudeln und Gemüse aber besonders interessant.

Nudelsuppe aus Laos

Zumeist wird die Suppe zu gleichen Teilen aus Schweinefleisch und Süßwasserfisch gekocht, wobei es sich empfiehlt, sich für einen Fisch mit festem Fleisch, etwa einen Wels zu entscheiden. Beim folgenden Rezept wurde der Fisch jedoch einmal durch geschmackvolle Garnelen ersetzt.

Für das Fleisch:
600 g Schweinefleisch aus der Schulter
4 Knoblauchzehen
80 g Zwiebeln
40 g Stangensellerie, 3 EL Erdnussöl
1 TL Salz, frisch gemahlener Pfeffer
Für die Suppe:
1 EL frisch geriebener Ingwer
1 Chilischote, fein gehackt (ohne Samen)
100 g geröstete, geriebene Erdnüsse
2 EL Erdnussöl
1 EL Fischsauce
1/2 l ungesüßte Kokosmilch (aus der Dose)
1/2 l Fischfond
Für das Gemüse:
1 EL Erdnussöl
200 g Aubergine, in Scheiben geschnitten
150 g grüne Bohnen, 150 g unreife Mango
100 g Bohnensprossen

In Laos verwendet man typischerweise Reisnudeln und die langen, dünnen violetten Auberginen für diese Suppe.

Außerdem:
250 g Garnelenschwänze, mittlere Größe
200 g Reisnudeln, 2 bis 3 mm breit
Koriandergrün und Minze zum Bestreuen

Das Schweinefleisch in kleine Würfel von 2 bis 3 cm Kantenlänge schneiden. Den Knoblauch schälen und fein hacken, die Zwiebeln schälen und ebenfalls hacken, den Stangensellerie klein würfeln. Im Wok das Erdnussöl erhitzen, das Fleisch von allen Seiten bei starker Hitze ganz kurz, aber kross anbraten und herausnehmen. Im verbliebenen Fett die Knoblauchzehen, die Zwiebel- und Selleriewürfel halb weich schwitzen und das Fleisch wieder zugeben. Mit Salz und Pfeffer würzen. Alles aus dem Wok nehmen und warm halten.

Für die Suppe den geriebenen Ingwer, die Chiliwürfel sowie die geriebenen Erdnüsse im heißen Erdnussöl anbraten und mit der Fischsauce würzen. Die Kokosmilch und den Fischfond aufgießen und alles etwa 10 Minuten leicht köcheln lassen. Die Suppe warm stellen.

Das Erdnussöl im Wok erhitzen, die Auberginenscheiben von beiden Seiten darin hellbraun anbraten und warm stellen. Die grünen Bohnen putzen und halbieren. Die Mango schälen, den Stein entfernen, das Fruchtfleisch würfeln und zusammen mit den Bohnen kurz blanchieren.

Die Garnelenschwänze schälen und jeweils den Darm entfernen. Die Schweinefleischmischung zunächst in den Wok zurückgeben und erhitzen. Die Garnelenschwänze untermischen und weiterbraten, bis sie ihre Farbe gewechselt haben und gar sind. Das gesamte Gemüse inklusive der rohen Bohnensprossen unterrühren. Noch einige Minuten erhitzen und warm stellen.

Die Reisnudeln in sprudelnd kochendem Salzwasser 4 bis 5 Minuten kochen. Herausnehmen, abseihen und in Suppenschalen anrichten. Fleisch und Gemüse darüber verteilen. Zuletzt die Suppe darüber schöpfen. Mit Koriandergrün und Minze servieren.

Höllisch scharf sind die Chilis ohne Zweifel, aber in einem angemessenen Verhältnis zu den anderen Zutaten sind sie auch für den europäischen Gaumen genießbar.

Die Landesküche von Myanmar wurde von den Einflüssen seiner Nachbarn geprägt.

Scharfe Nudelsuppe mit Garnelen

Mit Indien im Westen, China im Norden und Thailand im Osten haben die wichtigsten Kochkulturen Asiens allesamt ihre Spuren im ehemaligen Birma, das sich heute Myanmar nennt, hinterlassen. Indische Curries werden dort, wenn auch abgewandelt, sehr geschätzt. Und die Nudelgerichte Myanmars erinnern in manchem doch sehr an die thailändischen; so auch Mohinga – eines der beliebtesten, das mit Reisnudeln zubereitet wird. Mohinga basiert auf einer Fischsuppe, die durch die Kurkumawurzel kräftig gelb und durch Chilis recht scharf ist. Das folgende Rezept ist diesem »Nationalgericht« nachempfunden, allerdings ohne das obligatorische Stück Bananenstaude, das in einem Original-Mohinga keinesfalls fehlen darf.

Wer es nicht so scharf möchte, kann die Chilis häuten; es bleibt immer noch viel Geschmack erhalten, aber die Schärfe ist weniger intensiv. So kann die Menge der Chilis sogar verdoppelt werden.

Die ganz dünnen Reisnudeln, meist unter der Bezeichnung »rice vermicelli« gehandelt, sind ideal für diese Suppe.

600 g Garnelen mittlerer Größe
2 Stängel Zitronengras
30 g Galgantwurzel
20 g Ingwerwurzel, 3 grüne Chilis
2 EL Pflanzenöl, 1 1/2 l Wasser
1 TL Salz, 4 Limettenblätter
2 rote Chilis, 2 Frühlingszwiebeln
200 g Rice vermicelli
Schale und Saft von 1 Kaffir-Limette
Außerdem:
Korianderblättchen zum Garnieren

Die Garnelen waschen, abtropfen lassen und das Schwanzteil vom Kopfteil abdrehen. Das Schwanzteil schälen und den Darm entfernen.

Das Zitronengras, die Galgant- und Ingwerwurzel klein schneiden. Die grünen Chilis längs halbieren, Samen und Scheidewände entfernen.

Das Öl in einem Wok erhitzen und die Garnelenschalen und -köpfe darin wenden, bis sie sich rosa färben. Das Wasser aufgießen, salzen. Zitronengras, Galgant, Ingwer und Chilis zusammen mit den Limettenblättern einrühren, zum Kochen bringen und etwa 1/2 Stunde leicht köcheln.

Inzwischen von den roten Chilis den Stielansatz herausschneiden, Samen und Scheidewände entfernen, das Fruchtfleisch in Ringe schneiden. Die Frühlingszwiebeln putzen, waschen und grob würfeln.

Die Nudeln in kochendem Salzwasser 1 bis 2 Minuten kochen und abseihen, aber nicht abbrausen.

Die Wok-Brühe abseihen, auffangen und erneut im Wok zum Kochen bringen. Die Garnelenschwänze einlegen, die roten Chilis und die Frühlingszwiebeln einrühren. Die Suppe so lange köcheln, bis die Garnelen gar sind. Je nach Größe der Garnelen dauert es 3 bis 5 Minuten. Die Limettenschale einrühren, den Saft zugießen, nochmals abschmecken.

Die Reisnudeln in Schalen verteilen und die heiße Suppe darüber gießen. Jeweils mit abgezupften Korianderblättchen bestreuen und sofort servieren. Die Suppe soll noch heiß sein.

Frisches Gemüse, Nudeln und Garnelen – mit den entsprechenden Gewürzen ein gelungenes Gericht.

Nudelcurry

Nudeln sind in den indischen Curries zwar eine recht seltene Zutat, dafür aber nicht minder schmackhaft – ganz besonders, wenn genügend Flüssigkeit vorhanden ist und das Curry etwa die Konsistenz eines suppigen Eintopfs hat. Wer es weniger flüssig mag, kann das Curry mit etwas Stärke binden.

Das Mischen von Gewürzen ist in der indischen Küche Sache der Hausfrau, und die Zusammensetzung einer Currymischung wird meist von Generation zu Generation vererbt.

350 g Vermicelli (oder andere dünne Spaghetti)
Für die Gewürzpaste:
20 g Galgantwurzel
2 Knoblauchzehen, 40 g Schalotten
2 rote Chilischoten
10 g frische Kurkumawurzel
1/2 TL Cumin (Kreuzkümmel)
1/2 TL Kardamomsamen, Salz
Für die Gemüse-Garnelen-Mischung:
250 g kleine, runde Auberginen (oder normale)
200 g Spargelbohnen (oder Bobbybohnen)
450 g unreife Papaya
2 EL Pflanzenöl
200 g kleine Garnelen in der Schale
3/4 l heißer Gemüsefond
Außerdem:
10 g grob gehackte frische grüne Pfefferkörner
1 EL gehackte Petersilie

Curries werden im Süden Indiens und auf Sri Lanka in besonders geformten Töpfen aus unlasiertem Ton zubereitet. Diese Töpfe weisen eine unglaubliche Stabilität auf, wenn sie gefüllt über dem offenen Feuer stehen.

Für die Gewürzpaste den Galgant, den Knoblauch und die Schalotten schälen, grob hacken. Die Chilischoten halbieren, die Samen entfernen und das Fruchtfleisch grob hacken. Die Kurkuma schälen und klein schneiden. Alles mit dem Cumin und dem Kardamom in einem Mörser zu einer feinen Paste verreiben, nach Bedarf salzen.

Von den Auberginen die Stielansätze entfernen und vierteln. Die Spargelbohnen putzen und in 4 cm große Stücke schneiden. Die Papaya schälen, halbieren, die schwarzen Samen mit einem Löffel entfernen und das Fruchtfleisch in 1,5 bis 2 cm große Würfel schneiden.

Das Öl in einem entsprechend großen Topf erhitzen und die Gewürzpaste unter Rühren darin angehen lassen, bis sie duftet; sie darf aber nicht verbrennen. Die Auberginen, die Bohnen und die Garnelen darin 3 Minuten anschwitzen. Die Papaya kurz mitschwitzen, den Fond aufgießen, aufkochen und weitere 3 Minuten köcheln lassen.

Die Nudeln in sprudelnd kochendem Salzwasser al dente kochen, abseihen und gut abtropfen lassen. Vorsichtig unter die Gemüse-Garnelen-Mischung heben und in Schälchen beziehungsweise tiefe Teller verteilen. Mit den gehackten Pfefferkörnern und der Petersilie bestreuen.

Auberginen werden in der Küche von Laos nicht nur wie in diesem Rezept gebraten, sondern auch gekocht und als Bindemittel für Schmorgerichte verwendet oder zusammen mit Fisch zu einer würzigen Paste verarbeitet.

Ein laotisches Nationalgericht – typisch ist die einfallsreiche Kombination einfacher Zutaten.

Nudelsuppe mit Fisch und Schweinefleisch

In Laos werden kräftige Suppen wie diese, die Khao Phoune heißt, gerne zum Frühstück gereicht. Meist füllt man dazu eine große Schüssel zur Hälfte mit Nudeln, bedeckt sie mit frischem Gemüse sowie Kräutern und übergießt sie mit Brühe.

3 Knoblauchzehen, 120 g Zwiebeln
500 g Schweinefleisch (etwa aus der Schulter)
300 g Filet vom Red Snapper
10 g frische Ingwerwurzel, 3 rote Chilischoten
3 EL Erdnussöl, 1 l Kokosmilch
70 g geröstete Erdnüsse, gemahlen
Salz, 1 EL Fischsauce, 250 g fast reife Mango
100 g weißer Rettich
100 g Sojabohnensprossen, 100 g grüne Bohnen
150 g kleine asiatische Auberginen
80 g Frühlingszwiebeln, 100 g Salatgurke
150 g Rice vermicelli
Außerdem:
8 bis 10 kleine vietnamesische Minzeblättchen

Den Knoblauch und die Zwiebeln schälen und grob hacken. Schweinefleisch, Knoblauch und Zwiebeln in einem großen Topf mit 700 ml Wasser zum Kochen bringen, die Hitze reduzieren und ungefähr 1 1/2 Stunden köcheln lassen. Das Fleisch sollte die ganze Zeit über mit Flüssigkeit bedeckt sein; falls nötig, Wasser nachgießen. Das Fleisch herausnehmen, abkühlen lassen. Das Fischfilet in der Brühe etwa 4 bis 5 Minuten gar ziehen lassen und vorsichtig herausnehmen. Die Brühe durch ein feines Sieb gießen. Es sollte etwa 1/2 l ergeben.

Den Ingwer schälen, die Chilischoten halbieren, von Samen und Scheidewänden befreien. Ingwer und Chillies sehr fein hacken, in einem Wok mit 1 EL zuvor erhitztem Öl hell anbraten, mit der Kokosmilch ablöschen und die Erdnüsse einrühren. Die Milch zum Kochen bringen, 5 Minuten bei reduzierter Temperatur köcheln lassen, mit Salz und Fischsauce würzen. Die Brühe angießen und weitere 5 Minuten köcheln lassen.

Das Fruchtfleisch der Mango auslösen. Dazu die Frucht der Länge nach in drei Teile schneiden. Vom mittleren Teil die Schale lösen. Den Stein mit einer Gabel oder mit den Fingern auf eine Arbeitsfläche drücken, Fruchtfleisch und Saft abstreifen. Aus den beiden übrigen Mangostücken das Fruchtfleisch mit einem Löffel lösen. Das gesamte Fruchtfleisch in ungefähr 1 cm große Würfel schneiden.

Den Rettich schälen, etwa 1/2 cm groß würfeln. Die Sprossen waschen und gut abtropfen lassen. Die Bohnen waschen, von Enden und Fäden befreien und schräg in feine Scheiben schneiden. Die Stielansätze der Auberginen entfernen, die Frühlingszwiebeln putzen, die Salatgurke schälen. Alles in Scheiben schneiden. Das Fleisch in 1/2 cm große Würfel schneiden und das Fischfilet in mundgerechte Stücke zerpflücken. Die Sprossen kurz in kochendem Wasser blanchieren, abseihen. Die restlichen 2 EL Öl in einer Pfanne erhitzen, die Auberginenscheiben darin von beiden Seiten knusprig anbraten, herausnehmen und auf Küchenpapier entfetten.

Zuerst die Bohnen 5 Minuten in der Brühe köcheln lassen, dann den Rettich, die Salatgurke, die Sprossen, die Mango, das Fleisch und den Fisch 1 Minute mitgaren. Zum Schluss Auberginen und Frühlingszwiebeln einrühren. Mit Salz und Fischsauce abschmecken. Die Rice vermicelli 3 bis 4 Minuten in kochendem Salzwasser garen, abseihen. Nudeln in Suppenschalen verteilen, mit der Suppe übergießen und mit Minzeblättchen garniert servieren.

Dass in einem Gericht sowohl Schweinefleisch als auch Fisch verarbeitet wird, ist für unser Empfinden sicher ungewöhnlich, aber durchaus schmackhaft.

Getrocknete chinesische Pilze gehören bei uns in Asienläden und Kaufhäusern inzwischen zum Standardangebot.

Die Küche der Provinz Sichuan ist bekannt für besonders scharfe, würzige Speisen.

Sichuan-Nudelsuppe

Eine Suppe wie diese würde man bei uns schon fast als Eintopf bezeichnen, denn der Inhalt ist üppig und vielfältig. Was mit in den Topf kommt, bestimmt das tägliche Marktangebot.

10 g getrocknete Mu-Err-Pilze
5 g getrocknete chinesische weiße Wolkenohrpilze
1 Frühlingszwiebel
40 g Stangensellerie
100 g mageres Schweinefleisch
100 g chinesische Mixed Pickles
200 g Kantonnudeln

Kantonnudeln, die langen 2 bis 3 mm breiten Schnittnudeln aus der chinesischen Provinz Kanton, gehören traditionell mit in diese Suppe. Statt ihnen können aber auch andere chinesische Nudeln, etwa Mee, verwendet werden.

Frisches Gemüse auf einem chinesischen Markt: Bei einem solchen Angebot macht es Spaß einzukaufen, und in China lässt man dem kreativen Koch viel Freiheit.

1 EL Chiliöl
800 ml Geflügelbrühe
1 EL dunkle Sojasauce, 2 EL helle Sojasauce
1/2 EL Chilisauce
1/2 TL Palmzucker
Salz, frisch gemahlener Pfeffer
20 g getrocknete Garnelen
30 g gesalzene Erdnussbutter
Außerdem:
1 Frühlingszwiebel, 50 g gehäutete Erdnusskerne
Koriandergrün zum Bestreuen

Die getrockneten Pilze 1/2 Stunde in lauwarmem Wasser einweichen. Die Frühlingszwiebel und den Sellerie waschen, putzen und fein hacken. Das Schweinefleisch in Würfel mit 1 cm Kantenlänge

schneiden. Die Mixed Pickles abtropfen lassen und in kleine Stücke schneiden. Die Pilze abseihen, gut abtropfen lassen und in Stücke teilen.

Die Kantonnudeln in sprudelnd kochendem Salzwasser kochen, abseihen, kalt abschrecken, gut abtropfen lassen und beiseite stellen.

Das Chiliöl in einer Kasserolle erhitzen und die Fleischwürfel darin anbraten. Frühlingszwiebel und Sellerie mitschwitzen. Die Brühe zugießen, aufkochen und 5 Minuten köcheln lassen. Mit den beiden Sojasaucen, der Chilisauce, dem Palmzucker und nach Bedarf mit Salz und Pfeffer würzen. Die Mixed Pickles, die Pilze sowie die getrockneten Garnelen untermengen und alles weitere 3 Minuten köcheln lassen. Die Erdnussbutter einrühren und schmelzen lassen. Die gegarten Nudeln in die Suppe geben und kurz darin erwärmen.

In der Zwischenzeit die Frühlingszwiebel putzen, waschen und in feine Ringe schneiden. Die Erdnüsse in einer beschichteten Pfanne ohne Fett goldgelb rösten und grob hacken.

Die Suppe in Schälchen anrichten, mit den Frühlingszwiebelringen, den gehackten Erdnüssen und dem Koriandergrün bestreuen.

**Die Basis dieses Rezepts stammt aus China.
Zubereitet wird das Huhn hier jedoch nach amerikanischem Muster.**

Hühnertopf mit Nudeln

Einfache und typische Gerichte aus den verschiedenen Landesküchen Asiens wie etwa dieser köstliche Hühnertopf mit Blattspinat, Stangensellerie und Lauch haben inzwischen auch in Europa und Amerika viele Freunde gefunden. Kein Wunder, ist die Zubereitung doch recht einfach und mit erfreulich wenig Zeitaufwand verbunden. Und das mit überzeugendem Ergebnis.

1/2 küchenfertige Poularde (etwa 800 g)
150 g frischer Blattspinat
100 g Stangensellerie
100 g Lauch
20 g Ingwerwurzel
2 EL Reiswein
1 bis 2 TL Salz
1,2 l Wasser oder Hühnerfond
250 g chinesische Eiernudeln
200 g Shiitake-Pilze
1 EL helle Sojasauce

Die Poularde sorgfältig unter fließendem kaltem Wasser innen und außen waschen. Genügend Wasser in einem großen Topf zum Kochen bringen und die Poularde darin 4 bis 5 Minuten blanchieren. Herausnehmen, kalt abbrausen und abtropfen lassen. Den Spinat waschen und gut trockenschleudern, die Stiele entfernen und die Blätter gleichmäßig in 3 bis 4 cm lange Stücke schneiden. Den Stangensellerie waschen, Wurzelansatz und die gröbsten Fasern entfernen. Von der Lauchstange den dunkelgrünen Teil und den Wurzelansatz entfernen, das Weiße sorgfältig waschen und beide Gemüse in grobe Stücke schneiden. Die Ingwerwurzel schälen und in etwa 3 mm dicke Scheiben schneiden. Weiterverfahren, wie in der nebenstehenden Bildfolge gezeigt. Die gekochte Poularde in Stücke schneiden, in Suppenschalen verteilen, mit der heißen Brühe übergießen und sofort servieren.

Die Poularde, Sellerie, Lauch und Ingwer in einen Topf geben, den Reiswein und das Salz zufügen, mit dem Wasser oder dem Hühnerfond übergießen.

Bei starker Hitze schnell zum Kochen bringen, die Hitze reduzieren und 1 Stunde köcheln lassen, dabei mehrmals abschäumen.

Die Nudeln in sprudelndem Salzwasser bissfest kochen. Ist das Huhn gar, Ingwer, Sellerie und Lauch herausnehmen, die Nudeln zugeben, kurz mitkochen.

Die Pilze separat in wenig leicht gesalzenem Wasser etwa 10 Minuten kochen. 15 Minuten vor Ende der Kochzeit mit ihrer Brühe zur Suppe geben.

5 Minuten vor Ende der Garzeit den Spinat zugeben und mitkochen, dabei soll er knackig bleiben. Mit der Sojasauce würzen.

Frische Wasserkastanien gehören zum Standardangebot auf den chinesischen Märkten. Sie geben mit ihrer »knackigen« Struktur vielen Gerichten, zum Beispiel dieser Nudelsuppe, eine ganz besondere Frische.

Sie ist die bekannteste unter den Suppen der chinesischen Regionalküchen.

Hokkien Nudelsuppe

Auch über die Grenzen Chinas hinaus ist diese Nudelsuppe wohl bekannt, weil sie dem westlichen Geschmacksempfinden besonders nahe kommt. Wie bei allen kulinarischen Klassikern sind auch bei dieser Nudelsuppe die unterschiedlichsten Rezepte im Umlauf. Das folgende ist ein guter Kompromiss und schmeckt herrlich, weil die Zutaten angenehm bißfest sind – gerade auch die Wasserkastanien. Da diese in unseren Breiten nur selten frisch angeboten werden, muss man sich hier allerdings meist mit der Konserve behelfen.

30 g Schalotten
2 rote Chilis
1 Dose ganze Wasserkastanien (etwa 220 g)
250 g Schweinefilet
150 g grüner Speck
3/4 l Geflügelfond
150 g chinesische Weizennudeln
8 Garnelen
150 g frische Bohnensprossen
1 EL Sojasauce
1 TL Fischsauce
Außerdem:
80 g Frühlingszwiebeln
1 bis 2 EL frisch gehacktes Koriandergrün

Für die Suppe die Schalotten schälen und in feine Streifen schneiden. Die Chilis halbieren, von den Samen und Scheidewänden befreien und sehr fein hacken. Die Wasserkastanien in ein Sieb abgießen und abtropfen lassen.

Mee, die chinesischen Weizennudeln, gibt es bei uns inzwischen in fast allen Formen und Breiten. Für die Nudelsuppe sollte man ganz schmale Bandnudeln wie diese wählen.

Mit Frühlingszwiebeln und Koriandergrün bestreuen, das bedeutet in Asien etwa so viel wie bei uns »mit Schnittlauch und Petersilie« das Gericht vollenden. Nun könnte man Schnittlauch und Frühlingszwiebeln vielleicht geschmacklich verwechseln, Koriander und Petersilie aber haben keinerlei Gemeinsamkeit.

Das Schweinefilet in kochendes Salzwasser einlegen, 20 Minuten gar ziehen lassen und dann in dünne Scheiben schneiden. Den fetten Speck in etwa 1 cm große Würfel schneiden.

Eine beschichtete Pfanne ohne Fett stark erhitzen, die Speckwürfel darin gut anbraten, wieder herausnehmen und auf Küchenpapier abtropfen lassen. Von dem Speckfett 2 EL in der Pfanne lassen. Die Schalottenstreifen darin goldgelb anbraten und beiseite stellen.

Den Geflügelfond aufkochen, die Nudeln, das Fleisch, die Garnelen, die Schalottenstreifen, die Chiliwürfel, die Wasserkastanien und die Bohnensprossen zugeben und 5 bis 7 Minuten darin ziehen lassen. Die Suppe mit der Sojasauce und der Fischsauce abschmecken.

Für die Garnitur die Frühlingszwiebeln putzen und fein hacken. Mit den Speckwürfeln und dem Koriandergrün über die Suppe streuen. In Schalen anrichten und servieren.

Mit Käse, Krä

Als geschmackvolle Begleiter für Teigwaren aller Art eignen sich kräftiger Käse, aromatische Pilze und Kräuter auf geradezu ideale Weise. Nicht umsonst werden daher die meisten Pasta-Gerichte

utern & Pilzen

zum Abschluss mit einem Käse, meistens mit einem würzigen Hart- oder Halbhartkäse, gekrönt. Pilze mit ihrem intensiven Geschmack finden sich dagegen häufig in der begleitenden Sauce oder als Füllung von Nudeln wieder und verleihen ihnen ein besonderes Aroma. Sehr vielseitig lassen sich schließlich Kräuter verwenden: In den Nudelteig eingearbeitet, in der entsprechenden Sauce mitgegart oder als Garnitur geben sie so manchem Nudelgericht erst den letzten Pfiff.

Frische Steinpilze in guter Qualität sind nicht nur selten zu haben, sie sind geschmacklich auch den meisten übrigen Pilzen überlegen. In Scheiben geschnitten und getrocknet, lassen sie sich über lange Zeit lagern, und man hat eine absolute Qualitätsgarantie.

Mit einer Sauce aus frischen Tomaten werden sie zur Delikatesse.

Steinpilznudeln

Die geschmacksintensiven Steinpilze sind ein idealer Aromageber für Nudeln. Um den Geschmack noch mehr hervorzuheben, kann man im Kochwasser für die Nudeln zuvor eine Handvoll getrocknete Steinpilze auskochen. Die darin gekochten frischen Steinpilznudeln bekommen so noch mehr Aroma.

Für den Nudelteig:
250 g Mehl, 2 Eier, 1 Eigelb, 1/2 TL Salz, 2 EL Öl
10 g getrocknete Steinpilze, im Mörser zerstoßen
1 EL fein gehackte Petersilie
Für die Tomatensauce:
600 g reife Tomaten, 80 g Schalotten
8 mittelgroße Salbeiblätter
125 g Butter, 1/2 TL Salz
Außerdem:
100 g frisch gehobelter Parmesan

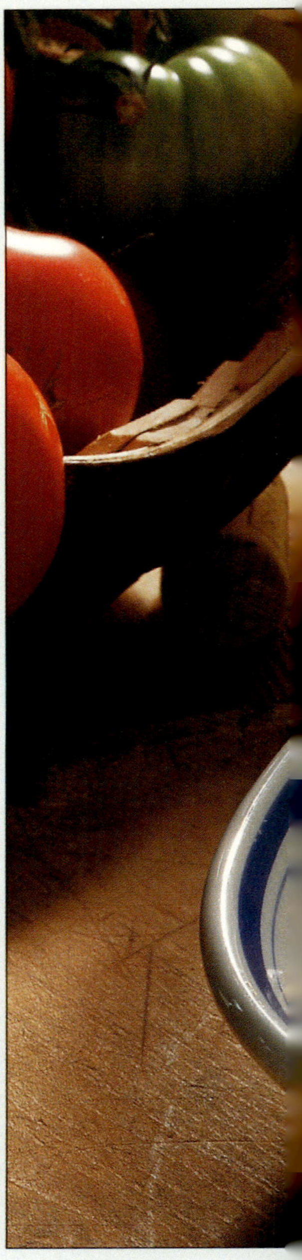

Spätsommer – Saison für Pilze und die besten Tomaten. Man braucht für die Nudeln zwar nur getrocknete Pilze, aber frische Steinpilze untergemischt, machen dieses Pastagericht noch interessanter.

Für den Nudelteig das Mehl auf eine Arbeitsfläche häufen und in die Mitte eine Mulde drücken. Die Eier, das Eigelb, Salz, Öl, die Steinpilze und die Petersilie in die Mulde geben. Zunächst mit einer Gabel die Zutaten in der Mulde verrühren und dabei immer mehr Mehl vom Rand mit einrühren. Mit den Händen das Mehl von außen nach innen einarbeiten und zu einem glatten Teig kneten, bei Bedarf etwas Wasser unterarbeiten. Den

Nudelteig in Folie einwickeln und mindestens 1 Stunde im Kühlschrank ruhen lassen.

Für die Sauce die Tomaten blanchieren, häuten, halbieren, jeweils Stielansatz und Samen entfernen, und das Fruchtfleisch grob würfeln. Die Schalotten schälen und fein hacken. Die Salbeiblätter in feine Streifen schneiden.

Die Butter in einer Kasserolle zerlassen und die Zwiebelwürfel darin glasig anschwitzen. Die Tomatenwürfel sowie die vorbereiteten Salbeistreifen 10 Minuten mitschwitzen und die Sauce salzen.

Den Teig auf einer bemehlten Arbeitsfläche ausrollen, in Streifen schneiden und diese in einer Nudelmaschine in mehreren Durchgängen ausrollen. Dabei werden die Walzen immer enger gestellt, bis der Teig entsprechend dünn ist. Mit dem Lasagnette-Vorsatz in 1 cm breite Streifen schneiden. Die Nudeln auf ein leicht bemehltes Tuch legen und vor dem Kochen etwas antrocknen lassen.

Die Nudeln in sprudelnd kochendem Salzwasser al dente kochen und abseihen. Die abgetropften Nudeln mit der Sauce vermengen, auf Tellern anrichten und mit frisch gehobeltem Parmesan bestreuen.

Ob frische Kräuter, Tomaten oder andere Gemüse – Don Alfonso erntet alles frisch auf seinem Bauernhof auf der malerischen Halbinsel von Sorrent.

Alfonso Iaccarino serviert in seinem Restaurant die besten Gnocchetti di patate weit und breit.

Gnocchetti Don Alfonso

Das Rezept seiner Gnocchi unterscheidet sich eigentlich überhaupt nicht von anderen Kartoffelteigen. Don Alfonso macht sie nur besonders klein, aber ohne sie in die übliche »Gnocchiform« zu bringen. Er rollt den Teig in dünne, etwa 5 mm starke Stränge und schneidet diese dann in etwa 1 cm lange Stücke. Ein Geheimnis gibt es also nicht, zumindest beim Teig nicht – aber vielleicht bei dem Tomatensugo, denn den macht er nur aus vollreifen Früchten eigener Ernte, von denen er im Herbst so viele einkocht, dass er das ganze Jahr über einen ausreichenden Vorrat hat. Und sein Olivenöl aus eigener Produktion – es ist einfach von einem ganz besonderen Aroma! – rundet den Geschmack des Sugo entsprechend ab. So kann aus einem sehr einfachen Pastagericht eine kleine Delikatesse werden. Mit weiteren Zutaten lassen sich diese Gnocchi noch variieren und aufwerten, etwa mit frisch gekochten Scampi oder Muscheln, die es bei Don Alfonso am Golf von Neapel ausreichend und in guter Qualität gibt.

Für den Kartoffelteig:
600 bis 700 g mehlig kochende Kartoffeln
250 g Mehl
100 g Grieß
Salz, 1 Eigelb

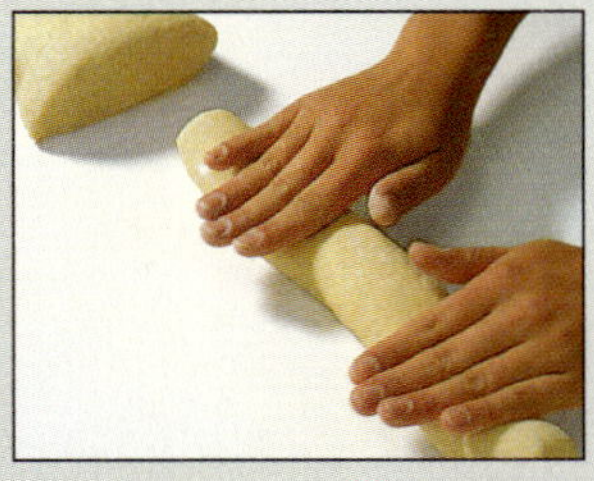

Das Mehl auf eine Arbeitsfläche häufen, in die Mitte eine Mulde drücken, Grieß, Salz und Eigelb hineingeben. Die heißen Kartoffeln kranzförmig auf den Mehlrand drücken und alles zu einem glatten Teig verkneten. Kurz ruhen lassen. Zu dünnen Strängen von etwa 5 mm Dicke rollen und mit Mehl bestauben. 1 cm lange Stücke abschneiden.

Für den Tomatensugo:
700 g Tomaten, 100 ml Olivenöl
50 g gehackte Schalotten
1 zerdrückte Knoblauchzehe
1 Rosmarinzweig
1 EL gehacktes Basilikum
1 TL Salz, frisch gemahlener Pfeffer

Die Kartoffeln waschen und garen. Dafür die Kartoffeln in Alufolie wickeln und bei 200 °C im vorgeheizten Ofen 1 Stunde backen. Die Kartoffeln aus dem Ofen nehmen und pellen. Den Kartoffelteig zubereiten und die Gnocchetti formen, wie in der Bildfolge links gezeigt. Die Gnocchetti in sprudelnd kochendes Salzwasser einlegen und gar ziehen lassen. Sobald sie an die Oberfläche steigen, mit einem Schaumlöffel vorsichtig herausheben und warm stellen. In der Zwischenzeit die Tomaten blanchieren, häuten, vierteln, Samen und Stielansatz entfernen und das Fruchtfleisch in kleine Würfel schneiden. Das Öl in einer Kasserolle erhitzen, die Schalottenwürfel und die Knoblauchzehe darin hell anschwitzen. Die Tomatenwürfel, Rosmarin und Basilikum kurz mitschwitzen. Mit Salz und Pfeffer würzen. Die Gnocchetti auf vorgewärmten Tellern anrichten und den Tomatensugo darübergießen.

Nudeln mit Pilzen gehören mit zum Feinsten, was die italienische Pastaküche zu bieten hat, vor allem, wenn sie mit »Porcini«, also Steinpilzen, zubereitet werden.

Pappardelle con funghi

Pilze gibt es in vielen Regionen Italiens, vor allem im Trentino, in Südtirol, aber auch in Ligurien oder der Toskana. Im Herbst stehen sie auf den Speisekarten all jener Restaurants, die auf regionale Küche achten. Die prächtigen, aromatischen frischen Steinpilze sind darüberhinaus aber auch die Favoriten der Hausfrauen, wenn diese für ihre Pasta einkaufen. Für den Rest des Jahres werden sie getrocknet angeboten. So konserviert, ist ihr Aroma noch konzentrierter und sie geben vor allem Wildragouts einen kräftigen Geschmack mit. Bei frischen Pilzen kann es vorkommen, dass durch wurmige Stiele oder weiche Stellen Abfall entsteht. Deshalb sollte man gegebenenfalls etwas mehr einkaufen, um auf das gewünschte Gewicht zu kommen.

Schinken und Käse kauft die italienische Hausfrau – und nicht nur diese – weniger gern abgepackt, sondern lieber beim Fachmann auf dem Markt oder direkt beim Erzeuger. So kann man relativ sicher sein, auch wirklich gute Qualität und entsprechend gereifte Produkte zu erhalten.

400 g geputzte Steinpilze
80 g Zwiebeln, 1 Knoblauchzehe
200 g Tomaten, 1/4 l Fleischbrühe
400 g Pappardelle
Salz, 3 EL Olivenöl
60 g Parmaschinken, 1/2 TL Salz
frisch gemahlener weißer Pfeffer
Außerdem:
2 EL gehackte Petersilie
frisch gehobelter Parmesan

Die Steinpilze längs in Scheiben schneiden, wenn möglich, sollte die ursprüngliche Pilzform noch zu sehen sein. Zwiebeln sehr fein würfeln. Knoblauch schälen und fein hacken. Die Tomaten mit kochendem Wasser überbrühen, häuten, halbieren, Samen entfernen und das Fruchtfleisch würfeln.

Fleischbrühe aufkochen und bis auf etwa 1/3 der ursprünglichen Menge einkochen lassen. Die Nudeln in sprudelnd kochendem Salzwasser in etwa 8 Minuten bißfest garen und ablaufen lassen.

Das Öl in einer großen Pfanne erhitzen und die Zwiebel- und Knoblauchwürfel darin hell anschwitzen. Den in feine Streifen geschnittenen Parmaschinken kurz mitbraten. Die Pilzscheiben sowie die Tomatenwürfel zugeben, nach Geschmack salzen, pfeffern und 4 bis 5 Minuten schmoren. Die reduzierte Fleischbrühe zugießen und alles bei Mittelhitze weitere 20 Minuten köcheln lassen, bis die Flüssigkeit fast verdampft ist. Dann die Nudeln und die gehackte Petersilie zugeben, alles nochmals erhitzen und mit reichlich gehobeltem Parmesan servieren.

Die breiten Pappardelle passen gut zu Pilzen mit Sauce oder zu einem Wildragout, das natürlich auch mit Pilzen kombiniert werden kann.

Schafzucht ist im Süden Italiens, Siziliens und Sardiniens heute noch ein wichtiger Wirtschaftszweig, und die Pecorini dieser Region gehören zu den feinsten Käsesorten Italiens.

In Apulien und den Abruzzen werden diese Nudeln selbst gemacht – aus Mehl und Wasser.

Orecchiette mit Rucola, Oliven und Pecorino

Rucola oder Rauke ist ein einjähriges Kraut mit nach Rettich oder Radieschen schmeckenden Blättern, das seit alters her als Würzkraut sehr geschätzt wird. Seine Samen werden in Indien zur Ölgewinnung genutzt. Statt Rauke kann man für dieses Rezept auch frischen jungen Löwenzahn verwenden.

350 g Orecchiette
Für die Sauce:
500 g reife Tomaten, 80 g Zwiebeln
4 EL Olivenöl, 1/2 TL Salz
frisch gemahlener Pfeffer, 80 g schwarze Oliven

Vom Stück sollte der Pecorino über die Nudeln gerieben werden. Die Orecchiette sehen aus wie kleine Schüsselchen aus Teig. Die kleinen Teigstücke werden zuerst mit einem kleinen Messer flach gedrückt und dann über dem Daumen vorsichtig konkav geformt.

»Pecorino canestrato« wird in traditioneller Handarbeit in Körben aus Schilfgeflecht hergestellt, in die die gestockte Milch zum Abtropfen eingefüllt wird. Die fertigen Käselaibe haben ein Gewicht zwischen 4 und 10 kg.

Für die Rucola-Schinken-Mischung:
100 g Rucola
150 g luftgetrockneter Schinken
3 Knoblauchzehen
2 EL Olivenöl
Außerdem:
120 g frisch geriebener reifer Pecorino

Die Tomaten blanchieren, häuten, Stielansatz und Samen entfernen, das Fruchtfleisch fein würfeln. Die Zwiebeln schälen und fein würfeln. Das Öl in einer Kasserolle erhitzen und die Zwiebeln darin hell anschwitzen. Die Tomaten zugeben, salzen und pfeffern. Bei Mittelhitze sanft köcheln lassen, bis die Tomaten fast zerfallen sind. Die Oliven untermischen und zur Seite stellen.

Die Nudeln in sprudelnd kochendem Salzwasser in 12 bis 15 Minuten kochen; sie brauchen vergleichsweise lange Zeit, bis sie weich sind.

Rucola verlesen, waschen und abtropfen lassen. In sprudelndem Salzwasser 1 bis 2 Minuten blanchieren, herausnehmen, kalt abschrecken und ablaufen lassen. Den luftgetrockneten Schinken klein schneiden. Knoblauch schälen, in hauchdünne Scheibchen schneiden. Das Öl in einer zweiten Kasserolle erhitzen, den Knoblauch und den Schinken darin unter ständigem Rühren kurz anbraten. Rucola zugeben und zur Seite stellen.

Die Nudeln zur Rucola-Schinken-Mischung geben. Mit der Sauce anrichten, mit Käse bestreuen.

Selbst gemachte Nudeln mit Scheibchen des edlen Pilzes – ein wahrer Luxus.

Fettuccine mit weißen Trüffeln

Schon allein mit Butter und reichlich frisch geriebenem Käse wären die Fettuccine ein gutes Essen. Zur exquisiten Delikatesse werden sie durch die teuersten aller Trüffeln. Das starke Aroma der weißen Trüffel ist zwar durchaus nicht jedermanns Sache, doch Liebhaber der begehrten Knolle – einmal ihrem Duft und Geschmack verfallen – werden die hohen Kosten nicht scheuen und sich dieses Gericht im Spätherbst, zur Trüffelzeit, wieder einmal leisten.

In hauchdünnen Blättchen kommen die Trüffeln über die Nudeln, am besten geht dies mit einem Trüffelhobel. Eine verbindliche Mengenangabe ist schwer möglich. Doch 10 bis 15 g pro Portion sollten es schon sein.

Für den Nudelteig:
300 g doppelgriffiges Weizenmehl Type 405
2 Eier, 4 Eigelbe
1/3 TL Salz, 1 EL Wasser nach Bedarf

Die Trüffelqualität von außen zu beurteilen, ist kein leichtes Unterfangen. Schwer und fest sollten sie sein, auf keinen Fall dürfen sich die Trüffeln schwammig anfühlen. Größere Exemplare sollte man sich quer durchschneiden lassen, denn nicht selten stecken die sündhaft teuren Pilze voll Maden.

Für die Sauce:
2 rote Chilischoten, 1/4 l Sahne, 1 TL Trüffelöl
Salz, frisch gemahlener weißer Pfeffer
Außerdem:
weiße Trüffel, 1 EL Basilikum, in feinen Streifen
frisch geriebener Parmigiano reggiano

Mehl auf die Arbeitsfläche häufen, in die Mitte eine Mulde drücken. Eier, Eigelbe und Salz hineingeben. Mit einer Gabel verrühren, dabei immer mehr Mehl vom Rand mit einarbeiten, bei Bedarf 1 EL Wasser zufügen. Zu einem glatten Teig verkneten, zur Kugel formen und in Folie 1 Stunde kühl ruhen lassen.

Den Nudelteig mit der Nudelmaschine zur gewünschten Stärke ausrollen und mit dem entsprechenden Vorsatz in 2 bis 3 mm breite Fettuccine schneiden. Kurz antrocknen lassen.

Die Chilischoten von Samen und Scheidewänden befreien und in feine Streifen schneiden. Die Sahne in einer Kasserolle auf die Hälfte einkochen, die Hitze reduzieren und Chilistreifen und Trüffelöl einrühren. Mit Salz und Pfeffer würzen.

Die Trüffel erst unmittelbar vor dem Hobeln nur ganz kurz unter fließendem kaltem Wasser abbürsten und sofort abtrocknen, keinesfalls darf sie Wasser aufsaugen. Unsaubere Vertiefungen mit einem spitzen, scharfen Messer sehr sparsam ausschneiden, denn jedes Gramm ist kostbar.

Fettuccine in sprudelnd kochendem Salzwasser al dente kochen, abgießen und dann gut abtropfen lassen.

Die Nudeln auf vorgewärmte Teller verteilen, mit der Sauce übergießen und die weiße Trüffel hauchdünn darüber hobeln. Mit Basilikum bestreuen und am besten sofort servieren. Parmesan separat reichen.

Das Trüffelschwein hat langsam ausgedient. Auch im Périgord werden Schweine zum Trüffelsuchen immer seltener eingesetzt und durch entsprechend trainierte Hunde ersetzt. Ihnen sagt man nach, sie hätten die noch bessere Nase und seien dadurch erfolgreicher.

Bezogen auf die wenigen Zutaten ist es ein sehr einfaches Nudelgericht – aber ein besonders feines.

Frische schwarze Trüffeln sind nicht ständig verfügbar, aber in den Monaten Dezember bis März in guten Delikatessabteilungen zu haben.

Hausgemachte Nudeln mit Trüffeln

Dass dieses Gericht nicht gerade billig ist, kommt von den teuren Trüffeln, die durch nichts zu ersetzen sind. 50 g sollten es für die Nudelmenge mindestens sein – denn eine solche Delikatesse leistet man sich ja schließlich nicht alle Tage.

Für den Nudelteig:
300 g Mehl Type 405, 1 Ei
7 Eigelbe, 1 EL Öl, 1/2 TL Salz
Für die Trüffeln und Tomaten:
50 g schwarze Trüffeln, 120 g reife Tomaten
2 EL Öl, 20 g Schalottenwürfel, Salz
frisch gemahlener weißer Pfeffer, 60 g Butter
Außerdem:
frische Basilikumblättchen

Die schwarzen Wintertrüffeln kann man auch roh über die heißen Nudeln hobeln, aber hauchdünn – dann passt auch etwas frisch geriebener Parmesan gut dazu. Eine besondere Note bekommen sie durch das kurze Anbraten in heißer Butter.

Aus den angegebenen Zutaten einen Nudelteig zubereiten. Auf einer bemehlten Arbeitsfläche ausrollen und in etwa 5 mm breite Streifen schneiden.

Die Trüffeln, wenn nötig, sehr sorgfältig unter fließendem kaltem Wasser abbürsten, bis auch der letzte Rest von Sand herausgespült ist. Wenn das wegen der oft tiefen Falten nicht möglich ist, müssen sie geschält werden. Die Fruchtkörper in hauchdünne

Scheiben hobeln oder schneiden. Am besten geht das mit einem Trüffelhobel.

Die Tomaten blanchieren, häuten und halbieren. Stielansatz und Samen entfernen, würfeln. Das Öl erhitzen und die Schalotten darin dünsten, bis sie zu Brei verkocht sind. Tomaten zugeben, kurz anbraten, salzen und pfeffern, beiseite stellen.

Die Nudeln in sprudelnd kochendem Salzwasser al dente kochen, abseihen, gut abtropfen lassen, aber keinesfalls abbrausen und sofort mit den Tomaten mischen.

In einer Pfanne die Butter erhitzen und die Trüffelscheiben darin unter ständiger Bewegung nur ganz kurz von beiden Seiten braten, salzen und pfeffern. Unter die Nudel-Tomaten-Mischung heben. Mit Basilikum garnieren oder über die Mischung einfach rohe Trüffeln hobeln.

Bei einem Nudelgericht mit zwei solch renommierten Käsen lohnt es sich, auch über den richtigen Wein nachzudenken. Ein gut gereifter Burgunder ist in jedem Fall richtig. Es muss natürlich kein »Hospices de Beaune« sein, aber einer aus der Gegend der »Côte de Beaune« sollte es schon sein.

Ein italienisches Rezept, das mit zwei französischen Käsen ein ganz eigenes Aroma entwickelt.

Nudeln mit zweierlei Käse

Das Gericht ist wieder einmal ein hervorragendes Beispiel dafür, wie gute Produkte in einer wirklich höchst einfachen Zusammenstellung zu einer Delikatesse werden. Der Roquefort, aus roher Schafmilch hergestellt, ist ein wahres Meisterwerk der Käserei, ein Käse mit Tradition, der uraltes Können voraussetzt. Der Comté wird aus Kuhmilch – nur von der Rasse »Montbéliarde« – hergestellt und darf nur im Jura und im Doubs produziert werden. Er wird noch nach genauen Bestimmungen auf traditionelle Art in Kupferkesseln produziert, da das Kupfer hier wichtig für den Geschmack ist. Ansonsten ist Kupfer mittlerweile für die Käseproduktion nicht mehr erlaubt.

Dieses Rezept ist ein weiteres Beispiel dafür, dass man auch in Frankreich mit Nudeln kreativ kochen kann. Die große Auswahl an Käse ermöglicht dieses.

Während der Reifungszeit entwickelt jeder Käse seinen vollen Geschmack und sein typisches Aroma. Der Comté wird regelmäßig umgedreht, gesalzen und gerieben.

50 g Penne rigate
Für die Sauce:
30 g Schalotten, 30 g Butter
100 ml Sahne, 140 g Comté
Außerdem:
120 g reifer Roquefort, 120 g Cocktailtomaten
8 Salbeiblätter, 30 g Butter
Salz, frisch gemahlener Pfeffer

Für die Sauce die Schalotten schälen und sehr fein hacken. Die Butter in einem entsprechend großen Topf zerlassen, die Schalottenwürfel darin hell anschwitzen und die Sahne zugießen. Den Comté reiben und unterrühren. Den Käse bei schwacher Hitze unter ständigem Rühren mit dem Schneebesen langsam in der Sauce schmelzen.

Die Penne rigate in sprudelnd kochendem Salzwasser al dente kochen. Abseihen, die Nudeln gut abtropfen lassen, sofort mit der Sauce vermischen und auf 4 Tellern anrichten. Den Roquefort zerbröseln, über die Nudeln verteilen und unter dem Grill kurz zerlaufen lassen.

Die Cocktailtomaten halbieren und mit den Salbeiblättern in der heißen Butter kurz dünsten. Danach mit Salz und Pfeffer würzen und über das heiße Gericht geben.

Allgäuer Bergkäse und reifer Romadur sind eine Mischung mit pikanter Note – beliebt bei Leuten, die herzhafte Spätzle lieben.

Auf den Allgäuer Almen kommen die »Spatzen« öfters auf den Tisch. Sie sind einfach und schnell zubereitet, und die Hauptzutat, der Bergkäse, ist in der Regel sowieso im Haus.

Die »Spatzen« sind ein bekanntes Gericht aus den Allgäuer Alpen – aber welcher Käse dazugehört, ist umstritten.

Allgäuer Kässpatzen

Meist wird der »Allgäuer Emmentaler«, der milde Käse mit den großen Löchern, für die Kässpatzen empfohlen. Aber dieser ist nichts für Leute, die es pikant mögen; sie sollten besser den kräftigeren Bergkäse nehmen, wie er auf den Allgäuer Alpen gekäst wird. Wer es noch etwas schärfer möchte, der kann zur Hälfte reifen Romadur oder Limburger darunter mischen. Der Teig könnte nur aus Eiern und Mehl zubereitet werden; ein gewisser Anteil Wasser bedeutet nicht, dass man Eier sparen will. Denn das bisschen Wasser, das beim besten Willen mengenmäßig nicht bestimmt werden kann, sorgt für die richtige Konsistenz, es macht den Teig schön glatt und zäh. Dieses Rezept ist in dieser Hinsicht sicher ein guter Kompromiss. Zum Kochen ist viel Wasser nötig, damit sich die Spätzle ausdehnen können, ohne zusammenzukleben.

Das Mehl in eine Schüssel geben, in die Mitte eine Vertiefung drücken und die Eier hineinschlagen. Das Salz zugeben.

Zunächst lediglich die Hälfte des Wassers hineingießen und alles mit Hilfe eines Kochlöffels zu einem glatten Teig verrühren.

Den Teig kräftig schlagen, bis er von glatter, zäher Konsistenz ist und in dicken Tropfen vom Löffel fällt. Bei Bedarf weiteres Wasser zufügen.

Durch einen Spatzenhobel – ein Lochblech mit einem Gefäß, das hin- und hergeschoben wird – in sprudelnd kochendes Wasser tropfen lassen.

Die frei schwimmenden Spätzle simmern lassen, bis sie an die Oberfläche steigen. Mit einem Schaumlöffel vorsichtig herausnehmen.

Für 6 bis 8 Portionen
Für den Teig:
500 g Mehl, 5 Eier, 1 TL Salz
etwa 100 ml Wasser
Außerdem:
100 g frisch geriebener Bergkäse
125 g reifer Romadur, in Scheiben geschnitten
200 g Zwiebeln
80 g Butter

Den Teig zubereiten und kochen wie gezeigt. Sobald die Spätzle an der Wasseroberfläche schwimmen, vorsichtig herausheben. Den ersten Löffel fertiger Spätzle auf dem Boden einer vorgewärmten Schüssel verteilen und darauf eine Schicht Käse geben. Abwechselnd Spätzle und Käse einschichten, bis alle Zutaten verbraucht sind. Die Zwiebeln in Scheiben schneiden, in der Butter kross braun braten und über die Kässpatzen geben. Auf Teller verteilen, dabei soll der Käse Fäden ziehen.

Frische Champignons und handgeschabte Spätzle – ein Leckerbissen, der mit reichlich Kräutern gewürzt wird.

Spätzle mit Champignons und Kräutern

Ein Brettchen, vorn möglichst spitz zulaufend, ins kochende Wasser tauchen, darauf einen Löffel Teig geben und diesen in Form von »dünnen Würmchen« mit einem Messer in das siedende Wasser schaben.

Wer einige »Pasta-Erfahrung« hat, wird auch vor schwäbischen Spätzle nicht kapitulieren. Tatsächlich ist dieser Teig, der zwar nicht flüssig ist, aber auch nicht so fest sein darf wie ein normaler Nudelteig, nicht einfach in die typische Spätzleform zu bringen. Nach dem 2. oder 3. Versuch beherrscht man aber die Technik sicher perfekt.

Für den Spätzleteig:
500 g Mehl, 5 Eier
1 TL Salz, etwa 100 ml Wasser
Für die Sauce:
300 g Champignons, 20 g Schalotte, 20 g Butter
40 ml trockener Weißwein, 1/4 l Sahne
1/2 TL Salz, frisch gemahlener Pfeffer
4 EL gehackte Kräuter
Außerdem:
frisch geriebener Bergkäse zum Bestreuen

Viel Petersilie gehört in die Champignonsauce, denn sie verträgt sich geschmacklich mit den Pilzen besonders gut. Deshalb sollten auch mindestens zwei Drittel der Kräuter frische Petersilie sein.

Für den Teig das Mehl in eine Schüssel geben, in die Mitte eine Mulde drücken und die Eier hineingleiten lassen. Salz zufügen und zunächst die Hälfte des Wassers hineingießen. Alles mit einem Kochlöffel vermischen und zu einem glatten Teig schlagen. Die richtige Konsistenz ist erreicht, wenn der Teig, den man mit einem Löffel auf das Spätzlebrett gibt, weitgehend seine Form behält und nicht zu stark verläuft. Ist er zu fest, dann noch etwas Wasser in den Teig einarbeiten.

Für die Sauce Champignons putzen und in Scheiben schneiden. Die Schalotte schälen und fein hacken. Die Butter in einer großen Kasserolle zerlassen und die Schalotte darin glasig schwitzen. Mit dem Weißwein ablöschen, 1 bis 2 Minuten köcheln lassen. Die Sahne zugießen, salzen und pfeffern. Die Sauce um etwa 1/3 einkochen lassen, dann die gehackten Kräuter (viel Petersilie, weniger Schnittlauch, Bärlauch und Liebstöckel) einrühren und die Pilze untermischen.

Die Spätzle zubereiten und garen wie links gezeigt. Abseihen, ablaufen lassen und die Spätzle auf Teller verteilen. Mit der Pilzsauce überziehen und je nach Geschmack mit geriebenem Käse bestreuen.

Bei der »Schwammerlfrau« auf dem Münchner Viktualienmarkt kann man sich während der Pilzsaison noch mit frischen Pilzen eindecken.

Eine unschlagbare Kombination – besser kann man Nudeln gemeinsam mit Pilzen nicht zubereiten.

Bandnudeln mit Pilzen

Im Herbst, wenn die Blätter von den Bäumen fallen, ziehen die Pilzsammler mit ihren Körben los, um die schönsten Pilze zu suchen. Für diese Zeit ist dieses Rezept gedacht. Natürlich kann man die frischen Pilze während der relativ kurzen Saison auch im Handel erstehen, aber zu entsprechenden Preisen, zumindest bei so edlen Sorten wie den Steinpilzen, die übrigens inzwischen auch bei uns im Frühling in Feinkostläden zu haben sind – importiert von der südlichen Erdhalbkugel.

Für den Nudelteig:
300 g Weizenmehl Type 405
3 Eier, 1 EL Öl
1/2 TL Salz
Für die Pilze:
250 g kleine Pfifferlinge
250 g Steinpilze
100 g durchwachsener Räucherspeck
60 g Zwiebel, 1/4 l Sahne
20 g Butter, 1 EL gehackte Petersilie
Salz, frisch gemahlener Pfeffer

Aus den angegebenen Zutaten einen Nudelteig herstellen, in Folie wickeln und mindestens 1 Stunde im Kühlschrank ruhen lassen.

In der Zwischenzeit Pfifferlinge und Steinpilze putzen und am besten nur mit Küchenpapier abreiben. Die Pilze nur waschen, wenn es unbedingt sein muß. Die Pfifferlinge ganz lassen, die Steinpilze längs in Scheiben schneiden. Den Speck klein würfeln. Die Zwiebel schälen und möglichst fein hacken.

Die Sahne in einer Kasserolle bei mittlerer Hitze auf etwa die Hälfte reduzieren.

In einer entsprechend großen Pfanne die Butter zerlassen und die Speckwürfel darin anbraten. Die Zwiebelwürfel zufügen und glasig schwitzen. Die Pilze zugeben und unter vorsichtigem Rühren dünsten.

Die reduzierte Sahne sowie die Petersilie untermischen, salzen und pfeffern. Alles weitere 4 bis 5 Minuten leise köcheln lassen.

Den Nudelteig zu Tagliatelle verarbeiten: Dafür den Teig mit der Nudelmaschine zur gewünschten Stärke ausrollen und mit einem Vorsatz in 4 mm breite Streifen schneiden. In sprudelnd kochendem Salzwasser al dente kochen, abseihen und abtropfen lassen. Die Tagliatelle mit der Pilze-Sahne-Mischung vermengen, auf Tellern anrichten und sofort servieren.

Wer das Glück hat, solche prächtigen Steinpilze im Handel zu finden, der sollte sofort zugreifen, selbst wenn man gerade keinen Appetit auf Nudeln hat. In Scheiben geschnitten, lassen sie sich nämlich wunderbar trocknen.

Purer Pilzgeschmack. Zusammen mit den selbst gemachten Bandnudeln entfalten die frischen Pilze ihren vollen Geschmack.

Aus böhmischen Wäldern frisch auf den Tisch: Auch in Tschechien weiß man mit Steinpilzen virtuos umzugehen.

Steinpilze mit Kartoffelnudeln

Eine ausgesprochen delikate Kombination, bei der man in Böhmen so richtig aus der verschwenderischen Fülle der Natur schöpfen kann: Im Herbst gibt es dort frische Kartoffeln und exzellente Steinpilze im Überfluss. Was liegt näher, als sie in einem Rezept zu vereinen? Der Kartoffelteig ist typisch für die böhmische Regionalküche und wird zu allen möglichen Formen verarbeitet. Für dieses Rezept formt man daraus kleine dünne Kartoffelnudeln, die – zusammen mit den geschmorten Zwiebeln – vortrefflich mit den gebratenen Steinpilzen harmonieren.

Für die Kartoffelnudeln:
400 g mehlig kochende Kartoffeln
150 g Mehl, 50 g frisch geriebener Emmentaler
3/4 TL Salz, frisch gemahlener Pfeffer, 2 Eier
Für die Schmorzwiebeln:
250 g kleine Zwiebeln, 30 g Butter
150 ml Sahne
Salz, frisch gemahlener Pfeffer
1 Thymianzweig
Für die Pilze:
500 g Steinpilze, 50 g Butter
Salz, frisch gemahlener Pfeffer
1 EL gehackte Petersilie
Außerdem:
1 TL Thymianblättchen
1 TL gehackte Petersilie

Kartoffelteig zu Strängen von 2 cm Durchmesser rollen und mit Mehl bestauben. Die Rollen mit einem großen Messer in etwa 1 cm große Stücke schneiden. Teigstücke mit der Hand zu Nudeln rollen, die an beiden Enden jeweils spitz zulaufen.

Kartoffeln waschen und in Alufolie wickeln. Im vorgeheizten Ofen bei 200 °C 1 Stunde backen. Herausnehmen und pellen. Das Mehl auf eine Arbeitsfläche häufen, in die Mitte eine Mulde drücken. Den Käse, Salz und Pfeffer hineingeben. Die heißen Kartoffeln durch die Kartoffelpresse kranzförmig auf den

Typisch für die üppige böhmische Küche: Ein guter Schuss Sahne zähmt nicht nur den dominanten Geschmack der Schmorzwiebeln, er rundet auch das Gericht angenehm ab.

Mehlrand drücken. Die Eier aufschlagen und in die Mulde gleiten lassen. Alles rasch zu einem glatten Teig verkneten. Kurz ruhen lassen. Weiterverfahren, wie in der Bildfolge links gezeigt. Die Zwiebeln schälen und längs halbieren. Die Butter in einer Kasserolle zerlassen und die Zwiebeln darin bei geringer Hitze und unter ständigem Rühren 10 Minuten anschwitzen. Die Sahne zugießen, salzen und pfeffern. Den Thymianzweig einlegen und bei geschlossenem Topf 10 Minuten köcheln lassen. Die Steinpilze sehr sorgfältig putzen (nur waschen, wenn unbedingt nötig) und längs in dünne Scheiben schneiden. Die Butter in einer Pfanne zerlassen. Die Pilze kurz darin braten, mit Salz und Pfeffer würzen und die Petersilie einstreuen. Die Kartoffelnudeln in leicht gesalzenem, kochendem Wasser in etwa 6 Minuten gar ziehen lassen. Sie sind fertig, sobald sie an die Oberfläche steigen. Die Nudeln mit einem Schaumlöffel aus dem Kochwasser heben und gut abtropfen lassen. Mit den geschmorten Zwiebeln und den Steinpilzen auf vorgewärmten Tellern anrichten, mit Thymian und Petersilie bestreuen und servieren.

Chihuahua menonita, der Käse, der von den Mennoniten hergestellt wird, schmilzt schnell über den heißen Nudeln und ist entsprechend aromatisch.

Die Chilinudeln werden kräftig mit Epazote gewürzt, einem Kraut, das aus der mexikanischen Küche nicht wegzudenken, dessen Geschmack aber schwer zu beschreiben ist.

Wenn man in Mexiko Nudeln selbst macht, sollten sie auch entsprechend scharf sein.

Chilinudeln mit Zucchini

Es ist immer schwierig, traditionelle regionale Rezepte in andere Kulturkreise zu übersetzen. Bei dem folgenden Rezept ist es aber nicht so schlimm, denn Nudeln haben in Mexiko keine lange Tradition, und so kann man es durchaus als eine mutige Kreation betrachten, sie mit den scharfen Chilis, dem Epazote und mexikanischem Käse zu kombinieren.

Für den Nudelteig:
250 g Mehl, 2 Eier
1 Eigelb, 2 EL Öl, 1/2 TL Salz
6 getrocknete Chiles árbol japonés
Für die Sahnesauce:
300 ml Sahne, 3 frische Chiles serrano
Salz, 1 TL Limettensaft
Außerdem:
200 g Zucchini, 20 g Butter
1 TL gehackter Epazote
80 g Mennonitenkäse, gehobelt

Aus den angegebenen Zutaten einen Nudelteig zubereiten. Die Chilischoten halbieren, von den Samen befreien, im Mörser sehr fein zerstoßen und mit dem Salz unter den Nudelteig arbeiten. In Folie wickeln und mindestens 1 Stunde im Kühlschrank ruhen lassen.

Für die Sahnesauce die Sahne in einem Topf auf etwa die Hälfte einkochen lassen. Die Chilischoten halbieren, von den Samen und Scheidewänden befreien, in feine Streifen schneiden, in die Sahne einrühren und mitköcheln lassen. Mit Salz und Limettensaft abschmecken.

Inzwischen den Nudelteig zu Lasagnette verarbeiten. Dafür den Teig zunächst mit der Nudelmaschine ausrollen, dabei die Walzen immer enger stellen, bis der Teig die gewünschte Stärke hat. Mit dem entsprechenden Vorsatz in 1,5 bis 2 cm breite Streifen schneiden. In sprudelnd kochendem Salzwasser al dente kochen, abseihen und gut abtropfen lassen.

Die Zucchini waschen, beide Enden abschneiden, längs in etwa 3 bis 4 mm dicke Scheiben schneiden und diese längs halbieren. Die Butter in einer Pfanne erhitzen und die Zucchinistreifen darin kurz von beiden Seiten anbraten. Die Lasagnette durchschwenken und die Sahnesauce zugießen. Nochmals durchrühren und abschmecken. Mit dem Epazote und dem Mennonitenkäse bestreuen und servieren. Für dieses Gericht kann auch ersatzweise Emmentaler oder Gruyère verwendet werden.

Mit

Wenn Teigwaren mit Gemüse serviert werden sollen, so bietet sich eigentlich die ganze Palette des Gartens und der Märkte an. Nicht nur geschmacklich, sondern auch optisch verleiht buntes Gemüse den vielfältig geformten Nudeln die besondere Note. Südländische Gewächse wie Auberginen, Artischocken oder Chilischoten setzen reizvolle geschmackliche Akzente, aber auch Wurzelgemüse wie Karotten, Zwiebeln, Lauch oder Sellerie können bei einem Pasta-

Gemüse

Gericht das gewisse Etwas ausmachen. Nicht allein als Begleitung machen sich die verschiedenen Gemüsesorten gut, sie können auch als Füllung von Ravioli & Co. eingesetzt oder zum Färben von Nudelteig verwendet werden, wie etwa bei Spinat oder Rote Bete der Fall.

Die selbstgemachten Bandnudeln in sprudelnd kochendem Salzwasser al dente garen. Abseihen und gut abtropfen lassen.

Feurig-italienisch – Bandnudeln mit würziger Paprika-Sardellen-Sauce.

Tagliatelle all'acciuga

Sardellen werden auf verschiedene Weise konserviert: im Ganzen eingesalzen oder filetiert und in Salzlake oder »sott'olio« – in Öl – eingelegt. Für das folgende Gericht benötigt man die Filets in Salzlake, die problemlos erhältlich sind. Werden sie in einer Sauce erhitzt, »lösen« sie sich auf und sind so eine Art Würze. Mit Salz sollte man dann aber vorsichtig sein, denn wässert man die Filets nicht vor Gebrauch, bringen sie gewöhnlich genügend Salz mit.

In einer Pfanne Öl erhitzen. Peperoncini, Zwiebeln und Knoblauch darin farblos anschwitzen. Paprikaringe 2 bis 3 Minuten mitbraten.

Die abgespülten Sardellenfilets auf die angebratenen Paprikaringe legen und bei nicht zu starker Hitze zergehen lassen.

Die gekochten Tagliatelle zufügen und unter die Mischung heben. Pfeffern und nach Belieben salzen. Mit Petersilie bestreuen.

Für den Nudelteig:
125 g Weizenmehl Type 405
125 g sehr feiner Hartweizengrieß
2 Eier, 1 Eigelb, 1/3 TL Salz
Für die Paprika-Sardellen-Mischung:
350 g rote Spitzpaprikaschoten
2 grüne Peperoncini (je etwa 10 g)
80 g weiße Zwiebeln
2 Knoblauchzehen
8 Sardellenfilets in Salzlake
6 EL Olivenöl, frisch gemahlener Pfeffer, Salz
2 EL gehackte glatte Petersilie
Außerdem:
30 g frisch gehobelter Parmesan
Petersilie zum Garnieren

Für den Nudelteig das Mehl auf eine Arbeitsfläche sieben, den Grieß darunter mischen und in die Mitte eine Mulde drücken. Die Eier, das Eigelb sowie das Salz hineingeben und mit einer Gabel zu einem dickflüssigen Teig verrühren, dabei immer mehr

Mehl vom Innenrand her mit einarbeiten. Mit den Händen zu einem glatten, festen Teig verkneten. Den Teig zu einer Kugel formen, in Folie wickeln und 1 Stunde im Kühlschrank ruhen lassen.

Den Teig mit der Nudelmaschine in mehreren Durchgängen bis zur gewünschten Stärke ausrollen und mit dem Tagliatelle-Vorsatz in 1/2 cm breite Streifen schneiden. Die Nudeln auf ein Tuch legen und etwas antrocknen lassen.

Inzwischen von den Paprikaschoten die Stielansätze mit einem scharfen Messer kreisförmig herausschneiden, Samen und Scheidewände mit einem Kugelausstecher sorgfältig herauskratzen. Das Fruchtfleisch häuten. Dafür die Schoten bei 220 °C im vorgeheizten Ofen backen, bis die Haut Blasen wirft. Herausnehmen, unter einem feuchten Tuch oder in einer Plastiktüte »schwitzen« lassen, dann die Haut abziehen. Das Paprikafruchtfleisch quer in Ringe schneiden. Peperoncini halbieren, Stielansätze, Samen und Scheidewände entfernen und das Fruchtfleisch fein würfeln. Die Zwiebeln und die Knoblauchzehen schälen und beides fein hacken. Die Tagliatelle kochen, wie oben links gezeigt.

Die Sardellenfilets kurz unter fließendem kaltem Wasser abspülen und etwas abtropfen lassen.

Das Gericht fertig stellen, wie in der Bildfolge links unten gezeigt. Auf vorgewärmten Tellern anrichten, mit dünn gehobeltem Parmesan bestreuen und mit Petersilie garniert servieren.

Nudeln mit kleinen Artischocken – ein Pastagericht aus dem Süden Italiens.

Bucatini ai carciofi

Lange Röhrennudeln eignen sich gut, um auf Tellern »Nester« zu legen, über die dann das Ragù oder die Sauce gegeben werden kann. Das in diesem Rezept verwendete Öl soll von bester Qualität, also kaltgepresst sein. Und das verdient schon eine schöne Kanne zum Aufbewahren, wie etwa die hier abgebildete. Sie ist eine moderne Version der traditionellen Ölkännchen, die in Italien täglich verwendet werden.

300 g Bucatini
Für die Artischocken:
12 kleine Artischocken
Saft von 1 Zitrone, 1/2 TL Salz

Ganz junge Artischocken können komplett verzehrt werden, da sie sehr zart sind. In Italien bevorzugt man vor allem die violetten Sorten der »carciofi«.

Artischocken, die noch nicht geöffneten Blütenknospen einer distelähnlichen Pflanze, gehören in den Mittelmeerländern zur täglichen Speisekarte. Vor allem die zarten Blütenböden der großen und die Herzen der kleinen Artischocken sind mit ihrem bitteren Aroma höchst beliebt.

Für die Tomatensauce:
600 g Tomaten, 80 g Zwiebeln
1 Knoblauchzehe, 60 g Möhre
60 g Stangensellerie, 2 EL Olivenöl
1/8 l Gemüsebrühe, Salz
frisch gemahlener Pfeffer
Außerdem:
frische Thymianblättchen

Den Stiel der Artischocken direkt unter dem Blütenansatz abschneiden, die kleinen, harten Blätter rund um den Stielansatz entfernen. Von den äußeren Blättern die Spitzen mit einer Küchenschere und von jeder Artischocke die Spitze mit einem scharfen Messer abschneiden. Das Heu entfernen.

Die Artischocken halbieren, vierteln und sofort in eine Schüssel mit Wasser und dem Saft von 1/2 Zitrone legen. Zum Kochen die Artischocken in einem Topf mit Wasser gerade bedecken, restlichen Zitronensaft und Salz zufügen. Die Artischockenstücke etwa 15 Minuten kochen.

Für die Sauce die Tomaten blanchieren, kalt abschrecken, häuten, vierteln und das Fruchtfleisch klein würfeln. Die Zwiebeln und die Knoblauchzehe schälen und hacken. Die Möhre und den Sellerie putzen und fein würfeln. Das Öl erhitzen, die Zwiebel- und Knoblauchwürfel darin anschwitzen, Gemüse zugeben und kurz andünsten. Brühe angießen, salzen, pfeffern, 10 Minuten leise köcheln lassen.

Die Bucatini in sprudelnd kochendem Salzwasser al dente kochen und abseihen. Die Artischocken aus dem Sud heben und unter die Sauce mischen. Die Nudeln auf 4 Tellern anrichten, die Sauce darüber geben, mit Thymian bestreuen.

Zite, Zitoni und Makkaroni sind die Röhrennudeln mit dem größeren Durchmesser. Die Bucatini sind noch etwas dünner. Alle werden meistens mit Ragù gegessen, das wenig Flüssigkeit hat.

Ein natives Olivenöl extra sollte es für diese fruchtige Vorspeise schon sein, denn der feine Geschmack des Öls unterstreicht das Tomatenaroma.

Da darf aromatisches Basilikum nicht fehlen – das sich hier allerdings im Teig verbirgt.

Lauwarmer Tomatensalat zwischen Nudelblättern

Für den Nudelteig:
150 g doppelgriffiges Weizenmehl Type 405
1 Ei, 2 Eigelbe, Salz, kleine Basilikumblättchen
Für den lauwarmen Tomatensalat:
je 400 g rote Tomaten und gelbe Tomaten
6 EL Olivenöl, 50 g Schalotten, fein gehackt
1 Knoblauchzehe, fein gehackt
150 ml Tomatensaft, 2 EL Weißweinessig
Salz, frisch gemahlener Pfeffer, 1 Prise Zucker
50 g kleine schwarze Oliven
Außerdem:
Rucolablätter für die Garnitur

Das Mehl auf die Arbeitsfläche häufen, in die Mitte eine Mulde drücken, Ei, Eigelbe und Salz hineingeben. Zunächst die Zutaten in der Mitte verrühren, dabei immer mehr Mehl vom Rand mit einarbeiten

Schwarze Oliven schmecken würziger und schärfer als grüne und sind darum für diese ebenso leichte wie leckere Vorspeise genau die richtigen.

und alles zu einem glatten Teig verkneten. Sollte er zu fest sein, etwas Wasser unterkneten. Zur Kugel formen, in Folie wickeln und den Teig 30 Minuten kühl ruhen lassen.

Den Teig mit der Nudelmaschine zu breiten Streifen von 5 bis 6 mm Stärke ausrollen. Einen Streifen mit Basilikumblättern belegen, darauf einen weiteren Teigstreifen legen. Mit dem Nudelholz mehrmals darüber rollen. Die Teigstreifen bei gleicher Walzenstärke durch die Nudelmaschine drehen, zur gewünschten Stärke ausrollen. 12 Kreise von 10 cm Durchmesser ausstechen, etwas antrocknen lassen.

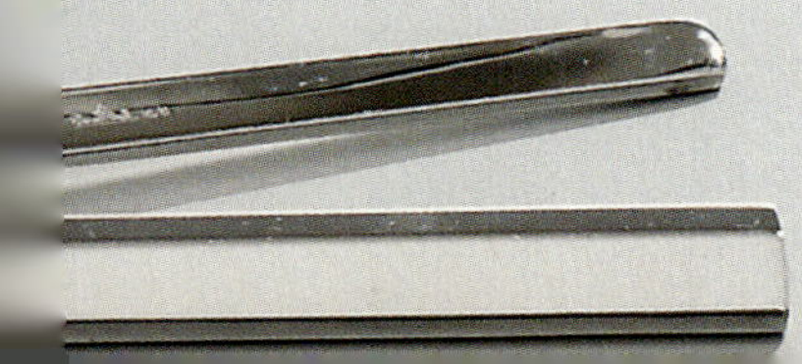

Die Tomaten blanchieren, kalt abschrecken, häuten, vierteln, Stielansätze und Samen entfernen, diese durch ein Sieb passieren, den Saft dabei auffangen, und das Fruchtfleisch würfeln. Das Olivenöl in einer Kasserolle erhitzen und die Schalotten sowie den Knoblauch darin anschwitzen. Mit dem Tomatensaft ablöschen, vom Herd nehmen und lauwarm abkühlen lassen. In einer Schüssel mit dem Essig, Salz, Pfeffer und Zucker verrühren. Die Tomatenwürfel sowie die Oliven untermischen.

Die Nudelblätter in sprudelnd kochendem Salzwasser 3 bis 4 Minuten garen. Mit dem Schaumlöffel herausheben und gut abtropfen lassen. Je 1 Nudelblatt auf einen Teller legen, etwas Tomatensalat darauf verteilen und mit 1 Nudelblatt abschließen. Mit Rucolablättern garnieren und servieren.

Pasta mit Brokkoli und Tomaten liebt man im Süden Italiens.

Rigatoni mit Brokkoli

Vor allem in Apulien wird diese Kombination von Gemüse und Pasta gern zubereitet. Dort nimmt man dafür meist die selbst gemachten Orecchiette, die übrigens auch bei diesem Rezept gegen die Rigatoni ausgetauscht werden können. Es gibt sie auch getrocknet zu kaufen, denn das Selbstmachen ist nicht nur mühsam, es gehört auch viel Fingerfertigkeit dazu. Die Pinienkerne lassen sich bei diesem Rezept gegebenenfalls durch gestiftelte Mandeln ersetzen. Der Käse allerdings muss unbedingt ein Pecorino oder zumindest ein anderer Schafkäse sein, denn sein besonderes Aroma verträgt sich sehr gut mit dem Brokkoli-Tomaten-Gemüse.

300 g Rigatoni
Für die Sauce:
80 g Zwiebeln, 2 Knoblauchzehen
3 gesalzene Sardellen, 400 g reife Tomaten
2 EL Olivenöl, Salz, frisch gemahlener Pfeffer
1 EL gehackte Basilikumblätter
500 g Brokkoliröschen
Außerdem:
30 g Pinienkerne, 40 g Pecorino

Für die Sauce Zwiebeln und Knoblauch schälen und fein hacken. Die Sardellen in Stücke schneiden. Die Tomaten blanchieren, häuten, halbieren. Die Samen sowie die Stielansätze entfernen und das Fruchtfleisch in kleine Würfel schneiden.

In einem Topf das Öl erhitzen und die Zwiebel- und Knoblauchwürfel darin hell anschwitzen. Die Sardellenstücke mit anschwitzen, bis sie zu schmelzen beginnen. Die Tomatenwürfel unterrühren, salzen und pfeffern und 15 Minuten zugedeckt bei geringer Hitze köcheln lassen. Das Basilikum einstreuen.

Die Brokkoliröschen in sprudelnd kochendem Salzwasser 5 bis 8 Minuten kochen. Herausnehmen, abtropfen lassen und unter die Sauce heben.

Die Nudeln in sprudelnd kochendem Salzwasser kochen, abseihen und gut abtropfen lassen.

Die Pinienkerne in einer beschichteten Pfanne ohne Fett goldbraun rösten. Die Rigatoni unter die Tomaten-Brokkoli-Sauce mischen und auf Tellern anrichten. Mit den Pinienkernen und dem Pecorino bestreuen und servieren.

Ein Gericht in den italienischen Nationalfarben mit dem Aroma des Südens: ein Fest für Gaumen und Augen.

Die Schupfnudeln rollt man auf einer bemehlten Arbeitsfläche zu der typischen Form und bestaubt sie mit Mehl, damit sie nicht zusammenkleben.

Uraltes, bäuerliches Essen, das am besten schmeckt, wenn viel Butter und Schmalz verwendet wird.

Schupfnudeln mit Bayrisch-Kraut

Schupfnudeln sind wohl die Urform aller Nudeln. Sie werden nämlich ganz einfach mit der Hand geformt, »geschupft«, das heißt so gerollt, dass sie in der Mitte etwas dicker sind und zu den beiden Enden hin spitz zulaufen. Aber je nach Teig – ob mit oder ohne Kartoffelanteil – können sie unterschiedlich ausfallen. Mal werden ganz dünne Würmchen, mal richtig dicke Nudeln gerollt. Solche einfachen Nudeln lassen sich bestens mit Ragouts von Geflügel oder Wild oder auch einem italienischen Ragù kombinieren. Eine sehr einfache, dennoch recht traditionelle Version eines Schupfnudelgerichts ist jene mit »Bayrisch-Kraut«. Sollte man also einmal Lust auf wirklich Deftiges verspüren, dann ist dies genau das richtige Essen.

Das Kraut wird in sehr dünne Streifen geschnitten oder auf einem Krauthobel geraspelt.

Die Schupfnudeln und das Kraut werden getrennt auf dem Teller angerichtet und mit reichlich Schnittlauch bestreut. Man kann die Nudeln aber mit dem Kraut vorher mischen und sozusagen als »Eintopf« auf den Tisch bringen.

Für das Bayrisch-Kraut:
1 kg Weißkraut, 120 g Zwiebeln
80 g durchwachsener roher Speck
50 g Schweineschmalz
Salz, frisch gemahlener Pfeffer
2 TL Kümmel, 400 ml Fleischbrühe
Für die Schupfnudeln:
150 g Weizenmehl, 70 g Roggenmehl
1 Ei, 1 TL Salz, 50 ml Wasser
Außerdem:
50 g Butter, 2 EL Schnittlauchröllchen

Für das Kraut von dem Weißkraut die Außenblätter entfernen, den Kopf vierteln, den Strunk entfernen

und das Kraut in Streifen schneiden. Die Zwiebeln schälen und fein hacken. Den Speck fein würfeln. Das Schmalz erhitzen, die Zwiebel- und Speckwürfel darin glasig anschwitzen. Das Kraut zugeben, mit Salz, Pfeffer und Kümmel würzen und kurz dünsten. Die Brühe zugießen. Mindestens 30 Minuten im geschlossenen Topf schmoren, das Kraut muss richtig weich sein, es kann durchaus bräunlich werden.

Für die Schupfnudeln beide Mehlsorten in eine Schüssel geben. Das Ei, das Salz und das Wasser zufügen und alles gründlich miteinander vermischen. Auf einer bemehlten Arbeitsfläche schnell zu einem glatten, geschmeidigen Teig verkneten.

Falls nötig, kann man noch etwas Roggenmehl zufügen. Eine Schüssel heiß ausspülen und den Teig darunter 15 Minuten ruhen lassen.

Die Nudeln mit der Hand formen, wie oben links im Bild gezeigt. In sprudelnd kochendem Salzwasser 8 bis 10 Minuten kochen und abseihen, aber nicht abbrausen.

Die Butter in einer Pfanne aufschäumen lassen, die Schupfnudeln darin schwenken, bis sie leicht Farbe angenommen haben. Herausnehmen, auf Tellern anrichten und mit Schnittlauch bestreuen. Das Bayrisch-Kraut dazu servieren.

Die Shiraz-Reben wurden im vorigen Jahrhundert von deutschen Siedlern auf dem australischen »Hill of Grace« – dem »Gnadenberg« – angebaut, weniger aus Glaubensgründen als aus Weinverstand: In der reichen Erde wuchs der Shiraz besonders gut.

Selbst in Australien hat man für traditionelle Nudelgerichte landestypische Varianten entwickelt.

Spaghetti mit Rotwein-Schalotten-Sauce

Spaghetti, ein traditionelles Essen par excellence, das sich inzwischen jeder Erdteil mit heimischen Produkten zu eigen gemacht hat. Hier verleiht die Shiraz-Sauce dem Gericht eine besondere Note. In »Down under« – dem trockensten Kontinent – sind die Freuden des Weins längst wieder entdeckt worden und haben dem Biermonopol ein Ende gesetzt. Auch die so genannten »fortified wines«, die kräftig alkoholisierten und überwiegend süßen Sherry- und Portweine, die bis in die sechziger Jahre noch den Markt beherrschten, mussten vor den neuen Trinksitten und dem Weinwunder Australiens weichen. Die empfehlenswertesten Wineries befinden sich im südlichen Teil Australiens, zwischen Adelaide und Melbourne. Australische Spitzenweine, die Exoten von einst, haben sich neben den europäischen und kalifornischen heute wohl etabliert.

250 g Spaghetti
Für die Rotwein-Schalotten-Sauce:
100 g Schalotten, 20 g Butter
1/4 l Shiraz (australischer Rotwein)
600 g Tomaten
Salz, frisch gemahlener weißer Pfeffer
Außerdem:
40 g Hartkäse aus Schafmilch
1 EL gehackte Petersilie

Die Schalotten schälen und fein hacken. Die Butter in einer Kasserolle zerlassen und die Schalotten darin glasig anschwitzen. Mit dem Rotwein ablöschen und im offenen Topf auf etwa 50 ml einkochen.

Die Tomaten blanchieren, häuten und das Fruchtfleisch in 5 mm große Stücke schneiden. In die Kasserolle zu den Rotwein-Schalotten geben und etwa 3 bis 4 Minuten bei geringer Hitze köcheln lassen. Mit Salz und Pfeffer würzen.

Die Spaghetti in kochendem Salzwasser al dente kochen. Abgießen und gut abtropfen lassen.

Die Spaghetti mit der Rotwein-Schalotten-Sauce auf vorgewärmten Tellern anrichten. Den Käse darüber hobeln, mit der gehackten Petersilie bestreuen und servieren.

Asiens Einfluss auf die Nudel-Kreationen der amerikanischen Westküste ist unverkennbar.

Soba-Nudeln und Choisum

Einwanderer von der anderen Seite des Pazifiks, aus Südostasien, China und Japan, haben dazu beigetragen, dass auch die traditionellen Produkte ihrer Heimatländer in den kalifornischen Städten zum täglichen Angebot gehören. So ist es nicht weiter verwunderlich, dass sich die neue, kreative Küche der Westküste dieser Produkte erfolgreich bedient. Dieses Rezept ist ein gutes Beispiel für die unterschiedlichen Einflüsse: Nudeln aus Japan, chinesisches Gemüse und Gewürze, die eher dem westlichen Geschmack entgegenkommen.

250 g Soba-Nudeln
Für das Gemüse:
80 g weiße Zwiebeln, 2 Knoblauchzehen
2 rote Chilischoten, 100 g Stangensellerie
10 g frische Ingwerwurzel, 300 g Choisum
2 EL Pflanzenöl, 1/4 l Gemüsefond
2 EL helle Sojasauce, 1 EL Fischsauce
1/2 TL Salz, frisch gemahlener Pfeffer
1 TL Speisestärke, 1 EL Wasser
Außerdem:
1 EL frisch gehackte Ingwerminze

Wie in der asiatischen Küche ist auch für solche neuen Kreationen die Frische der Produkte schon der halbe Erfolg.

Der Kontrast zwischen den weichen Nudeln und dem knackigen Gemüse macht den kulinarischen Charme dieser »kosmopolitischen Pasta« aus.

Die Zwiebeln schälen und in Ringe schneiden. Den Knoblauch schälen und fein hacken. Die Chilischoten halbieren, Samen und Scheidewände entfernen und das Fruchtfleisch fein hacken. Den Stangensellerie waschen, die Blätter entfernen und die Stangen in feine Scheibchen schneiden. Den Ingwer schälen.

Den Choisum waschen, gut abtropfen lassen, den harten unteren Stiel abschneiden, die verbliebenen Stiele in etwa 1 cm lange Stücke schneiden, die Blätter ganz lassen.

Das Öl in einem Topf erhitzen und Zwiebelringe, Knoblauch- und Chiliwürfel darin hell anschwitzen. Die Selleriescheiben kurz mit anschwitzen. Den Ingwer durch eine Knoblauchpresse dazudrücken. Den Fond aufgießen und mit Sojasauce, Fischsauce, Salz und Pfeffer würzen. 10 Minuten bei geringer Hitze köcheln lassen. Die Speisestärke mit dem Wasser anrühren und die Sauce damit binden. Die Choisumstiele in die Sauce geben und 4 Minuten köcheln lassen, die Blätter zugeben und nur zusammenfallen lassen. Nochmals abschmecken.

Die Nudeln in sprudelnd kochendem Salzwasser in 4 Minuten gar kochen und abseihen. Unter die Sauce mischen und zusammen mit der Ingwerminze auf Tellern anrichten.

Roquefort und Sahne bestimmen den Geschmack dieser Pasta-Variante mit Maismehl.

Corn-Pasta mit Gemüsesugo

Durch den hohen Anteil an Maismehl, es sind bei dieser Sorte Pasta immerhin 50 %, erhält der Teig viel eigenen Charakter: Er lässt sich dank seiner rustikalen Konsistenz besonders leicht verarbeiten und ist angenehm voll im Biss.

Für den Mais-Nudelteig:
150 g Maismehl, 150 g Weizenmehl Type 405
3 Eier, 3 Eigelbe, 1 EL Olivenöl, 1/2 TL Salz
Für die Sauce:
80 g Schalotten, 1 Knoblauchzehe
50 g Möhre, 50 g Lauch
200 g Erbsenschoten (ausgepalt etwa 80 g)
1 Maiskolben (etwa 230 g)
200 g grüner Spargel, 100 g Roquefort
150 ml Sahne, 150 ml Gemüsefond
20 g Butter
1 EL gehackte Kräuter
Salz, frisch gemahlener Pfeffer

Den Mais-Nudelteig zubereiten wie in der Bildfolge gezeigt. Aus dem Teig eine Kugel formen, in Folie wickeln und 1 Stunde ruhen lassen. Mit der Nudel-

Beide Mehlsorten mischen, auf eine Arbeitsplatte sieben und in die Mitte eine Mulde drücken. Eier, Eigelbe, Öl und Salz hineingeben.

Zunächst mit einer Gabel die Zutaten in der Mulde verrühren und dabei immer mehr Mehl vom Rand mit einrühren.

Mit den Händen von außen nach innen das Mehl einarbeiten und schließlich mit dem Handballen zu einem glatten Teig kneten.

Zweimal Mais
macht das Charakteristische dieses ebenso einfachen wie schmackhaften Nudelgerichts aus.

maschine zur gewünschten Stärke ausrollen und mit dem Lasagnette-Vorsatz in etwa 2 cm breite Streifen schneiden. Auf einem Tuch ausbreiten und trocknen lassen. Die Schalotten und die Knoblauchzehe schälen und fein hacken. Möhre und Lauch putzen und in kleine Würfel schneiden. Die Erbsen auspalen. Hüllblätter und Fäden vom Maiskolben entfernen, die Körner mit einem scharfen Messer vom Kolben trennen. Den Spargel waschen und das untere Ende abschneiden. Nur das untere Drittel der Stangen dünn schälen und den Spargel in 3 cm lange Stücke schneiden. Die Maiskörner in sprudelnd kochendem Salzwasser weich kochen. Nach 10 Minuten die Spargelstücke und nach weiteren 5 Minuten die Erbsen zufügen und alles noch 3 Minuten kochen. Abgießen und eiskalt abschrecken. Den Roquefort würfeln. Die Sahne mit dem Gemüsefond aufkochen und den Käse darin unter Rühren schmelzen. In einer separaten Pfanne die Butter zerlassen und darin die Schalotten- und Knoblauchwürfel anschwitzen. Lauch- und Möhrenwürfel 5 Minuten mitschwitzen. Die Sahne-Käse-Sauce zugießen, das gekochte Gemüse zugeben und weitere 3 Minuten köcheln. Die Kräuter (Thymian, Basilikum, Oregano, Petersilie) einstreuen, salzen und pfeffern. Die Nudeln in sprudelnd kochendem Salzwasser al dente kochen und abgießen. Mit der Sauce auf Tellern anrichten und servieren.

Vermutlich haben Italiener diese Zusammenstellung aus ihrer Heimat mit in die USA gebracht.

Nudeln mit grünem Spargel

Es gehört nicht viel kulinarische Phantasie dazu, sich eine Kombination von knackig gekochtem grünem Spargel und al dente gekochten Makkaroni, Penne oder Tubetti vorzustellen. Das hört sich zwar mediterran an, ist aber auch amerikanische Realität und lässt sich unter der Sonne Kaliforniens ebenso genießen wie in Italien. Dazu passt ein fruchtig-trockener Weißwein aus den Staaten Washington oder Idaho, ebenso wie ein Gavi, den man vermutlich in Italien dazu trinken würde.

Auch in den USA kommt Spargel – ob grün oder weiß – in hervorragender Qualität auf den Markt. Unter der kalifornischen Sonne entwickelt er einen delikaten nussigen Geschmack.

In der Frühlingszeit ist dieses Rezept mit frischem Spargel ein Genuss. Später im Jahr können zarte Fenchelknollen oder Artischockenherzen so zubereitet werden.

400 g Tubetti lunghi rigati
Für den Spargel:
500 g grüner Spargel
40 g Schalotten
4 Sardellenfilets, in Salz eingelegt
300 g Tomaten
60 ml kaltgepresstes Olivenöl
frisch gemahlener schwarzer Pfeffer
Außerdem:
40 g gehobelter Parmesan
Basilikumblättchen

Von dem Spargel die Stielenden abschneiden und nur das untere Drittel der Stangen dünn abschälen; es sollen 400 g Spargel verbleiben. Den Spargel zu einem Bündel zusammenbinden und in so viel leicht gesalzenes, sprudelnd kochendes Wasser geben,

dass er gerade bedeckt ist. Je nach Stärke der Stangen in etwa 15 Minuten gar kochen; er soll keinesfalls zu weich sein. Herausnehmen und abtropfen lassen. Einige Stangen zum Garnieren zur Seite legen, den Rest in etwa 3 cm große Stücke schneiden.

Die Nudeln in sprudelnd kochendem Salzwasser al dente kochen und abseihen.

Die Schalotten schälen und fein hacken. Die Sardellenfilets in Stücke schneiden. Die Tomaten kurz blanchieren, häuten, vierteln und das Fruchtfleisch in grobe Würfel schneiden. Das Öl in einer Pfanne erhitzen und die Schalottenwürfel darin glasig anschwitzen. Die Spargelstücke und die Nudeln zufügen und vorsichtig unterheben. Die Tomatenwürfel und die Sardellen zugeben und pfeffern.

Zum Servieren zuerst die ganzen Spargelstangen auf 4 Tellern verteilen. Die Nudel-Spargel-Mischung darauf anrichten. Mit gehobeltem Parmesan bestreuen und mit Basilikum garnieren.

Beim Basilikum ist rot oder grün keine Frage, ihr Aroma unterscheidet sich nicht wesentlich. Die asiatischen Basilikumsorten sollte man dafür aber nicht verwenden, weil sie mit dem Spargel in dieser Zusammensetzung nicht harmonieren.

Auch Amerikaner haben eine Vorliebe für Artischocken, und sie produzieren die entsprechenden Mengen. Heute kommen die meisten Artischocken der USA aus den Küstenregionen Kaliforniens, wo sie den Titel »The Official Vegetable of Monterey County« tragen.

Eine edle Kombination, die nach einer gut gewürzten Sauce verlangt.

Fettuccine mit Artischocken

Artischocken entfalten ihr Aroma dann am besten, wenn sie in Begleitung einer feinen Sauce sind. Und die Fettuccine – am besten selbst gemachte – bieten hierzu eine prima Grundlage.

400 g Fettuccine
Für die Artischocken:
4 Artischocken, 1/2 l Wasser
Saft von 1 Zitrone, Salz, 20 g Butter
Für die Sauce:
200 g roh geräucherter Schinken
80 g Schalotten, 2 Knoblauchzehen
1 Chilischote, 20 g Butter, 100 ml Weißwein
4 EL Crème fraîche, Salz, gemahlener Pfeffer
Außerdem:
40 g Pinienkerne, 40 g frisch geriebener Parmesan, Chilischoten zum Garnieren

Die Artischocken vorbereiten, wie rechts gezeigt. Das Wasser mit dem Zitronensaft mischen. Für die Sauce den Schinken in Würfel mit 1/2 cm Kantenlänge schneiden. Die Schalotten und den Knoblauch schälen und fein hacken. Die Chilischote halbieren, die Samen und Scheidewände entfernen und das Fruchtfleisch fein würfeln. Die Butter in einer Pfanne erhitzen, die Schinken-, Schalotten- und Knoblauchwürfel zugeben und kurz anschwitzen. Die Chiliwürfel einrühren, den Wein zugießen und etwas einkochen lassen. Die Crème fraîche zufügen, gut durchrühren, salzen und pfeffern. Zur Seite stellen. Die Artischocken aus dem Zitronenwasser nehmen und dieses in einem Topf mit Salz und der Butter aufkochen. Die Artischocken einlegen und bei mittlerer Hitze 8 bis 10 Minuten kochen. Herausnehmen, gut abtropfen lassen und zur Sauce geben. Die Fettuccine in sprudelnd kochendem Salzwasser al dente kochen und abseihen. Inzwischen die Pinienkerne in einer Pfanne ohne Fett rösten. Die Nudeln unter die Sauce mischen und nochmals erhitzen. Auf Tellern anrichten, mit den gerösteten Pinienkernen und dem Parmesan bestreuen. Nach Belieben mit Chilischoten garnieren.

Den Stiel direkt unter dem Blütenansatz abtrennen. Kleine, harte Blätter rund um den Stielansatz abzupfen. Mit einer Schere die stacheligen Spitzen der Blätter abschneiden.

Von den entstielten Artischocken den oberen Teil – etwa ein Drittel der Blüte – mit einem scharfen Messer gerade abschneiden.

Die Artischocken halbieren und das Heu mit einem Löffel herausholen. In Achtel schneiden und sofort in Zitronenwasser legen, damit sie nicht braun werden.

Marinierte gebratene Auberginen, Garnelen, Reisnudeln und Kaviar – ein delikates Arrangement.

Salat von Auberginen und Garnelen

Für diesen Salat sind typische Gemüsesorten Asiens vorgesehen. Sollten diese jedoch nicht erhältlich sein, kann man statt asiatischer Auberginen hiesige klein gewachsene Sorten und statt der roten thailändischen Zwiebelchen auch Schalotten nehmen. Möglichst nicht ersetzen sollte man dagegen die feinen Reisnudeln, die unter dem Namen »rice vermicelli« im Handel sind.

Für die Marinade:
4 EL Geflügelfond
1 EL Fischsauce
3 EL helle Sojasauce
1 TL Palmzucker
Saft von 1/2 Kaffir-Limette
1 TL Sesamöl
1 rote Chilischote, 2 Knoblauchzehen
30 g Frühlingszwiebeln
Salz und frisch gemahlener Pfeffer nach Belieben
Für den Salat:
400 g lilafarbene, längliche Auberginen
200 g weißgrüne, kleine runde Auberginen
80 g rote thailändische Zwiebelchen
200 g rohe Garnelenschwänze mittlerer Größe
5 bis 6 EL Pflanzenöl
Außerdem:
50 g Rice vermicelli (feine Reisnudeln)
Pflanzenöl zum Ausbacken
1 EL Korianderblättchen
1 EL Chinese chive in Röllchen
4 TL gelber Kaviar von Fliegenden Fischen

So luftig und kross werden Reisnudeln, wenn man sie in heißem Öl frittiert. Sie passen hervorragend zu dem würzigen Auberginensalat.

Kaviar von Fliegenden Fischen ist ein Produkt, das erst seit kurzem in deutschen Fachgeschäften erhältlich ist. Man kann ihn auch durch Forellen-Kaviar ersetzen.

Den Geflügelfond, die Fisch- und die Sojasauce, den Palmzucker, den Limettensaft und das Sesamöl in einer Schüssel verrühren. Die Chilischote vom Stielansatz befreien und in dünne Ringe schneiden, dabei die Samen entfernen. Die Knoblauchzehen schälen und fein hacken. Frühlingszwiebeln putzen und in feine Ringe schneiden. Die Chilischote, den Knoblauch und die Frühlingszwiebeln in die Schüssel geben und alles gut miteinander vermischen. Nach Belieben salzen und pfeffern.

Die Auberginen waschen und vom Stielansatz befreien. Die länglichen Eierfrüchte längs und die runden Früchte quer in etwa 4 mm dicke Scheiben

schneiden. Die Zwiebelchen schälen und quer halbieren. Garnelenschwänze bis auf das letzte Segment schälen und den Darm sorgfältig entfernen. Die Auberginen, die Zwiebeln und die Garnelen in eine entsprechend große Form legen, mit 2/3 der Marinade beträufeln und 20 Minuten zugedeckt im Kühlschrank durchziehen lassen.

Die Zutaten aus der Marinade nehmen und auf mehreren Lagen Küchenpapier gut abtropfen lassen. Das Öl im Wok erhitzen und die Auberginen sowie die Zwiebeln darin portionsweise 1 bis 2 Minuten unter Rühren braten, herausnehmen. Die geschälten und gereinigten Garnelen ebenfalls 2 bis 3 Minuten unter Rühren braten, dann herausnehmen und alle Zutaten etwas abkühlen lassen.

Die getrockneten Reisnudeln auseinander zupfen. Im Wok reichlich Öl erhitzen und die Nudeln darin etwa 3 Minuten frittieren, bis sie sich aufgebläht haben, dann herausnehmen.

Die Auberginen, die Zwiebeln und die Garnelen auf Tellern anrichten. Die Reisnudeln darauf verteilen. Das Gemüse mit der restlichen Marinade beträufeln, mit dem Koriandergrün sowie dem chinesischen Schnittknoblauch bestreuen und mit einem Löffel Kaviar garnieren.

Ein Nudelgericht aus Kalifornien für Frühling und Sommer, wenn es das frische, knackige Gemüse gibt.

Gemüsepasta

Frühling ist es, zumindest was das Gemüse anbelangt, eigentlich das ganze Jahr in Kalifornien. Dieses Gericht ist ein leichtes, sommerliches Essen. Selbst gemacht sollten die Nudeln aber sein.

Für den Nudelteig:
300 g doppelgriffiges Weizenmehl Type 405
2 Eier, 3 Eigelbe, 1/2 TL Salz
Für die Gemüsemischung:
200 g Erbsenschoten, 150 g Blumenkohlröschen
120 g Austernpilze, 1 rote Chilischote
30 g Butter, 30 g Schalotten, gehackt
60 g roher Schinken, fein gewürfelt
100 g Möhren, in Scheiben geschnitten
250 g Zucchini, in Scheiben geschnitten
1 EL Basilikumstreifen, 1 TL Salz
frisch gemahlener Pfeffer
Für die Sahne-Käse-Sauce:
1/8 l Sahne, 1/8 l Hühnerfond
100 g Gorgonzola

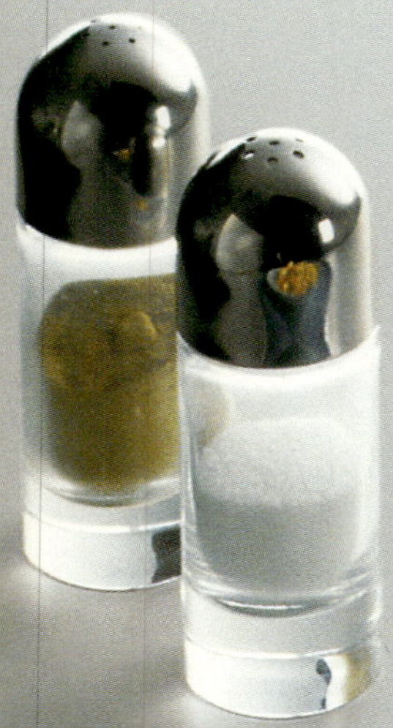

Je frischer, desto besser, denn von der Gemüsequalität hängt weitgehend das Ergebnis ab.

Nach Belieben kann das Gericht mit 80 g Gorgonzolawürfelchen, also 20 g pro Portion, bestreut und unter dem Grill überbacken werden.

Den Teig zubereiten, ausrollen und zu Bandnudeln schneiden. Mit Mehl bestauben, antrocknen lassen.

Die Erbsen enthülsen, es sollen 80 g Erbsen verbleiben. Die Blumenkohlröschen etwa 5 Minuten in Salzwasser kochen. Die Erbsen zugeben und weitere 3 bis 4 Minuten kochen. Abgießen und kalt abschrecken. Die Austernpilze putzen und je nach Größe ganz lassen oder halbieren. Die Chilischote halbieren, von Samen und Scheidewänden befreien und in Streifen schneiden.

Die Sahne mit dem Hühnerfond aufkochen. Den Gorgonzola darin schmelzen lassen.

In einer Pfanne die Butter zerlassen und die Schalottenwürfel darin hell anschwitzen. Den Schinken dazumischen und kurz mitbraten. Zuerst die Möhrenscheiben 3 bis 4 Minuten mitdünsten, dann die Zucchinischeiben und die Austernpilze mit den Chilistreifen unterrühren und alles zusammen 3 Minuten dünsten. Die Blumenkohlröschen und die Erbsen sowie die Sahne-Käse-Sauce untermischen und weitere 3 Minuten köcheln lassen. Die Basilikumstreifen einstreuen, mit Salz und Pfeffer abschmecken.

Inzwischen die Nudeln al dente kochen, abseihen und gut abtropfen lassen. Vorsichtig unter die Gemüsemischung heben und auf Tellern anrichten.

Ein Pasta-Gericht aus der Türkei, für das man die zu Nestern geformten Fadennudeln verwendet.

Paprikanudeln

Dünnschalige Paprikaschoten aus der Türkei sind im Sommer und im Herbst auch bei uns auf dem Markt. Dann ist es Zeit für dieses Rezept, denn die grünen »dolma«, die feurig roten und die zartgelben Spitzschoten eignen sich hervorragend dafür. Wenn nicht alle drei Farben zu bekommen sind, kann man problemlos eine Sorte weglassen; es schadet mehr der Optik als dem Geschmack. Wichtig ist allerdings, dass die roten Paprikaschoten wirklich reif und die anderen knackig frisch sind, weil sie nur dann das entsprechende Aroma mitbringen. Eine geschmacklich hervorragende Ergänzung zu diesem Pastagericht sind übrigens gebratene Krustentiere jeder Art. Besonders gut passen etwa Scampi, Scampischwänze oder Heuschreckenkrebse wie auf dem Bild rechts dazu, die bei uns jedoch eher selten in den Fischgeschäften im Angebot sind. Falls man sie findet, werden sie längs geteilt, der Darm jeweils entfernt und auf der Schnittseite zuerst gebraten.

200 g Fadennudeln
Für die Paprikasauce:
je 200 g gelbe, rote und grüne Paprikaschoten
40 g Schalotten
1 kleine Knoblauchzehe
2 EL Olivenöl
20 g kalte Butter
1/4 l Kalbsfond
1 TL Salz, frisch gemahlener weißer Pfeffer
1 TL Thymianblättchen
4 bis 5 Salbeiblätter
Außerdem:
20 g Butter
12 Heuschreckenkrebsschwänze mit Schale
Salz, frisch gemahlener Pfeffer
Thymianblättchen zum Garnieren

Die Paprikawürfel kurz mit schwitzen. Den Fond zugießen und die Paprikawürfel bissfest garen. Die kalten Butterwürfel einrühren und die Sauce damit leicht binden.

Die Paprikaschoten für die Sauce bei 220 °C im vorgeheizten Ofen backen, bis die Haut Blasen wirft, unter ein feuchtes Tuch oder in eine Plastiktüte legen und »schwitzen« lassen, dann die Haut von oben nach unten abziehen. Die Schoten der Länge nach halbieren, jeweils den Stielansatz herausschneiden, die Hälften von Samen und Scheidewänden befreien und das Fruchtfleisch klein würfeln. Die Schalotten und den Knoblauch schälen und fein würfeln. In einem entsprechend großen Topf das Öl erhitzen und Schalotten- sowie Knoblauchwürfel darin hell anschwitzen. In der Zwischenzeit die Butter in Würfel schneiden und wieder kalt stellen. Weiterverfahren wie in der Bildfolge links beschrieben. Die Sauce mit Salz und Pfeffer würzen, die Thymianblättchen und die gehackten Salbeiblätter darüberstreuen. Die Fadennudeln in kochendem Salzwasser al dente kochen, abseihen und gut abtropfen lassen. In einer Pfanne die Butter zerlassen und darin die Heuschreckenkrebsschwänze ungefähr 3 bis 4 Minuten braten, vorsichtig salzen und pfeffern. Die Nudeln mit der Paprikasauce mischen, auf Teller verteilen und die Krebsschwänze darauf legen. Mit Thymianblättchen garnieren und servieren.

Frisch vom Baum wird man zumindest bei uns die Zitronen nur selten bekommen. Aber man sollte beim Händler nach unbehandelten fragen. In Reformhäusern oder Bioläden sind sie meist vorrätig.

Die neue Küche Israels ist höchst kreativ – und ganz besonders dann, wenn es um eine so einfache Sache wie Nudeln geht.

Zitronennudeln mit Spargel

Statt selbst gemachter Nudeln kann man natürlich auch auf getrocknete Pappardelle zurückgreifen. Der grüne Spargel dagegen sollte wirklich frisch und möglichst dünn sein, denn dann ist er besonders zart und braucht nicht geschält zu werden.

Für den Nudelteig:
300 g Mehl Type 405, 1 Ei, 7 Eigelbe, 1 EL Öl
1/2 TL Salz, nach Bedarf 1 EL Wasser
Für den Spargel:
500 g dünner grüner Spargel, 3 EL Olivenöl
Salz, frisch gemahlener Pfeffer
Für die Sauce:
1/4 l Sahne, 1/2 TL Salz, Pfeffer
1 kleine Chilischote, Saft von 1 Zitrone
Außerdem:
4 Cocktailtomaten, 10 g Butter, 4 dünne Zitronenscheiben, Salz, Pfeffer, Zitronenschale

Ob mit geriebenem Käse bestreut oder nicht, muss wohl jeder selbst für sich entscheiden, denn in Kombination mit der säuerlichen Zitronensauce ergibt sich ein interessanter Geschmack.

Aus den angegebenen Zutaten einen Nudelteig herstellen. In Folie gewickelt mindestens 1 Stunde kühl ruhen lassen. Mit der Nudelmaschine zur gewünschten Stärke ausrollen und mit dem entsprechenden Vorsatz in 1,5 cm breite Streifen schneiden. Spargel putzen, die Enden abschneiden und die Stangen quer halbieren. Es sollen dabei etwa 8 cm lange Stücke entstehen.

Für die Sauce die Sahne in einer Kasserolle auf die Hälfte reduzieren, salzen und pfeffern. Vom Herd nehmen. Die Chilischote fein zerstoßen und mit dem Zitronensaft unterrühren.

Inzwischen die Nudeln in sprudelnd kochendem Salzwasser al dente kochen und abseihen. Das Olivenöl in einer Pfanne erhitzen und darin den Spargel etwa 5 Minuten dünsten, salzen und pfeffern. Die Nudeln locker untermischen.

Cocktailtomaten waschen und halbieren. Die Butter in einer kleinen Pfanne zerlassen, die Zitronenscheiben sowie die halben Tomaten darin kurz von beiden Seiten angehen lassen. Mit Salz und Pfeffer bestreuen.

Die Nudeln mit der Spargelsauce auf Tellern anrichten, mit je 2 Tomatenhälften, 1 Zitronenscheibe und der in feine Streifen geschnittenen Zitronenschale garnieren.

Dünne grüne Spargelstangen müssen nicht unbedingt geschält werden, sind sie dicker, genügt meist das untere Drittel.

Nicht überall ist die Auswahl an japanischen Lebensmitteln so groß wie hier – doch sind mittlerweile auch bei uns die Asienläden recht gut sortiert, so dass es keine Schwierigkeiten machen dürfte, die erforderlichen Produkte zu beschaffen.

Hier wird in der Schale serviert und mit Stäbchen gegessen, so wie sich das in Japan gehört. Dazu ein Gläschen Sake oder Grüner Tee.

Salat mit Soba-Nudeln

Die japanische Küche, bekannt für Natürlichkeit und ästhetische Präsentation, kennt die unterschiedlichsten Nudeltypen. Neben verschiedenen Sorten aus Weizenmehl gibt es auch welche aus anderen Getreidesorten. So sind die dunkleren, bräunlich-gräulichen Sorten häufig aus Buchweizenmehl, worauf der Name »soba« – zu deutsch Buchweizen – schon schließen läßt. Allerdings ist auch ihnen ein Anteil des helleren Weizenmehls beigemischt, das mit seinem Klebergehalt die Kocheigenschaften der Soba-Nudeln verbessern soll.

Für die Dashi-Brühe:
5 g Kombu (Seetang)
10 g Bonitoflocken
Für die Sauce:
2 EL dunkle Sojasauce
1 EL Mirin
2 EL Sake
2 EL Sesamöl, 1 EL Reisessig
Salz, frisch gemahlener schwarzer Pfeffer
Für den Salat:
300 g Soba-Nudeln
Salz, 80 g Sojasprossen
40 g Frühlingszwiebeln
80 g Asabari-Shoga (in Reisessig eingelegter Ingwer)
Außerdem:
10 g gerösteter schwarzer Sesam zum Bestreuen

Zunächst aus Algen und Bonitoflocken eine Dashi-Brühe herstellen. Dafür von dem Seetang mit einem feuchten Tuch das weiße Pulver abreiben. In einem Topf 200 ml Wasser mit dem Kombu zum Kochen bringen. Bei kleiner Hitze 10 bis 15 Minuten köcheln lassen. Wenn Blasen aufsteigen, mit dem Fingernagel prüfen, ob der Tang weich ist. Wenn nicht, noch 1 bis 2 Minuten ziehen lassen.

Den Seetang entfernen. 20 ml kaltes Wasser zugießen, um die Flüssigkeit abzukühlen. Die Bonitoflocken zuschütten, nochmals aufkochen und die Brühe vom Herd nehmen. Sobald die Fischflocken abgesunken sind, die Brühe durch ein mit einem Tuch ausgelegtes Sieb passieren, abkühlen lassen.

100 ml Dashi abmessen und in einer Schüssel mit der Sojasauce, dem Mirin, Sake und Sesamöl, dem Essig und den Gewürzen verrühren.

Die Nudeln in sprudelndem Salzwasser unter mehrfachem Rühren 4 Minuten kochen, abseihen, kalt abschrecken und abtropfen lassen. Die Sojasprossen waschen, 1/2 Minute in Salzwasser blanchieren und ebenfalls kalt abschrecken. Die Frühlingszwiebeln putzen, in feine Ringe schneiden. Den Ingwer gut abtropfen lassen, in dünne Scheiben schneiden.

Die Soba-Nudeln mit den Sojasprossen, den Frühlingszwiebeln sowie den Ingwerscheiben in einer Schüssel vermischen und in Schalen anrichten. Den Salat mit der Sauce beträufeln, mit dem Sesam bestreuen und servieren.

Asabari-Shoga, wie dieser in Reisessig eingelegte Ingwer in Japan genannt wird, gibt dem Salat erst die richtige Würze.

Die Sojasprossen für diesen angenehm pikant-würzigen Nudelsalat kann man leicht selbst ziehen. Dazu einfach Mungbohnen keimen lassen.

Das gesunde, vitaminreiche Gemüse ist preiswert, einfach und schnell zuzubereiten. Deshalb hat es sich in der chinesischen Küche so eingebürgert.

Pfannengerührtes, würzig abgeschmecktes Gemüse, serviert mit gebratenen Nudeln.

Reisnudeln mit Choisum und Paprika

Choisum wird häufig unter der englischen Bezeichnung Chinese flowering cabbage angeboten. Zum Kochen verwendet man die ganze Pflanze oder auch nur die Triebspitzen mit den essbaren Blüten.

Für das Gemüse:
20 g Mu-Err-Pilze
200 g rote Paprikaschoten
200 g grüne Paprikaschoten
200 g Choisum, 150 g Möhren
1 TL Sesamöl, 3 EL Pflanzenöl
1 Chilischote, fein gehackt, 100 ml Gemüsefond
3 EL vegetarische Austernsauce
1 EL dunkle Sojasauce
Salz, frisch gemahlener Pfeffer
1/2 TL Speisestärke
Für die Reisnudeln:
200 g breite Reisnudeln
Salz, 3 EL Öl
1 EL dunkle Sojasauce
Außerdem:
vegetarische Shrimps, Öl zum Frittieren

Zu Gemüse und Reisnudeln passen »vegetarian shrimps« geschmacklich gut und sind zudem äußerst dekorativ. Sie kommen aus Japan und bestehen aus Mehl und weiteren Zutaten.

Reisnudeln können je nach Art und Stärke unterschiedlich zubereitet werden. Die dünnen bevorzugt man gekocht, die breiteren gebraten.

Die Pilze in 1/8 l lauwarmem Wasser 20 Minuten einweichen. Herausnehmen, gut ausdrücken, je nach Größe halbieren oder vierteln.

Die Paprikaschoten halbieren, Samen und Scheidewände entfernen und das Fruchtfleisch in Stücke von 1,5 cm schneiden.

Den Choisum putzen, waschen und in Stücke schneiden. Die Möhren schälen, längs in 3 mm dicke Scheiben schneiden und aus den Scheiben Blütenformen von etwa 4 cm Durchmesser ausstechen; diese anschließend halbieren.

Die Reisnudeln in leicht gesalzenem, kochendem Wasser al dente garen. Abseihen, kalt abschrecken und abtropfen lassen.

Das Öl in einem Wok erhitzen und die Nudeln darin 1 bis 2 Minuten braten. Die Sojasauce unterrühren. Die Nudeln mit einem Schaumlöffel aus dem Wok heben und beiseite stellen.

Das Öl für das Gemüse im Wok erhitzen. Paprikaschoten und Chili, Pilze und Möhren ungefähr 3 bis 4 Minuten darin rühren. Choisum 1 Minute mitbraten. Das ganze Gemüse herausheben.

Den Gemüsefond, die Austern- und die Sojasauce zugießen, salzen und pfeffern. Die Speisestärke mit ein wenig Wasser anrühren und die Sauce damit binden, dabei einmal aufkochen lassen. Das Gemüse und die gebratenen Nudeln zufügen. Vegetarische Shrimps in kochendem Wasser 2 bis 3 Minuten garen, leicht abkühlen lassen, im Wok frittieren.

Chillies, Ingwer, Galgant und Zitronengras bieten Chinas Straßenhändler täglich an. Inzwischen werden aber auch wir im Westen mit einer großen Auswahl an asiatischen Kräutern und Gewürzen beliefert.

Im Wok knackig auf den Punkt gegart: wohlschmeckende vegetarische Küche.

Reisnudeln und Gemüse

Das beweisen die unzähligen Beispiele aus den asiatischen Landesküchen. Bei diesem Rezept kommt es nicht unbedingt darauf an, wirklich auch alle der angegebenen Zutaten zu verwenden, Variationen sind in jede Richtung möglich. Entscheidend ist vielmehr das aktuelle Marktangebot. Bei der Zusammenstellung ist letztlich die eigene Phantasie gefragt. Nur auf Ausgewogenheit sollte man achten, denn gerade diese ist ein besonderes Merkmal der chinesischen Küche. Dafür kombiniert man Gemüsesorten von unterschiedlicher Struktur, also weiche Gemüse mit solchen, die besonders knackig sind.

140 g mittelbreite Reisnudeln, Salz
50 g thailändische rote Zwiebelchen oder Schalotten, 1 Knoblauchzehe
10 g frischer Galgant oder Ingwer
1 Stängel Zitronengras (etwa 10 g)
2 kleine Chilischoten, 100 g Maiskölbchen
100 g Zuckerschoten
200 g kleine runde Auberginen
150 g rote Paprikaschoten, 100 g Shiitake-Pilze
4 EL Erdnussöl, frisch gemahlener Pfeffer
1 EL gehacktes Thai-Basilikum
Für die Würzsauce:
100 ml Gemüsefond, 2 EL Sojasauce
2 EL vegetarische Austernsauce, 1 EL Mirin
1/2 TL Speisestärke
Außerdem:
kleine Blättchen vom Thai-Basilikum zum Garnieren

Nudeln aus Reismehl werden meist in Form von Bandnudeln angeboten. Wer gerade keine Reisnudeln zur Hand hat, kann sich auch mit unseren bekannten europäischen Bandnudeln behelfen.

Die Reisnudeln in sprudelndem Salzwasser knapp al dente kochen, abseihen, abschrecken und bis zur weiteren Verwendung beiseite stellen.

Die Zwiebelchen, den Knoblauch und den Galgant schälen und alles fein hacken. Das Zitronengras in feine Scheibchen schneiden. Die Chilischoten halbieren, Samen und Scheidewände entfernen und das Fruchtfleisch in dünne Streifen schneiden.

Zunächst die Maiskölbchen 2 Minuten blanchieren, abgießen, kalt abschrecken und quer halbieren. Die Zuckerschoten putzen und die Auberginen vom Stielansatz befreien und vierteln. Die Paprikaschoten halbieren, Samen und Scheidewände entfernen und das Fruchtfleisch in 1,5 cm große Rauten schneiden. Von den Shiitake-Pilzen die harten Stiele entfernen und die Hüte je nach Größe entweder halbieren oder vierteln.

Für die Würzsauce in einer kleinen Schüssel den Gemüsefond, die Sojasauce und die vegetarische Austernsauce sowie Mirin und Speisestärke gut miteinander verrühren.

Das Öl im Wok erhitzen und Zwiebeln, Knoblauch, Galgant, Zitronengrasscheibchen und Chilistreifen darin unter Rühren anschwitzen. Die Maiskölbchen, kurz darauf die Zuckerschoten, die Auberginenviertel, die Paprikarauten und die geputzten Shiitake-Pilze zugeben und alles unter ständigem Rühren in ungefähr 5 bis 6 Minuten knackig braten. Die Würzsauce zugießen und einmal aufkochen lassen. Anschließend die gekochten Reisnudeln vorsichtig untermischen und kurz erwärmen. Mit Salz und Pfeffer würzen, danach das gehackte Basilikum einrühren. Reisnudeln und Gemüse auf Tellern oder in Schälchen anrichten und mit einigen Blättchen Thai-Basilikum garnieren.

Frisches Gemüse gibt es auf Thailands Märkten in Hülle und Fülle. Bei einem derart reichhaltigen Angebot fällt die Wahl schwer, doch lässt es sich sehr preiswert einkaufen.

Serviert mit einer scharf gewürzten Sauce – eine Spezialität der thailändischen Küche.

Gebratenes Gemüse mit Eiernudeln

Nicht allein im Reich der Mitte, auch in Thailand versteht man sich hervorragend auf köstliche Nudelgerichte mit viel knackigem, vitaminreichem Gemüse.

Für das Gemüse:
400 g Blumenkohl, 300 g Brokkoli
100 g Zuckerschoten, 200 g Mangold
100 g Maiskölbchen, Salz, 5 EL Erdnussöl
Für die Würzsauce:
2 Knoblauchzehen, 2 rote Chilischoten
10 g frische Ingwerwurzel
60 g Frühlingszwiebeln, 1/8 l Gemüsefond
2 EL vegetarische Austernsauce
3 EL helle Sojasauce
1 TL zerstoßener Sichuanpfeffer
Salz nach Bedarf
1 schwach gehäufter TL Speisestärke
Außerdem:
200 g Mee (Eiernudeln), Salz
1 EL gehacktes Koriandergrün

Frischer Ingwer, Chillies und Knoblauch sind die perfekte Grundlage für eine scharfwürzige Sauce, die dem einfachen Gericht die pikante Note gibt.

Vom Blumenkohl die Hüllblätter entfernen. Mit einem scharfen Messer den Strunk abtrennen und den Kohl in mittelgroße Röschen zerteilen. Den Brokkoli in Röschen zerteilen, die Stiele schälen, in etwa 1 cm große Stücke schneiden. Zuckerschoten putzen. Mangold waschen, die Blätter von den Stielen trennen und grob zerkleinern. Von den Stielen die Fäden abziehen und diese in 4 cm lange Stifte schneiden.

Den Blumenkohl und die Maiskölbchen in sprudelnd kochendem Salzwasser garen. Nach etwa 5 Minuten den Brokkoli und die Zuckerschoten zufügen und weitere 5 Minuten mitkochen. Das Gemüse vorsichtig mit einem Schaumlöffel herausheben und gut abtropfen lassen.

Für die Würzsauce Knoblauchzehen schälen und in feine Scheibchen schneiden. Von den Chilischoten den Stielansatz abschneiden und das Fruchtfleisch in Ringe schneiden, dabei die Samen entfernen.

Den Ingwer schälen und in feine Stifte schneiden. Die Frühlingszwiebeln putzen und in 2 cm lange Stücke schneiden.

Die Eiernudeln in genügend sprudelnd kochendem Salzwasser al dente kochen, abseihen, gut abtropfen lassen und warm halten.

Das Öl im Wok erhitzen und den Blumenkohl sowie die Maiskölbchen unter Rühren 4 Minuten darin braten, herausheben. Brokkoli, Zuckerschoten und Mangoldstiele 3 Minuten im Wok pfannenrühren, die Mangoldblätter zufügen, alles nochmals 2 Minuten braten und herausnehmen. Im verbleibenden Öl Knoblauchscheibchen, Chiliringe, Ingwerstifte und Frühlingszwiebelstücke 1 Minute braten. Den Gemüsefond bis auf 1 EL zugießen. Mit der vegetarischen Austernsauce, Sojasauce und dem Sichuanpfeffer würzen. Salzen nach Bedarf.

Die Speisestärke mit dem restlichen Fond anrühren, die Sauce damit binden und einmal aufkochen lassen. Das gebratene Gemüse zufügen und in der Sauce kurz erwärmen.

Das Gemüse in Schalen anrichten und mit dem gehackten Koriander bestreuen. Die Nudeln separat dazureichen oder unter das Gemüse mischen.

Knusprig frittiert, sind die »rice vermicelli« eine aparte Unterlage für das Gemüse.

Bambusgemüse in Reisnudeln

Frisch sind Bambussprossen außerhalb Asiens nur selten erhältlich. Doch bieten manche Asienläden inzwischen vorgekochte Sprossen lose an, die man dann selbst in die gewünschte Form und Größe bringen kann. Wer solche Ware nicht bekommt, kann jedoch auch auf Dosen ausweichen, sollte allerdings berücksichtigen, dass konservierte Bambussprossen säuerlicher und auch etwas salziger schmecken. Den Geschmack der Sauce zum Gemüse bestimmt die vegetarische Austernsauce, die aus Shiitake-Pilzen hergestellt wird. Sie ist deutlich dickflüssiger als die nicht vegetarische Variante oder als Sojasauce, so dass man zum Binden nur relativ wenig Speisestärke benötigt.

Beim Frittieren blähen sich die Rice vermicelli – extradünne Nudeln aus Reismehl – bis zu einem Mehrfachen ihres ursprünglichen Durchmessers auf.

80 g Rice vermicelli
Pflanzenöl zum Frittieren
Für das Bambusgemüse:
200 g gekochte Bambussprossen
40 g Frühlingszwiebeln, 2 Knoblauchzehen
5 g frische Ingwerwurzel, 1 Chilischote
100 g Tomaten, 2 EL Erdnussöl
Für die Sauce:
2 EL vegetarische Austernsauce
3 EL helle Sojasauce, 80 ml Gemüsefond
1/4 TL Speisestärke
Salz, frisch gemahlener Pfeffer
Außerdem:
1 EL in Röllchen geschnittener Chinese chive

Die Bambussprossen für das Gemüse quer in 4 bis 5 cm lange Stücke schneiden, diese je nach Dicke längs halbieren oder vierteln. Die Zwiebeln putzen und in feine Ringe schneiden. Den Knoblauch und Ingwer schälen. Den Knoblauch in dünne Scheiben schneiden, den Ingwer fein würfeln.

Die Chilischote vom Stielansatz befreien und das Fruchtfleisch in feine Ringe schneiden, dabei die Samen entfernen. Die Tomaten blanchieren, kalt abschrecken, häuten, vierteln, Stielansätze und Samen entfernen und das Fruchtfleisch klein würfeln. Das Erdnussöl in einem Wok erhitzen. Die Frühlings-

zwiebelringe, Knoblauchscheiben, Ingwerwürfel und die Chiliringe zufügen und kurz darin unter schnellem Rühren bei großer Hitze braten. Die Bambussprossen zufügen und 2 bis 3 Minuten mitbraten. Schießlich die Tomatenwürfel zufügen und 1 weitere Minute mitgaren.

Vegetarische Austernsauce, Sojasauce sowie den Gemüsefond in einer Schüssel vermischen. Die Speisestärke zufügen und alles gut miteinander verrühren. Die Sauce über das Bambusgemüse gießen und kurz mitköcheln, bis die Sauce sämig wird. Nach Belieben salzen und pfeffern, dabei einkalkulieren, dass Austern- und Sojasauce möglicherweise schon genügend Salz mitbringen.

Die Rice vermicelli vorsichtig auseinander zupfen. Reichlich Öl erhitzen und die Nudeln portionsweise darin frittieren, bis sie sich aufgebläht haben. Die Reisnudeln herausheben, abtropfen lassen und auf vorgewärmten Tellern anrichten. Das Bambusgemüse darauf verteilen. Mit dem Chinese chive bestreuen und servieren.

Mit Fisch & M

Krustentiere, Muscheln und edle Fische adeln jedes Nudelgericht. Und die ungeheure Vielfalt in Neptuns Reich setzt bei der Zubereitung einer maritimen Pasta-Mahlzeit der Phantasie kaum Grenzen, zumal der delikate Geschmack von Fisch und Meeresfrüchten im Prinzip mit den meisten Nudelsorten ganz hervorragend harmoniert. Der Variationsmöglichkeiten sind also viele: Ob frische Muscheln in Kombination mit einer fruchtigen Tomatensauce,

eeresfrüchten

feine Fische als Ragout zubereitet, oder gratinierte Pastagerichte mit Languste & Co. – das ist letztlich eine Frage des eigenen Geschmacks. Unbedingt versuchen sollte man jedoch einmal den gefüllten Hummer oder die extravaganten schwarzgefärbten Sepianudeln.

In manchen Gegenden noch weniger bekannt, ist die folgende Kombination in mediterranen Ländern aber sehr beliebt.

Nudeln, Pesto und Fisch

Festfleischiger Fisch, ob man nun Heilbutt oder Steinbutt den Vorzug gibt, spielt keine Rolle, passt wunderbar zu der Mischung aus Knoblauch, Öl, Pinienkernen, Basilikum und Käse.

Für den Nudelteig:
300 g Weizenmehl, 3 Eier, 1 EL Olivenöl
1/2 TL Salz, nach Bedarf etwas Wasser
Für den Pesto:
2 Knoblauchzehen, 60 g frische Basilikumblätter
25 g Pinienkerne, etwas Salz, 25 g Pecorino
40 g Parmesan, 1/8 l Olivenöl extra vergine
Für die Garnituren:
200 g Zucchini, 100 g Möhren
4 Cocktailtomaten
400 g Heilbutt- oder Steinbuttfilet
Salz, frisch gemahlener Pfeffer, 70 g Butter

Aus den angegebenen Zutaten einen Nudelteig zubereiten. In Folie wickeln, mindestens 1 Stunde im Kühlschrank ruhen lassen.

Für den Pesto den Knoblauch schälen, klein schneiden. Die Basilikumblätter waschen, trockentupfen und in grobe Streifen schneiden. Weiterverfahren, wie in der Bildfolge rechts gezeigt.

Zucchini waschen, putzen, längs in dünne Scheiben schneiden und diese längs halbieren. Möhren schälen, ebenfalls längs in dünne Scheiben schneiden. Cocktailtomaten vom Stielansatz befreien und halbieren. Den Fisch 1,5 cm groß würfeln und würzen.

Den Nudelteig mit der Nudelmaschine zur gewünschten Stärke ausrollen und mit dem entsprechenden Vorsatz in 4 mm breite Trenette schneiden.

Den Knoblauch, die Pinienkerne und das Salz im Mörser zermahlen, das Basilikum einarbeiten.

Den möglichst fein geriebenen Käse portionsweise zugeben und sorgfältig unterrühren.

Das Öl in dünnem Strahl (wie bei einer Mayonnaise) einlaufen lassen und unterrühren.

Nudeln in sprudelndem Salzwasser al dente kochen und abseihen. In einer Pfanne 50 g Butter zerlassen, die Fischwürfel von allen Seiten darin leicht anbraten und herausnehmen.

Die restliche Butter in der Pfanne zerlassen, Möhren- und Zucchinistreifen darin leicht anbraten, Tomaten kurz mitbraten. Würzen. Trenette mit dem Gemüse und dem Pesto vermischen und mit den Heilbuttwürfeln auf vorgewärmten Tellern anrichten.

»Pasta con frutti di mare« und frische Kräuter, so stellt man sich ein gutes Essen auf Italienisch vor.

Tagliatelle mit Meeresfrüchten

Alles, was das Meer zu bieten hat, lässt sich mit Nudeln kombinieren. Frisch gefangene Scampi oder Garnelen eignen sich mit ihrem feinen Geschmack hierfür ganz hervorragend.

Nudeln, ein gutes Olivenöl, aromatische Kräuter, fangfrische Meeresfrüchte und natürlich fruchtig-reife Tomaten – damit lässt es sich wirklich kreativ kochen, vor allem, wenn man schon etwas »Pasta-Erfahrung« hat. Was die Nudeln anbelangt, so stellt sich die entscheidende Frage: fertig kaufen oder selbst machen? Nun, selbstgemacht ist natürlich besser, doch sollte die Zeit dazu mal nicht reichen, ist das kein Beinbruch; gibt es doch gerade Tagliatelle auch in guter Qualität zu kaufen.

Garnelen und Kalmar, in Kombination mit Tagliatelle und würzigen Kräutern – ein echtes Sommeressen, das an Ferien erinnert. Noch ein gutes Glas Wein dazu und das Glück ist komplett.

350 g Tagliatelle
Salz
Für die Tomatensauce:
500 g Tomaten
40 g Schalotten
1 Knoblauchzehe
4 EL Olivenöl
1/2 TL Salz
frisch gemahlener Pfeffer
1 EL gehackte gemischte Kräuter
Außerdem:
300 g Kalmare
1 EL Butter
8 rohe, geschälte Garnelen
12 schwarze Oliven

Für die Sauce die Tomaten blanchieren, kalt abschrecken, häuten und halbieren, Stielansatz und Samen entfernen, das Fruchtfleisch in Würfel schneiden. Die Schalotten und den Knoblauch schälen und sehr fein hacken. Öl in einer entsprechend großen Kasserolle erhitzen, die Schalotten und den Knoblauch darin anschwitzen. Die Tomatenwürfel zugeben, salzen, pfeffern und die Kräuter (Basilikum, Thymian und Petersilie) untermischen. Etwa 5 Minuten köcheln lassen. Die Sauce warm halten.

Die Kalmare vorbereiten. Dafür die Fangarme und den Körper kurz in kochendem Salzwasser anziehen lassen. Aus dem beutelartigen Körper die Kauwerkzeuge und das transparente Fischbein entfernen, den Körper in Ringe schneiden, die Fangarme ganz belassen. Nudeln in kochendem Salzwasser al dente kochen, abgießen und abschrecken.

Butter in einer Pfanne zerlassen und die Garnelen darin kurz anbraten. Mit den Kalmarstücken und den Oliven unter die Tomatensauce mischen. Die Nudeln zufügen und alles zusammen kurz erhitzen. Auf vorgewärmten Tellern anrichten und sofort servieren.

Warum die Sardinen in ihrer pikanten Sauce gerade mit dieser Sorte Nudeln so gut schmecken, bleibt ein Geheimnis.

Gimelli mit Sardinen

Andere kernige Nudeln wie Penne oder Makkaroni können zwar auch verwendet werden, aber das Ergebnis ist nicht ganz so zufrieden stellend. Wer keine frischen Sardinen bekommt, kann das Gericht auch ohne sie, also nur mit gesalzenen Sardellen, zubereiten. Dann hat es allerdings einen salzigeren Geschmack und es fehlt das Meeraroma, das die frischen Sardinen mitbringen.

350 g Gimelli, Salz
Für die Sauce:
25 g getrocknete Steinpilze
80 g Zwiebeln, 2 Knoblauchzehen
70 g Möhren, 300 g Tomaten
3 EL Olivenöl, 1 EL Tomatenmark
150 ml Rotwein, 1 Spritzer Zitronensaft
Abgeriebenes von 1/2 unbehandelten Zitrone
3 Sardellenfilets in Salz, 1 Chilischote
1 Rosmarinzweig, einige Salbeiblätter
1/2 Bund Petersilie, Salz
frisch gemahlener Pfeffer
Für die Sardinen:
300 g Sardinen
1 EL Olivenöl

Die getrockneten Pilze mit etwas kochendem Wasser überbrühen und einweichen.

Die Zwiebeln und die Knoblauchzehen schälen und fein hacken. Die Möhren schälen und fein würfeln. Die Tomaten blanchieren, häuten, vierteln, Samen und Stielansatz entfernen und das Fruchtfleisch würfeln. Das Öl in einer Pfanne erhitzen, die Zwiebel- und Knoblauchwürfel darin anschwitzen. Die Möhren- und Tomatenwürfel zugeben und kurz mitschwitzen. Das Tomatenmark einrühren, mit dem Rotwein ablöschen und leicht köcheln lassen.

Inzwischen die Pilze aus dem Einweichwasser nehmen, abtropfen lassen und fein hacken, mit in die Pfanne geben. Den Zitronensaft und die abgeriebene Zitronenschale zufügen.

Die Sardellenfilets klein schneiden und unterrühren. Die Chilischote halbieren, die Samen und Scheidewände entfernen und das Fruchtfleisch fein hacken. Die Kräuter waschen, von den groben Stielen befreien und hacken. Zusammen mit den Chiliwürfeln in die Pfanne geben und durchmischen. Leicht salzen und pfeffern. Warm halten.

Die Sardinen filetieren. Das Öl in einer zweiten Pfanne erhitzen, die Filets zugeben und nur ganz kurz anbraten, weil sie ansonsten schnell verkochen.

Die Nudeln in kochendem Salzwasser al dente garen. Abseihen und abtropfen lassen. Zur Sauce geben und untermischen. Die Sardinenfilets zugeben. Abschmecken und servieren.

Die Sonne des Mittelmeeres glaubt man bei diesen frischen Zutaten zu spüren. Die fingerlangen, etwas in sich gedrehten Gimelli haben in etwa die gleiche Länge wie die gebratenen Sardinen und passen schon deshalb besonders gut.

Ein Klassiker, der sich kaum noch verbessern, aber verändern lässt, zum Beispiel mit Gemüse.

Tagliatelle alle vongole

Für dieses Rezept müssen es nicht unbedingt Bandnudeln sein, Spaghetti eignen sich ebenfalls sehr gut. Muscheln werden in den Monaten mit einem »r« frisch angeboten, also kann man nicht nur in Italien das »Vongole-Vergnügen« genießen.

400 g Tagliatelle, Salz
Für die Gemüse-Muschel-Mischung:
60 g Möhre, 60 g Bleichsellerie
2 Schalotten, 1 Knoblauchzehe
1 rote Chilischote
1,2 kg frische Venusmuscheln
1/8 l Olivenöl
1/4 l trockener Weißwein
1/2 TL Salz
frisch gemahlener Pfeffer
1 EL gehackte Petersilie
1 TL gehacktes Basilikum
1 TL gehackte Zitronenmelisse

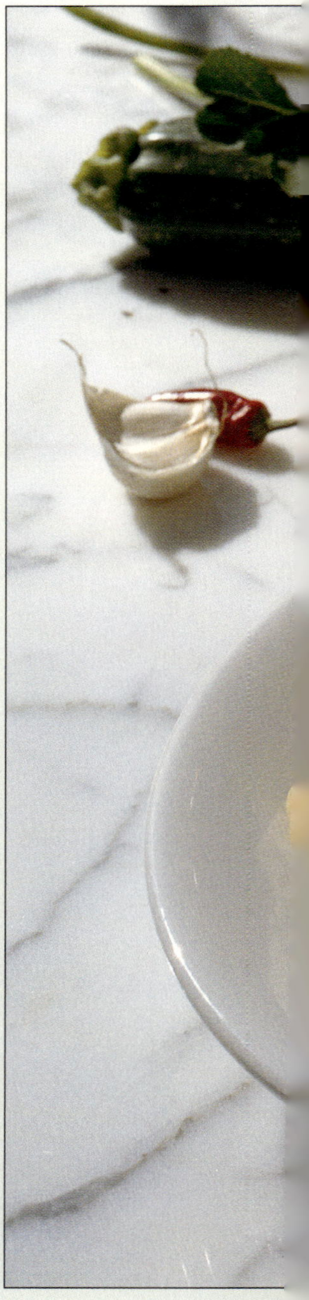

Eine sommerliche Note bekommt dieses Gericht, wenn zusätzlich je 60 g rote und grüne Paprikawürfel und 100 g Zucchinischeiben mit den Muscheln zu den Nudeln gegeben werden.

Vongole (Venusmuscheln), mit einer Gemüsebrunoise und einem trockenen Weißwein zubereitet, sind an sich schon ein Genuss. Mit Nudeln werden sie zum echten Hauptgericht.

Die Möhre und den Sellerie putzen und klein würfeln. Die Schalotten schälen und klein würfeln. Die Knoblauchzehe ebenfalls schälen und durch eine Presse drücken. Die Chilischote halbieren, von Samen und Scheidewänden befreien, klein hacken. Die Muscheln unter fließendem kaltem Wasser abbürsten und geöffnete Exemplare wegwerfen, da sie verdorben sind.

Das Öl in einer Kasserolle erhitzen und die Schalottenwürfel sowie den Knoblauch darin kurz anschwitzen. Das Gemüse etwa 3 Minuten mitbraten. Den Weißwein zugießen.

Die Muscheln zum Gemüse geben, salzen und pfeffern, den Topf zudecken und die Muscheln einige Minuten kochen, bis sie sich geöffnet haben. Noch geschlossene Exemplare herausnehmen und wegwerfen. Die Kräuter einstreuen und alles zusammen in der offenen Kasserolle bei schwacher Hitze etwa 15 Minuten köcheln lassen und dabei die Flüssigkeit leicht reduzieren.

Die Nudeln in sprudelnd kochendem Salzwasser al dente garen und abseihen. In eine vorgewärmte Schüssel geben und mit den Muscheln vermengen und sofort servieren.

Eine überaus delikate Pasta-Vorspeise, die zudem schnell und einfach zubereitet ist.

Bavette mit Heuschreckenkrebsen

Die Schwierigkeit liegt hier weniger in der Zubereitung, als vielmehr in der Beschaffung der Zutaten. Frische Heuschreckenkrebse sind eher selten im Angebot, ersatzweise kann man Garnelen verwenden.

350 g Bavette
Scheiben von 1/2 unbehandelten Zitrone
10 schwarze Pfefferkörner
grobes Meersalz

20 sehr frische Heuschreckenkrebse (je etwa 60 g)
50 g weiße Zwiebel, 1 Knoblauchzehe
50 g Möhre, 50 g Stangensellerie
1 roter Peperoncino
600 g Flaschentomaten, 3 EL Olivenöl
Salz, frisch gemahlener Pfeffer
Außerdem:
einige kleine Basilikumblättchen

Heuschreckenkrebse sind leicht zu erkennen an ihrem langen, fast gleichmäßig breiten Körper sowie an den beiden dunklen Flecken auf den Schwanzflossen.

In einem großen Topf 3 l Wasser mit den Zitronenscheiben, Pfefferkörnern und etwas Meersalz zum Kochen bringen. Die Hitze reduzieren, die Heuschreckenkrebse einlegen und 2 bis 3 Minuten darin kochen. Den Topf vom Herd nehmen, die Krebse vorsichtig herausheben, in einem Sieb abtropfen und abkühlen lassen. Von den Krebsen die Köpfe entfernen. Den Panzer vom Kopf her mit einer Schere aufschneiden, aufbrechen, Fleisch auslösen und beiseite stellen. Köpfe und Panzer wieder in das Kochwasser legen und 10 bis 15 Minuten darin köcheln lassen. Den Topfinhalt durch ein feines Sieb gießen. Den aufgefangenen Fond erneut aufkochen.

Zwiebel und Knoblauch schälen und fein hacken. Möhre schälen, Stangensellerie putzen und beides fein würfeln. Peperoncino in feine Ringe schneiden, Samen und Stielansatz entfernen. Tomaten blanchieren, häuten, vierteln, Stielansätze entfernen, die Samen durch ein Sieb passieren und den Saft auffangen. Öl erhitzen, Zwiebel, Knoblauch und Peperoncino darin farblos anschwitzen. Die Möhren-, Sellerie- und Tomatenwürfel kurz anschwitzen. Tomatensaft angießen, würzen. Zugedeckt 20 Minuten köcheln lassen. Nach Bedarf ein wenig Wasser zugießen. Bavette in dem Krebskochwasser al dente garen, abseihen und abtropfen lassen.

Das ausgelöste Krebsfleisch in die Sauce einlegen und 1 Minute darin erwärmen. Die Nudeln vorsichtig untermengen. Auf vorgewärmten Tellern anrichten, mit ein paar Blättchen Basilikum garnieren und sofort servieren.

In Venetien kommen die »cicale di mare« oder Meereszikaden, wie die Heuschreckenkrebse auch genannt werden, relativ häufig auf den Markt.

Zu einer zauberhaften Blüte entfaltet sich die Kapernknospe, wenn sie nicht vorher gepflückt wurde. Die filigrane Pracht dauert leider nur einen Tag.

Im Süden Italiens und auf den Inseln liebt man die Mischung aus Kapern, Sardellen und Nudeln.

Bucatini mit Kapernsauce

Diese Geschmackskombination ist wegen des salzigen Geschmacks der Sardellen nicht jedermanns Sache. Aber diese »südliche Mischung« hat dennoch viele Liebhaber. Statt der Makkaroni können übrigens auch andere Röhrennudeln wie Bucatini oder die dickeren Zite oder Zitoni verwendet werden. Wer es weniger salzig mag, kann statt der Sardellen in Salz auch in Öl eingelegte verwenden. Nicht austauschbar sind dagegen die gesalzenen Kapern. Denn in Essiglösung konservierte Kapern sind dafür unbrauchbar, weil sie ein völlig anderes Aroma entwickeln als die gesalzenen. Wenn also irgendwo Salzkapern angeboten werden, sollte man auch bei einer größeren Menge zugreifen, sie halten sich – in einem Glas verschlossen – recht lange im Kühlschrank und eignen sich zudem bestens als würzende Zutat für sommerliche Salate.

Kapern, Oliven und Sardellen – diese Zusammenstellung schmeckt nach Urlaub, Sonne und Meer.

Kapernernte auf Salina, einer der felsigen Liparischen Inseln vor der Nordküste Siziliens. Etwa zur Zeit der Sommersonnwende werden sie gepflückt.

400 g Bucatini, Salz
Für die Kapernsauce:
40 g Kapern, in Salz eingelegt
80 g schwarze Oliven
2 Knoblauchzehen
30 g Schalotten
12 Sardellenfilets in Salz
500 g Tomaten
2 große Peperoncini
6 EL Olivenöl
Außerdem:
60 g gehobelter Pecorino
schwarze Oliven zum Garnieren

Von den Kapern das Salz abspülen und die Kapern fein hacken. Die Oliven gegebenenfalls entsteinen

und ebenfalls fein hacken. Die Knoblauchzehen sowie die Schalotten schälen und klein würfeln. Von den Sardellenfilets das Salz abspülen und die Filets in kleine Stücke schneiden.

Die Tomaten blanchieren, kalt abschrecken, häuten, Samen und Stielansatz entfernen und das Fruchtfleisch klein würfeln. Die Peperoncini von Stiel, Samen und Scheidewänden befreien und das Fruchtfleisch sehr fein hacken.

Das Öl in einer entsprechend großen Pfanne erhitzen. Die Kapern, Oliven, Knoblauch- und Schalottenwürfel darin 1 Minute anschwitzen. Die Sardellenfilets zufügen und unter ständigem Rühren 2 bis 3 Minuten mitschwitzen.

Die Tomatenwürfel sowie die Peperoncini untermischen und alles zusammen noch weitere 15 Minuten köcheln lassen.

In der Zwischenzeit die Bucatini in sprudelnd kochendem Salzwasser al dente garen, abseihen und gut abtropfen lassen. Mit der Sauce vermischen und auf vorgewärmten Tellern anrichten. Den gehobelten Pecorino darüber streuen und jeweils mit ein paar schwarzen Oliven garnieren.

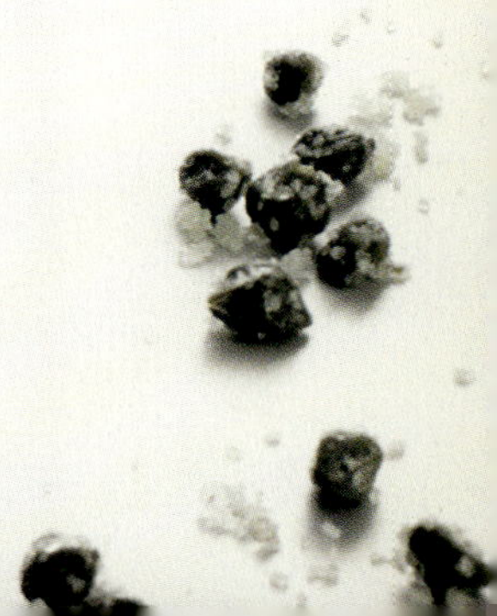

Krustentiere, Gemüse und Nudeln – eine bewährte Kombination, die auch mal mit Käse gratiniert fein schmeckt.

Nudeln im Taschenkrebs

Nach dem folgenden Muster lassen sich auch andere Krustentiere mit Nudeln füllen, zum Beispiel die Seespinne oder die Dungeness Crab.

4 Taschenkrebse (je etwa 400 g)
Für den Sud:
3 l Wasser, 1/2 l trockener Rosé (Tavel)
Salz, 12 zerdrückte Pfefferkörner, 1 Lorbeerblatt
60 g Zwiebel in Scheiben geschnitten
1 Bund Petersilie
Für die Nudelmischung:
150 g Capellini, 2 Schalotten, 1 Knoblauchzehe
1 rote Chilischote, 30 g Butter
je 30 g Möhre und Stangensellerie gewürfelt

Der Taschenkrebs, auf französisch Crabe tourteau, ist ein ideales Behältnis, will man diese Nudelmischung gratinieren.

Je nach Größe der Crabes tourteau können sie gefüllt als kleine Vorspeise, Fischgang oder Hauptgericht gereicht werden.

100 ml Sahne, Salz
1 Spritzer Zitronensaft, 1 EL gehackte Kräuter
Für die Tomatensauce:
400 g Tomaten, 1 EL Olivenöl
50 g weiße Zwiebel, gehackt
Salz, frisch gemahlener Pfeffer
Außerdem:
50 g geriebene Tomme de Brebis (Schafkäse)
20 g zerlassene Butter, Butter für die Form

Alle Zutaten für den Sud in einem großen Topf aufkochen. Die Taschenkrebse nacheinander in den sprudelnd kochenden Sud einlegen und jeweils 10 Minuten kochen. Herausnehmen und auskühlen lassen. Scheren und Beine vom Panzer drehend abbrechen. Die Schwanzplatte an der Unterseite abheben, mit

einer drehenden Bewegung entfernen. Ein Messer zwischen Schale und Unterseite schieben, die Schale dabei mit der linken Hand gut festhalten und ringsherum lösen. Den »Körper« herausheben, halbieren, mit einem Teelöffel das Fleisch herausnehmen. Den Panzer an der Unterseite an der geschwungenen Naht ausbrechen, das Fleisch aus den Scheren und Beinen lösen. Die Rückenschalen innen und außen sorgfältig waschen.

Die Nudeln in sprudelnd kochendem Salzwasser etwa 4 Minuten garen und abseihen. Die Schalotten und den Knoblauch fein hacken. Die Chilischote halbieren, von Samen und Scheidewänden befreien, hacken. Die Butter zerlassen, Zwiebel und Knoblauch darin hell anschwitzen, die Möhren-, Sellerie- und Chiliwürfel mitschwitzen. Die Sahne zugießen und 10 Minuten köcheln lassen. Mit Salz, Zitronensaft und Kräutern (Petersilie, Thymian und Basilikum) würzen. Das Krebsfleisch und den Corail zugeben, mit den Nudeln vermischen, in die vier Krebspanzer verteilen. Mit dem Käse bestreuen und mit der zerlassenen Butter beträufeln.

Für die Sauce die Tomaten blanchieren, häuten, Stielansatz und Samen entfernen und das Fruchtfleisch würfeln. Das Öl erhitzen, die Zwiebelwürfel darin anschwitzen, die Tomatenwürfel zugeben, salzen, pfeffern und kurz mitschwitzen. In eine gebutterte Auflaufform geben und die gefüllten Taschenkrebse darauf setzen. Unter dem Grill ganz kurz überbacken und sofort servieren.

La Coruña, der spanische Hafen an der galizischen Küste, lebt zum großen Teil vom Fischfang. Frische Sardinen werden in den frühen Morgenstunden angelandet.

Eine etwas andere Art, Spaghetti auf den Tisch zu bringen.

Spaghetti mit Sardinen im Pergamentpaket

Eingeschlossen in einer Hülle aus Pergamentpapier, können sich die Aromen der verschiedenen Zutaten gut entwickeln und miteinander verbinden.

Für 12 Stück
Für die Tomatensauce:
1 Dose geschälte Tomaten (400 g)
50 ml Olivenöl
2 geschälte Knoblauchzehen
Salz, frisch gemahlener Pfeffer
1/2 TL zerstoßene getrocknete Peperoncini
Für die Füllung:
250 g frische, reife Tomaten
12 frische Sardinen
250 g Spaghetti
Salz
12 Scheiben Bauchspeck
1 Bund fein gehackte Petersilie
Außerdem:
12 Stück Pergamentpapier, 25 x 25 cm groß
Olivenöl zum Einpinseln
50 g zerlassene Butter
frisch geriebener Parmesan

Auf das eingefettete Papier eine Scheibe Speck und quer über ein Ende eine Sardinenhälfte legen. Eine Portion Spaghetti darüber drehen, mit Petersilie bestreuen und 1 EL Tomatensauce in die Mulde geben. Frische Tomatenstücke auflegen und mit der zweiten Sardinenhälfte bedecken. Das Pergamentpapier über die Füllung falten, die Seiten einschlagen und unter das Paket falten.

Die deftige Küche im Norden Spaniens versteht sich bestens auf die Zubereitung von Fisch. Die preiswerten Sardinen gehören dabei zum täglichen Angebot.

Die Tomaten in einem Sieb ablaufen lassen. Öl in einer entsprechend großen Kasserolle erhitzen, die Knoblauchzehen darin 2 Minuten anschwitzen und wieder herausnehmen. Die Tomaten in dem aromatisierten Öl bei mittlerer Hitze etwa 20 Minuten köcheln lassen. Salzen, pfeffern und mit Peperoncini würzen. Mit einem Stabmixer pürieren und weitere 10 Minuten einkochen lassen.

Für die Füllung die frischen Tomaten blanchieren, kalt abschrecken, häuten, achteln, Stielansatz und Samen entfernen. Von den Sardinen die Köpfe, die Schwänze und die Flossen abschneiden, längs halbieren und die Rückengräten herausziehen. Die Spaghetti in sprudelnd kochendem Salzwasser nur knapp al dente garen und abgießen. Für die Pergamentpakete die Papierquadrate gleichmäßig mit Olivenöl einpinseln. Weiterverfahren, wie in der Bildfolge beschrieben.

Die fertigen Päckchen auf ein Backblech setzen und die Oberfläche mit etwas Öl einpinseln. Bei 200 °C im vorgeheizten Ofen 15 Minuten backen. Die Päckchen mit einer Schere aufschneiden und die Spaghetti mit zerlassener Butter beträufeln. Den frisch geriebenen Parmesan separat dazu reichen.

Dieses Gericht ist etwas für kreative Köche: Ähnlich der Paella, doch nimmt man Nudeln statt Reis.

Fideuà de mariscos

Gekocht wird jeweils nach dem aktuellen Marktangebot, das Rezept ist nur als Empfehlung gedacht. Das ideale Kochgeschirr ist eine Paellapfanne.

300 g Fideos (Fadennudeln, etwa Capellini), Salz
Für die Sauce:
80 g weiße Zwiebeln, 2 Knoblauchzehen
1 Chilischote, 300 g Tomaten
2 EL Olivenöl, 1 TL Tomatenmark
100 ml trockener Weißwein, 200 ml Fischfond
Salz, frisch gemahlener Pfeffer
Für die Meeresfrüchte:
300 g Filet von Dorade royale
200 g kleine Kalmare
400 g Herzmuscheln, 400 g Venusmuscheln
8 küchenfertige Riesengarnelen
Außerdem:
4 Zitronenscheiben zum Garnieren

Was der Markt gerade bietet an frischem Gemüse, Fisch und Meeresfrüchten, das kommt für dieses Nudelgericht mit in die Pfanne.

Zwiebeln und Knoblauchzehen schälen und fein hacken. Chilischote halbieren, Samen und Scheidewände entfernen. Das Fruchtfleisch fein hacken. Tomaten blanchieren, häuten, vierteln, Stielansatz und Samen entfernen, Fruchtfleisch fein würfeln. Das Öl erhitzen, Zwiebel- und Knoblauchwürfel darin glasig anschwitzen, Chili- und Tomatenwürfel zugeben, kurz mitschwitzen. Tomatenmark unterrühren. Mit dem Weißwein ablöschen, den Fond zugießen, salzen, pfeffern. 5 Minuten köcheln lassen.

Das Doradenfilet in Würfel mit 2 cm Kantenlänge schneiden. Die Kalmare häuten und Fangarme herauslösen. Das transparente Fischbein aus dem Körper herausziehen. Körper und Fangarme sorgfältig waschen, die Arme ganz belassen, den Körper in Ringe schneiden. Muscheln unter fließendem kaltem Wasser abbürsten, offene Exemplare wegwerfen, Bärte mit den Fingern abziehen. Nudeln in sprudelndem Salzwasser 3 bis 4 Minuten kochen, abseihen.

Die Sauce erhitzen. Zuerst die Muscheln, dann die Kalmare zufügen und 6 bis 8 Minuten garen. Nicht geöffnete Muscheln entfernen. Fischwürfel und Garnelen weitere 4 Minuten bei geringer Hitze mitköcheln. Nudeln untermischen und abschmecken. Auf die vorgewärmten Teller verteilen, mit Zitronenscheiben garnieren und sofort servieren.

Eine besondere Variante der Pasta-Küche: Nudeln aus der Form mit einer Käsekruste überbacken.

Spaghetti-Pie mit Garnelen und Gemüse

Für den Teig:
200 g Mehl, 3 EL Wasser, Salz, 150 g Butter
Für die Füllung:
200 g Spaghetti, Salz, 60 g weiße Zwiebel
100 g Möhren, 1 Knoblauchzehe fein gehackt
200 g Stangensellerie, 100 g Mairübchen
200 g Erbsen in der Schote (80 g TK-Erbsen)
30 g Butter, 60 ml Weißwein, 1 EL Öl, Pfeffer
150 g rohe Garnelenschwänze ohne Schale
Für die Eiersahne:
200 ml Sahne, 3 Eier, Salz
frisch gemahlener Pfeffer
Außerdem:
1 Eigelb zum Bestreichen,1 EL gehackte Kräuter
Backpapier und Hülsenfrüchte zum Blindbacken
50 g frisch geriebener Hartkäse (Gruyère)

Aus den angegebenen Zutaten rasch einen glatten Teig kneten, zu einer Kugel formen, in Folie wickeln und 1 Stunde kühl ruhen lassen.

Spaghetti in sprudelnd kochendem Salzwasser al dente garen, abseihen und kalt abschrecken. Zwiebel schälen und fein hacken. Möhren schälen und in Würfel von 5 mm Kantenlänge schneiden. Stangensellerie putzen, waschen, die Blätter entfernen und die Stangen schräg in 1 cm breite Stücke schneiden. Die Mairübchen schälen, vierteln und in Scheiben schneiden. Die Erbsen aus den Schoten streifen oder die Tiefkühlerbsen auftauen.

Butter zerlassen und die Zwiebel darin hell anschwitzen. Möhren, Sellerie und Mairübchen kurz mitschwitzen, mit dem Wein ablöschen, salzen und pfeffern. Bei reduzierter Hitze 5 Minuten dünsten, die Erbsen zufügen und weitere 5 Minuten garen. Öl erhitzen, den Knoblauch anschwitzen und die Garnelen darin 2 bis 3 Minuten unter Wenden braten. Garnelen und Gemüse abkühlen lassen.

Den Teig auf einer bemehlten Arbeitsfläche ausrollen, eine Form von 26 cm Durchmesser damit auskleiden und den Boden mit einer Gabel mehrmals einstechen. Den Teigrand einkneifen und mit Eigelb bestreichen. Backpapier in der Größe der Form zuschneiden, in die Form legen, die Hülsenfrüchte einfüllen und den Boden bei 200 °C im vorgeheizten Ofen etwa 20 Minuten blind backen. Die Hülsenfrüchte und das Papier entfernen und den Boden etwas abkühlen lassen.

Die Sahne mit den Eiern, Salz und Pfeffer gut verrühren. Die Spaghetti und die Garnelen mit der Gemüsemischung vermengen, abschmecken und in die Form füllen. Mit dem Käse und den Kräutern bestreuen, die Eiersahne gleichmäßig eingießen und den Pie in 25 bis 30 Minuten fertig backen.

Eine Kombination, die in Skandinavien warm und kalt gern gegessen wird.

Nudeln mit geräuchertem Fisch

Teigwaren sind in Skandinavien nicht gerade heimisch, aber die »Nudelwelle« hat natürlich auch vor dem hohen Norden nicht Halt gemacht. Dänemark ist bekannt für seine kreativen Köche, und so ist es nicht verwunderlich, dass sie die italienische Pasta nicht einfach kopiert haben. Vielmehr kombiniert man dort die Nudeln mit typisch skandinavischen Produkten, etwa mit geräucherten Fischen – vom Hering angefangen, der übrigens gut in einen Nudelsalat passt, über den geräucherten Heilbutt bis zu zartem Lachs oder Aal. Der herzhafte Räuchergeschmack kommt besonders in Verbindung mit frischen Kräutern gut zur Geltung. Dill ist in diesem Fall das klassische Würzkraut und wird am besten in einer sahnigen Sauce gereicht. Dazu passen kurze Nudeln, die den rustikalen Charakter des Gerichts unterstreichen.

»Genial einfach« oder einfach genial sind die Nudeln mit Räucheraal. Nur wenige Zutaten, die sich geschmacklich auf das Beste ergänzen.

In Kopenhagen versteht man auch zu leben. Das kulinarische Angebot ist reichhaltig, und Nudeln sind mit Sicherheit dabei.

400 g Pennette
Salz
Für die Dillsauce:
1 Bund Dill
1/4 l Sahne
Salz, frisch gemahlener Pfeffer
Außerdem:
200 g Räucheraal

Für die Dillsauce den Dill waschen, trockenschleudern und fein hacken. Die Sahne in einer Kasserolle zum Kochen bringen und bei geringer Hitze auf etwa 1/3 einkochen lassen. Mit Salz und Pfeffer würzen. Den gehackten Dill vorsichtig unter die Sauce rühren und diese bis zur weiteren Verwendung warm halten.

Die Nudeln in sprudelnd kochendem Salzwasser al dente garen. Abseihen, abtropfen lassen. Inzwischen den Aal von Haut und Gräten befreien und in 5 cm lange Streifen schneiden.

Die Nudeln mit der Dillsauce vermischen. Die Aalstücke unterheben und auf Tellern anrichten.

Variante: Ein pikanter Nudelsalat lässt sich auf gleicher Basis zubereiten. Die Nudeln dafür kalt abbrausen und Würfel von Räucherlachs oder Aal untermischen. Im Verhältnis zum Fisch dieselbe Menge gedünstetes Gemüse – Erbsen, Möhren und Zucchini – zugeben, und das Ganze mit gut gepfefferter Dillmayonnaise anmachen.

Kleine Röhrennudeln gibt es in großer Auswahl, und alle eignen sich für dieses Gericht. Zum Beispiel Mezze penne rigate, Pennette, Tortiglioni, Fusilli rigati und Pipette.

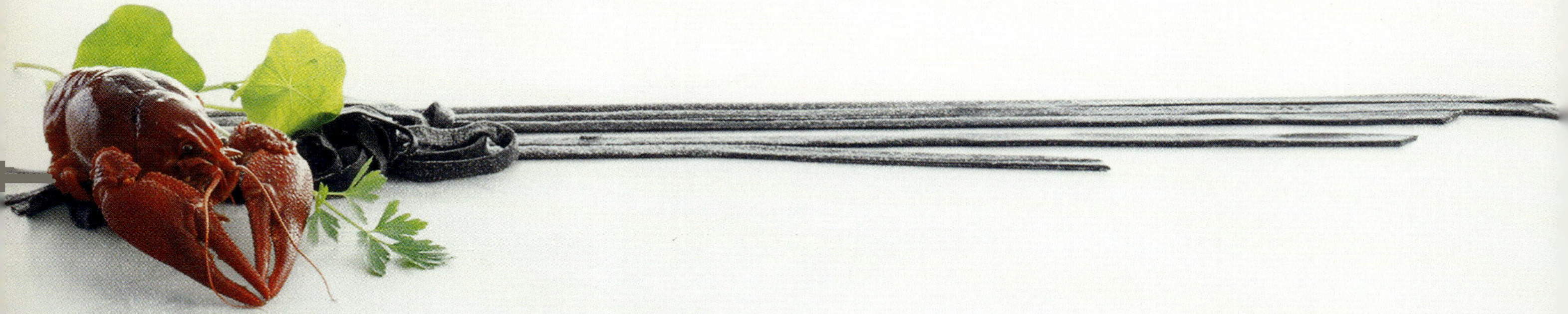

Der Edelkrebs ist wieder im Kommen, zumindest in Gewässern Mitteleuropas, deren Qualität sich langsam verbessert. Andere Krebsarten schmecken zwar auch gut, doch ihr Aroma kommt an das des Edelkrebses nicht ganz heran.

Eine Sahnesauce rundet die Kombination von den aparten Nudeln und Krebsfleisch ab.

Sepianudeln mit Flusskrebsen

Krebsfleisch schmeckt mit Nudeln ganz vortrefflich. Und diese Variante überzeugt allein schon aus optischen Gründen: Das helle Krebsfleisch wird auf einem Bett von schwarzen Bandnudeln angerichtet. Die Tinte dafür gibt's übrigens abgepackt zu kaufen.

12 mittelgroße Flusskrebse (je 140 g), Salz
Für den Nudelteig:
300 g Mehl, 2 Eier, 1 EL Olivenöl, 1/2 TL Salz
20 g Sepiatinte, etwas Wasser nach Bedarf
Für die Sauce:
50 g Petersilienwurzel
je 100 g Lauch, Möhren und Stangensellerie
4 EL Öl, 2 cl Cognac
1 Lorbeerblatt, Salz, 5 Pfefferkörner
1/8 l trockener Weißwein
je 30 g Streifchen von Zuckerschoten, Möhren, Stangensellerie und Zucchini
1/4 l Sahne, 1 kleine rote Chilischote
Außerdem:
Kerbel zum Garnieren

Aus den angegebenen Zutaten einen Nudelteig zubereiten. In Folie wickeln, 1 Stunde ruhen lassen.

Krebse in sprudelnd kochendes Salzwasser gleiten lassen, die Hitze etwas reduzieren und 8 Minuten garen. Herausheben und mit kaltem Wasser abbrausen. Die Schwänze ausbrechen, den Darm vorsichtig herausziehen und das Krebsfleisch aus den Scheren lösen.

Das Gemüse putzen und in grobe Stücke schneiden. Das Öl in einer großen Kasserolle erhitzen, das Gemüse darin kurz anbraten. Die zerkleinerten Krebskarkassen zufügen und bei starker Hitze unter Rühren anbraten. Mit Cognac ablöschen, die Gewürze kurz mitbraten, dabei so viel Wasser aufgießen, dass die Karkassen gerade eben bedeckt sind. 40 Minuten köcheln lassen, dabei den aufsteigenden Schaum immer wieder abschöpfen. Alles durch ein Spitzsieb gießen.

Den Fond auf 1/8 l einkochen, den Weißwein zugießen und wiederum auf 1/8 l einkochen lassen. Die Gemüsestreifen zugeben, die Sahne zugießen und 3 bis 4 Minuten sanft köcheln lassen. Die Chilischote halbieren, von Samen und Scheidewänden befreien, in Streifen schneiden und in die Sauce geben.

Den Nudelteig auf einer bemehlten Arbeitsfläche ausrollen, die Teigstreifen in einer Nudelmaschine in mehreren Durchgängen ausrollen und dabei die Walzen immer enger stellen, bis der Teig die gewünschte Stärke hat. Mit dem Tagliatelle-Vorsatz in 0,5 cm breite Streifen schneiden. Die Nudeln in kochendem Salzwasser al dente garen, abseihen.

Das Krebsfleisch der Schwänze zerteilen und in der Sauce erwärmen. Nudeln auf 4 Teller geben, das Krebsfleisch darauf anrichten, mit der Sauce überziehen, mit Kerbel garnieren und sofort servieren.

Nicht nur das Wasser, sondern auch das Land liefert beste Produkte. Daraus werden in vielen Landgasthöfen Dänemarks zwar einfache, doch überzeugende Gerichte zubereitet.

Ein Nudelgericht mit skandinavischem Einschlag, optisch durch die schwarzen Nudeln perfekt ergänzt.

Fiskeboller mit Sepianudeln

Innovative Köche sollten über die eigenen Landesgrenzen hinausblicken, wenn es um kreative Küche geht. Dieses Gericht beweist einmal mehr, dass nicht nur die Italiener Nudeln kochen können. Hier verbinden sich italienische und dänische Elemente auf das Beste. Und die Kapern als würzende Zutat sind in der nordischen Küche ohnehin längst beliebt. Für die folgende Sauce sollte man aber nicht die sauren Konserven verwenden, sondern die in Salz eingelegten, die man beim Italiener bekommt.

Für die Sepianudeln:
150 g Mehl, 1 Ei, 1 EL Olivenöl
Salz, 10 g Sepiatinte, Wasser nach Bedarf
Für die Kapernsauce:
1 Schalotte, 100 ml trockener Weißwein
2 EL Noilly-Prat
400 ml Fischfond, 1/4 l Sahne
Salz, frisch gemahlener weißer Pfeffer
einige Tropfen Zitronensaft
20 g Butter, in Flöckchen, 1 EL gesalzene Kapern
Für die Fiskeboller:
250 g Kabeljaufilet, 75 ml Sahne
Salz, frisch gemahlener Pfeffer
15 g Butter, 15 g Speisestärke, 1 Ei
Für die Fischstücke:
320 g Kabeljaufilet
Salz, frisch gemahlener Pfeffer
2 EL Öl, Paprikapulver zum Bestauben
Außerdem:
Brunnenkresse zum Garnieren

Aus den angegebenen Zutaten einen Teig zubereiten, zu einer Kugel formen, in Folie einschlagen und 1 Stunde ruhen lassen. Den Teig ausrollen und mit einem Messer oder einer Nudelmaschine in dünne Nudeln schneiden. Auf einem Tuch ausbreiten und etwas abtrocknen lassen.

Die Schalotte schälen, in feine Scheiben schneiden und in einen Topf geben. Den Wein und Noilly-Prat zugießen, aufkochen, Fond zugießen und die Flüssigkeit auf 1/3 reduzieren. Sahne einrühren, cremig einkochen lassen und durch ein Sieb passieren.

Das Filet sauber parieren, in Stücke schneiden, leicht salzen und pfeffern. Butter schaumig rühren und die Speisestärke untermischen. Den Fisch fein pürieren, dabei nach und nach die Buttermischung zugeben. Durchkühlen lassen. Ei und Sahne unterrühren und abschmecken. Einen Probekloß in siedendem Salzwasser gar ziehen lassen, um seine Konsistenz zu prüfen. Mit feuchten Händen 8 gleich große Klößchen formen, in das siedende Salzwasser gleiten und in etwa 8 Minuten gar ziehen lassen.

Das Fischfilet in etwa 3 cm breite Streifen schneiden, salzen und pfeffern. Das Öl erhitzen und die Fischstücke darin braten. Herausnehmen, mit Paprikapulver bestauben und warm stellen.

Nudeln in sprudelnd kochendem Salzwasser al dente garen und abseihen. Sauce aufkochen, vom Herd nehmen und mit Salz, Pfeffer und Zitronensaft abschmecken. Die Butter in Flöckchen zugeben und mit dem Mixstab aufmixen. Die Kapern unterrühren. Alles zusammen auf Tellern anrichten und mit Brunnenkresse garnieren.

Ungewöhnlich in der Kombination – aber dennoch eine beliebte Delikatesse.

Kartoffelnudeln mit Muscheln und Tomaten

Es müssen nicht unbedingt Miesmuscheln sein, statt dessen kann man auch auf andere Sorten ausweichen und diese dann mit den bodenständigen Kartoffelnudeln servieren.

Die Kartoffeln in Alufolie wickeln. Bei 200 °C im vorgeheizten Ofen 1 Stunde backen und pellen. Das Mehl auf die Arbeitsfläche häufen, in die Mitte eine Mulde drücken, Salz, Pfeffer und Parmesan hineingeben. Die heißen Kartoffeln kranzförmig auf den Mehlrand drücken. Die Eier in die Mulde aufschlagen und alles miteinander rasch zu einem glatten Teig kneten. Kurz ruhen lassen.

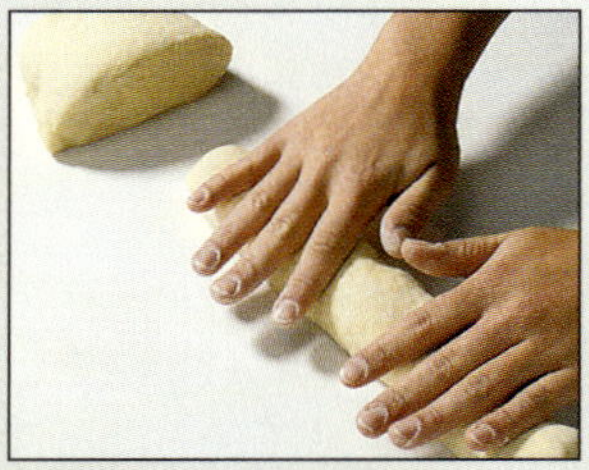

Den Kartoffelteig zu zwei Strängen von 3 bis 4 cm Durchmesser rollen und mit Mehl bestauben.

Von den Teigrollen mit einem großen Messer Stücke von etwa 1 cm Breite abschneiden.

Die Teigstücke mit der Hand zu Nudeln rollen, die zu beiden Enden spitz zulaufen.

In leicht gesalzenes, kochendes Wasser einlegen, in 6 Minuten gar ziehen lassen. Herausheben.

Für den Teig:
400 g mehlig kochende Kartoffeln, 150 g Mehl
3/4 TL Salz, frisch gemahlener Pfeffer
50 g frisch geriebener Parmesan, 2 Eier
Für die Tomatensauce:
400 g reife Tomaten, 50 g Zwiebel
1 Knoblauchzehe
60 g Möhre, 60 g Stangensellerie
4 EL Olivenöl, 1/2 TL Salz
frisch gemahlener Pfeffer, 3/8 l Fischfond
Außerdem:
1 kg Miesmuscheln in der Schale
2 EL gehackte gemischte Kräuter

Die Kartoffelnudeln zubereiten wie links gezeigt. Für die Sauce die Tomaten blanchieren, häuten, halbieren, Stielansatz und Samen entfernen, das Fruchtfleisch würfeln. Zwiebel und Knoblauch ganz fein hacken, Möhre und Stangensellerie fein würfeln. Öl in einer Kasserolle erhitzen und Zwiebel- und Knoblauchwürfel darin hell anschwitzen. Möhren- und Selleriewürfel zugeben und 2 bis 3 Minuten mitschwitzen. Tomatenwürfel zugeben, salzen und pfeffern. Den Fischfond aufgießen und etwa 15 Minuten leicht köcheln lassen.

Inzwischen die Muscheln unter fließendem kaltem Wasser gründlich abbürsten und Sand- und Kalkreste entfernen. Die Bärte mit den Fingern abziehen. Geöffnete Exemplare verwerfen. Die Muscheln in die Tomatensauce geben und bei geschlossenem Topf garen, bis sie sich geöffnet haben, nicht geöffnete Exemplare verwerfen. Die Kartoffelnudeln auf Tellern verteilen. Darüber die Sauce mit den Muscheln geben und mit den Kräutern (Schnittlauch, Petersilie und Basilikum) bestreuen.

Ein Pastagericht, wie es vor allem an der Ostküste der USA gern zubereitet wird.

Nudeln mit Austern in Tomatensauce

Das reichhaltige Vorkommen an Fisch und Meeresfrüchten an der amerikanischen Ostküste ist ein Geschenk für jeden Gourmet. Und die Köche haben sich darauf eingestellt, sie bieten eine riesige Auswahl an Gerichten mit Meeresfrüchten an. Als Beilage dazu werden immer öfter Nudeln gereicht – hier die japanischen Somen-Nudeln aus Weizenmehl.

Die Austern mit der gewölbten Seite nach unten in einem Tuch festhalten, mit einem Austernmesser am Scharnier einstechen und dieses durchtrennen. Mit dem Messer rundherum fahren und die obere Schale abheben. Aufpassen, dass keine Flüssigkeit verloren geht. Die Austern mit dem Messer lösen.

An der »Oyster Bar« im New Yorker Bahnhof Grand Central Station kann man im Vorbeigehen auf die Schnelle ein paar Austern schlürfen. Doch täglich kommen viele Leute gezielt in dieses Restaurant, um eines der hervorragenden Fisch- und Meeresfrüchtegerichte zu essen.

Der asiatische Einfluss auf die Küche Amerikas wird von vielen Gourmets begrüßt. Zum Beispiel, dass man die frischen Austern, die sonst nur geschlürft werden, kurz in Butter anziehen lässt und mit Nudeln serviert.

320 g Somen-Nudeln, Salz
Für die Tomatensauce:
1 Knoblauchzehe, 2 Frühlingszwiebeln
1 grüne Chilischote, 600 g Tomaten
2 EL Sesamöl, 1 EL helle Sojasauce
1 EL Austernsauce, Salz, gemahlener Pfeffer
175 ml Hühnerbrühe, 1 TL Speisestärke
Für die Austern:
24 Austern, 20 g Butter, 1 EL helle Sojasauce
Außerdem:
1 EL Röllchen von chinesischem Schnittlauch
1 EL gehackte Petersilie
60 g durchwachsener Räucherspeck in Scheiben
Kerbelblättchen

Knoblauch schälen und in kleine Würfel, die Frühlingszwiebeln in Ringe schneiden. Die Chilischote halbieren, Samen und Scheidewände entfernen und das Fruchtfleisch in feine Streifen schneiden. Tomaten blanchieren, häuten, vierteln, Stielansatz und Samen entfernen, in 1 cm große Würfel schneiden.

Das Öl erhitzen, den Knoblauch und die Frühlingszwiebeln darin kurz anschwitzen. Die Chilistreifen und die Tomaten zufügen und leicht andünsten. Mit Soja- und Austernsauce, Salz und Pfeffer würzen. Die Hühnerbrühe aufgießen und 30 Minuten leicht köcheln lassen. Mit der in wenig Wasser angerührten Speisestärke binden.

Die Austern mit einem Austernmesser aus der Schale lösen, wie links gezeigt. Die Butter zerlassen und die Austern darin ganz kurz braten; sie sollen weich bleiben. Mit Sojasauce würzen. Die Austern vor dem Servieren in die Sauce geben und kurz erwärmen. Den Speck in einer heißen Pfanne knusprig braten und warm halten.

Die Nudeln in sprudelnd kochendem Salzwasser in etwa 1 Minute al dente garen und abseihen. Schnittlauch und Petersilie unter die Nudeln mischen. Auf vorgewärmte Teller anrichten, den Speck darauf verteilen und die Tomaten-Austern-Sauce zugeben. Mit Kerbel garnieren.

Von dem Kaviar hängt es letztlich ab, wie viel man in diese Delikatesse investieren will.

Lachsnudeln von der Westküste der USA

Zu Räucherlachs passt der Forellenkaviar besonders gut, auch Keta-Kaviar schmeckt fein. Zum kulinarischen Hit werden die Lachsnudeln mit dem »Echten« vom Stör aus Russland oder dem Iran. Aber auch in Kalifornien wird erfolgreich Kaviar produziert.

350 g Tagliatelle, Salz
Für die Sauce:
400 ml Fischfond
1 Schalotte, 1 Knoblauchzehe
1 kleine rote Chilischote, 1 TL Butter
1/4 l Sahne, 50 g Doppelrahmfrischkäse
Salz, frisch gemahlener Pfeffer
Für den Lachs:
300 g Tomaten, 400 g Räucherlachs, 20 g Butter
Salz, frisch gemahlener Pfeffer
Außerdem:
80 g Forellenkaviar, 1 EL Zitronenmelisse

In den USA nimmt man gern einen King salmon oder Coho salmon für dieses Gericht. Jedoch kann man je nach Angebot genauso gut zu einem atlantischen Lachs greifen.

Den Fischfond in einen Topf geben, auf etwa 50 ml reduzieren lassen. Schalotte und Knoblauch schälen, fein hacken. Die Chilischote der Länge nach halbieren, von Samen und Scheidewänden befreien und das Fruchtfleisch in feine Würfelchen schneiden.

Die Butter in einer Kasserolle zerlassen, Schalotten-, Knoblauch- und Chiliwürfel zugeben, hell anschwitzen. Den reduzierten Fond und die Sahne aufgießen. Unter ständigem Rühren bis kurz vor dem Siedepunkt erhitzen. Frischkäse grob zerteilen, zugeben und gut unterrühren. Die Sauce etwa 10 Minuten köcheln lassen. Mit Salz und Pfeffer abschmecken.

Inzwischen die Tomaten kurz blanchieren, kalt abschrecken, häuten, halbieren, Stielansatz und Samen entfernen. Das Fruchtfleisch in kleine Würfel schneiden. Den Räucherlachs in Würfel mit 1 bis 1,5 cm Kantenlänge schneiden.

Die Tagliatelle in sprudelnd kochendem Salzwasser al dente kochen, abseihen und in eine vorgewärmte Schüssel geben. Warm halten.

In einer Pfanne die Butter zerlassen, Tomaten- und Lachswürfel darin anschwitzen. Mit Salz und Pfeffer würzen. Zu den Tagliatelle in die Schüssel geben, die Sauce darüber gießen und vorsichtig unterheben. Auf 4 Teller verteilen und mit Forellenkaviar belegen, mit gehackter Zitronenmelisse bestreuen.

»Fazzoletti« heißen diese flachen Nudelblätter in Italien, zwischen denen der Fisch serviert wird.

Striped bass mit Spargel und Kräuternudeln

Striped bass ist in den USA ähnlich beliebt wie bei uns Wolfsbarsch, den man ersatzweise verwenden kann. Raffiniert ist hier der Hummerfond in der Sauce, der zusätzlich Geschmack an die Nudeln bringt.

2 Striped bass (je 500 bis 600 g, ausgenommen)
Salz, Pfeffer, 1 EL Pflanzenöl, 30 g Butter
Für den Nudelteig:
250 g Mehl, 2 Eier, 1 Eigelb, 2 EL Öl, 1/2 TL Salz
20 g gemischte Kräuter, Wasser nach Bedarf
Für die Hummersauce:
300 ml Hummerfond, 100 ml Sahne
Salz, Pfeffer
Für das Gemüse:
100 g dünner, grüner Spargel, Salz
50 g Möhre, 50 g Lauch, 20 g Zwiebel
20 g Butter, Pfeffer, 1 EL gehackte Petersilie
Außerdem:
2 Cocktailtomaten

Die köstliche Hummersauce ist einfacher und schneller zubereitet als gedacht, zumal man hier bedenkenlos zum fertigen Hummerfond aus dem Glas greifen kann.

Der amerikanische Hummer schmeckt zwar nicht besser als sein europäischer Bruder, aber er wird in größeren Mengen gefangen und ist deshalb preiswerter.

Für den Nudelteig aus allen Zutaten einen glatten Teig zubereiten, in Folie wickeln und 1 Stunde kühl ruhen lassen. Auf einer bemehlten Arbeitsfläche dünn ausrollen und in 12 Rechtecke von 8 x 12 cm Größe schneiden. Kurz trocknen lassen. Die Fazzoletti etwa 5 Minuten in sprudelnd kochendem Salzwasser garen, herausheben, abtropfen lassen.

Die Fische unter fließend kaltem Wasser innen und außen waschen und trockentupfen. Kopf, Schwanz und Flossen abschneiden. Mit einem Messer am Rückgrat entlang einschneiden und die Filets vorsichtig von den Gräten lösen. Die Filets mit der Hautseite nach unten auf ein Brett legen, ein scharfes Messer zwischen Haut und Fleisch ansetzen, um die Filets in

einem Zug von der Haut zu lösen. Die ausgelösten Filets quer halbieren, salzen, pfeffern, zudecken und kühl stellen.

Für die Sauce den Hummerfond um 1/3 reduzieren. Die Sahne einrühren und 10 Minuten köcheln lassen, sodass die Sauce leicht cremig wird. Mit Salz und Pfeffer abschmecken.

Für das Gemüse vom Spargel das holzige Ende abschneiden und in Salzwasser 5 Minuten garen, herausnehmen und in 3 cm lange Stücke schneiden. Möhre und Lauch putzen und in sehr feine Streifen schneiden. Die Zwiebel schälen, halbieren und in dünne Scheiben schneiden.

Die Butter zerlassen und die Zwiebelscheiben darin hell anschwitzen. Möhren- und Lauchstreifen 3 Minuten mitschwitzen. Den Spargel und etwa 1/3 des Fonds zugeben, etwa 2 Minuten köcheln lassen. Salzen und pfeffern. Die Petersilie einstreuen.

Das Öl und die Butter erhitzen und die Filets darin von jeder Seite 1 bis 2 Minuten braten. Die Tomaten quer halbieren, kurz mitbraten.

Zum Füllen der Fazzoletti auf je eine Nudelplatte Fisch und Gemüse legen, eine zweite Nudelplatte auflegen, erneut Fisch und Gemüse aufschichten, mit einer dritten Nudelplatte abdecken. Mit Gemüse, Tomaten und Sauce servieren.

An der Pazifikküste der USA wimmelt es geradezu von Kalmaren, die dort »squid« genannt werden.

Tintenfisch mit Nudeln – der Kontrast in Struktur und Geschmack macht das Gericht so interessant.

Penne and squid

In Kalifornien ist dieses Gericht sehr populär, wohl auch, weil die Beschaffung der Tintenfische keinerlei Probleme bereitet. Zu diesen passen übrigens die kräftigen Penne, oder, noch besser die größeren Pennoni, besonders gut.

300 g Penne lisce, Salz
Für die Tintenfische:
400 g Kalmare, 100 g Stangensellerie
100 g Möhren, 80 g Zwiebeln
150 g Kirschtomaten
30 g Butter, Salz, frisch gemahlener Pfeffer
Außerdem:
grob gestoßener schwarzer Pfeffer
einige Blätter Thai-Basilikum

Die Kalmare vorbereiten wie gezeigt und zuletzt das transparente Fischbein aus dem Körperbeutel entfernen. Fangarme und Körper kurz in kochendem Salzwasser anziehen lassen. Fangarme ganz lassen, den Körper in 1 cm breite Streifen schneiden. Stangensellerie putzen und waschen, Möhren schälen. Beides in kleine Würfel schneiden. Zwiebeln fein hacken. Tomaten waschen und halbieren. Butter zerlassen und die Zwiebelwürfel darin anschwitzen. Sellerie- und Möhrenwürfel zugeben und kurz mitschwitzen. Alles 10 Minuten köcheln lassen. Die Penne in sprudelnd kochendem Salzwasser al dente kochen, abseihen, kurz abschrecken und beiseite stellen. Tomaten, Kalmarstreifen und Fangarme zum Gemüse geben, salzen und pfeffern. Die Penne zugeben und gut untermischen. Kurz erwärmen und auf 4 Tellern anrichten. Mit Pfeffer und gehackten Basilikumblättern bestreuen und sofort servieren.

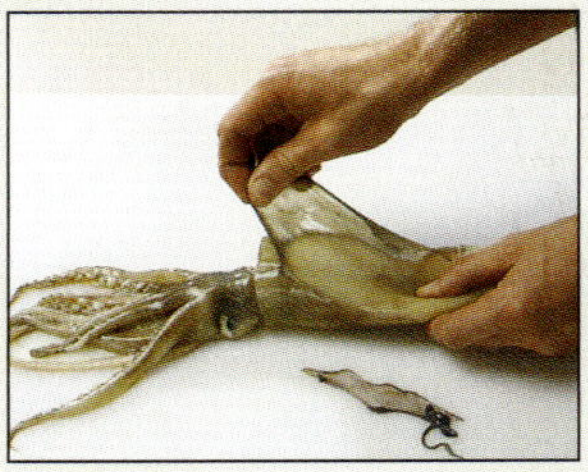

Den gewaschenen Kalmar fest mit der linken Hand anfassen und mit der rechten die Haut abziehen.

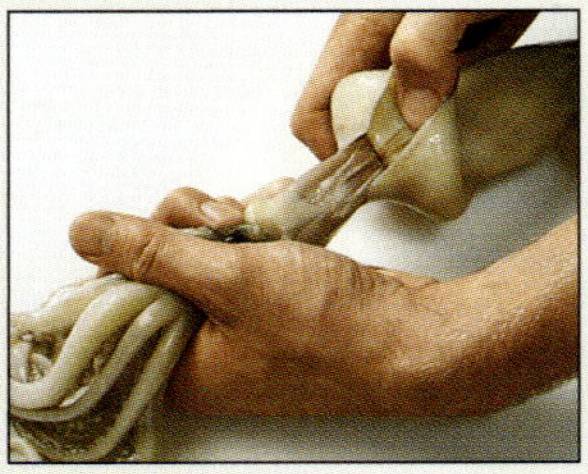

Die Fangarme (Tentakel) des Kalmars mit der linken Hand fassen und aus dem Körperbeutel herausziehen.

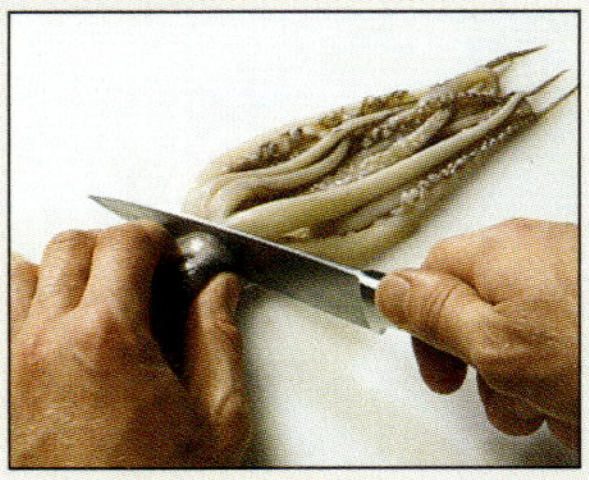

Die Arme knapp über den Augen so vom Kopf abschneiden, dass sie durch einen schmalen Ring verbunden bleiben.

Die Tentakel in der Mitte fassen und von unten mit dem Zeigefinger die Kauwerkzeuge herausdrücken, entfernen.

Zuckerrohressig verleiht dem Dressing das zarte Aroma von braunem Zucker. Als Ersatz eignet sich ein milder Obstessig.

Ein kulinarisches Highlight ist diese köstliche Vorspeise mit asiatischem Dressing.

Nudelsalat mit Jakobsmuscheln

Die asiatische Kochkunst liegt in Kalifornien voll im Trend. Immer häufiger wird Fernöstliches mit Erfolg in die heimischen Küchen integriert – und zwar überzeugend, ganz gleich, ob dabei weitere Sushi-Varianten entstehen oder ob ein Nudelsalat mit Gemüse und marinierten Jakobsmuscheln einen asiatischen Touch erhält.

Für die Jakobsmuscheln:
8 Jakobsmuscheln in der Schale
Salz, frisch gemahlener Pfeffer
2 EL Erdnussöl, 2 EL helle Sojasauce
Für den Salat:
200 g japanische Weizennudeln, Salz
150 g rote Paprikaschote, 100 g gelber Zucchino
50 g Stangensellerie, 40 g Frühlingszwiebeln
1 Staude gebleichter Löwenzahn
Für das Dressing:
2 rote Chilischoten, 1 Knoblauchzehe
Schale von 1/2 Limette, 1 EL Limettensaft
1 EL Austernsauce, 5 EL helle Sojasauce
2 EL Zuckerrohressig (6 % Säure), 4 EL Erdnussöl
Außerdem:
1 EL Chinese chive, in Röllchen, zum Bestreuen

Die Jakobsmuscheln gründlich säubern. Jede Muschel mit einem Küchentuch festhalten. Ein spitzes, kurzes Messer zwischen die Schalenhälften schieben und den Muskel an der Innenseite der flachen Hälfte durchtrennen. Die obere Schale abnehmen. Mit einem Messer am grauen Rand des Fleisches entlangfahren und dieses herauslösen. Den grauen Rand vom weißen Muskelfleisch und dem orangefarbenen Rogen abziehen. Muskelfleisch und Rogen vorsichtig trennen. Beides leicht salzen und pfeffern und mit Öl und Sojasauce marinieren. Im Kühlschrank 15 Minuten durchziehen lassen.

Nudeln in Salzwasser 8 bis 10 Minuten garen, abgießen, kalt abspülen und gut abtropfen lassen. Die Paprikaschote vom Stielansatz befreien, vierteln, Samen und Scheidewände entfernen, Fruchtfleisch in Rauten von 1 cm schneiden. Von dem Zucchino Blüten- und Stielansatz entfernen, Stangensellerie waschen und putzen. Beide Gemüse in dünne Scheiben schneiden. Frühlingszwiebeln putzen und in Ringe schneiden. Löwenzahn putzen, waschen und gut abtropfen lassen.

Chilischoten vom Stielansatz befreien, Fruchtfleisch in Ringe schneiden, dabei die Samen entfernen. Knoblauch schälen und fein hacken. Limettenschale in feine Streifen schneiden. Aus Limettensaft, Austern- und Sojasauce sowie Essig ein Dressing rühren, mit Öl, Chilis, Knoblauch und Limettenschale mischen.

Nudeln, Paprika, Zucchino, Frühlingszwiebeln und Sellerie mit dem Dressing übergießen, durchheben und 10 Minuten ziehen lassen.

Muscheln aus der Marinade nehmen, abtropfen lassen. Auf den vorgeheizten Grill legen und von jeder Seite 1 Minute grillen. Lauwarm abkühlen lassen. Nudelsalat auf Tellern verteilen, Löwenzahn und Jakobsmuscheln daneben anrichten und mit Chinese chive (chinesischem Schnittknoblauch) bestreuen.

Unter einer bestimmten Mindestgröße müssen die Hummer zurück ins Meer. Der Lobsterfang zwischen Neufundland und Boston unterliegt strengen Bestimmungen.

Ein echter Luxus, wenn Nudeln mit Hummer und Trüffeln zusammentreffen.

Maine Lobster, mit Nudeln gefüllt

Wem bei diesem an sich recht schlichten Gericht die Trüffeln zu kostspielig sind, der kann sie auch einfach weglassen. Sie verleihen den Nudeln jedoch ein tolles Aroma.

Für den Nudelteig:
300 g doppelgriffiges Weizenmehl Type 405
2 Eier, 4 Eigelbe, 1/2 TL Salz
Für die Sauce:
100 ml Weißwein, 2 cl Noilly-Prat
20 g gehackte Schalotten, 1/2 l Fischfond
200 g kalte Butter, Salz, weißer Pfeffer
einige Tropfen Zitronensaft
Für die Hummer:
1 Möhre, je 1 Stück Lauch und Stangensellerie
1 geschälte Knoblauchzehe, Salz
4 Hummer (je 600 g)
Außerdem:
100 g Zucchini, 20 g gehackte Schalotten
30 g gehackter Stangensellerie, 40 g Butter
gehackte Petersilie, 20 g schwarze Trüffel

Aus den angegebenen Zutaten einen Nudelteig zubereiten. In Folie wickeln und 1 Stunde kühl ruhen lassen. Den Teig dünn ausrollen und in 5 mm breite Tagliatelle schneiden. Auf einem Küchenhandtuch 1/2 Stunde antrocknen lassen.

Den Wein und den Noilly-Prat mit den gehackten Schalotten erhitzen, etwas einkochen lassen und mit dem Fond auffüllen. Auf die Hälfte reduzieren. Mit der Butter in einem Mixer cremig aufschlagen. Salzen, pfeffern und mit Zitronensaft abschmecken. Durch ein feinmaschiges Sieb passieren.

In einem hohen Topf reichlich Wasser mit dem Gemüse und Salz zum Kochen bringen. Nacheinander die Hummer einlegen. Dabei darauf achten, dass die Flüssigkeit vor jedem Einlegen wieder sprudelnd kocht. Jeden Hummer mindestens 12 Minuten kochen und am Herdrand weitere 6 Minuten ziehen lassen. Herausnehmen, die Schwänze und Scheren vorsichtig ausbrechen, die Därme entfernen und das Schwanzfleisch in Scheiben schneiden.

Die Zucchini längs in dünne Scheiben schneiden, und diese nochmals längs halbieren. Zucchinischeiben zusammen mit den Schalotten- und Selleriewürfeln in der zerlassenen Butter hell anschwitzen. Etwas fein gehackte Petersilie zugeben und die Hummerscheiben nur kurz darin wenden. Die Trüffel in feine Scheiben schneiden oder, besser noch, mit dem Trüffelhobel in dünne Scheiben hobeln und untermischen.

In der Zwischenzeit die Tagliatelle in sprudelnd kochendem Salzwasser in 2 bis 3 Minuten garen, abseihen. Die Nudeln unter die Hummer-Trüffel-Mischung heben, jeweils ein Viertel davon in einen gesäuberten Hummerschwanz füllen, mit der Sauce übergießen und sofort servieren.

Chardonnay

Fadennudeln mit grüner Sauce, ganz mexikanisch: grüne Tomaten, Koriandergrün und Chilis.

Fideos con salsa verde

Die grünen Tomaten für diese klassische mexikanische Sauce sind nicht etwa unreife Tomaten, sondern Tomatillos, eine ganz eigene Art, die in Mexiko überall auf den Markt kommt und die auch im reifen Zustand grün bleibt. Tomatillos (Physalis philadelphica) ist eine tomatenähnliche Verwandte der Kapstachelbeere, deren Kelch sich als papierartige Hülle um die Frucht legt, wie es im Bild links zu sehen ist. Der typische Geschmack der Sauce kommt durch die Kombination mit den Serrano-Chilis und Cilantro (Koriandergrün) zu Stande. Diese fruchtig-scharfe Mischung ergänzt sich auf das Beste mit den feinen, dünnen Fadennudeln, und der milde Geschmack der Garnelen vollendet den Genuss.

Die weißen Zwiebeln werden oft mit ihrem Blattgrün angeboten. Sie sind durchgehend weiß und nicht so durchsichtig wie die braunschaligen Küchenzwiebeln. Ihre verhaltene Schärfe, in Kombination mit dem süßlichen Geschmack, machen sie so beliebt.

300 g Fadennudeln (Capellini), Salz
Für die grüne Sauce:
150 g Tomatillos
6 Knoblauchzehen
5 Serrano-Chilis
50 g weiße Zwiebel
200 ml Wasser
1/2 bis 1 EL Koriandergrün
Für die Garnelen:
20 g Butter
20 Garnelen, geschält und gekocht
Salz
frisch gemahlener Pfeffer
Außerdem:
Koriandergrün zum Garnieren

Die Tomatillos von der Hülle befreien. Den Knoblauch schälen. Die Chilis halbieren, die Samen und Scheidewände entfernen. Die Zwiebel schälen und hacken. Das Wasser in einem Topf zum Kochen bringen. Die Tomatillos, 4 Knoblauchzehen, die Chilis und die Zwiebelwürfel zufügen und bei schwacher Hitze etwa 20 Minuten mitkochen. Die Mischung durch ein Sieb abgießen und abtropfen lassen, dabei die Flüssigkeit auffangen.

Die restlichen Knoblauchzehen mit dem Koriandergrün im Mörser zerreiben und salzen. Die Tomatillo-Mischung und etwas von dem aufbewahrten Kochwasser zugeben und alles fein zerreiben. Die Sauce soll dickflüssig sein. Abschmecken.

Die Nudeln in sprudelnd kochendem Salzwasser al dente kochen und abseihen.

In der Zwischenzeit die Butter in einer Pfanne zerlassen und die geschälten Garnelen darin kurz braten. Salzen und pfeffern.

Die Nudeln mit der Sauce vermischen, die Garnelen vorsichtig unterheben und auf Tellern anrichten. Mit Koriandergrün garnieren und servieren.

Eine Sauce, wie sie in Mittelamerika zubereitet wird – mit viel Aroma und Schärfe.

Garnelennudeln mit roter Chilisauce

Mit Chilis scharf gewürzt werden in Guatemala, aber auch den Nachbarländern, viele Speisen. Für den Europäer ist dies vielleicht verwunderlich, ist das Klima Mittelamerikas eigentlich schon heiß genug.

Für den Nudelteig:
250 g Mehl
2 Eier, 1 Eigelb
1/2 TL Salz, 2 EL Öl
25 g getrocknete Shrimps, sehr fein gehackt
Wasser nach Bedarf

Ihre Ware bieten die Kleinbauern Guatemalas meist direkt auf der Straße an. Die Jüngsten der Familie müssen mit, und da kann ein Korb schon mal als Bettersatz dienen.

Foto: Ulla Mayer-Raichle

Die getrockneten Shrimps im Teig machen diese Nudeln zu etwas Besonderem. Sie schmecken würzig nach Garnelen und lassen sich hervorragend mit der Chilisauce kombinieren.

Für die rote Chilisauce:
8 getrocknete Serrano-Chilis
180 g rote Paprikaschoten, 1 EL Weinessig
1 TL Speisestärke, 100 g Zwiebeln
1 Knoblauchzehe
1 EL Olivenöl, 1/2 TL getrockneter Oregano
1/4 TL gemahlener Kreuzkümmel
1/2 TL brauner Rohrzucker, Salz

Für den Teig das Mehl auf eine Arbeitsfläche häufen und in die Mitte eine Mulde drücken. Die Eier, das Eigelb, Salz, Öl und die gehackten Shrimps in die Mulde geben. Die Zutaten in der Mulde verrühren und dabei immer mehr Mehl vom Rand mit ein-

rühren. Das Mehl von außen nach innen einarbeiten und zu einem glatten Teig kneten. Sollte der Teig zu hart sein, etwas Wasser zugeben. In Folie einwickeln und 1 Stunde kühl ruhen lassen.

Chilis waschen, von Samen und Stielansatz befreien und 1 Stunde in 1/4 l Wasser einweichen. Die Paprikaschoten halbieren, Samen und Scheidewände entfernen und das Fruchtfleisch würfeln. Die Chilis mit dem Einweichwasser, den Paprikawürfeln, dem Essig und der Speisestärke im Mixer pürieren. Die Zwiebeln schälen und sehr fein würfeln. Den Knoblauch schälen und durch die Knoblauchpresse drücken. Das Öl erhitzen, Zwiebeln und Knoblauch glasig anschwitzen. Das Chilipüree einrühren und mit Oregano, Kreuzkümmel und Zucker würzen. Unter Rühren aufkochen und zugedeckt 20 Minuten köcheln lassen. Salzen und abkühlen lassen.

Den Teig auf einer bemehlten Arbeitsfläche ausrollen, Streifen schneiden und diese in einer Nudelmaschine in mehreren Durchgängen ausrollen, dabei die Walzen immer enger stellen, bis der Teig entsprechend dünn ist. Mit dem Tagliatelle-Vorsatz in etwa 5 mm breite Streifen schneiden. Auf ein Tuch legen und etwas antrocknen lassen. Die Nudeln in sprudelnd kochendem Salzwasser al dente kochen, abseihen. Mit der Sauce anrichten.

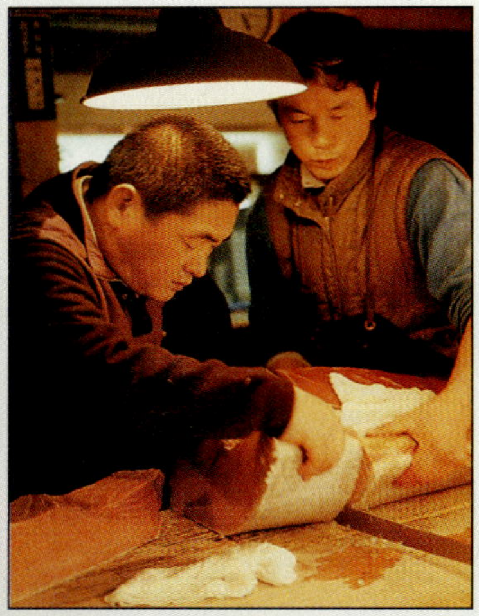

Tunfisch hat in Japan etwa den gleichen Stellenwert wie bei uns Rindfleisch, und auch einen entsprechenden Preis.

Hergestellt aus Buchweizenmehl, sind sie eine typisch japanische Nudel-Spezialität.

Soba-Nudeln mit Tunfisch

Soba – dieses Wort steht in Japan sowohl für die Buchweizen-Pflanze selbst und ihre Samen als auch für die Nudelsorten aus diesem Mehl. Ausgemahlen wird Buchweizen in Japan unterschiedlich fein, vom Vollkorn- bis zum blütenweißen Mehl; entsprechend vielfältig ist dann auch die Nudel-Auswahl. Zu haben sind die Soba-Nudeln in Asienläden.

300 g Buchweizennudeln (Shinshu Soba), Salz
Für das Gemüse:
10 g frische Ingwerwurzel, 1 Knoblauchzehe
1 kleine rote Chilischote
2 Frühlingszwiebeln
150 g Pak-Choi, 80 g Shiitake-Pilze
120 g Möhren, 2 EL Sesamöl
3 EL Mirin (japanischer Würzwein)
Salz, frisch gemahlener Pfeffer
Für den Tunfisch:
350 g Tunfisch, 2 EL Sesamöl
2 EL Fischsauce, 50 ml helle Sojasauce
1 TL Speisestärke, 50 ml Wasser

Den Ingwer und die Knoblauchzehe schälen und fein hacken. Die Chilischote halbieren, die Samen und Scheidewände entfernen und das Fruchtfleisch würfeln. Die Frühlingszwiebeln putzen und in Ringe schneiden. Den Pak-Choi waschen, die Stiele in Streifen schneiden, die Blätter ganz lassen. Die Shiitake-Pilze von den harten Stielen befreien und die Hüte ganz lassen. Die Möhren schälen, der Länge nach in Scheiben schneiden und Blüten ausstechen.

Die Nudeln in sprudelnd kochendem Salzwasser etwa 5 Minuten garen und abseihen.

In einem Wok 1 EL Öl erhitzen, den Ingwer und den Knoblauch unter ständigem Rühren darin anbraten. Die Chiliwürfel und die Frühlingszwiebeln zugeben, kurz braten. Die Pak-Choi-Streifen und die Pilze zugeben, 2 bis 3 Minuten braten. Zum Schluss die Möhren 2 Minuten mitbraten. Mit Mirin ablöschen, salzen und pfeffern. Aus dem Wok nehmen und warm halten. Den Wok mit Küchenpapier sauber auswischen. 1 EL Öl erhitzen, die Pak-Choi-Blätter darin kurz schwenken, herausnehmen und zum Gemüse geben.

Den Fisch in Würfel von 2 cm Kantenlänge schneiden. Das Öl im Wok erhitzen und die Tunfischwürfel darin braten, mit der Fischsauce ablöschen, die Sojasauce zugießen. Die Speisestärke mit dem Wasser anrühren, die Sauce leicht binden und abschmecken.

Die Nudeln kranzförmig auf Tellern anordnen und mit dem Gemüse und dem Fisch anrichten.

Auf thailändischen Märkten ist die Auswahl an Kohl- und Blattgemüse groß, man kauft nur das Beste, das Frischeste ein. So orientiert sich der Speiseplan letztlich am Marktangebot.

Die asiatischen Köche schätzen den Kontrast bei der Kombination der einzelnen Zutaten.

Luftige Reisnudeln mit Pak-Choi

Der Pfiff sind die gegensätzlichen Strukturen: Zum einen die frittierten Reisnudeln, die man am besten mit dem englischen Begriff »crisp« definiert, denn die Nudeln kräuseln sich richtiggehend und sind zugleich mürbe. Und zum anderen die Gemüsemischung, die den kulinarischen Kontrapunkt bringt: ist sie doch frisch, feucht und knackig. Dazu trägt vor allem der Pak-Choi bei, dessen Stiele besonders knusprig sind. Das Gericht lässt sich ebenso mit Chinakohl zubereiten. Es sollten dann aber frische Exemplare mit lockeren grünen Blättern sein, die beim Pfannenrühren auch knusprig bleiben.

Diese luftigen Nudeln schmecken auch nebenbei zum Knabbern. Zum Frittieren taugen die ganz dünnen »vermicelli« aus Reismehl besonders gut, weil sie ganz schnell ihr Volumen vervielfachen.

200 g Rice vermicelli
Pflanzenöl zum Ausbacken
Für die Gemüse-Garnelen-Mischung:
4 Frühlingszwiebeln
300 g Pak-Choi
80 g Bambussprossen aus der Dose
12 Cocktailtomaten, 2 EL Pflanzenöl
250 g geschälte Garnelenschwänze
1 EL fein gehackte, geschälte Ingwerwurzel
50 ml Hühnerbrühe
2 EL helle Sojasauce
1 TL Speisestärke
Salz, frisch gemahlener Pfeffer

Die Frühlingszwiebeln putzen und schräg in etwa 1/2 cm dicke Scheiben schneiden. Den Pak-Choi waschen und in etwa 3 cm breite Streifen schneiden. Die Bambussprossen in Scheiben schneiden. Die Cocktailtomaten vom Stielansatz befreien und quer halbieren.

In einem Wok das Öl sehr heiß werden lassen und die Garnelen darin unter Rühren etwa 2 Minuten braten. Den Ingwer kurz mitbraten. Die Frühlingszwiebeln, den Pak-Choi, die Bambussprossen und die Cocktailtomaten unterrühren und unter Rühren in 2 bis 3 Minuten knackig braten.

Die Brühe mit der Sojasauce und der Speisestärke gut vermischen, unter das Gemüse rühren und einige Sekunden erhitzen, bis die Sauce andickt. Eventuell mit Salz und Pfeffer nachwürzen.

Inzwischen die getrockneten Reisnudeln auseinander zupfen. In reichlich Öl so lange frittieren, bis sie aufgebläht sind. Herausnehmen, abtropfen lassen und auf Tellern verteilen. Mit der Gemüse-Garnelen-Mischung anrichten und servieren.

Die Rocklobster dieser Region sind besonders prächtig und schmecken auch entsprechend fein, vor allem, wenn sie frisch aus dem Meer geholt wurden.

Die thailändische Küche ist berühmt für ihre köstlichen Kombinationen von Nudeln mit Seafood.

Eiernudeln mit Langusten

Was könnte zu Eiernudeln mit frischem Gemüse besser passen als frische delikate Langusten? Sie sollten bei einem Gewicht von 500 g höchstens 10 Minuten gekocht werden, weil sie vor dem Servieren kurz gebraten werden und nicht zerfallen sollen.

200 g Eiernudeln, Salz
2 gekochte Langusten (je 500 g)
Für das Gemüse:
2 Knoblauchzehen, 10 g frische Ingwerwurzel
1 grüne Chilischote, 2 Frühlingszwiebeln
100 g Möhren, 70 g Stangensellerie
100 g gelbe Paprikasschote
120 g Chinakohl, 3 EL Erdnussöl
Außerdem:
2 EL Fischsauce, 1 EL Austernsauce
1 Prise Zucker, Salz, frisch gemahlener Pfeffer
1 TL Thai-Basilikum in Streifen

Ko Phang-Nga, diese Bucht im Süden Thailands ist reich an Fischen und Krustentieren aller Art. Für die Touristen im nahe gelegenen Phuket tauchen die »Seezigeuner« nach Langusten.

Die Langusten am Brustpanzer packen und den Schwanz abdrehen. Den Panzer durch Drücken oder durch Anschlagen mit dem Messerrücken anknacken, von der Unterseite her aufbrechen. Das Fleisch vorsichtig auslösen und in etwa 2 cm dicke Scheiben schneiden, dabei den Darm entfernen.

Für das Gemüse den Knoblauch und den Ingwer schälen, den Knoblauch in Scheiben und den Ingwer in feine Würfel schneiden. Den Stielansatz der Chilischote herausschneiden, die Samen und Scheidewände entfernen und das Fruchtfleisch in Ringe schneiden. Die Frühlingszwiebeln putzen und in 2 cm große Stücke schneiden. Die Möhren schälen und mit dem Buntmesser in Scheiben, den Stangensellerie in kleine Stücke schneiden. Die Paprikaschote halbieren, die Samen und Scheidewände entfernen und das Fruchtfleisch in Rauten schneiden. Den Chinakohl waschen und in Streifen schneiden.

Das Öl im Wok erhitzen, die Langustenscheiben darin braten, herausnehmen und beiseite stellen. Die Knoblauchscheibchen in dem verbliebenen Öl kurz anschwitzen. Das Gemüse untermischen und im Wok 3 Minuten unter Rühren braten.

Die Eiernudeln in sprudelnd kochendem Salzwasser al dente garen, abgießen und gut abtropfen lassen.

Das Langustenfleisch, die Nudeln und das Gemüse vorsichtig miteinander vermengen und mit der Fisch-, der Austernsauce sowie Zucker, Salz und Pfeffer würzen. Auf Tellern anrichten, mit Thai-Basilikum bestreuen und servieren.

»Gebratene Nudeln« isst man in Thailand mit Vorliebe, sie sind quasi das thailändische Nationalgericht.

Phad Thai

Es handelt sich hier um das wohl beliebteste Nudelgericht des Landes, das man in vielen Kombinationen in jedem Restaurant und an jeder Straßenecke finden kann. Zubereitet wird es – außer mit Nudeln – mit Gemüse, Fleisch, Geflügel, Fisch oder auch mit Krustentieren. Lediglich getrocknete Shrimps und geröstete Erdnüsse sind »Pflicht-Zutaten«, der Rest kann variieren. Dieses Rezept mit frischen Garnelen und Jakobsmuscheln ist jedenfalls eine besonders exquisite Form von Phad Thai.

200 g Eiernudeln, Salz
Für die Muschel-Garnelen-Mischung:
300 g Jakobsmuschelfleisch
2 Knoblauchzehen
1 rote Chilischote, 2 Frühlingszwiebeln
40 g Bohnensprossen
3 EL Pflanzenöl
100 g rohe Garnelenschwänze ohne Schale
30 g gehackte, geröstete Erdnüsse
Schale und Saft von 1 Kaffir-Limette
3 EL Fischsauce, 1 TL Zucker, Salz
1 EL frisch gehacktes Koriandergrün
Außerdem:
1 EL Pflanzenöl
10 g getrocknete Shrimps, gemahlen
2 Eier, gut verquirlt

Opfergaben vor einem Tempel in Thailand. Blütengirlanden, Früchte, Gemüse, Eier und immer wieder Knospen oder Blüten der Lotuspflanze. Aber auch zubereitete Speisen mit Reis oder Nudeln sind dabei.

Die Nudeln in sprudelnd kochendem Salzwasser al dente garen, abseihen, kalt abschrecken und gut abtropfen lassen.

Von dem Jakobsmuschelfleisch den orangefarbenen Rogen (Corail) abziehen. Das Muschelfleisch einmal quer halbieren.

Den Knoblauch schälen, fein hacken. Die Chilischote halbieren, Samen und Scheidewände entfernen, das Fruchtfleisch fein hacken. Die Frühlingszwiebeln putzen und in 2,5 cm große Stücke schneiden. Die Bohnensprossen abbrausen.

Im Wok das Öl erhitzen. Darin das Muschelfleisch mit dem Corail und den Garnelen von allen Seiten braten. Knoblauch, Chili sowie Frühlingszwiebeln zugeben und kurz mitbraten. Die Bohnensprossen und die Erdnüsse unterrühren. Mit der abgeriebenen Limettenschale sowie dem Limettensaft, der Fischsauce, dem Zucker, Salz und dem Koriandergrün würzen. Aus dem Wok nehmen, warm halten.

Den Wok mit Küchenpapier auswischen und das restliche Öl darin erhitzen. Die Nudeln darin unter ständigem Rühren braten. Mit dem Shrimpspulver bestreuen, gut durchrühren. Die Eier darübergießen und bei ständigem Pfannenrühren stocken lassen. Den Wok vom Herd nehmen, die Muschel-Garnelen-Mischung mit dem Gemüse unterheben und sofort servieren.

Sie erfreuen sich in Südostasien großer Popularität – etwa so wie bei uns die Spaghetti mit Sauce.

Fried noodles

Nicht ohne Grund sind sie derart beliebt: Gebratene Nudeln lassen sich einfach und schnell zubereiten, und sind vielseitig variierbar – etwa rein vegetarisch mit Gemüse. Sie schmecken aber auch mit Fleisch oder Fisch und natürlich mit Meeresfrüchten ausgezeichnet. Wie alle Nudelgerichte dieser Region haben auch die »Fried noodles« ihren Ursprung in China. Und es eignen sich für dieses Gericht tatsächlich auch die getrockneten chinesischen Nudeln aus Weizenmehl (chinesisch »Mee«) am besten. Sie sind den Spaghetti ähnlich, werden aber nicht langgestreckt wie diese angeboten, sondern unregelmäßig gekrümmt und in rechteckigen Platten getrocknet. Zu bekommen sind sie sowohl in Chinaläden als auch in gut sortierten Supermärkten. Das folgende Rezept ist eine besonders feine Variante der »Fried noodles«, zubereitet mit Fleisch und Garnelen.

In Schälchen serviert und mit Stäbchen gegessen werden diese Nudeln. Das ist genauso selbstverständlich wie das richtige und schnelle Braten der Nudeln, wozu der Wok, diese vielseitige, runde Pfanne, praktisch unerlässlich ist.

Die Garnelen für die »Fried noodles« kauft man in Singapur frisch auf dem Markt. Sie werden nach Wunsch vorbereitet: mit oder ohne Schale und bei größeren Exemplaren auch ohne Darm. In meerferneren Gebieten greift man auf küchenfertige Tiefkühlware zurück.

200 g Schweinefilet
3 l Wasser zum Kochen
1 TL Salz
300 g Mee
(chinesische Nudeln aus Weizenmehl)
100 g Frühlingszwiebeln
1 Knoblauchzehe
80 g Stangensellerie
40 g frische Ingwerwurzel
150 g Bambussprossen aus dem Glas
4 EL Erdnussöl
150 g frische Sojabohnensprossen
200 g kleine, ungekochte Garnelen
Salz
frisch gemahlener weißer Pfeffer
1/2 TL fein gehackte Chilischote
4 EL helle Sojasauce

Das Schweinefleisch für etwa 1 Stunde ins Tiefkühlfach legen und anfrieren lassen. Herausnehmen und anschließend mit einem großen, scharfen Messer zunächst in breite Streifen und dann in Scheibchen schneiden.

Das Wasser zum Kochen bringen, salzen und die Nudeln darin etwa 4 Minuten sprudelnd kochen. Herausnehmen, abgießen und in dem Sieb gut abtropfen lassen, jedoch keinesfalls mit Wasser abbrausen.

Die Frühlingszwiebeln putzen und in dünne Scheiben schneiden. Die Knoblauchzehe schälen und fein hacken. Stangensellerie klein würfeln. Ingwerwurzel schälen und in hauchdünne Scheiben, Bambussprossen in längliche Scheibchen schneiden.

Das Öl im Wok sehr heiß werden lassen und das Fleisch darin unter Rühren kräftig anbraten. Mit einem Schöpfer so herausnehmen, dass das Öl im Wok verbleibt und das Fleisch beiseite stellen.

Frühlingszwiebeln, Knoblauch und Stangensellerie unter Rühren 1 bis 2 Minuten im Wok braten. Sojabohnensprossen, Ingwer und Bambussprossen zugeben und zusammen noch 1 Minute unter ständigem Rühren weiterbraten.

Das angebratene Fleisch, die vorbereiteten Garnelen und die abgetropften Nudeln zugeben und alles gut miteinander vermischen. Mit Salz und Pfeffer würzen. Die Chiliwürfel und die Sojasauce zufügen und das Ganze unter Rühren nochmals 2 Minuten im Wok braten. Anrichten und servieren.

Der chinesische Einfluss auf die Küchen Malaysias ist nicht zu übersehen.

Glasnudeln mit Seafood

Das trifft auf West-Malaysia ebenso zu wie auf die Insel Borneo. Dort wird weitgehend chinesisch, also auch mit den typischen Glasnudeln, gekocht, aber mit dem wunderbar tropischen Flair.

100 g Glasnudeln
Für die Seafood-Gemüse-Mischung:
1 Red Snapper von 600 g (oder 2 von je 300 g)
2 Knoblauchzehen
120 g Zwiebeln
4 rote Chilischoten
120 g Bohnensprossen
4 EL Öl, 200 g kleine Garnelenschwänze

Entlang der Küste Malaysias gibt es Fische im Überfluss. Sie werden teilweise auch heute noch nach traditioneller Art gefangen: Von auf ins Meer hinaus gebauten Pfahlbauten lassen die Fischer die Netze ins Meer.

Bananenblätter sind ein traditionelles und zugleich ideales Behältnis, um Nudelgerichte zu servieren.

200 g Tintenfischringe
50 g rote Paprikawürfel
2 EL helle Sojasauce
1 EL dunkle Sojasauce, 1 EL Austernsauce
Salz, frisch gemahlener Pfeffer
Außerdem:
2 Frühlingszwiebeln, in Ringe geschnitten
Koriandergrün zum Garnieren

Den ausgenommenen Red Snapper innen und außen gründlich waschen und die Filets mit der Haut abtrennen. Diese in Würfel mit etwa 2 cm Kantenlänge schneiden. Die Knoblauchzehen und die

Zwiebeln schälen, den Knoblauch hacken, die Zwiebeln in Ringe schneiden. Die Chilischoten halbieren, von Samen und Scheidewänden befreien und würfeln. Die Bohnensprossen abbrausen und gut abtropfen lassen.

Die Glasnudeln mit kochendem Wasser übergießen und 2 bis 3 Minuten gar ziehen lassen. Abseihen, kalt abschrecken, gut abtropfen lassen.

Das Öl im Wok erhitzen und darin erst die Fischstücke anbraten. Die Garnelen und die Tintenfischringe unter Rühren mitbraten und alles zusammen mit einem Schaumlöffel aus dem Wok nehmen und bis zur weiteren Verwendung warm halten.

Die Knoblauch- und Chiliwürfel mit den Zwiebelringen in dem im Wok verbliebenen Öl anschwitzen. Die Paprikawürfel und die Bohnensprossen zugeben und 2 Minuten pfannenrühren.

Die Seafood-Mischung zum Gemüse im Wok geben. Mit den Saucen würzen, nach Bedarf salzen und pfeffern. Die Nudeln vorsichtig untermischen. Anrichten und mit Frühlingszwiebelringen und Koriandergrün bestreuen.

Nudeln in Begleitung eines würzigen »ragù« – für Pastafreunde ein Gedicht. Ob dieses nun mit Rind, Kalb oder Schwein zubereitet wurde oder mit dem noch kräftiger schmeckenden Lamm, oder ob noch – wie meist der Fall – Gemüse mit hinzukommt, wichtig ist in jedem Fall, dass es genügend, aber auch nicht zu viel Sauce mitbringt, damit die Pasta optimal umhüllt ist.

Mit Fleisch

Je nach Fleischsorte kann die Garzeit ganz unterschiedlich ausfallen, manches Stück braucht längere Schmorzeiten, andere würden dadurch austrocknen. Doch so oder so, da man Pasta meist mit Löffel oder Gabel isst, sollte das Fleisch kleingeschnitten in den Topf kommen.

Es ist eine Kunst für sich, die »Sfoglia« (den Nudelteig) so dünn und so gleichmäßig wie möglich auszurollen. Da gehört natürlich eine Portion Erfahrung dazu.

Die üppige Küche der Emilia-Romagna hat eines der bekanntesten Pasta-Gerichte hervorgebracht.

Tagliatelle alla bolognese

Das folgende Rezept ist eine interessante Variante des Originals aus Bologna, das Gericht wird hier mit Kalbsleber und Schweinefleisch zubereitet, aber ohne den sonst obligatorischen Schinken.

400 g Tagliatelle, Salz
Für die Sauce nach Bologneser Art:
100 g Möhren, 200 g Zwiebeln
1 Knoblauchzehe, 4 EL Öl
150 g Stangensellerie
800 g frische Tomaten
800 g Tomaten aus der Dose (Pelati), zerteilt
200 g Kalbsleber, 400 g Schweinefleisch
4 EL gehackte Petersilie, 80 g Butter
6 EL Tomatenmark, 1/4 l Fleischbrühe
1 TL Salz, frisch gemahlener Pfeffer
1/2 TL Zucker (nach Belieben)

Hausgemacht heißt bei den Nudeln in der Emilia-Romagna nicht unbedingt selbst gemacht. Pastaie, professionelle Nudelköchinnen, beliefern dort Restaurants und Endverbraucher täglich mit frisch hergestellten Nudeln.

Möhren schälen und fein würfeln. Zwiebeln und Knoblauch schälen und fein hacken. Sellerie fein würfeln. Frische Tomaten blanchieren, häuten, halbieren, die Samen herausdrücken und das Fruchtfleisch würfeln. Dosentomaten passieren, Leber putzen, Fleisch und die Leber klein würfeln. Öl in einem Topf erhitzen und Möhren darin angehen lassen. Zwiebel- und Knoblauchwürfel zugeben und unter Rühren mit anschwitzen. Selleriewürfel einrühren, Petersilie zugeben und alles gut durchschwitzen. Fleischwürfel zufügen und unter ständigem Rühren anbraten. Die Hälfte der Butter darin schmelzen, dann die frischen Tomatenwürfel zufügen. Die passierten Dosentomaten darauf geben und alles gut durchrühren. Im offenen Topf kurz durchköcheln lassen. Tomatenmark löffelweise zugeben, sorgfältig unterrühren und etwas einkochen lassen. Zum Schluss unter Rühren die Fleischbrühe aufgießen und mit Salz und Pfeffer würzen. Die Sauce 1 Stunde schmoren lassen, dabei den Deckel einen Spalt offen lassen, damit etwas Dampf entweichen kann und die Sauce leicht einkocht. Mit dem Zucker abschmecken und weitere 30 Minuten köcheln lassen. Die restliche Butter in die Sauce geben und erneut abschmecken. Kurz vor Ende der Garzeit der Sauce die Tagliatelle in sprudelnd kochendem Salzwasser al dente garen. Abseihen, sofort auf Tellern anrichten und mit der Sauce servieren.

Ein köstliches Pastagericht, für das sich die Mühe lohnt, auch wenn die Zubereitung etwas aufwändig ist.

Salbei-Fazzoletti mit Kalbsbriesfüllung

Fazzoletti, also »Taschentücher«, so nennt man diese Nudelblätter auf Italienisch, werden für dieses Rezept mit Salbeiblättern und Kapuzinerkresseblüten aromatisiert. Dafür legt man sie einfach zwischen zwei Nudelblätter und rollt diese dann nochmals aus. Mit der Nudelmaschine geht das recht einfach.

Einen Teigstreifen dicht mit den Salbeiblättern und den Kapuzinerkresseblüten belegen, einen zweiten Streifen darüber legen und fest andrücken.

Die gefüllten Teigstreifen nochmals bei gleicher Stärke durch die Walzen der Nudelmaschine geben und zu mehr als der doppelten Länge ausrollen.

Für die Fazzoletti:
225 g Mehl, 2 Eier
1 Eigelb, 1/2 TL Salz
einige Kapuzinerkresseblüten
1 großes Bund Salbeiblätter
Für die Füllung:
500 g Kalbsbries
Salz, frisch gemahlener Pfeffer
1/2 TL Paprikapulver, 20 g Butter
Für die Schalottensauce:
1/2 l Kalbsfond, 80 g Schalotten
40 g Möhre, 40 g Stangensellerie
1/2 Knoblauchzehe
3 EL feines Öl, 2 EL Aceto Balsamico
Außerdem:
Salbeiblätter und Kapuzinerkresseblüten

Den Nudelteig zubereiten und mindestens 1 Stunde kühl ruhen lassen. Die Kapuzinerkresseblüten von Stempel und Blütenkelch befreien, die Salbeiblätter waschen und zum Trocknen auf Küchenpapier auslegen. Das Kalbsbries wässern, blanchieren und die Haut sorgfältig abziehen.

In der Zwischenzeit die Nudelblätter herstellen. Dafür den Nudelteig zu breiten Streifen von 5 bis 6 mm Stärke ausrollen und mit den Blüten und Blättern belegen. Damit sie gut haften, sollte der Teig ganz frisch sein; sobald er abzutrocknen beginnt, leicht mit Wasser besprühen. Aus den gefüllten Teigstreifen Rechtecke von 8 x 10 cm schneiden, zur Seite legen und mit einem feuchten Tuch bedecken.

Den Kalbsfond auf 150 ml reduzieren. Die Schalotten schälen und würfeln. Die Möhre und den Stangensellerie putzen und fein würfeln. Den Knoblauch schälen und fein hacken. In einer Pfanne das Öl erhitzen, die Schalotten anschwitzen. Möhre, Stangensellerie und Knoblauch einige Minuten mitschwitzen. Den reduzierten Fond und den Essig aufgießen und bei geringer Hitze auf die Hälfte reduzieren.

In der Zwischenzeit die Salbei-Nudelblätter in sprudelnd kochendem Salzwasser al dente garen. Das Kalbsbries in 1 cm dicke Scheiben schneiden und mit Salz, Pfeffer und Paprikapulver würzen. In einer zweiten Pfanne die Butter zerlassen, das Bries bei guter Hitze darin 2 bis 3 Minuten anbraten und zur Schalottensauce geben. Auf Teller je 3 Nudelblätter mit dem Kalbsbries anrichten, mit Salbeiblättern und Kapuzinerkresseblüten garnieren und servieren.

Käse aus Spanien: Im Norden, Nordwesten und auf der Insel Menorca wird Käse aus Kuhmilch produziert. Andalusien, Extremadura und andere Bergregionen sind für ihren guten Ziegenkäse bekannt. Schafkäse wird dagegen in ganz Spanien hergestellt, der berühmteste Vertreter ist der Manchego.

Die schlichte Zusammenstellung bekommt durch den würzigen Käse ihren besonderen Reiz.

Bandnudeln mit Fleischklößchen

Auch in Spanien kennt man einige Pasta-Gerichte, vor allem in Kombination mit Käse, denn so vielgestaltig wie die Landschaften der Halbinsel, so unterschiedlich sind die Käsesorten. In diesem Rezept werden breite Bandnudeln mit scharfen Fleischklößchen kombiniert. Geschmacklich abgerundet wird das Ganze durch Bestreuen mit Manchego, dem bekanntesten spanischen Schafkäse.

300 g Pappardelle festonate, Salz
Für die Tomatensauce:
600 g Fleischtomaten
2 EL Olivenöl
80 g fein gehackte Zwiebeln, Salz
frisch gemahlener Pfeffer
Für die Fleischklößchen:
150 g Lammhackfleisch
150 g Schweinehackfleisch
1 geschälte Knoblauchzehe
30 g gehackte Zwiebel
1 EL glatte Petersilie, fein gehackt
1 Ei, 2 EL Semmelbrösel, Salz
frisch gemahlener Pfeffer
edelsüßes Paprikapulver
5 EL Olivenöl
Außerdem:
200 g Zucchini, 1 EL Olivenöl, Salbeiblättchen
gehackte Petersilie zum Bestreuen
40 g geriebener Manchego

Für die Tomatensauce die Tomaten blanchieren, häuten, vierteln, Stielansatz und Samen entfernen und das Fruchtfleisch klein schneiden.

Das Öl in einer entsprechend großen Pfanne erhitzen und die Zwiebelwürfel darin glasig schwitzen. Die Tomaten zufügen und kurz mitschwitzen. Salzen und pfeffern. Die Sauce vom Herd nehmen und bis zur weiteren Verwendung zur Seite stellen.

Für die Klößchen das Hackfleisch in eine Schüssel geben. Die Knoblauchzehe dazupressen. Die Zwiebelwürfel, die Petersilie, das Ei und die Semmelbrösel zufügen und alles gut miteinander verkneten. Mit Salz, Pfeffer und Paprikapulver kräftig würzen. Mit nassen Händen etwa 10 g schwere Bällchen formen. Das Öl in einer Pfanne erhitzen und die Hackfleischbällchen darin bei mittlerer Hitze rundum braun und knusprig braten.

Inzwischen die Pappardelle in sprudelnd kochendem Salzwasser al dente kochen, ganz kurz kalt abschrecken und ablaufen lassen.

Die Zucchini waschen, die Enden abschneiden und die Zucchini der Länge nach in etwa 2 mm dicke Scheiben schneiden. Das Öl in einer entsprechend großen Pfanne erhitzen und die Zucchinischeiben darin kurz braten und herausnehmen. Die Salbeiblättchen im heißen Öl knusprig braten.

Die Pappardelle, die Hackfleischbällchen und die Zucchini unter die Tomatensauce mischen, erneut erhitzen und abschmecken. Die Nudeln auf Tellern anrichten, mit gehackter Petersilie und geriebenem Manchego bestreuen, mit den Salbeiblättchen garnieren und sofort servieren.

Eine bewährte Kombination aus Frankreich: Tomaten, Schinken und Nudeln. Die Garnelen sind eine feine, delikate Ergänzung.

Grüne Tagliatelle mit Schinkensauce

Die besondere Note erhält dieses Pasta-Gericht durch einen guten Schinken wie etwa den »jambon de Bayonne« aus Ostfrankreich. Aber es kann natürlich auch ein italienischer Parma- oder ein spanischer Serrano-Schinken sein. Den Pasta-Freunden, die bei den Nudeln auf Käse nicht verzichten möchten, sei dieses Gericht als Gratin empfohlen. Dafür wird eine Auflaufform großzügig mit Butter ausgestrichen und die Nudelmischung samt Garnelen eingefüllt. Dann aus 1 Ei mit 4 EL Sahne einen Guss rühren, 100 g geriebenen Comté (ein herrlicher französischer Hartkäse) zugeben, mit frisch gemahlenem Pfeffer und frisch geriebener Muskatnuss würzen. Über die Nudeln verteilen und bei 220 °C im vorgeheizten Ofen oder unter dem Grill überbacken.

Pinienkerne, auch »Pignoli« oder »Zirbelnüsse« genannt, sind die delikaten Samenkerne aus den Zapfen der Steinkiefer. Ihr feiner Geschmack kommt erst durch Rösten so richtig zur Geltung.

350 g Tagliatelle mit Spinat, Salz
Für die Schinkensauce:
1 kg Tomaten, 4 Knoblauchzehen
200 g Bayonne-Schinken, 60 g Pinienkerne
30 g Basilikum, 40 ml Olivenöl
Salz, frisch gemahlener Pfeffer
Außerdem:
20 g Butter
16 gekochte, geschälte Garnelen (je 10 g)

Für die Schinkensauce die Tomaten blanchieren, kalt abschrecken, häuten, vierteln, Stielansatz und die Samen entfernen. Das Fruchtfleisch in kleine Würfel schneiden. Die Knoblauchzehen schälen und fein hacken. Den Schinken in Würfel mit etwa 1 cm Kantenlänge schneiden. Die Pinienkerne in einer beschichteten Pfanne ohne Fett rösten. Das Basilikum in feine Streifen schneiden.

Das Olivenöl in einem großen Topf erhitzen. Die Tomaten sowie den Knoblauch darin kurz anschwitzen. Die Hitze reduzieren und die Sauce etwa 10 Minuten köcheln lassen. Den Schinken und die Pinienkerne zufügen. Mit Salz und Pfeffer abschmecken, dabei jedoch bedenken, dass der Schinken auch schon salzig sein kann.

Die Tagliatelle in sprudelnd kochendem Salzwasser al dente garen, abseihen und in eine vorgewärmte Schüssel geben. Gleichzeitig die Butter in einer Pfanne zerlassen und die Garnelen darin kurz angehen, aber keine Farbe annehmen lassen.

Das Basilikum in die Sauce rühren und erneut abschmecken. Die Sauce auf die Nudeln geben und vorsichtig unterheben. Auf 4 Tellern anrichten. Mit den Garnelen belegen und servieren.

Wenn ein Wein nach einer Rinderrasse benannt wird, wie dieser Cabernet, dann zeigt das schon ein bisschen, welchen Stellenwert die Argentinier diesen Tieren, die immer noch der Reichtum des Landes sind, beimessen.

In Sachen Pasta ist auch in Argentinien der italienische Einfluss unverkennbar.

Nudeln mit Ragout vom Rindfleisch

Für Nudelgerichte haben die Argentinier eine Schwäche, ist doch ein großer Teil der Einwohner aus Italien eingewandert. Sie haben ihre italienische Küche mitgebracht und im Laufe der Zeit dem Land und seinen Produkten angepasst. Und Argentinien hat an frischen Produkten einiges zu bieten – nicht nur das Fleisch, sondern auch besten Weizen für die Nudeln und gutes Gemüse. Für das »Rindfleischragout mit Pappardelle« sollte man sich die Zeit nehmen und den Nudelteig selbst zubereiten. Für Pappardelle wird der Teig in etwa 2 cm breite Nudelstreifen geschnitten.

Das Rindfleisch fürs Ragout muss aus der Hüfte oder vom Roastbeef sein. Auch an der Weinqualität sollte man nicht sparen; auf die Blutwürste (Morcillas) kann man dagegen zur Not verzichten.

Argentinien hat den weltweit höchsten Pro-Kopf-Verbrauch an Rindfleisch. Gegrillte Querrippen werden hier vom Parillero zubereitet. Er ist ein Meister seines Fachs, zu erkennen an dem mit Silbermünzen bestückten Gürtel.

400 g Pappardelle, Salz
Für das Ragout:
200 g Zwiebeln
2 Knoblauchzehen
150 g Möhren
600 g Tomaten
600 g Rindfleisch aus der Hüfte
2 EL Öl
1 EL Tomatenmark
1/8 l Rotwein (Cabernet)
1/8 l Rinderfond
Salz
frisch gemahlener Pfeffer
Cayennepfeffer (nach Belieben)
Außerdem:
4 kleine Blutwürste (Morcillas)
1 EL gehackte Petersilie

Zwiebeln, Knoblauchzehen, Möhren schälen. Zwiebeln und Knoblauch fein hacken, Möhren klein würfeln. Tomaten blanchieren, häuten, Samen und Stielansatz entfernen, das Fruchtfleisch klein würfeln.

Rindfleisch von Haut und Sehnen befreien. Die Hälfte in etwa 1,5 cm große Würfel schneiden, die andere Hälfte durch den Fleischwolf drehen.

Das Öl in einer entsprechend großen Kasserolle erhitzen und darin die Zwiebel- mit den Knoblauchwürfeln anschwitzen. Die Fleischwürfel darin von allen Seiten kräftig anbraten. Das Hackfleisch zugeben und unter häufigem Wenden mitbraten. Mit den Möhren genauso verfahren. Das Tomatenmark einrühren und nur kurz mitbraten, es verbrennt sehr schnell. Mit dem Rotwein ablöschen und den Rinderfond angießen. Mit Salz und Pfeffer würzen, eventuell mit etwas Cayennepfeffer abschmecken und das Ganze bei kleiner Hitze etwa 60 Minuten köcheln lassen, dabei etwas reduzieren.

Die Pappardelle in sprudelnd kochendem Salzwasser al dente garen, abseihen und bis zum Anrichten warm halten.

Eine beschichtete Pfanne ohne Fett erhitzen. Die Blutwürste in schmale Scheiben schneiden, in die Pfanne geben und ganz kurz von beiden Seiten braten. Die Nudeln auf Tellern anrichten. Das Ragout und die Blutwurstscheiben daraufgeben, mit Petersilie bestreuen und sofort servieren.

Nudeln auf einem Markt in Mexiko-Stadt. Die Auswahl ist zwar nicht italienisch, und die Formen sind teilweise etwas anders, aber man findet immer die richtigen.

Ein Rindfleischtopf aus dem Norden des Landes, der mit viel Chilis zubereitet wird.

Nudeln mit scharfer Fleischsauce

Dieser kräftige Rindfleischeintopf wird in Mexiko meist mit frisch zubereiteten Mais-Tortillas serviert oder man isst ein Stück Brot dazu. Er schmeckt aber auch mit Nudeln ganz hervorragend. Und ob mit oder ohne Käse, das bleibt schließlich jedem selbst überlassen. Für den europäischen Gaumen kann natürlich die Schärfe etwas reduziert werden, indem man die Samen sowie die Scheidewände aus den Chilischoten entfernt, da sie die Schärfe am meisten speichern. Sollten die getrockneten Schoten dabei zerbrechen, kann man sie in Wasser einweichen oder, was noch mehr Geschmack mitbringt, in einer heißen Pfanne rösten, bis sie sich aufblähen. Dann die Schoten einfach längs aufschneiden und die Samen herausstreifen. Es empfiehlt sich, dabei Handschuhe aus Kunststoff zu tragen, um Reizungen der Haut und der Augen durch unbedachtes Berühren auszuschließen. Schließlich sind die kleinen Schoten wirklich »very hot«.

Chilis der Sorte Serrano werden in Mexiko zwar meist frisch verwendet, da sie dann ihr typisches Aroma entfalten, doch auch im getrockneten Zustand sind sie recht beliebt.

400 g Ditali oder andere Röhrennudeln, Salz
Für die Fleischsauce:
500 g mageres Rindfleisch
150 g weiße Zwiebeln
300 g Tomaten
150 g Tomatillos (mexikanische Blasenkirschen)
1 getrockneter Pasilla-Chili
4 getrocknete Serrano-Chilis, 3 EL Olivenöl
1/2 l Rinderfond, Salz
Außerdem:
gehacktes Koriandergrün zum Bestreuen

Rindfleisch in sehr kleine Würfel schneiden. Zwiebeln schälen und fein hacken. Tomaten blanchieren, häuten, Stielansatz und Samen entfernen und das Fruchtfleisch in grobe Stücke schneiden. Die Tomatillos von den papierartigen Hüllen befreien, waschen und vierteln. Chilischoten waschen und fein hacken.

Öl in einer Pfanne erhitzen und das Fleisch darin kräftig anbraten. Zwiebelwürfel, die Tomatenstücke und die Chilis untermischen und mit anbraten. Erst nur wenig – etwa 50 ml – Fond angießen, den Rest nach und nach zugießen und köcheln lassen, bis die Sauce eindickt, das dauert etwa 35 Minuten. Nach 25 Minuten die Tomatilloviertel zugeben, salzen.

Nudeln in sprudelnd kochendem Salzwasser al dente garen, abseihen und mit der Sauce vermischen. Auf Tellern anrichten und mit Koriandergrün bestreuen. Wer über die Nudeln geriebenen Käse streuen möchte, dem sei ein extraharter mexikanischer Käse oder ein Parmigiano-Reggiano empfohlen.

Mythische Wächter in Stein. Diese Furcht einflößenden, riesigen Figuren findet man in Thailand überall vor den Tempelanlagen.

Das Fleisch der kleineren Schweine Südostasiens hat wenig Fett, dafür aber umso mehr Aroma.

Eiernudeln mit Schweinefleisch

Zart sollte das Fleisch für dieses Gericht werden, deshalb ist jenes von älteren Tieren weniger geeignet. Die kleineren und jüngeren Spanferkel, die man am Markt oder beim Fleischer erstehen kann, sind aber ein guter Ersatz für die südostasiatischen Schweine, vorzugsweise das Fleisch aus der Keule.

250 g Eiernudeln, Salz
Für die Gewürzsauce:
4 Knoblauchzehen, 30 g Zwiebel
20 g frische Ingwerwurzel, 20 g Zitronengras
1 EL gehacktes Koriandergrün mit Stängeln
1 TL Garnelenpaste, 1/2 TL Salz
2 kleine Chilis ohne Samen, 3 EL Erdnussöl

Knoblauch ist ein wesentlicher Bestandteil der thailändischen Küche, und entsprechend vielfältig ist auch das Angebot. Angeboten werden meist kleine, aromatische Zwiebeln oder der sehr milde »head garlic«, dessen Zwiebelchen anstelle der Blüten am Stängel wachsen.

Der Wok ist für viele asiatischen Gerichte das ideale Kochgeschirr. Beim »Stirfrying«, dem schnellen Braten bei großer Hitze und ständigem Rühren, bleiben Vitamine und Inhaltstoffe weitgehend erhalten.

Für die Fleisch-Gemüse-Mischung:
600 g Schweinefleisch ohne Knochen und Haut
3 EL Erdnussöl
200 g Frühlingszwiebeln
200 g Tomaten, 80 ml Fischsauce
2 TL dunkle Sojasauce, 1/4 TL Kurkuma
2 EL frisch gehacktes Koriandergrün
1/8 l Hühnerfond
100 g Bohnensprossen

Die Eiernudeln in 4 bis 5 Minuten in sprudelndem Salzwasser »knackig«, also nicht zu weich, kochen. Abseihen und beiseite stellen.

Für die Sauce den Knoblauch schälen. Die Zwiebel und die Ingwerwurzel schälen und grob hacken. Das Zitronengras hacken. Zusammen mit den übrigen Zutaten, aber ohne Öl, im Mixer fein pürieren. Das Öl im Wok erhitzen und das Püree bei guter Hitze 2 bis 3 Minuten unter ständigem Rühren durchschwitzen. Aus dem Wok nehmen.

Das Schweinefleisch in Würfel mit 1,5 cm Kantenlänge schneiden. Das Öl im Wok erhitzen und das Fleisch darin bei starker Hitze von allen Seiten kurz anbraten. So herausnehmen, dass das Öl mit dem Fleischsaft im Wok verbleibt.

Frühlingszwiebeln in Scheiben schneiden. Tomaten halbieren, Samen und Stielansatz entfernen, das Fruchtfleisch samt Haut würfeln. In heißem Öl im Wok kurz andünsten. Frühlingszwiebeln zugeben und 1 Minute bei starker Hitze mitdünsten. Fleisch und Gewürzsauce einrühren, mit der Fischsauce, der Sojasauce, dem Kurkuma und dem gehackten Koriandergrün würzen.

Fond aufgießen, Nudeln zugeben und einige Minuten alles warm werden lassen. Zum Schluss die Bohnensprossen untermischen, sie sollen nur noch warm werden. Sofort servieren.

Geschmacklich abgerundet mit Ingwer, frischer Minze und Koriandergrün.

Fleischbällchen mit Reisnudeln und Salat

Die feinen Fleischbällchen bringen einen interessanten geschmacklichen Kontrast zu den dünnen Nudeln. Gegart werden die Bällchen nach einer für die vietnamesische Küche typischen Zubereitungsart: Erst dämpfen oder kochen und dann kurz vor dem Servieren rundum knusprig braun braten.

Für die Fleischbällchen:
400 g Hackfleisch vom Schwein
60 g Frühlingszwiebeln, 1 Knoblauchzehe
15 g frischer Ingwer, 1 Ei, 1 EL Pflanzenöl
Salz, frisch gemahlener weißer Pfeffer

Salatblätter und frische Kräuter dürfen bei vielen Gerichten in Vietnam nicht fehlen. Sie sind sowohl eine geschmackliche als auch eine optische Bereicherung.

Frische Zutaten sind in Asiens Küchen oberstes Gebot. Auf dem Markt kann man das ganze Jahr über aus einem riesigen Angebot an frischem Gemüse wählen.

100 g feine Reisnudeln (rice vermicelli)
3 EL Pflanzenöl zum Braten
Für den Salat:
1 kleiner Kopf Eissalat
120 g frische Sojabohnensprossen
100 g Salatgurke, 100 g Möhren
100 g weißer Rettich
1 EL gehackte Kräuter (Koriandergrün, Minze)
Für die Sauce:
2 Chilischoten, 1 Knoblauchzehe
50 g geröstete Erdnüsse ohne Salz
1 EL gehackte Minze, Saft von 1/2 Limette
50 ml Fischsauce, 200 ml Kokosmilch

Fleisch in eine Schüssel geben. Frühlingszwiebeln putzen, Knoblauch schälen und beides fein hacken. Ingwer schälen und fein reiben. Zusammen mit dem

Ei und dem Öl zum Fleisch geben. Salzen, pfeffern und alles zu einem glatten Fleischteig verarbeiten. Mit feuchten Händen 28 Bällchen von je etwa 20 g formen. In leicht gesalzenes, sprudelnd kochendes Wasser einlegen, 15 Minuten gar ziehen lassen.

Inzwischen den Salat zerteilen, waschen, putzen und abtropfen lassen. Sojabohnensprossen in leicht gesalzenem, sprudelnd kochendem Wasser 1 Minute blanchieren, abseihen und abtropfen lassen. Die Gurke, die Möhren und den Rettich schälen, in 5 cm lange Stifte schneiden. Die Nudeln in genügend sprudelnd kochendem Salzwasser 2 Minuten garen und abseihen.

Chilischoten halbieren, Samen und Scheidewände entfernen. Den Knoblauch schälen. Beides zusammen mit den Erdnüssen in einem Mörser fein zerreiben. Die Minze, den Limettensaft und die Fischsauce zugeben und alles zu einer feinen Paste verarbeiten. In eine Schüssel umfüllen und mit der Kokosmilch zu einer glatten Sauce verrühren.

Die Fleischbällchen mit einem Schaumlöffel aus dem Wasser heben und sehr gut abtropfen lassen. Das Öl in einer Pfanne erhitzen und die Fleischbällchen darin unter mehrmaligem Wenden rundum 5 Minuten braten, bis sie Farbe angenommen haben.

Die Salatblätter, die Sprossen, die Gemüsestifte und die Nudeln auf Tellern anrichten, mit den Kräutern bestreuen und die Fleischbällchen darauf setzen. Mit einem Teil der Sauce begießen. Die restliche Sauce separat dazu reichen.

Hierfür eignen sich Nudeln, wie sie von den Dim-sum-Köchen in Hongkong gezogen werden.

Nudeln mit Tofu, Fleisch und Garnelen

Nur aus Mehl und Wasser, also ganz ohne Eier, wird der Teig für die berühmten Kantonnudeln zubereitet. Ohne irgendwelche Hilfsmittel werden nur durch Ziehen und Dehnen hauchdünne Nudeln hergestellt, die sogar durch ein Nadelöhr passen. Auf frische, handgezogene chinesische Nudeln muss man in unseren Breiten zwar verzichten, aber getrocknet sind sie problemlos zu bekommen.

400 g chinesische Weizennudeln, Salz
Für die Tofu-Mischung:
250 g Tomaten
400 g Schweinefleisch
150 g Tofu
100 g Schalotten, 1 rote Chilischote
4 EL Sesamöl
300 g Garnelen, geschält, ohne Darm
300 g frische Bohnensprossen
3/4 l Kokosmilch

Tofu ist heutzutage bei uns kein Fremdwort mehr. Beim Kauf von Tofu sollte man darauf achten, dass er kernig und fest ist und sich nicht dunkel verfärbt hat.

Der Teig wird zuerst zu einem Strang gezogen, zusammengefaltet, wieder ausgezogen, bis Stränge von etwa 1/2 cm Stärke entstanden sind. Diese werden reichlich mit Mehl bestaubt und weiter ausgezogen, bis hauchdünne Nudeln entstanden sind.

4 EL Bohnensauce
2 EL Fischsauce
1 TL Zucker, Salz
Außerdem:
2 EL Schnittlauchröllchen

Die Tomaten blanchieren, kalt abschrecken, häuten, Samen und Stielansatz entfernen und das Fruchtfleisch in Achtel schneiden. Das Schweinefleisch in 1,5 cm breite Streifen, den Tofu in 2,5 cm große Würfel, die geschälten Schalotten in feine Streifen schneiden. Die Chilischote waschen, halbieren, Samen und Scheidewände entfernen und das Fruchtfleisch fein würfeln.

Die Weizennudeln in sprudelnd kochendem Salzwasser in etwa 1 Minute knapp al dente kochen. Abseihen und abtropfen lassen.

In einem Wok das Öl erhitzen und das Fleisch darin scharf anbraten. Die Garnelen, die Tofuwürfel, die Sprossen, die Schalottenstreifen und die Chiliwürfelchen zugeben und mitbraten. Die Tomaten einrühren, kurz durchschwitzen. Die Kokosmilch, die Bohnensauce und die Fischsauce zugießen und unter Rühren den Zucker untermischen. Zuletzt die Nudeln zufügen und alles schnell miteinander vermischen. Mit Salz abschmecken. Mit den Schnittlauchröllchen bestreuen und servieren.

Mit Wild

Vom kräftigen Wildschweinragout bis zum delikaten Fleisch von Wachtel oder Taube: Pasta paßt sich einer Palette solch unterschiedlicher Aromen mühelos an. Allerdings »geht« nicht immer alles mit

& Geflügel

allem gleicht gut – bodenständigere Teigwarensorten wie Gnocchi vertragen sich generell besser mit einem würzigen, saucenreichen »Ragù«, während edles Wildgeflügel eher nach glatten Nudeln aus feinem Eierteig verlangt. Aber keine Regel ohne Ausnahme: So darf man ohne weiteres auch einmal die herzhaften venezianischen Bigo'li aus Vollkornmehl mit einem feinen Wachtelragout kombinieren – und wird überrascht sein, wie perfekt sich auch solche scheinbaren kulinarischen Gegensätze ergänzen können.

Für den Gnocchiteig die zerdrückten Kartoffeln mit dem Mehl und den Eiern auf eine Arbeitsfläche geben.

Die »aufnahmefähigen« Gnocchi vertragen jede Menge würziger Sauce.

Gnocchi mit Wildschweinragout

Die Zutaten rasch miteinander verkneten, bis ein geschmeidiger glatter Teig entstanden ist.

Aus dem Teig 2 cm dicke Stränge rollen. Diese nebeneinander legen und 3 cm lange Stücke abschneiden.

Jedes Teigstück über eine Raspel abrollen, damit sich das Gittermuster eindrücken kann.

»Topini«, Mäuschen, nennt man in der Toskana liebevoll die aus Kartoffelteig hergestellten Gnocchi.

Der Kartoffelteig erhält durch das Mehl und das Eigelb Geschmeidigkeit und lässt sich gut formen. Durch das Gittermuster auf der Oberfläche können die Gnocchi besonders viel Sauce aufnehmen.

Für das Wildschweinragout:
1,2 kg Wildschweinkeule mit Knochen
1 EL Wacholderbeeren, 2 Lorbeerblätter
6 frische Salbeiblätter, 1 Knoblauchzehe
600 ml trockener Rotwein, 6 EL Olivenöl
60 g Zwiebelwürfel, 80 g Möhrenstücke
65 g Stangensellerie, in Stücke geschnitten
600 g gehäutete, klein gehackte Eiertomaten
3 EL Tomatenmark, 400 ml Wildfond
Salz, frisch gemahlener weißer Pfeffer
Für die Gnocchi:
1,2 kg mehlig kochende Kartoffeln
200 g Mehl, 2 Eigelbe, Salz

Das Fleisch in eine Schüssel legen. Wacholderbeeren, Lorbeerblätter und Salbeiblätter darüber geben und mit dem Rotwein übergießen. Mit Folie abdecken und 12 Stunden im Kühlschrank marinieren. Das Fleisch aus der Marinade nehmen und mit Küchenpapier trockentupfen. Den Knochen auslösen und das Fleisch beiseite stellen. Die Marinade durch ein Sieb gießen, die Flüssigkeit und die Gewürze getrennt voneinander aufbewahren.

Die Hälfte des Öls erhitzen und den Knochen 10 Minuten darin anbraten. Zwiebelwürfel, die zerdrückte Knoblauchzehe, Möhren- und Selleriestücke zufügen und bei schwacher Hitze 2 Minuten unter ständigem Rühren Farbe nehmen lassen. Die Tomaten sowie die Gewürze aus der Marinade und das Tomatenmark dazugeben und alles unter Rühren garen, bis die Flüssigkeit verdampft ist.

Den Wildfond und 1/4 l der Marinade zugießen, etwa 3 Stunden schmoren lassen, nach und nach die restliche Marinade zufügen. Mit Salz und Pfeffer abschmecken. Die Sauce durch ein Sieb streichen.

Das Fleisch in kleine Würfel schneiden und in dem restlichen Öl kräftig anbraten. Mit der Sauce ablöschen und 20 Minuten schmoren.

Die Kartoffeln in der Schale 30 Minuten kochen, pellen und zerdrücken, solange sie noch heiß sind. Wie in der Bildfolge links gezeigt, den Teig zubereiten. In einem großen Topf Salzwasser zum Kochen bringen und die Gnocchi portionsweise darin garen. Sobald sie an die Oberfläche steigen, mit einer Schaumkelle herausheben, abtropfen lassen und warm stellen. Die Gnocchi auf vorgewärmten Tellern anrichten und das Ragout darüber verteilen.

Für die Herstellung der Spezialspaghetti benötigt man ein Gerät, das entfernt an eine Gitarre erinnert. Darüber legt man den Teig und »rollt« ihn mit dem Nudelholz durch.

Eine der besten Kombinationen von Pasta und Wild: »Ragù di lepre« mit den vierkantigen Spaghetti alla chitarra.

Hasenragout mit Nudeln

Ein solches mit Drähten bespanntes Holzbrett dürfte wohl in den wenigsten Haushalten zur Standardausrüstung zählen. Man kann die »Vierkant-Spaghetti« fertig in einem Geschäft für italienische Lebensmittel kaufen, vielleicht besitzt man aber auch eine Nudelmaschine mit entsprechendem Vorsatz. Ganz Geduldige können den Teig auch von Hand schneiden, doch ist dies mühsam, weshalb man erwägen sollte, auf dünne Bandnudeln auszuweichen.

Für die Spaghetti alla chitarra:
125 g Hartweizengrieß, möglichst fein
125 g Weizenmehl Type 405, 2 Eier, 1 Eigelb
1/3 TL Salz
Für das Ragout:
400 g pariertes Hasenfleisch (etwa Schulter)
100 g weiße Zwiebeln, 1 Knoblauchzehe
3 EL Olivenöl, 5 Wacholderbeeren
1 Prise frisch geriebene Muskatnuss
1/4 TL Zimtpulver, 25 g Tomatenmark
150 ml Rotwein, 1/4 l Wildfond
2 Lorbeerblätter, Salz, frisch gemahlener Pfeffer
250 g Flaschentomaten
Außerdem:
40 g frisch gehobelter Parmesan nach Belieben

Den Grieß und das gesiebte Mehl vermischen, auf eine Arbeitsfläche häufen. In die Mitte eine Mulde drücken. Die Eier, das Eigelb sowie das Salz hineingeben und mit einer Gabel verrühren, dabei immer mehr Mehl vom Rand mit einarbeiten. Mit den Händen zu einem glatten Teig verkneten, in Folie wickeln und den Teig 1 Stunde kühl ruhen lassen.

Das Hasenfleisch sehr fein würfeln. Die weißen Zwiebeln sowie den Knoblauch schälen und beides sehr fein hacken.

Das Olivenöl in einer Pfanne erhitzen. Zwiebel- und Knoblauchwürfel sowie Wacholderbeeren zufügen, mit Muskat und Zimtpulver würzen und alles unter Rühren braten, bis die Zwiebeln glasig sind. Das Hasenfleisch 4 bis 5 Minuten mitbraten. Tomatenmark einrühren und kurz mitbraten. Den Wein angießen und unter Rühren etwas einkochen lassen. Wildfond zugießen, die Lorbeerblätter einlegen, salzen und pfeffern. Das Ragout bei geringer Hitze unter gelegentlichem Rühren 30 bis 40 Minuten schmoren, bei Bedarf noch etwas Fond angießen.

Die Tomaten blanchieren, häuten, halbieren, Stielansätze und Samen entfernen und das Fruchtfleisch klein würfeln. 20 Minuten vor Ende der Garzeit die Tomatenwürfel unter das Ragout mischen. Mit Salz und Pfeffer würzen und warm halten.

Den Nudelteig auf einer bemehlten Arbeitsfläche nicht zu dünn ausrollen. Sollen die Nudeln von Hand geschnitten werden, die ausgewellten Teigplatten leicht mit Mehl bestauben und mehrlagig übereinander legen. Mit einem scharfen Messer in schmale Streifen schneiden. Werden die Nudeln mit der Maschine hergestellt, den Teig ebenfalls nicht zu dünn ausrollen und mit dem entsprechenden Aufsatz in die gewünschte Breite schneiden. Auf einem Küchentuch ausbreiten und etwas antrocknen lassen.

Die Nudeln in kochendem Salzwasser in wenigen Minuten bissfest garen. Zusammen mit dem Hasenragout auf vorgewärmten Tellern anrichten.

Sind die Nudeln gar, muss es schnell gehen. Wer mag, verteilt noch gehobelten Parmesan darüber.

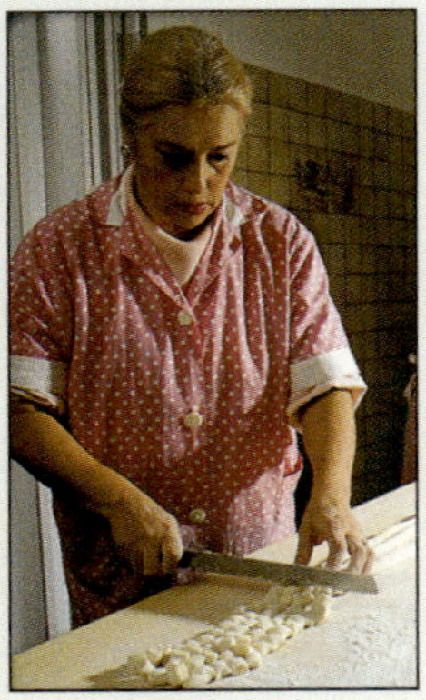

In Norditalien, vor allem in der Gegend von Verona, versteht man sich besonders gut auf die Zubereitung von Gnocchi di patate.

Zartes Rehfleisch in einer kräftigen Sauce passt wunderbar zu den »Gnocchi di patate«.

Gnocchi mit Rehragout

Was die Wahl des Wildfleischs angeht, so darf man bei diesem Rezept ohne weiteres variieren. Auch mit Fleisch von Wildschwein, Hirsch oder Gemse schmeckt das Ragout ausgezeichnet; ja selbst Wildgeflügel ist geeignet.

Für das Ragout:
600 g Rehfleisch aus der Keule, ohne Knochen
5 bis 6 EL Öl, 2 EL Tomatenmark, 3/8 l Rotwein
1 Knoblauchzehe, 350 g Tomaten
100 g Silberzwiebeln
je 60 g Lauch-, Möhren- und Stangenselleriewürfel
1 Stück unbehandelte Orangenschale
1 bis 2 Thymianzweige, 3 bis 4 Salbeiblätter
400 ml Wildfond, Salz, frisch gemahlener Pfeffer

So heiß wie möglich sollten die Gnocchi auf den Tisch kommen. Sie müssen nur gut abtropfen und können dann sofort mit dem Ragout vermischt werden.

Frischer Salbei und Thymian geben dem Ragout die nötige Kräuterwürze. Sie schmoren eine ganze Weile mit, sollten vor dem Anrichten jedoch wieder entfernt werden.

Für die Gnocchi:
600 g mehlig kochende Kartoffeln
100 g Mehl, 1 Eigelb, Salz
Außerdem:
1 EL gehackte Petersilie

Das Fleisch in 2 cm große Würfel schneiden. Öl in einem Topf erhitzen, Fleischwürfel darin scharf anbraten. Tomatenmark einrühren, Wein zugießen und zugedeckt 25 bis 30 Minuten schmoren lassen.

Knoblauch schälen und fein hacken. Tomaten blanchieren, häuten, Samen entfernen und klein würfeln. Zwiebeln schälen. Gemüse, Orangenschale und Kräuter zum Fleisch geben, den Fond angießen. Salzen und pfeffern. Zugedeckt 30 Minuten garen.

Kartoffeln in Alufolie wickeln. Bei 200 °C im vorgeheizten Ofen 1 Stunde backen, pellen. Mehl auf eine Arbeitsfläche häufen, in die Mitte eine Mulde drücken. Eigelb und Salz hineingeben. Die heißen Kartoffeln kranzförmig durch die Kartoffelpresse auf den Mehlrand drücken, alles schnell zu einem glatten Teig verkneten, 10 bis 15 Minuten ruhen lassen. Zu 2 Strängen von je 2 cm Durchmesser rollen, mit Mehl bestauben. Stücke von etwa 1 cm Länge abschneiden, diese über eine Raspel abrollen, um das Gittermuster einzudrücken. Portionsweise in sprudelnd kochendes Salzwasser einlegen, Hitze reduzieren, die Gnocchi gar ziehen lassen. Wenn sie an die Oberfläche steigen, herausnehmen und gut abtropfen lassen. Sofort mit dem Ragout auf Tellern anrichten und mit Petersilie bestreut servieren.

Angerichtet auf Weißkraut, mit Nudelnestern belegt und mit sahnig-aromatischem Käse überbacken.

Rentierfilet unter Nudelkruste

Für die Nudeln:
150 g Weizenmehl Type 405
2 Eier, 1 TL Öl, Salz
Für das Weißkraut:
500 g Weißkraut, 80 g Zwiebeln, 100 g Apfel
60 g roh geräucherter, durchwachsener Speck
2 EL Pflanzenöl, Salz, frisch gemahlener Pfeffer
80 ml Weißwein, 120 ml Fleischbrühe
400 g ausgelöster Rentierrücken, pariert
Salz, frisch gemahlener Pfeffer
30 g Butter, 2 EL Pflanzenöl
1 EL gehackte Petersilie, 120 ml Wildfond
Außerdem:
80 g Ridder (norwegischer Schnittkäse)
etwas zerlassene Butter zum Beträufeln
glatte Petersilie zum Garnieren

Aus den angegebenen Zutaten einen glatten Teig kneten, bei Bedarf noch etwas Wasser zufügen. Zu einer Kugel formen, in Folie wickeln und 1 Stunde im Kühlschrank ruhen lassen. Den Teig portionsweise mit der Nudelmaschine in mehreren Durchgängen dünn ausrollen. Mit dem entsprechenden Vorsatz in Bandnudeln von 3 mm Breite schneiden. Nudeln auf ein Tuch legen, etwas antrocknen lassen.

Die kleinen, dünnen Fleischscheiben brauchen nicht lange, bis sie gar sind. Schon 1 Minute von jeder Seite reicht an sich völlig aus.

Weißkraut putzen, vierteln, Strunk entfernen und die Blätter in feine Streifen schneiden oder hobeln. Die Zwiebeln schälen und fein hacken, den Speck fein würfeln. Das Öl in einem Topf erhitzen und Zwiebel- sowie Speckwürfel darin glasig anschwitzen. Das Kraut kurz mitdünsten, salzen und pfeffern. Wein und Brühe angießen und alles 20 bis 25 Minuten im geschlossenen Topf schmoren. Den Apfel schälen, vierteln, das Kerngehäuse entfernen und die Viertel in Spalten schneiden. Apfelspalten 5 Minuten vor Ende der Garzeit unter das Kraut mischen.

Das Fleisch quer in Scheiben von etwa 20 g schneiden, leicht flach klopfen, salzen und pfeffern. Butter und Öl erhitzen und das Fleisch auf jeder Seite 1 Minute braten. Mit Petersilie bestreuen. Herausnehmen und warm halten. Den Bratsatz mit dem Fond loskochen, die Sauce etwas reduzieren, durch ein feines Sieb passieren und abschmecken.

Nudeln in sprudelnd kochendem Salzwasser al dente garen, abgießen und abtropfen lassen.

Das Weißkraut auf vorgewärmten Tellern anrichten, je 5 Fleischscheiben darauf verteilen. Die Nudeln zu Nestern aufrollen und auflegen. Den Käse reiben, darüber streuen, mit der Butter beträufeln. Das Gericht unter dem heißen Grill gratinieren, mit der Sauce umgießen, mit Petersilie garnieren und servieren.

Die größere Variante der Gnocchi wird hier mit herzhaftem Wild delikat kombiniert.

Spinatnocken mit Hasenragout

Sie sind in ganz Norditalien zu Hause, aber besonders häufig werden die Spinatgnocchi in Südtirol und im Trentino zubereitet. Dort werden sie meist nur mit brauner Butter und geriebenem Käse gereicht. Sie sind aber auch eine feine Beilage und harmonieren sogar gut, wie hier vorgeschlagen, mit dem kräftigen Aroma von Wild.

Für das Hasenragout:
1 kg Wildhase (ganz, Keule oder Rücken)
1 rote Zwiebel, 1 Knoblauchzehe
10 Wacholderbeeren, 1 TL weiße Pfefferkörner
2 Lorbeerblätter, 6 frische Salbeiblätter
1/2 l Rotwein aus dem Trentino
4 EL Olivenöl, 50 g Zwiebel, fein gewürfelt
50 g Möhre, in Würfel geschnitten
50 g Stangensellerie, in Stücke geschnitten
500 g Tomaten, 2 EL Tomatenmark
1/4 l Wildfond, 1 TL Salz
frisch gemahlener Pfeffer

Spinatnocken schmecken besonders fein, wenn sie mit Salbeiblättern noch ein wenig in Butter geschwenkt werden. So sind sie auch eine feine Vorspeise.

Für die Spinatnocken:
500 g frischer Spinat, Salz
250 g Weißbrot vom Vortag
100 ml Milch, 2 Eier, 80 g Mehl
Pfeffer, frisch geriebene Muskatnuss
Außerdem:
50 g Butter, 8 Salbeiblättchen
50 g frisch geriebener Parmesan

Fleisch sorgfältig von Haut und Sehnen befreien und in eine entsprechend große Schüssel legen. Zwiebel und Knoblauch schälen, Zwiebel vierteln. Zusammen mit Wacholder, Pfeffer, Lorbeer und Salbei zum Fleisch geben und mit dem Wein übergießen. Mit Folie abdecken, 12 Stunden marinieren lassen. Das

Das Fleisch herausnehmen, trockentupfen, von den Knochen lösen, in 1 cm große Würfel schneiden und beiseite stellen.

Knochen klein hacken und in der Hälfte des Öls von allen Seiten gut anbraten. Gemüse zugeben und unter Rühren mit anbraten. Tomaten waschen, vierteln und mit dem Tomatenmark zugeben, kurz mit anbraten. Mit dem Fond und 1/4 l der Marinade ablöschen. Salzen und pfeffern. Zugedeckt 2 bis 3 Stunden schmoren, dabei nach und nach die restliche Marinade zufügen. Die Sauce durchseihen.

Das restliche Öl in einer entsprechend großen Pfanne erhitzen und das Fleisch darin anbraten. Mit der Sauce begießen und etwa 20 Minuten zugedeckt schmoren, bis das Fleisch weich ist.

Spinat verlesen, waschen, in kochendem Salzwasser blanchieren, gut ausdrücken und fein hacken. Weißbrot entrinden, klein würfeln, mit der Milch übergießen und vermischen. Spinat, Eier, Mehl und Gewürze zugeben und alles gut vermengen. Mit einem Esslöffel in der nassen Hand zu eigroßen Nocken formen. In kochendes Salzwasser geben, die Hitze reduzieren und in 5 bis 7 Minuten gar ziehen lassen. Herausnehmen und abtropfen lassen. In einer Form die Butter zerlassen, Salbeiblätter darin schwenken, die Nocken hineinlegen, mit der Salbeibutter übergießen und mit dem Parmesan bestreuen.

Die Vollkornnudeln sind eine Spezialität aus Venedig mit einer langen Tradition.

Bigo'li mit Wachteln

Diese Bigo'li sind keine Errungenschaft moderner Naturkost. Immer schon aus Weizenvollkornmehl hergestellt, waren sie das traditionelle Essen an Fastentagen wie Aschermittwoch und Karfreitag. Dazu gab es eine schlichte Sauce aus gesalzenen Sardinen, Zwiebeln und Olivenöl – eine einfache, aber schmackhafte Fastenspeise. Und mit den geschmorten Wachteln werden die kräftigen, würzig schmeckenden Bigo'li zur Delikatesse.

Für den Teig:
300 g Weizenvollkornmehl, 3 Eier, 1/2 TL Salz
Für die geschmorten Wachteln:
4 küchenfertige Wachteln (je 170 g)
Salz, frisch gemahlener Pfeffer, 2 EL Öl
je 60 g Schalotten- und Stangenselleriewürfel

In Venedig hat man für die Zubereitung der Bigo'li eine besondere Presse, durch die der Teig gedrückt wird.

je 30 g Petersilienwurzel- und Möhrenwürfel
50 g gewürfelter durchwachsener Räucherspeck
2 Knoblauchzehen, 1 TL Mehl
1/4 l Geflügelfond, 2 EL gehackte Petersilie

Aus den angegebenen Zutaten einen glatten und elastischen Teig kneten. Zu einer Kugel formen, mit Mehl bestauben, einwickeln und 20 Minuten ruhen lassen. Dünn ausrollen und in 2 bis 3 mm breite Nudeln schneiden. Auf einem Tuch ausbreiten. In sprudelndem Salzwasser al dente kochen.

Die Wachteln waschen, abtrocknen und längs teilen. Die Keulen und Flügel auslösen. Alles leicht salzen, pfeffern und beiseite stellen. Das Öl in einer Pfanne erhitzen und die Schalottenwürfel darin hell anschwitzen. Das Gemüse zufügen, 2 bis 3 Minuten kräftig mitschwitzen, herausnehmen und warm stellen. Den Speck in der Pfanne erhitzen, die Wachteln zugeben und bei starker Hitze anbraten. Die Knoblauchzehen mit der Schale einmal andrücken und zugeben. Mit Mehl bestauben, 3 bis 4 Minuten braten und mit dem Fond aufgießen. Bei offenem Topf schmoren lassen, bis das Fleisch gar und die Flüssigkeit auf mehr als die Hälfte reduziert ist. Die Petersilie zugeben. Nochmals abschmecken.

Die Vollkornnudeln mit den geschmorten Wachteln servieren. Dazu passt ein guter Rotwein, etwa ein Merlot oder ein Cabernet.

Exquisit – die offenen Ravioli mit Petersilie im Teig und das Geflügelragout mit feinem Gemüse.

Wachteln in der Nudeltasche

Für den Nudelteig:
125 g Mehl, 1 Ei, 1 TL Olivenöl, 1/4 TL Salz
große glatte Petersilienblätter
Für das Wachtelragout:
1/2 l Geflügelfond
80 g Schalotten, 40 g Möhre
40 g Stangensellerie, 5 EL Pflanzenöl
1/2 Knoblauchzehe, fein gehackt
Salz, frisch gemahlener Pfeffer
2 EL Aceto Balsamico
2 küchenfertige Wachteln, je etwa 200 g
100 g Geflügelleber
200 g Erbsenschoten
100 g dünner grüner Spargel, 20 g Butter
Außerdem:
glatte Petersilie zum Garnieren

Die angegebenen Zutaten mit den Händen zu einem glatten Teig verkneten. Falls nötig, noch etwas Wasser einarbeiten. Den Teig zur Kugel formen und in Folie gewickelt 1 Stunde ruhen lassen.

Für das Ragout den Geflügelfond auf 200 ml reduzieren. Die Schalotten schälen, Möhre und Sellerie putzen und alles fein würfeln. 3 EL Öl erhitzen und die Schalotten darin hell anschwitzen. Die Möhren-, die Selleriewürfel und den Knoblauch einige Minuten mitschwitzen. Salzen und pfeffern. Den reduzierten Fond sowie den Essig zugießen und die Flüssigkeit bei geringer Hitze etwas einkochen.

Die Nudelblätter fertig stellen: Dafür die Petersilie waschen und auf einem Handtuch oder Küchenpapier abtropfen lassen. Den Teig mit der Nudelmaschine zu breiten Streifen von 5 mm Stärke ausrollen. Einen Streifen dicht mit Petersilienblättern belegen, einen zweiten Teigstreifen darauf legen und fest andrücken. Damit die Bahnen gut haften, muss der Teig relativ frisch sein. Ist er zu trocken, sollte man ihn leicht mit Wasser besprühen. Den Petersilien-Teigstreifen mit der Nudelmaschine bei gleicher Stärke zu mehr als der doppelten Länge ausrollen und den Teig in Quadrate mit 10 cm Kantenlänge schneiden.

Die Wachteln innen und außen waschen, abtropfen lassen und trockentupfen. Jeweils die Keulen und die Brüste mit den Flügeln abtrennen. Leicht salzen und pfeffern. Die Geflügelleber in 3 cm große Stücke schneiden. Erbsen auspalen, Spargel waschen und in 3 cm lange Stücke schneiden. Die Erbsen blanchieren und kurz in Eiswasser legen. Den Spargel in 3 bis 4 Minuten blanchieren, aus dem Topf nehmen und ebenfalls in Eiswasser legen.

Restliches Öl und Butter erhitzen, die Wachtelteile darin rundum anbraten und bei reduzierter Hitze fertig braten. Die Leberstücke kurz mitbraten, salzen und pfeffern. Spargel und Erbsen zufügen und das Ragout noch 1 Minute köcheln lassen. Eventuell leicht binden und abschmecken.

Nudelblätter in kochendem Salzwasser 4 Minuten garen. Herausheben und abtropfen lassen. Je 1 Nudelblatt auf einen vorgewärmten Teller legen, auf der unteren Hälfte das Ragout verteilen, die andere Hälfte darüber klappen. Mit Petersilie garnieren.

Wildgeflügel, serviert als Ragout, begleitet von Pfifferlingen und Speck, zwischen selbst gemachte Nudelblätter gefüllt.

Fazzoletti mit Fasan

Die Italiener reichen zu diesem Nudelgericht – bei den Fazzoletti handelt es sich um eine Art »offene« Lasagne – gern eine fruchtig-frische Tomatensauce. Wer dies ebenfalls möchte, schneidet das Fruchtfleisch von 600 g gehäuteten Tomaten in kleine Würfel, schwitzt sie in reichlich Butter 5 Minuten an und würzt mit Salz, Pfeffer und frischem Basilikum.

Für den Nudelteig:
75 g Weizenmehl Type 405, 1/4 TL Salz
75 g Hartweizengrieß, 1 Ei, 1 Eigelb
Für das Fasanenragout:
1 küchenfertiger Fasan (etwa 1,25 kg)
Salz, frisch gemahlener Pfeffer
50 g Frühlingszwiebeln, 1 Knoblauchzehe
je 60 g Petersilienwurzel und Möhre, 50 g Lauch
30 g Stangensellerie, 3 EL Sonnenblumenöl
1 TL Mehl, 1/4 l Wildgeflügelfond
150 g kleine Pfifferlinge, 20 g Butter
50 g roh geräucherter, durchwachsener Speck
Außerdem:
1 EL gehackte Petersilie

Aus den angegebenen Zutaten einen glatten Teig kneten und nach Bedarf etwas Wasser einarbeiten. Den Teig zur Kugel rollen, in Folie wickeln und im Kühlschrank 1 Stunde ruhen lassen.

Fasanenfleisch von den Knochen lösen, Haut entfernen. Das Fleisch salzen und pfeffern. Frühlingszwiebeln putzen und in feine Ringe schneiden. Knoblauch schälen und fein hacken. Petersilienwurzel sowie Möhre schälen, klein würfeln. Lauch putzen, längs halbieren, waschen und in Scheibchen schneiden. Sellerie putzen, eventuell Fäden abziehen und die Stange in dünne Scheiben schneiden.

In einer Pfanne 1 EL Öl erhitzen und die Frühlingszwiebeln sowie den Knoblauch darin hell anschwitzen. Das Gemüse 2 bis 3 Minuten mitschwitzen, herausnehmen und beiseite stellen. Restliches Öl in der Pfanne erhitzen und die Fasanenteile von allen Seiten anbraten. Gemüse wieder zugeben, mit Mehl bestauben und unter Rühren kurz mitbraten. Den Wildgeflügelfond zugießen und alles etwa 20 Minuten schmoren. Abschmecken.

Den Teig auf einer bemehlten Arbeitsfläche dünn ausrollen und zu Streifen schneiden. Diese in einer Nudelmaschine in mehreren Durchgängen dünn ausrollen und so schneiden, dass sich 12 Rechtecke in der Größe 7 x 9 cm ergeben. Die Fazzoletti in sprudelnd kochendem Salzwasser 3 bis 4 Minuten kochen, mit einem Schaumlöffel herausheben und gut abtropfen lassen.

Pfifferlinge sorgfältig putzen. In einer kleinen Pfanne die Butter zerlassen und die Pilze darin einige Minuten braten, salzen und pfeffern. Die Fasanenteile aus dem Schmorfond nehmen und in Scheiben schneiden. Den Speck in mundgerechte Stücke schneiden und mit den Pilzen im Schmorfond 1 bis 2 Minuten köcheln lassen. Das Fleisch einlegen.

Zum Anrichten zunächst auf je einen vorgewärmten Teller ein Nudelblatt legen. Darauf abwechselnd Fasanenragout und weitere 2 Fazzoletti schichten; mit etwas Ragout abschließen und das Gericht mit Petersilie bestreut servieren.

Nicht nur für das Auge:
Die etwas aufwändige Zubereitung lohnt sich, denn geschmacklich ist die Kombination von Fasan und Pilzen kaum zu übertreffen.

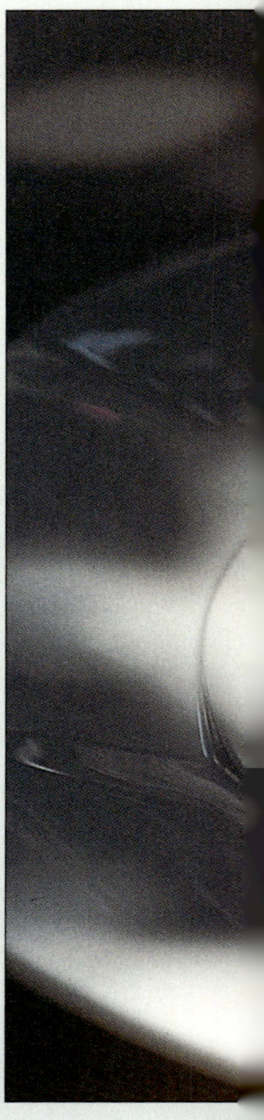

Weiße Bohnen und Speck, kombiniert mit Nudeln und hellem Fleisch: Ein Gericht mit raffinierten geschmacklichen Kontrasten.

Tortelli mit Kaninchenfüllung

Für die Bohnen:
200 g helle Borlotti-Bohnen, 50 g Möhre
1/2 Stange Lauch (nur das Weiße), 50 g Zwiebel
1 Knoblauchzehe, 100 g Tomaten aus der Dose
2 EL Olivenöl, 1 Scheibe Bauchspeck (etwa 80 g)
je 1 Rosmarin- und Thymianzweig, Salz
frisch gemahlener Pfeffer, 1 Prise Cayennepfeffer
Für den Nudelteig:
400 g feiner Hartweizengrieß, 4 Eigelbe, 1 Ei
1 EL Olivenöl, etwas Salz, 100 g Weizenmehl
Für die Kaninchenfüllung:
60 g weiße Zwiebel, 50 g Möhre
50 g Stangensellerie, 20 g Rindermark
30 g Lauch, je 1 Rosmarin- und Thymianzweig
1 Lorbeerblatt, 2 Knoblauchzehen
50 g kleine Champignons, 100 g Tomaten
Keulen und Vorderläufe eines Kaninchens
von 1 kg Gewicht, Salz
frisch gemahlener Pfeffer, 3 EL Olivenöl
20 g Tomatenmark, 80 ml Weißwein
Außerdem:
1 Eiweiß, 120 g Cocktailtomaten, gehäutet
20 ml Olivenöl, 1 angedrückte Knoblauchzehe
2 Thymianzweige, Salz, Zucker, 12 dünne
Scheiben Bauchspeck, 1 Rosmarinzweig

Eine Herausforderung für jeden, der gern auch mal aufwändiger kocht. Dieses Nudelgericht mit der feinen Füllung passt übrigens hervorragend in die kühlere Jahreszeit.

Borlotti-Bohnen waschen und über Nacht einweichen. Abseihen und erneut waschen. Möhre und Lauch putzen, Zwiebel und Knoblauch schälen, alles fein würfeln. Tomaten auf einem Sieb abtropfen lassen, von Stielansatz und Samen befreien. Öl erhitzen, Möhre, Lauch, Zwiebel und Knoblauch darin anschwitzen, Speck zufügen und angehen lassen. Bohnen, Tomaten, Kräuter und Gewürze zufügen. 1/4 l Wasser angießen und die Bohnen bei reduzierter Hitze in etwa 45 Minuten weich kochen.

Aus den angegebenen Zutaten einen glatten Nudelteig herstel-

len. Den Teig zur Kugel formen, in Folie wickeln und etwa 1 Stunde im Kühlschrank ruhen lassen.

Für die Kaninchenfüllung Zwiebel, Möhre und Sellerie schälen und grob würfeln. Rindermark 20 Minuten wässern, auslösen und fein würfeln. Lauch putzen. Lauch, Rosmarin, Thymianzweig und Lorbeerblatt zu einem Bouquet garni binden. Knoblauchzehen andrücken. Champignons putzen und halbieren. Tomaten vom Stielansatz befreien und vierteln. Fleisch salzen, pfeffern und im erhitzten Öl rundherum anbraten. Zwiebel, Möhre und Sellerie kurz unter Rühren mitbraten. Markwürfel, Bouquet garni und Champignons einige Minuten mitdünsten. Tomatenviertel und -mark einrühren, mit Weißwein ablöschen, salzen, pfeffern und etwas Wasser zugießen. Bei 180 °C im vorgeheizten Ofen 40 bis 50 Minuten schmoren. Bouquet garni entfernen und Gemüse auf einem Sieb abtropfen lassen, den Fond dabei auffangen. Das Fleisch von den Knochen lösen, fein würfeln und mit dem Gemüse in der Küchenmaschine fein pürieren. So viel Fond zugießen, dass die Farce eine cremige Konsistenz erhält, salzen, pfeffern.

Nudelteig teilen und dünn zu zwei gleich großen Teigplatten ausrollen. Auf einer Platte mit einem Ausstecher Kreise von 6 cm Durchmesser markieren. Die Kaninchenfarce in einen Spritzbeutel mit Lochtülle Nr. 9 füllen und kleine Häufchen davon auf die Kreise setzen. Ringsherum mit dem verquirlten Eiweiß einstreichen. Zweite Teigplatte darauf legen und gut andrücken. Mit einem gewellten Ring von 6 cm Durchmesser Tortelli ausstechen und kurz antrocknen lassen. Tomaten vom Stielansatz befreien, in mäßig erhitztem Öl mit Knoblauch, Thymian, Salz und Zucker durchschwenken. Speck in einer beschichteten Pfanne ohne Fett von beiden Seiten scharf anbraten. Tortelli 4 Minuten in kochendem Salzwasser garen, gut abtropfen lassen, auf Teller verteilen. Bohnen und Tomaten samt Sud darüber geben. Mit Speckscheiben und Rosmarin garniert servieren.

Die Schweiz bringt Käsesorten von ganz besonderer Güte hervor. Für die Pizokel eignet sich gut ein Sbrinz, der extra harte Rohmilchkäse aus der Innerschweiz.

Pizokel mit Spinat, Kaninchenfleisch und einem gut gereiften Käse – eine geschmacklich überzeugende Kombination.

Spinatpizokel mit Kaninchenrücken

Für die Pizokel:
250 g Mehl, 3 Eier, 15 g flüssige Butter
frisch gemahlener Pfeffer
frisch geriebene Muskatnuss, 1/2 TL Salz
nach Bedarf etwas Wasser
150 g Spinat, geputzt
Für das Fleisch:
2 Kaninchenrücken (je 500 g), mit Nieren
20 g Butter, 1 EL Pflanzenöl
Salz, frisch gemahlener Pfeffer
Für die Sauce:
80 g Lauch, 50 g Zwiebel, 1 Knoblauchzehe
50 g Möhre, 100 g Tomaten
3 EL Pflanzenöl
1 TL Salz, frisch gemahlener Pfeffer
3/4 l Kalbsfond
1 TL Speisestärke, mit etwas Wasser angerührt
Außerdem:
200 g Tomaten
10 g Butter, 1 Schalotte, geschält und gehackt
Salz, frisch gemahlener Pfeffer
100 g frisch geriebener Sbrinz zum Bestreuen
glatte Petersilie zum Garnieren

Pizokel – die Technik der Zubereitung gleicht jener für schwäbische Spätzle. Beide werden sie vom Brett direkt in das kochende Salzwasser geschabt, nur sind die Pizokel noch um einiges dicker.

Für die Pizokel aus den Zutaten (ohne Spinat) einen Teig rühren. Den Spinat verlesen, blanchieren, abseihen, kalt abschrecken, gut ausdrücken, grob schneiden und unter den Teig rühren, diesen beiseite stellen und ruhen lassen.

Von den Kaninchenrücken die Filets auslösen, von Haut und Sehnen befreien. Die Knochen klein hacken. Die Nieren waschen, halbieren und die Röhren vorsichtig entfernen. Lauch putzen, waschen und grob schneiden. Zwiebel, Knoblauch und Möhre schälen und grob würfeln. Tomaten vom Stielansatz befreien, vierteln.

Öl erhitzen, Knochen zugeben und unter ständigem Rühren anrösten. Gemüse zugeben und kurz mitschwitzen. Salzen, pfeffern, den Fond angießen, zudecken und alles etwa 40 Minuten köcheln lassen. Die Mischung durch ein Spitzsieb in einen Topf passieren und etwas einkochen lassen. Die Sauce mit der angerührten Speisestärke binden und würzen.

Den Teig portionsweise auf ein feuchtes Holzbrett geben und mit einem Messer Pizokel in sprudelnd kochendes Salzwasser schaben. Sobald sie an die Oberfläche steigen, mit einer Schaumkelle herausheben und warm halten.

Die Tomaten blanchieren, häuten, Samen und Stielansatz entfernen und klein würfeln. Butter zerlassen, die Schalotte darin hell anschwitzen, Tomatenwürfel untermischen, würzen.

Butter und Öl zerlassen. Die Filets salzen, pfeffern und von beiden Seiten etwa 6 Minuten braten. In den letzten 1 1/2 Minuten die Nieren zugeben. Das Fleisch in Scheiben schneiden.

Die Pizokel mit den Filetscheiben, den Nieren, den Tomaten und der Sauce auf Tellern anrichten. Mit Käse bestreuen und mit Petersilie garnieren.

Erlesene Zutaten, die durch die Gewürze Nordafrikas ihr spezielles Flair erhalten.

Nudeln mit Ragout von Tauben und Zucchini

Auch im Norden Afrikas schätzt man Nudeln ganz besonders. Bei Gerichten dieser Art ist es sehr schwer festzustellen, ob sie nun durch arabischen oder italienischen Einfluss geprägt worden sind. Tatsächlich liegen Nordafrika und der Süden Italiens, vor allem Sizilien, kulinarisch gar nicht so weit auseinander.

400 g kurze Röhrennudeln
Für die Tauben:
2 küchenfertige Tauben (je 400 g)
4 EL Öl, Salz, frisch gemahlener weißer Pfeffer
1/2 TL edelsüßes Paprikapulver

Gewürze spielen in Nordafrika eine besonders wichtige Rolle, und sie werden auf Märkten in großer Auswahl angeboten.

Auf die Zubereitung von Geflügel verstehen sich die Köche und Hausfrauen in den Maghreb-Ländern besonders gut. Im arabischen Westen ist auch der Einfluss der europäischen Kochkultur noch spürbar.

Für das Ragout:
200 g Gemüsezwiebeln
1 Knoblauchzehe, 2 kleine rote Chilischoten
100 g sonnengetrocknete Tomaten in Öl
3 EL Olivenöl, 1 TL edelsüßes Paprikapulver
400 ml Geflügelfond
einige Safranfäden oder 1 g Safranpulver
1 Prise gemahlener Zimt, 1/2 TL Kreuzkümmel
abgeriebene Schale von 1 unbehandelten Zitrone
8 Zucchiniblüten (200 g) mit kleinen Zucchini
Außerdem:
Zitronenzesten

Die Tauben innen und außen mit kaltem Wasser waschen und trockentupfen. Öl mit Salz, Pfeffer und Paprikapulver verrühren und die Tauben damit einpinseln. In einer feuerfesten Form bei 220 °C im vorgeheizten Ofen in 20 Minuten goldbraun braten. Herausnehmen, abdecken, etwas abkühlen lassen.

Zwiebeln schälen, in feine Streifen schneiden. Knoblauch schälen und in Scheibchen schneiden. Chilischoten quer halbieren, Samen herauskratzen und das Fruchtfleisch in Streifen schneiden. Die Tomaten grob schneiden. Das Öl in einem großen, flachen Topf erhitzen, Zwiebeln darin glasig anschwitzen. Knoblauch und Chili kurz mitschwitzen. Tomaten und Paprikapulver unterrühren, den Fond aufgießen. Aufkochen, mit Safran, Zimt, Kreuzkümmel und Zitronenschale würzen und etwas einkochen lassen.

Die Zucchini von den Blüten trennen und dritteln. Flügel und Keulen von den Tauben ablösen, das restliche Fleisch auslösen, grob würfeln. Alles in den Topf geben und mit dem Gemüse 5 Minuten kochen.

Die Nudeln in sprudelndem Salzwasser al dente kochen, ab-gießen, mit dem Ragout anrichten und mit Zitronenzesten bestreuen.

Den Teig vierteln, dünn ausrollen, bestauben und leicht antrocknen lassen. Die Fladen übereinander legen, längs in 10 cm breite, quer in schmalere Streifen schneiden. Entsprechende Quadrate abschneiden.

Kräftig gewürztes Geflügel mit reichlich Knoblauch ist hier der Begleiter kleiner Nudelquadrate.

Nudeln mit Huhn

Oregano, Knoblauch und würziger Käse geben hier dem Huhn ein wunderbares Aroma. Die quadratisch geschnittenen Nudeln passen – selbst gemacht – dazu besonders gut. Wer es einfacher haben möchte, bricht breite, trockene Nudeln in entsprechend kleine Stücke.

Für den Nudelteig:
125 g Hartweizengrieß, möglichst fein
125 g Weizenmehl Type 405
2 Eier, 1 Eigelb, 1/3 TL Salz
Für das Hähnchen:
1 küchenfertiges Hähnchen (etwa 800 g)
1 TL Salz, frisch gemahlener Pfeffer
2 TL edelsüßes Paprikapulver
4 EL Olivenöl
600 g Tomaten
60 g Zwiebel, 2 Knoblauchzehen
2 TL Zitronensaft
1 Messerspitze Zimt, 1/2 TL Zucker
Außerdem:
1 EL gehackter Oregano
1 EL gehackte Petersilie
80 g Kefalotiri oder Kasseri, frisch gerieben

Aus den angegebenen Zutaten einen Nudelteig zubereiten, in Folie wickeln, im Kühlschrank 1 Stunde ruhen lassen. Den Teig ausrollen und in kleine Quadrate schneiden, wie in der Bildfolge gezeigt.

Das Hähnchen innen und außen waschen und sorgfältig abtrocknen. In 4 Teile zerlegen, salzen, pfeffern und mit Paprikapulver bestreuen. Das Öl in einer entsprechend großen Pfanne erhitzen und die Hähnchenteile darin etwa 10 Minuten von allen Seiten anbraten, bis sie Farbe angenommen haben. Herausnehmen und abkühlen lassen. Das Fleisch von den Knochen lösen und in kleine Würfel schneiden.

Die Tomaten kurz blanchieren, kalt abschrecken, häuten, halbieren, Stielansatz und Samen entfernen, das Fruchtfleisch würfeln. Die Zwiebel und die Knoblauchzehen fein hacken und in dem Öl der Hähnchenpfanne anschwitzen. Die Tomatenwürfel zufügen und bei starker Hitze etwa 5 Minuten dünsten. Den Zitronensaft zugeben, mit Zimt und Zucker abschmecken. Das Hähnchenfleisch untermischen.

Die Nudelquadrate in sprudelnd kochendem Salzwasser al dente garen, abseihen und gut abtropfen lassen. Unter die Hähnchen-Tomaten-Mischung heben. Alles zusammen 2 bis 3 Minuten erhitzen, den gehackten Oregano und die gehackte Petersilie darüber geben und auf Tellern verteilen. Mit dem geriebenen Käse bestreuen und sofort servieren.

Geflügelfleisch, und ganz besonders Hühnerfleisch, kann eine kräftige Würze gut vertragen. Das zarte Fleisch lässt sich so in immer wieder neuen Kombinationen zubereiten. In den Mittelmeerländern werden hierfür beispielsweise gern reichlich Kräuter und Knoblauch verwendet.

Geflügelgerichte schmecken am besten, wenn man das Fleisch von jungen Tieren dafür verwendet. Es ist zarter als das der älteren Tiere.

Mit dünnen Röhrennudeln wie den Bucatini schmeckt dieses Ragout mit zartem Geflügelfleisch besonders gut.

Hühnerragout mit Bucatini

Wer keine Bucatini zur Hand hat, kann auch eine andere Sorte Nudeln für dieses Gericht verwenden. Das feine Ragout aus Hähnchenfleisch und Geflügelleber schmeckt auch mit Bandnudeln wie Tagliatelle oder Trenette. Wichtig ist nur, dass die Nudeln nach dem Kochen nicht abgebraust werden, sondern gleich nach dem Abgießen auf den Teller kommen, denn nur so haftet die Sauce an den Nudeln.

300 g Bucatini, Salz
Für das Hühnerragout:
1 küchenfertiges Hähnchen (etwa 800 g)
250 g Geflügellebern
50 g durchwachsener, geräucherter Bauchspeck
60 g Stangensellerie, 60 g Möhre, 60 g Zwiebel
1 kleine Knoblauchzehe, 3 EL Pflanzenöl
1/4 l kräftiger Rotwein, 1 EL Tomatenmark
Salz, frisch gemahlener weißer Pfeffer
1 EL gehackter Salbei
1 TL gehackte Petersilie, 1/4 l Geflügelfond
Außerdem:
1 TL gehackte Kräuter

Ob Nudelgerichte mit einem Geflügelragout nun immer mit Käse bestreut werden sollten, ist eine alte Streitfrage. Tatsächlich überdeckt der Käse doch etwas den feinen Eigengeschmack des Ragouts, aber andererseits sorgt er für eine pikante Note.

Das Hähnchen unter fließendem kaltem Wasser innen und außen waschen und sorgfältig trockentupfen. Das Fleisch von den Knochen lösen und die Haut entfernen. Die Lebern von allen Häutchen und Adern befreien. Hähnchenfleisch und Lebern in Würfel von 1 cm Kantenlänge schneiden.

Den Speck fein würfeln. Den Stangensellerie und die Möhre putzen oder schälen und in feine Stifte schneiden. Die Zwiebel und den Knoblauch schälen und fein hacken.

In einer großen Stielkasserolle 2 EL Öl erhitzen und den Speck darin knusprig anbraten. Die Zwiebel-

und Knoblauchwürfel darin hell anschwitzen. Die Sellerie- und Möhrenstifte kurz mitschwitzen. Das Hähnchenfleisch 5 Minuten mitbraten, bis es Farbe angenommen hat, und mit dem Rotwein ablöschen.

Das Tomatenmark einrühren, mit Salz und Pfeffer würzen und alles bei geringer Hitze langsam einkochen lassen, sodass reichlich Flüssigkeit verdunstet.

Den gehackten Salbei und die gehackte Petersilie einstreuen, den Geflügelfond zugießen und das Hühnerragout 10 Minuten weiterköcheln lassen. Bis zur gewünschten Konsistenz einkochen lassen und mit Salz und Pfeffer abschmecken.

Die Bucatini in sprudelnd kochendem Salzwasser al dente, also bissfest, garen und abseihen, aber auf keinen Fall kalt abbrausen.

Inzwischen das restliche Öl in einer Pfanne erhitzen und die Geflügelleberwürfel darin 1 Minute anbraten, aber nicht zerfallen lassen, salzen und pfeffern. Vorsichtig unter das Ragout mischen.

Das Hühnerragout in einem Kranz aus Bucatini auf vorgewärmten Tellern anrichten und mit den gehackten Kräutern (Salbei und Petersilie) bestreuen. Nach Belieben mit etwas frisch geriebenem Pecorino toscano bestreuen und servieren.

Die Mühe lohnt sich: Selbst gemachte Nudeln und das Aroma der Pilze machen das Gericht zur Delikatesse.

Huhn mit Taglierini und Sommertrüffeln

Das Aroma der Sommertrüffeln ist weniger intensiv als das der schwarzen Wintertrüffeln. Um genügend Geschmack zu erzielen, werden Erstere deshalb in größerer Menge verarbeitet. Aufgrund des geringeren Preises bleibt das Gericht dennoch einigermaßen erschwinglich.

Für den Nudelteig:
300 g Mehl, 1 Ei, 7 Eigelbe
1 EL Pflanzenöl, 1/2 TL Salz
Für das Ragout:
1 küchenfertiges Hähnchen (etwa 1,3 kg)
40 g Schalotten
1 Knoblauchzehe
250 g Tomaten, 100 g Zucchini
150 g Sommertrüffeln
Salz, frisch gemahlener Pfeffer
120 g Butter
2 EL Pflanzenöl
1 TL Trüffelöl
Außerdem:
Basilikumblättchen zum Garnieren

Ein trockener Weißwein passt sehr gut zum Hähnchen – ebenso wie zu dem delikaten Aroma der Sommertrüffeln.

Die angegebenen Zutaten zu einem glatten Teig verarbeiten und zu einer Kugel formen. In Folie einschlagen und 1 Stunde im Kühlschrank ruhen lassen.

Den Teig auf einer bemehlten Arbeitsfläche in beiden Richtungen sehr dünn und gleichmäßig stark ausrollen und mit einem Messer in 2 bis 3 mm breite Streifen zu Taglierini schneiden. Die Nudelstreifen auf einem Küchentuch ausbreiten und etwas antrocknen lassen.

Das Hähnchen unter fließend kaltem Wasser innen und außen waschen, trockentupfen. Das Fleisch von den Knochen lösen und Haut und Sehnen entfernen. Das Hähnchenfleisch in etwa 3 cm große Stücke schneiden und kühl stellen.

Die Schalotten und den Knoblauch schälen und fein hacken. Die Tomaten blanchieren, häuten, Stielansatz und Samen entfernen und das Fruchtfleisch in kleine Würfel schneiden. Von den Zucchini Blüten-

und Stielansatz entfernen, der Länge nach in 2 mm dicke Scheiben schneiden und diese halbieren. Die Sommertrüffeln sorgfältig unter fließendem kaltem Wasser abbürsten, so dass auch der letzte Rest Erde herausgespült ist. Die Trüffeln mit einem Trüffelhobel oder einer Schneidemaschine in etwa 1 mm dünne Scheiben schneiden. Das Hähnchenfleisch salzen und pfeffern.

Die Hälfte der Butter und das Öl erhitzen, das Hähnchenfleisch darin rundherum anbraten. Schalotten und den Knoblauch kurz mitschwitzen. Die Tomatenwürfel 5 Minuten mitdünsten, salzen und pfeffern.

Die leicht angetrockneten Taglierini in sprudelnd kochendem Salzwasser al dente garen und abseihen.

Die restliche Butter und das Trüffelöl in einer Pfanne erhitzen, die Zucchini von beiden Seiten darin kurz anbraten, herausnehmen und zu der Hähnchen-Tomaten-Mischung geben. In derselben Pfanne die Trüffelscheiben von beiden Seiten kurz braten, salzen und pfeffern. Die Nudeln und die Trüffelscheiben vorsichtig mit der Hähnchen-Tomaten-Zucchini-Mischung vermengen und mit der Trüffelbutter aus der Pfanne beträufeln. Mit den Basilikumblättchen garnieren und sofort servieren.

»Dort, wo der Pfeffer wächst«, liebt man auch die Nudelgerichte scharf. Gewürzt wird aber nur selten mit Pfeffer!

Nudeln mit Pfefferhuhn

In der indonesischen Küche kommt die Schärfe weitaus häufiger von den Chilis, Pfeffer wird hingegen kaum verwendet. Wenn, dann soll er, wie in diesem Rezept, nicht nur Schärfe bringen, sondern vor allem Aroma. Deshalb wird er hier auch nicht fein gemahlen, sondern grob im Mörser gestoßen.

300 g Mee-Nudeln, Salz
Für das Pfefferhuhn:
1 küchenfertiges Hähnchen (etwa 800 g)
80 g Zwiebeln, 2 Knoblauchzehen
250 g frische Ananas, 1 Stängel Zitronengras
30 g frische Ingwerwurzel, 5 EL Erdnussöl
1 TL Salz, 1 TL Palmzucker
1 TL Shrimpspaste, 1 EL helle Sojasauce
1 EL grob gestoßener weißer Pfeffer
Für das Rührei:
1 rote Chilischote, 2 Eier
1/2 TL Salz, 20 g Butter
Außerdem:
Pfefferminze zum Garnieren

Das Hähnchen innen und außen waschen, trockentupfen, entbeinen und mit der Haut in mundgerechte Stücke schneiden. Die Zwiebeln und den Knoblauch schälen und fein hacken. Von der Ananas die Blattkrone mit dem Ansatz abschneiden, die Frucht aufrecht stellen und die Schale von oben nach unten dick abschneiden, verbliebene Augen ausstechen. Quer in Scheiben schneiden, den holzigen Keil in der Mitte herausschneiden und das Fruchtfleisch würfeln. Das Zitronengras fein hacken. Den Ingwer schälen und in Scheibchen schneiden.

In einem Wok 3 EL Erdnussöl erhitzen und die Zwiebel- und Knoblauchwürfel darin anschwitzen. Herausnehmen. Das restliche Öl in den Wok geben und die Hähnchenstücke kräftig anbraten. Die Ananasstücke zufügen und unter ständigem Wenden weiterbraten. Das Zitronengras, Salz und Palmzucker einrühren und mit der Shrimpspaste sowie der Sojasauce würzen. Die Hälfte des grob gestoßenen weißen Pfeffers untermischen.

Die Nudeln in sprudelnd kochendem Salzwasser al dente garen, abseihen und warm halten.

Für das Rührei die Chilischote halbieren, Samen und Scheidewände entfernen und das Fruchtfleisch fein würfeln. Mit den Eiern und dem Salz verschlagen. Die Butter zerlassen, die Eimischung zugeben und ein lockeres Rührei zubereiten.

Das Pfefferhuhn mit den Nudeln vermischen und das Rührei darauf anrichten. Das gesamte Gericht mit dem restlichen Pfeffer bestreuen und mit Minzeblättchen garnieren.

Die frisch geernteten Körner werden auf Sumatra mit den Füßen von den Pfefferrispen getreten: Die Pfefferkörner fallen durch die Zwischenräume der Bambusmatten auf den Boden.

Gewürze und Chilis gedeihen prächtig in der tropischen südostasiatischen Inselwelt. Angebaut werden sie überwiegend von Kleinbauern, und sie kommen in großen Mengen auf den Markt.

Übersetzt heißt der Name dieses klassischen indonesischen Gerichts kurz und bündig »gebratene Nudeln«.

Bami Goreng

1 küchenfertiges Hähnchen (etwa 1 kg)
150 g Frühlingszwiebeln
100 g Zwiebeln, 3 Knoblauchzehen
150 g Pak-Choi (Chinesischer Senfkohl)
2 kleine rote Chilischoten
10 g frischer Galgant
100 g kleine Garnelenschwänze mit Schale, roh
120 ml Erdnussöl
300 g dünne asiatische Eiernudeln
1 TL Salz, 1 TL Zucker
2 EL helle Sojasauce
50 ml Geflügelfond
1 TL gehackter Ananassalbei
Für den Pfannkuchenteig:
50 g Mehl, 1 Ei, 1 Eigelb, Salz
100 ml Milch
20 g Butter zum Ausbacken
Außerdem:
Korianderblätter

Das Hähnchen unter fließendem kaltem Wasser waschen und trockentupfen. Das Fleisch von den Knochen lösen, mit der Haut in etwa 1,5 cm große Stücke schneiden.

Die Frühlingszwiebeln putzen und in 3 cm lange Stücke schneiden. Die Zwiebeln und den Knoblauch schälen und fein hacken. Den Pak-Choi waschen und in feine Streifen schneiden. Die Chilischoten halbieren, Samen und Scheidewände entfernen und das Fruchtfleisch in feine Streifen schneiden. Den Galgant schälen und fein würfeln. Die Garnelenschwänze schälen, dabei das letzte Segment mit dem Schwanzfächer belassen und den Darm vorsichtig herausziehen. Weiterverfahren, wie in der Bildfolge rechts gezeigt.

Für den Pfannkuchenteig das Mehl in eine Schüssel sieben und mit dem Ei, Eigelb, Salz und der Milch zu einem glatten Teig rühren. 20 Minuten quellen lassen. Die Nudeln kochen und das Gericht zubereiten, wie gezeigt. Den Ananassalbei unterrühren.

Für die Pfannkuchen die Butter in einer Pfanne zerlassen, etwas Teig hineingeben, gleichmäßig zerlaufen lassen und goldgelb ausbacken. Weiterverfahren, bis der Teig aufgebraucht ist. Die Pfannkuchen in dünne Streifen schneiden.

Das Bami Goreng auf Tellern anrichten, mit den Pfannkuchenstreifen anrichten und mit den Korianderblättern bestreuen.

Das Öl im Wok erhitzen, bis es raucht. Die Nudeln darin knusprig anbraten, herausnehmen, beiseite stellen.

Das restliche Öl erhitzen und das Fleisch anbraten. Unter Rühren Frühlingszwiebeln, Zwiebeln und Knoblauch zugeben.

Den Pak-Choi zugeben und mitbraten. Die Chilistreifen, die Galgantwürfel und die Garnelen zufügen und weiterbraten.

Mit Salz, Zucker, Sojasauce und Fond würzen, die angebratenen Nudeln zugeben und nochmals kurz weiterbraten.

Etwas ungewöhnlich in der Kombination – Ente, Bier, Minze und Petersilie –, doch ein Rezept, das nachzukochen sich lohnt.

Nudeln mit Entenragout

Hierbei handelt es sich eigentlich um ein ganz einfaches Rezept, das dennoch sehr delikat ist. Das Ragout wird mit marktfrischen Gemüsen zubereitet, dabei sorgt die Aubergine für den »südlichen touch«.

400 g Conchiglie, Salz
Für das Ragout:
1/2 Ente (etwa 800 g)
200 g Tomaten
200 g Aubergine
80 g Zwiebeln
1 Knoblauchzehe
3 EL Öl
1 EL Tomatenmark
1 EL edelsüßes Paprikapulver
1/2 l Starkbier, Salz
frisch gemahlener Pfeffer
1 Prise Chilipulver
2 EL frisch gehackte Kräuter

Die Ente waschen und sorgfältig trockentupfen. Die Haut entfernen und das Fleisch von den Knochen lösen. Das Entenfleisch (auch kleinere Stücke vom Hals, von den Flügeln und Keulen verwenden) in Würfel von 1 cm Kantenlänge schneiden.

Die Tomaten blanchieren, häuten, vierteln, von Stielansatz und Samen befreien und das Fruchtfleisch würfeln. Die Aubergine waschen, vom Stielansatz befreien und in Würfel mit 1 cm Kantenlänge schneiden. Die Zwiebeln und die Knoblauchzehe schälen und hacken.

In einer Pfanne das Öl erhitzen und die Zwiebelwürfel darin hell anschwitzen. Die Fleischwürfel zugeben und scharf anbraten. Die Knoblauch- und Auberginenwürfel mit dem Tomatenmark untermischen, mit dem Paprikapulver bestauben und unter Rühren kurz dünsten. Die Tomatenwürfel untermischen. Das Bier zugießen, mit Salz, Pfeffer und Chilipulver würzen und 30 Minuten bei mittlerer Hitze kochen.

Die Nudeln in sprudelnd kochendem Salzwasser al dente garen und abseihen. Kurz vor dem Servieren die gehackten Kräuter (Petersilie und Minze) unter das Ragout rühren, etwas davon zum Garnieren des Gerichtes aufbewahren. Nochmals abschmecken.

Mit dem Ragout auf Tellern anrichten und mit der restlichen gehackten Petersilie und Minze bestreuen.

Für dieses Ragout eignen sich solche Nudeln am besten, die viel Sauce aufnehmen können, wie etwa Muscheln. Aber auch Makkaroni passen gut dazu.

Der zarte Rauchgeschmack des Entenfleisches und die scharfe Würzung passen gut zu den dünnen chinesischen Eiernudeln.

Geräucherte Entenbrust mit Gemüse und Nudeln

Geräucherte Entenbrüste gibt es zwar in Folie abgepackt zu kaufen, doch diese sind in der Regel stark gesalzen. Ihnen fehlt der zarte Rauchgeschmack, den man beim Selbsträuchern steuern kann. Fleisch selbst zu räuchern, ist gar nicht so schwer: Dazu braucht man lediglich einen Räuchertopf.

2 Entenbrüste, mit Haut, ohne Knochen (je 300 g)
Salz, 15 g frische Ingwerwurzel
2 rote Chilischoten
2 Frühlingszwiebeln, 2 Knoblauchzehen
200 g Reisstrohpilze (aus der Dose)
100 g Maiskölbchen, 3 EL Pflanzenöl
2 EL helle Sojasauce, 2 EL Sake (Reiswein)
1 EL Ground-Bean-Sauce
2 TL Palmzucker, 80 ml Geflügelfond
150 g chinesische Eiernudeln
Zum Räuchern:
1/2 TL frische grüne Pfefferkörner, Räuchermehl

Glückliche Enten in China: Futter finden sie reichlich im sumpfigen Boden zwischen den Reispflanzen.

Zum Räuchern die Pfefferkörner im Mörser zerstoßen, mit der vom Hersteller des Geräts vorgeschriebenen Menge Räuchermehl vermischen und in den Räuchertopf geben.

Die Entenbrüste leicht salzen und auf den Rost im Räuchertopf legen. Das Gerät mit dem Deckel verschließen. Die Hitzequelle einschalten oder anzünden und die Hitze nach Vorschrift des Herstellers regulieren. Durch die Hitze verkohlt das Räuchermehl, und in dem sich entwickelnden Rauch garen die Entenbrüste; das dauert etwa 30 Minuten. Das Fleisch herausnehmen und abkühlen lassen.

Den Ingwer schälen und in feine Stifte schneiden. Die Chilischoten halbieren, Samen und Scheidewände entfernen und in feine Streifen schneiden. Die Frühlingszwiebeln putzen und in Ringe schneiden. Den Knoblauch schälen und in Scheiben schneiden. Die Pilze halbieren, die Maiskölbchen in etwa 2 cm große Stücke schneiden.

Die Entenbrüste in Scheiben schneiden. Das Öl in einem Wok erhitzen und die Entenbrustscheiben portionsweise unter Rühren braten, bis die Ränder kross sind. Herausnehmen und beiseite stellen.

Ingwer, Chilis, Frühlingszwiebeln und Knoblauch im Wok kurz braten. Die Maiskölbchen 4 Minuten, die Strohpilze 1 weitere Minute mitbraten.

Die Sojasauce, den Reiswein, die Bean-Sauce, den Palmzucker und den Geflügelfond miteinander vermischen und in den Wok gießen. Die gebratenen Entenscheiben wieder zugeben und noch 1 Minute köcheln lassen.

Die Eiernudeln in sprudelnd kochendem Salzwasser bissfest garen, abseihen und mit dem Wokinhalt in Schälchen anrichten.

Eine Spezialität aus Thailand, die sich ohne viel Aufwand nachkochen lässt.

Eiernudeln mit Ente und Bambussprossen

Das folgende Rezept ist eine besonders gelungene Mischung aus Fleisch, Gemüse und Nudeln. Wie bei den meisten asiatischen Nudelgerichten lassen sich die Zutaten austauschen: Zum Beispiel kann statt der Ente auch ein Hähnchen verwendet werden, oder man entscheidet sich für eine andere Gemüsesorte.

250 g asiatische Eiernudeln, Salz
Für die Sauce:
2 Knoblauchzehen
2 Frühlingszwiebeln
150 g Bambussprossen (aus der Dose)
80 g Stangensellerie
1/2 Ente (etwa 800 g)
25 ml Pflanzenöl, 10 g Mu-Err-Pilze
50 ml Hühnerbrühe, 2 EL helle Sojasauce
1 EL dunkle Sojasauce
1 EL Fischsauce, 1 Prise Palmzucker
frisch gemahlener weißer Pfeffer
1 TL Speisestärke, 1 EL Wasser

Die Nudeln in sprudelnd kochendem Salzwasser in etwa 5 Minuten garen, abseihen, kalt abschrecken und sehr gut abtropfen lassen.

Für die Sauce die Knoblauchzehen schälen und fein hacken. Die Frühlingszwiebeln putzen und in feine Ringe schneiden. Die Bambussprossen in dünne Scheiben und den Stangensellerie in dünne Stifte schneiden. Die Ente von den Knochen lösen und das Fleisch mit der Haut in Würfel von etwa 1,5 cm Kantenlänge schneiden.

Im Wok 15 ml Öl erhitzen, die Hälfte der Knoblauchwürfel darin goldbraun anschwitzen. Die Nudeln dazugeben und kurz mitbraten. Herausnehmen und warm halten.

Das restliche Öl im Wok erhitzen. Das Entenfleisch von allen Seiten knusprig braten, den restlichen Knoblauch einrühren und mitbraten. Die Bambussprossen, den Stangensellerie und die etwas zerpflückten Pilze untermischen und alles »pfannenrühren«. Die Brühe angießen. Mit der hellen und dunklen Sojasauce, der Fischsauce, dem Palmzucker und dem Pfeffer abschmecken.

Die Speisestärke mit dem Wasser anrühren und den Wokinhalt damit leicht binden. Die Frühlingszwiebelringe darüber streuen und unterrühren. Mit den Nudeln in Schalen anrichten.

In den Tempelanlagen Thailands, hier im großen Wat Phra Keo in Bangkok, sind Speiseopfer obligatorisch. In der Regel bringt man den Göttern Früchte und Gemüse dar, teilweise aber auch zubereitete Speisen.

Die feinen asiatischen Eiernudeln in kräftiger Hühnerbrühe serviert; wer will, ersetzt die Entenleber durch Hühnerklein.

Entenleber auf Nudeln

Bei der hier vorgesehenen vietnamesischen Fischsauce »Nuoc Mam« ist Vorsicht geboten – sie kann recht salzig sein. Daher lieber zwischendurch probieren und bei Bedarf nochmals nachwürzen.

Für die Hühnerbrühe:
1/2 küchenfertiges Huhn (etwa 600 g)
150 g luftgetrockneter Schinken
30 g Lauch, 20 g frische Ingwerwurzel
1 Stück getrocknete Tangerinenschale
1 EL Reiswein, Salz
1 bis 2 EL Fischsauce (Nuoc Mam)
frisch gemahlener Pfeffer
Für die Leber:
100 g milchsauer eingelegter Senfkohl
300 g Entenlebern, 30 g weiße Zwiebel, geschält
1 Knoblauchzehe
1 rote Chilischote ohne Samen
2 EL Pflanzenöl, 1 TL edelsüßes Paprikapulver
frisch gemahlener Pfeffer
1 EL Fischsauce (Nuoc Mam)
Außerdem:
80 g dünne asiatische Eiernudeln, Salz
20 g Frühlingszwiebel, in Ringe geschnitten
Koriandergrün zum Garnieren

Charakteristisch für die asiatische Küche sind die Wurzeln der Ingwergewächse. Der intensive Geschmack und das besondere Aroma prägen eine Vielzahl köstlicher Speisen.

Für die Brühe das Huhn unter fließendem kaltem Wasser innen und außen gründlich waschen, abtropfen lassen und in einen großen Topf legen. Den Schinken dazugeben. 1,5 l kaltes Wasser zugießen und aufkochen. Die Hitze reduzieren und das Huhn etwa 1 Stunde köcheln lassen, dabei immer wieder den aufsteigenden Schaum mit einer Schaumkelle abschöpfen.

Lauch waschen und in Ringe schneiden. Ingwer schälen und in dünne Scheiben schneiden. Mit der Tangerinenschale und dem Reiswein zum Huhn geben. Salzen, aufkochen und 1 weitere Stunde bei geringer Hitze köcheln lassen. Inzwischen den eingelegten Kohl für die Lebern 30 Minuten in kaltes Wasser legen, gut abtropfen lassen und in feine Streifen schneiden.

Ein Spitzsieb mit einem Passiertuch auskleiden. Das Huhn aus der Brühe heben und diese durch das Sieb gießen. Einmal 300 ml und, separat davon, noch einmal 200 ml Brühe abmessen, den Rest ebenso wie das Hühnerfleisch anderweitig verwenden. Bei geringer Hitze die 200 ml Hühnerbrühe auf 80 ml einkochen. Die 300 ml Brühe mit Fischsauce und Pfeffer würzen, warm halten.

Die Lebern kalt abspülen, trockentupfen, von Häutchen und Äderchen befreien und in 1,5 cm große Stücke schneiden. Zwiebel fein hacken. Knoblauch schälen und in Scheiben schneiden. Das Fruchtfleisch der Chilischote fein würfeln. Öl im Wok erhitzen, Zwiebel, Knoblauch und Chili darin unter Rühren braten. Die Lebern kurz mitbraten. Mit Paprikapulver und Pfeffer würzen. Die Fischsauce und die auf 80 ml eingekochte Brühe zugießen. Den Senfkohl einlegen und erwärmen.

Parallel dazu die Nudeln in Salzwasser bissfest kochen. In tiefen Tellern mit den Lebern anrichten. Mit Frühlingszwiebelringen und Koriandergrün bestreuen. Die 300 ml Brühe angießen, servieren.

Gefü

Nicht nur in Italien schätzt man Tortellini, Cannelloni, Ravioli und Tortelli ganz besonders. Auch in Österreich und in Deutschland werden Teigwaren gerne mit den unterschiedlichsten Füllungen versehen. Die Zubereitung der gefüllten Nudeln macht zwar zugegebenermaßen einige Mühe, doch das Ergebnis lohnt sich. Ob Käse, Pilze, Gemüse, Fleisch oder Wild – in den feinen Teigtäschchen lässt sich aller-

llte Nudeln

hand Delikates verstecken. Und hat man einmal den richtigen »Dreh« bei der Zubereitung heraus, wird das Pasta-Erlebnis auch zur Augenweide. Dazu dann noch ein Glas Wein, und der Genuss ist perfekt.

Salbei frisch aus dem Garten oder vom Balkon schmeckt am besten. Er lässt sich gut einfrieren, indem die Blätter zwischen geöltes Pergamentpapier gelegt werden.

In reichlich Butter gebraten, kommen die Salbeiblätter über die selbst gemachten Ravioli – und natürlich frisch geriebener Parmigiano.

Ravioli alla salvia

»Di magro« heißt diese klassische Füllung aus Ricotta und Spinat, und sie ist vor allem in Norditalien ausgesprochen beliebt. Und so beschränkt man sich nicht darauf, nur Ravioli damit zu füllen: Sie schmeckt genauso gut etwa in Tortellini oder auch in Agnolotti. Doch wie auch immer, die Zubereitung ist meist – zumindest, wenn man noch keine große Übung hat – etwas mühsam. Eine Ravioliform, wie hier gezeigt, kann daher eine große Hilfe sein.

Für den Nudelteig:
300 g doppelgriffiges Mehl Type 405
2 Eier, 4 Eigelbe, 1/3 TL Salz
Für die Füllung:
300 g junger Spinat, 200 g Ricotta, 1/2 TL Salz
Pfeffer, frisch geriebene Muskatnuss
100 g frisch geriebener Parmesan, 2 Eigelbe
Außerdem:
1 Eiweiß zum Bestreichen, 80 g Butter
16 Salbeiblätter, frisch geriebener Parmesan

Aus den angegebenen Zutaten einen glatten, elastischen Teig kneten. In Folie wickeln und 1 Stunde kühl ruhen lassen.

Für die Füllung den Spinat verlesen, von den Stielen befreien und in leicht gesalzenem, kochendem Wasser 1 bis 2 Minuten blanchieren, herausnehmen und in Eiswasser abschrecken. Abseihen, gut abtropfen lassen und zusätzlich in einem Tuch gut ausdrücken. Den Spinat grob hacken. Alle Zutaten gut vermischen, wie in der Bildfolge gezeigt.

Alle Zutaten für die Füllung in eine entsprechend große Schüssel geben und zu einer glatten Masse verrühren.

Eine dünne Teigplatte auf die Ravioliform legen, die Füllung in die Vertiefungen setzen, die Zwischenräume mit Eiweiß bestreichen.

Eine zweite, leicht angefeuchtete Teigplatte darüber legen. Vorsichtig darüber rollen, ohne die Füllung zu verschieben.

Den Teig in 6 Teile teilen und auf einer bemehlten Arbeitsfläche jeweils zu dünnen Platten, etwas größer als die Ravioliform, ausrollen. Eine Seite der Teigplatte mit reichlich Mehl bestreuen und diese Seite nach unten auf die Form legen. Die Ravioli füllen, wie in der Bildfolge gezeigt. Mit den restlichen Teigplatten ebenso verfahren. Die Ravioli aus der Form lösen. In leicht gesalzenes, kochendes Wasser geben und in 4 bis 5 Minuten garen. Mit einem Schaumlöffel herausnehmen und in tiefe Teller verteilen. In der Zwischenzeit die Butter zerlassen, die Salbeiblätter darin schwenken und über die Ravioli verteilen. Mit Parmesan bestreuen und sofort servieren.

Möglichst viel Füllung auf ein Minimum an Teigfläche zu bringen, das ist eines der Geheimnisse der Tortellini, wie sie in Bologna bei »Bertino« zubereitet werden. Dieses Restaurant ist bekannt für seine kleinen, gefüllten Teigtäschchen.

Ein Klassiker der italienischen Pastaküche, mit frischen, fruchtigen Tomaten zubereitet.

Tortellini mit Tomatensauce

Die Tortellini schmecken zwar lediglich mit Butter und Parmigiano oder in »brodo«, also in Fleischbrühe, auch sehr gut, doch mit einer frischen Tomatensauce sind sie nicht zu übertreffen. Basis für die Füllung der Tortellini sind meistens Kalb- und Schweinefleisch sowie Hühner- oder Truthahnfleisch.

Für den Nudelteig:
300 g doppelgriffiges Weizenmehl Type 405
2 Eier, 4 Eigelbe, 1/3 TL Salz

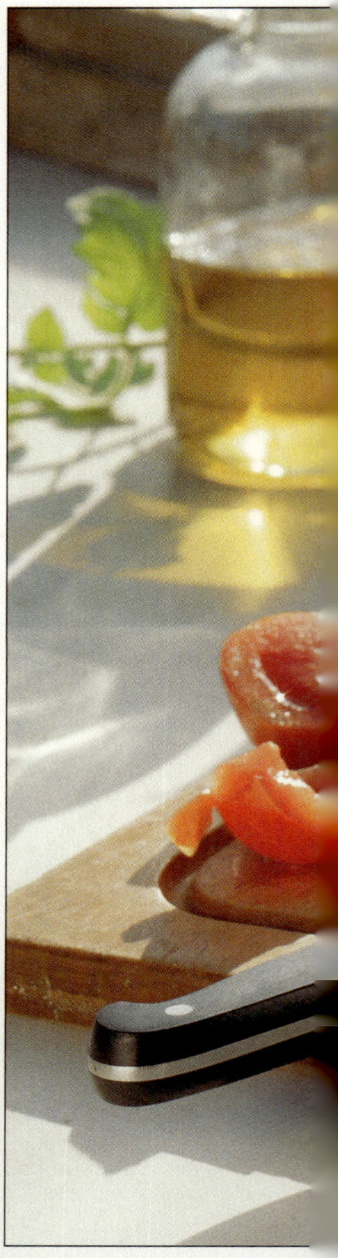

Frische Tomaten, Öl und viel Basilikum – unter den Sugo-Rezepten sind die einfachsten oft die besten. Welche Tomatensorte dafür verwendet wird, ist gar nicht so entscheidend, nur reif müssen sie sein, damit sie möglichst viel Aroma mitbringen.

Für die Füllung:
150 g Kalbfleisch, 150 g Hühnerbrust
50 g Butter, 60 g Kalbshirn
125 g Mortadella, 60 g Parmaschinken
3 Eigelbe, 100 g frisch geriebener Parmesan
Salz, frisch gemahlener Pfeffer
frisch geriebene Muskatnuss
Für die Sauce:
600 g vollreife Tomaten, 4 EL Olivenöl
1/2 TL Salz, frisch gemahlener Pfeffer
10 bis 15 Basilikumblätter
Außerdem:
frisch geriebener Parmesan zum Bestreuen

Für den Teig die Zutaten glatt verkneten, zu einer Kugel formen und in Folie gewickelt 1 Stunde im Kühlschrank ruhen lassen. Das Fleisch vor dem Auswiegen parieren und in Würfel schneiden. Butter in einer Pfanne erhitzen. Das Kalb- und Hühnerfleisch bei geringer Hitze von allen Seiten hell anbraten, 10 Minuten garziehen lassen. Aus der Pfanne nehmen. Das Hirn und die Mortadella kurz anbraten. Das gesamte Fleisch zusammen mit dem Schinken durch die feine Scheibe des Fleischwolfs treiben. Eigelbe und Parmesan zugeben und zu einem Fleischteig verarbeiten. Mit Salz, Pfeffer, Muskatnuss würzen. Zugedeckt 3 Stunden durchziehen lassen. Die Tomaten blanchieren, häuten, halbieren, Stielansatz und Samen entfernen und das Fruchtfleisch in Würfel schneiden. Öl in einer Kasserolle erhitzen und Tomatenwürfel darin anschwitzen. Mit Salz und Peffer würzen, Basilikumblätter zerpflücken und zugeben. Alles so lange köcheln lassen, bis die Tomatenwürfel fast zerfallen sind. Den Nudelteig möglichst dünn ausrollen und in Quadrate von 4 cm Kantenlänge schneiden. Die Füllung in haselnussgroßen Häufchen in die Mitte der Teigquadrate setzen und die Tortellini formen. Die Pasta auf ein bemehltes Brett legen und etwas antrocknen lassen. In sprudelnd kochendem Salzwasser etwa 8 bis 10 Minuten garen. Mit der Tomatensauce anrichten und mit Parmesan bestreuen.

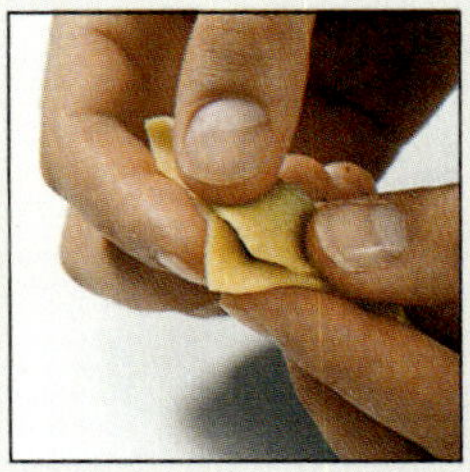

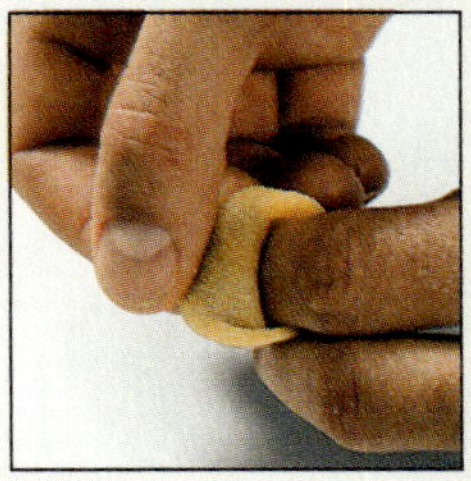

Die belegten Teigquadrate zu Dreiecken zusammenfalten, die Ränder zudrücken. Mit der Spitze nach unten um den Finger schlingen, die Enden zusammendrücken. Die Teigspitzen umklappen, dabei vom Finger ziehen.

Die schmackhaften Teigrollen mal ganz vegetarisch: mit einer Farce aus aromatischen Waldpilzen.

Cannelloni mit Pilzfüllung

Wenn frische Pilze auf den Markt kommen, haben diese delikaten Cannelloni Saison. Sie können in einer großen Auflaufform für 4 Portionen gebacken werden oder auch in Portionsförmchen. Dafür sind kleine, feuerfeste Formen, wie sie normalerweise für Eiergerichte verwendet werden, bestens geeignet.

Für den Teig:
70 g Hartweizengrieß
70 g Weizenmehl Type 405, 1 Ei, 1 Eigelb, Salz
Für die Füllung:
80 g Zwiebeln, 1 Knoblauchzehe
300 g gemischte Pilze, 100 g geputzter Spinat
40 g fein gewürfelter Lauch, 100 ml Sahne
1/2 TL Salz, frisch gemahlener weißer Pfeffer
1 bis 2 Stangen Lauch, 30 g Butter
Für die Sauce:
250 ml Sahne, 1 Eigelb
Salz, frisch gemahlener weißer Pfeffer
1 EL frisch gehackte Petersilie
Außerdem:
4 feuerfeste Förmchen, Butter für die Förmchen

Grieß und Mehl gut vermischen und mit den restlichen Zutaten zu einem glatten Teig verkneten. In Klarsichtfolie wickeln und 1 Stunde im Kühlschrank ruhen lassen.

Zwiebeln und Knoblauch schälen und fein hacken. Die Pilze (zum Beispiel Pfifferlinge, Steinpilze, Maronen-Röhrlinge) sorgfältig putzen und in kleine Würfel schneiden. Den Spinat waschen, gut abtropfen lassen und fein hacken.

Die Butter in einer Pfanne zerlassen. Zwiebeln und Knoblauch darin glasig anschwitzen. Die Pilze ungefähr 3 Minuten mitbraten, anschließend den Spinat und den gewürfelten Lauch zufügen und durchschwenken. Sahne angießen, salzen und pfeffern und 3 bis 4 Minuten einkochen. Die Mischung vom Herd nehmen und auskühlen lassen.

Die Lauchstangen putzen und vom unteren, hellen Teil ein etwa 12 cm langes Stück abschneiden. Von diesem vorsichtig 8 Blätter lösen und diese in siedendem Salzwasser blanchieren. Herausnehmen, kalt abschrecken und gut abtropfen lassen.

Den Teig auf einer bemehlten Arbeitsfläche dünn ausrollen. 8 Rechtecke von 9 x 14 cm ausschneiden. Diese in sprudelnd kochendem Salzwasser etwa 2 Minuten garen, aus dem Wasser nehmen und auf einem feuchten Küchentuch ausbreiten. Jedes Teigstück mit einem Lauchblatt belegen, Pilzfüllung darauf verteilen und zu Cannelloni aufrollen.

Für die Sauce die Sahne in einen Topf geben und so lange köcheln, bis die Flüssigkeit um 1/3 reduziert ist. In einer kleinen Schüssel das Eigelb verquirlen und 1 EL heiße Sahne unterrühren. Die Mischung mit der heißen Sahne vermengen, dabei darf die Sauce nicht mehr kochen. Salzen und pfeffern und die gehackte Petersilie einstreuen.

Entweder alle Cannelloni in einer großen Auflaufform unterbringen oder je 2 Cannelloni in die gebutterten, feuerfesten Förmchen legen und mit der Sauce übergießen. Die Cannelloni bei 200 °C im vorgeheizten Ofen 12 Minuten backen, die letzte Minute unter den Grill stellen, damit die Oberfläche schön bräunt.

Blanchierte Lauchblätter sind das geschmackliche Geheimnis dieses Rezepts: Man legt sie auf die Teigblätter, gibt die Füllung darauf und rollt das Ganze zu Cannelloni auf.

»Schwarzplenten« heißt in Südtirol der Buchweizen, aus dem viele Teigwaren zubereitet werden.

Buchweizen-Tascherln

Buchweizen ist kein eigentliches Getreide, sondern ein Knöterichgewächs, dessen geschälte Körner zu Mehl gemahlen werden. Sein kerniger, kräftiger Geschmack ist allerdings nicht jedermanns Sache, deshalb wird das Buchweizenmehl oft zur Hälfte mit Weizenmehl gemischt. Dann lässt sich der Teig auch leichter verarbeiten, weil er geschmeidiger ist.

Für die Tomatensauce:
400 g reife Eiertomaten
25 g Möhre, fein gehackt
50 g Zwiebel, fein gehackt
50 g Stangensellerie, fein gehackt
1/2 TL Salz, frisch gemahlener Pfeffer
2 EL Olivenöl
Für den Teig:
300 g Buchweizenmehl, 2 Eier
30 ml Milch, Salz
Für die Füllung:
30 g Schalotten, 1 Frühlingszwiebel
1/2 Bund Petersilie

Die Südtiroler Küche profitiert von den Einflüssen verschiedener Kulturkreise und von einem Reichtum an hervorragenden Produkten, die eine gute Küche erst möglich machen.

Wo Wein gedeiht, da lässt sich auch gut essen – für die Gegend rund um den Kalterer See trifft das jedenfalls zu, besonders was die Tascherln, Nockerln und Nudeln angeht.

Foto: Tourismusverein Kaltern am See

je 60 g Egerlinge, Shiitake- und Austernpilze
15 g Butter
40 ml trockener Weißwein, Saft von 1/2 Zitrone
Salz, frisch gemahlener schwarzer Pfeffer
Außerdem:
40 g zerlassene Butter, 40 g Parmesan

Für die Sauce die Tomaten von den Stielansätzen befreien, würfeln und in einen Topf geben. Die Möhren-, Zwiebel- und Selleriewürfel zugeben, den Deckel aufsetzen, das Gemüse bei geringer Hitze in 40 Minuten weich köcheln. Durch ein Sieb in eine Kasserolle passieren. Erwärmen, salzen und pfeffern, das Öl unterziehen. Den Teig zubereiten, wie

in der Bildfolge oben rechts gezeigt. In Folie wickeln und 1 Stunde ruhen lassen. Für die Füllung die Schalotten fein hacken. Die Frühlingszwiebel in Ringe und die Petersilie fein schneiden. Alle Pilze putzen und klein würfeln. Die Butter zerlassen, die Schalottenwürfel darin hell anschwitzen. Die Pilze und die Frühlingszwiebeln bei hoher Hitze mitschwitzen. Mit dem Wein und dem Zitronensaft ablöschen, salzen und pfeffern. Den Teig dünn ausrollen und Nudelkreise von 6 cm Durchmesser ausstechen. Weiterverfahren, wie rechts gezeigt. Die Täschchen in sprudelnd kochendem Salzwasser in 8 bis 10 Minuten garen. Herausheben. Mit der Sauce begießen, mit Butter beträufeln und mit Parmesan bestreuen.

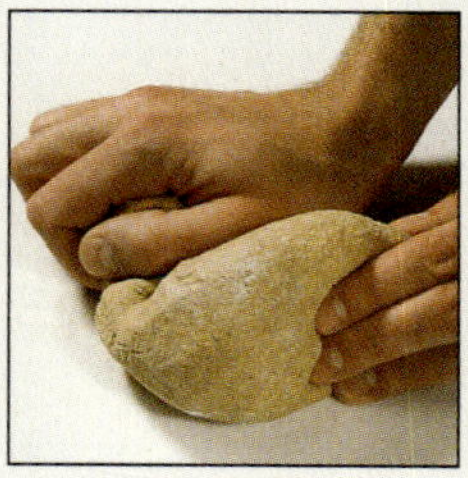

Das Mehl auf eine Arbeitsfläche häufen, in die Mitte eine Mulde drücken und die Eier hineingleiten lassen. Die Milch und das Salz zugeben. Die Zutaten vorsichtig vermischen und zu einem glatten Teig verkneten.

Auf die markierten Teigplätzchen 1 TL von der Füllung setzen. Darauf achten, dass sie genau im Zentrum platziert ist.

Zusammenfalten und mit den Fingern andrücken. Sollte der Teig zu trocken sein, vorher den Rand befeuchten.

Austernpilze sind das ganze Jahr über problemlos zu bekommen, da sie inzwischen in größerem Stil gezüchtet werden. Für Füllungen wie die hier vorgeschlagene eignen sie sich gut, weil sie auch gegart ihre Konsistenz behalten.

Schweinefleisch, Leber, Pilze und Spinat verbergen sich in der köstlichen Füllung.

Aufrechte Cannelloni

Eine köstliche Variante des beliebten Pasta-Klassikers, die einmal ganz ohne Tomatensauce auskommt. Damit die Füllung der aufrecht stehenden Teigrollen beim Backen nicht austrocknet, wird sie mit Butter beträufelt und mit Käse bedeckt.

1 Rezept frischer Nudelteig Nr. 2
Für die Füllung:
300 g Austernpilze, 60 g Butter
80 g Zwiebeln, fein gehackt
2 Knoblauchzehen, fein gehackt
350 g gehacktes mageres Schweinefleisch
150 g gehackte Schweineleber
400 g geputzter frischer Spinat
Salz, frisch gemahlener Pfeffer
Außerdem:
40 g Butter, 2 EL gehackte Frühlingszwiebeln
je 2 EL klein gewürfelte Möhre und Stangensellerie
1 Eiweiß, 100 g zerlassene Butter
10 g Semmelbrösel
10 g frisch geriebener Parmesan

Für die Füllung die Austernpilze voneinander trennen, putzen und die Pilze in Streifen schneiden. Die Butter zerlassen und die Zwiebel- und Knoblauchwürfel darin anschwitzen. Das Hackfleisch zugeben und braten, bis es grau geworden ist und krümelig zerfällt. Die Leber, den Spinat und die Austernpilze kurz mitbraten, salzen, pfeffern und beiseite stellen. Die Cannelloni füllen, wie gezeigt. Inzwischen die Butter zerlassen, Zwiebel-, Möhren- und Selleriewürfel kurz anschwitzen und auf dem Boden einer Auflaufform verteilen. Weiterverfahren, wie in der Bildfolge rechts gezeigt. Mit der Hälfte der zerlassenen Butter gleichmäßig beträufeln und bei 200 °C in den vorgeheizten Ofen schieben. Nach 15 Minuten mit der Semmelbrösel-Parmesan-Mischung bestreuen, die restliche Butter darüberträufeln und die Cannelloni weitere 10 Minuten backen.

Den Nudelteig auf einer bemehlten Arbeitsfläche dünn ausrollen und 4 Platten von 15 x 20 cm ausschneiden.

Die Füllung auf die Teigplatten streichen, dabei die obere Teigkante freilassen und mit Eiweiß bestreichen.

Die Teigplatten der Länge nach aufrollen, gut verschließen und 20 Minuten ins Gefrierfach stellen.

Die ausgekühlten Teigrollen in 3 cm breite Stücke schneiden und in die vorbereitete Auflaufform stellen.

Mit Krapfen hat diese Südtiroler Spezialität wenig gemein, vielmehr sind es richtige Ravioli mit einer feinen Spinatfüllung.

Schlutzkrapfen

Der originale Schlutzkrapfenteig hat einen Anteil aus Roggenmehl, der diesen Ravioli aus Italiens nördlichster Provinz einen etwas kräftigeren Geschmack verleiht und der auch gut zu der Spinatfüllung passt.

Für den Teig:
150 g Weizenmehl Type 405 oder 550
100 g Roggenmehl Type 997
1/2 TL Salz, 1 Ei, 1 bis 2 TL Öl
etwa 75 ml Wasser
Für die Spinatfüllung:
375 g Spinat, Salz, 1 EL gehackte Petersilie
1/2 EL gehackter Liebstöckel, 15 g Butter
30 g feine Zwiebelwürfel, 10 g Mehl
1/8 l heiße Milch
frisch gemahlener Pfeffer
frisch geriebene Muskatnuss
20 g frisch geriebener Parmesan
Für die Garnitur:
12 Cocktailtomaten, 1 EL Butter
1 TL gehackte Petersilie
Salz, frisch gemahlener Pfeffer
Außerdem:
1 Eiweiß zum Bestreichen
glatte Petersilienblätter
50 g frisch geriebener Parmesan, 50 g Butter

Aus den angegebenen Zutaten einen geschmeidigen Teig kneten. Nach Bedarf etwas Wasser einarbeiten. In Folie einschlagen und ruhen lassen.

Spinat waschen, putzen und in Salzwasser blanchieren. Herausheben und kalt abschrecken. Ausdrücken, fein hacken. Mit den Kräutern vermischen.

Butter zerlassen und die Zwiebelwürfel darin glasig schwitzen. Mit Mehl bestauben und dieses mitschwitzen. Die Milch unter Rühren angießen, aufkochen und zu einer sämigen Béchamelsauce einkochen lassen. Die Spinat-Kräuter-Mischung sowie Salz, Pfeffer und Muskat einrühren und den Parmesan untermischen. Die Füllung beiseite stellen.

Schlutzkrapfen zubereiten, wie in der Bildfolge unten gezeigt. In kochendem Salzwasser etwa 10 Minuten kochen, herausheben, abtropfen lassen.

Cocktailtomaten halbieren. In einer Pfanne die Butter zerlassen und Tomaten darin schwenken, mit Petersilie bestreuen und würzen. Schlutzkrapfen mit Tomaten und Petersilienblättern anrichten, mit Parmesan bestreuen und mit der zerlassenen Butter begießen.

Den Nudelteig sehr dünn ausrollen und Teigscheiben von 8 cm Durchmesser ausstechen. Den Teig ringsum entfernen.

Auf jede Teigscheibe etwas von der Füllung setzen. Darauf achten, dass sie genau in der Mitte platziert ist.

Die Ränder der Teigscheiben rundum mit Eiweiß bestreichen und vorsichtig zu Halbmonden zusammenklappen.

Die Teigtaschen an den Rändern fest zusammendrücken. Darauf achten, dass an keiner Stelle Füllung austreten kann.

Mit Salbei aromatisiert und mit Butter beträufelt, entfalten diese Teigtaschen einen wunderbaren Geschmack.

Ravioli mit Lammfleischfüllung

In Italien kennt man eine Menge verschiedener gefüllter Pasta. Sie wird zwar auch vorgefertigt angeboten, doch frische, selbst gemachte gefüllte Nudeln sind in jedem Fall vorzuziehen.

Für den Teig:
300 g Mehl, 1 TL Salz, 3 Eier, 2 EL Olivenöl
Für die Füllung:
300 g mageres Lammfleisch, 3 EL Olivenöl
1/2 Knoblauchzehe, 1 EL gehackte Petersilie
1 Zwiebel, 1/8 l Fleischbrühe
1/2 TL Salz, frisch gemahlener weißer Pfeffer
1 Prise frisch geriebene Muskatnuss
4 bis 6 gehackte frische Salbeiblätter
je 1/2 TL gehackter Rosmarin und Thymian
Außerdem:
Mehl zum Ausrollen, 1 Eiweiß zum Bestreichen
Salzwasser, 80 g Butter
80 g frisch geriebener Parmesan

Für den Teig das Mehl auf die Arbeitsfläche sieben, in die Mitte eine Mulde drücken und das Salz, die Eier und das Olivenöl hineingeben. Von der Mitte aus alles miteinander zu einem geschmeidigen Teig verkneten. In Folie wickeln und 1 Stunde im Kühlschrank ruhen lassen.

Für die Füllung das Lammfleisch von Sehnen befreien und durch die feinste Scheibe des Fleischwolfs drehen. Das Öl in einer Pfanne erhitzen, die geschälte Knoblauchzehe dazudrücken. Die feingewürfelte Zwiebel mitschwitzen. Das Fleisch zufügen und bei starker Hitze unter ständigem Wenden anbraten. Die Brühe zugießen, mit Salz, Pfeffer, Muskatnuss und den Kräutern würzen und die Mischung bei mittlerer Hitze etwa 20 Minuten schmoren lassen. Bei Bedarf etwas Brühe angießen. Erkalten lassen.

Den Pastateig in 4 Teile schneiden, 2 davon bis zur weiteren Verarbeitung im Kühlschrank aufbewahren. Den anderen Teig auf einer bemehlten Arbeitsfläche zu 2 Quadraten von 32 x 32 cm ausrollen. Als Markierung mit einem Messer in eine Teigplatte Quadrate von 4 x 4 cm eindrücken.

Je 1 TL der Füllung in die Mitte der Quadrate setzen, die Zwischenräume mit verquirltem Eiweiß ausstreichen. Die zweite Teigplatte darüberlegen und mit einem Lineal die Zwischenräume kräftig andrücken. Luftblasen mit einer Nadel aufstechen. Mit einem Teigrädchen die Quadrate ausschneiden. Mit den beiden gekühlten Teigstücken ebenso verfahren.

Die Ravioli in sprudelnd kochendem Salzwasser etwa 12 bis 15 Minuten kochen. Anschließend in einem Topf mit der zerlassenen Butter schwenken. Auf Tellern anrichten und mit geriebenem Parmesan bestreuen. Dazu passt ein frischer Salat.

Salbei ist ein typisches Gewürz der italienischen Küche. Frischer Salbei hat ein sehr intensives Aroma, das beim Mitkochen oder Mitbraten in Fett am besten zur Geltung kommt.

Besonders attraktiv: Durch das Schneiden mit einem gezackten Teigrädchen erhalten die Ravioli einen dekorativen Rand.

Runde Teigblätter mit gewelltem Rand, serviert mit einer frischen Tomatensauce.

Tortelli mit Hühnerfüllung

Für den Nudelteig:
300 g doppelgriffiges Weizenmehl Type 405
2 Eier, 4 Eigelbe, 1/3 TL Salz
Für die Füllung:
200 g Hähnchenbrust, ohne Haut und Knochen
100 g Hähnchenlebern
Salz, frisch gemahlener weißer Pfeffer
60 g Butter
60 g Zwiebel
120 g frische Steinpilze
200 g Blattspinat, geputzt
2 EL gehackte Kräuter, 1 Ei
Für die Tomatensauce:
60 g Zwiebel, 1 Knoblauchzehe
400 g Tomaten, gehäutet, 1 kleine Peperoncini
3 EL Olivenöl, 1/2 TL Salz, 1/2 TL Zucker
Außerdem:
25 g frisch gehobelter Pecorino sardo

Aus den angegebenen Zutaten einen geschmeidigen Teig kneten. Zu einer Kugel formen, in Folie wickeln, 30 Minuten im Kühlschrank ruhen lassen.

Hähnchenfleisch und die Lebern in Stücke schneiden, salzen und pfeffern. 40 g Butter in einer Pfanne zerlassen und Fleisch und Lebern darin anbraten, zur Seite stellen und abkühlen lassen.

Die Zwiebel schälen, die Pilze putzen und beides fein hacken. Den Spinat in

Bei diesen Tortelli verbindet sich das Aroma von frischen Steinpilzen, Huhn und Spinat aufs Beste mit der kräftigen Tomatensauce.

Auf einer Hälfte des Nudelteiges die Füllung in gleichmäßigen Abständen häufchenweise verteilen. Ringsum mit Eiweiß bestreichen.

Die andere Teighälfte darüber klappen, andrücken und mit einem runden, gezackten Ausstecher von 6 cm Durchmesser Kreise ausstechen.

kochendem Salzwasser blanchieren, abgießen, in kaltem Wasser abschrecken und gut ausdrücken.

Die restliche Butter zerlassen. Zwiebel und Steinpilze darin anschwitzen, Kräuter (Petersilie, Thymian und rotes Basilikum) untermischen, leicht abkühlen lassen. Das Fleisch, die Lebern, die Zwiebel-Steinpilz-Mischung und den Spinat durch die feinste Scheibe das Fleischwolfs treiben. Das Ei untermischen, salzen, pfeffern und alles mit Muskatnuss würzen.

Zwiebel und Knoblauch schälen und fein hacken. Das Fruchtfleisch der Tomaten – ohne Samen – würfeln. Die Peperoncini halbieren, Samen und Scheidewände entfernen und das Fruchtfleisch ganz fein hacken. Das Olivenöl in einer Kasserolle erhitzen und die Zwiebel- und Knoblauchwürfel darin anschwitzen. Die Tomaten zugeben. Mit Salz, Zucker und Peperoncini würzen. Die Sauce etwa 15 Minuten im offenen Topf bei geringer Hitze köcheln lassen, bis die Tomaten zerfallen sind.

Den Nudelteig auf einer bemehlten Arbeitsfläche dünn ausrollen. Weiterverfahren, wie gezeigt. Die Tortelli in sprudelndem Salzwasser garen, bis sie hoch steigen, das dauert 6 bis 8 Minuten. Vorsichtig herausheben, abtropfen lassen. Mit Tomatensauce und dem Käse anrichten.

Geschmacklich überzeugend, diese mit Pilzen pur gefüllten Ravioli. Und durch ihre kräftige Farbe sind sie auch optisch ein Genuss.

Steinpilztäschchen

Soll der Teig eine so intensive Farbe bekommen wie hier, wird zum Färben das Chlorophyll, also das Blattgrün, des Spinats, verwendet, das man durch ein unkompliziertes Verfahren auslösen kann. Man spricht dabei von einer »Spinatmatte«.

Ergibt etwa 35 Stück
Für den grünen Nudelteig:
200 g geputzter Spinat, 160 g Mehl
5 bis 6 Eigelbe, 40 g Butter, 1 EL Olivenöl
1/2 TL Salz, frisch geriebene Muskatnuss
Für die Füllung:
300 g Steinpilze, 50 g Zwiebel
30 g Butter, 1 EL gehackte Petersilie
Salz, frisch gemahlener Pfeffer
Für die Tomatensauce:
700 g reife Tomaten, 4 EL Olivenöl
Salz, frisch gemahlener Pfeffer
1 EL Basilikumblättchen in Streifen
Außerdem:
1 Eiweiß zum Bestreichen
etwas leicht gebräunte Butter
40 g frisch gehobelter Pecorino
einige Blättchen Basilikum

Zunächst die Spinatmatte herstellen: einige Blätter mit 2 bis 3 EL Wasser im Mixer pürieren. Nach und nach den restlichen Spinat zufügen. Das Spinatpüree in einem Passiertuch fest zusammendrehen und den ausgepressten Saft auffangen. Diesen auf 65 °C erhitzen. Mit einem Teesieb das sich zusammenziehende Blattgrün abschöpfen.

Das Mehl auf eine Arbeitsfläche häufen, in die Mitte eine Mulde drücken, abgetropfte und passierte Spinatmatte, Eigelbe, weiche Butter, Öl, Salz und geriebene Muskatnuss zufügen und mit den Händen alles zu einem glatten Nudelteig verarbeiten. Zur Kugel formen und in Folie gewickelt 1 Stunde im Kühlschrank ruhen lassen.

Die Steinpilze für die Füllung sorgfältig putzen und fein würfeln. Zwiebel schälen und sehr fein hacken. Die Butter zerlassen, die Zwiebel darin hell anschwitzen, die Pilze 2 bis 3 Minuten mitschwitzen, die gehackte Petersilie einrühren, salzen und pfeffern. Abkühlen lassen.

Für die Sauce die Tomaten blanchieren, häuten, Stielansatz und Samen entfernen und das Fruchtfleisch in kleine Würfel schneiden. In einer Kasserolle das Olivenöl erhitzen und die Tomatenwürfel darin bei starker Hitze anschwitzen. Mit Salz und Pfeffer würzen. Basilikumblättchen untermischen, die Hitze reduzieren und die Sauce noch etwa 5 Minuten köcheln lassen.

Den Teig mit der Nudelmaschine dünn ausrollen und Kreise von 5 cm Durchmesser ausstechen. Jeweils etwas Füllung darauf setzen, die Ränder mit Eiweiß bestreichen und die Kreise zu Halbmonden zusammenklappen, dabei die Ränder gut festdrücken.

Die gefüllten Täschchen in kochendem Salzwasser ungefähr 5 Minuten garen. Herausheben und mit der Tomatensauce anrichten, mit der Butter beträufeln, mit dem Käse bestreuen und mit Basilikumblättchen garniert servieren.

Neben den Pilzen besteht die Füllung hier aus einer Kombination von Schnecken und – je nach Belieben – Kalbskopf oder gekochtem Schinken.

Tortelloni mit Steinpilzen

Für den Nudelteig:
150 g Weizenmehl Type 405
1 bis 2 Eier, 1 TL Olivenöl, 1/4 TL Salz
Für die Schnecken-Pilz-Füllung:
150 g Steinpilze, geputzt
150 g gekochter Kalbskopf
oder gekochter Schinken
1 Knoblauchzehe, 30 g Schalotten
2 EL Olivenöl, 20 g Butter
100 ml Weißwein, 1 EL gehackte Petersilie
1 Spritzer Zitronensaft Salz, Pfeffer
2 Dosen Schnecken
(Abtropfgewicht jeweils 65 g)

Für die Kräuterbutter:
25 g geputzter Spinat, 1 Bund frische Kräuter
Salz, 150 g Butter
2 EL Schneckenfond, Pfeffer
1 Spritzer Zitronensaft
Außerdem:
1 Eiweiß, 300 g Steinpilze, geputzt
3 EL Olivenöl, Salz, Pfeffer
1 Dose Schnecken (Abtropfgewicht 65 g)
200 ml Geflügelfond
1 EL halbsteif geschlagene Sahne
einige Kerbel- und Petersilienblättchen
einige Croûtons

Aus den angegebenen Zutaten einen Nudelteig herstellen. Mit beiden Händen kneten, bis der Teig glatt und fest ist; bei Bedarf noch etwas Wasser untermischen. Zu einer Kugel formen, in Folie wickeln und den Nudelteig 1 Stunde kühl ruhen lassen.

Die Pilze für die Füllung sehr fein würfeln. Kalbskopf oder Schinken 4 mm groß würfeln. Knoblauch und Schalotten schälen, beides fein hacken. Öl und Butter in einer Pfanne erhitzen, Schalotten- und Knoblauchwürfel darin hell anschwitzen, mit der Hälfte des Weins ablöschen und diesen fast vollständig einkochen lassen. Die Pilze kurz mitbraten, Kalbskopf oder Schinken ebenfalls kurz mitbraten, alles mit Petersilie, Zitronensaft, Salz und Pfeffer würzen. Die Schnecken mitsamt dem Fond zufügen, restlichen Wein angießen und alles sämig einkochen lassen. 2 EL der Füllung für die Sauce beiseite stellen.

Für die Kräuterbutter Spinat und Kräuter in leicht gesalzenem Wasser blanchieren, abschrecken, abtropfen lassen und sehr gut auspressen. Im Mixer mit der Butter sowie dem Schneckenfond pürieren und würzen. 1 EL der Kräuterbutter unter die Füllung rühren und diese abschmecken.

Den Nudelteig zu dünnen Platten ausrollen, auf der Hälfte der Platten Kreise von 7 cm Durchmesser markieren. In die Mitte jeweils 1 Schnecke und etwas Füllung setzen. Die Ränder mit Eiweiß bestreichen. Mit den restlichen Teigplatten bedecken, Ränder fest drücken und mit einem gezackten runden Ausstecher Tortelloni ausstechen.

Die Steinpilze längs in dickere Scheiben schneiden, im erhitzten Öl von beiden Seiten kurz braten, salzen und pfeffern. Die 2 EL Füllung, die Schnecken mitsamt dem Fond sowie den Geflügelfond zufügen und alles 5 Minuten köcheln lassen.

Die Ravioli 3 bis 4 Minuten in Salzwasser kochen, herausheben, abtropfen lassen und in der zerlassenen Kräuterbutter schwenken. Auf vorgewärmten Tellern verteilen, mit der halbsteif geschlagenen Sahne, den Kräutern und den Croûtons garnieren und servieren.

Steinpilze eignen sich hervorragend als Begleiter von Nudelgerichten. Ihr intensives Aroma gibt der Schneckenfüllung dieser Tortelloni einen wunderbaren Geschmack mit, der durch die weiteren Zutaten nicht überdeckt, sondern aufs Beste ergänzt wird.

Die Nudeltäschchen allein sind schon eine Delikatesse – mit der Trüffelsauce aber sind sie ein »Gedicht«.

Agnolotti mit Trüffelsauce

Dies ist ein Rezept für die Trüffelzeit, also für die Monate November bis März, wenn die köstlichen schwarzen Pilze Saison haben. Sie kommen hier fein gehackt in die Sauce und verleihen den Nudeltäschchen einen tollen Geschmack.

Für den Nudelteig:
300 g doppelgriffiges Weizenmehl Type 405
2 Eier, 2 Eigelbe, 1/3 TL Salz, 1 EL Wasser
Für die Füllung:
500 g Zicklein- oder Lammfleisch, 3 bis 4 EL Öl
1 Knoblauchzehe, fein gehackt
2 EL gehackte Schalotten, 80 g Möhrenwürfel
80 g Sellerieknolle, fein gewürfelt
1 TL frisch gehackter Thymian
einige gehackte Rosmarinnadeln, 1 TL Salz
frisch gemahlener Pfeffer, etwa 1/2 l Kalbsfond
500 g blanchierter Spinat, gut ausgedrückt
80 g frisch geriebener Parmesan, 2 Eier
Für die Trüffelsauce:
400 ml Kalbsfond, 20 g Butter
1 Schalotte und 25 g Trüffel, beides fein gehackt
2 cl trockener Sherry, einige Tropfen Trüffelöl
Außerdem:
frisch gehackte Petersilie

Aus den angegebenen Zutaten einen Nudelteig herstellen. Das parierte Fleisch in Stücke schneiden und im heißen Öl kurz anbraten. Knoblauch, Schalotten, Möhren, Sellerie und Kräuter mitbraten. Salzen, pfeffern und bei guter Hitze noch 15 Minuten braten. 1/4 l Fond angießen, weitere 60 bis 70 Minuten schmoren. Bei Bedarf noch etwas Fond angießen. Abkühlen lassen und die Masse durch die mittlere Scheibe des Fleischwolfs drehen. Den fein gehackten Spinat zum Fleisch geben, Parmesan und Eier zufügen und alles gut vermischen. Inzwischen den Bratfond mit dem restlichen Kalbsfond auf 2 bis 3 EL reduzieren, unter die Füllung rühren, abschmecken. Nudelteig dünn ausrollen und Agnolotti herstellen, wie in den Steps unten gezeigt. Diese etwas antrocknen lassen. Den Fond für die Sauce auf 1/3 reduzieren. Die Butter zerlassen und die Schalottenwürfel darin glasig schwitzen. Trüffelwürfel kurz mitschwitzen und mit dem Sherry ablöschen. Den reduzierten Kalbsfond zugießen und das Trüffelöl einrühren. Die Agnolotti in sprudelndem Salzwasser 3 bis 4 Minuten kochen. Gut abtropfen lassen, in der Trüffelsauce schwenken und auf vorgewärmten Tellern anrichten. Mit Petersilienblättchen garnieren. Sofort servieren.

Auf dem dünn ausgerollten Teig 4 x 6 cm große Rechtecke markieren. In die Mitte jeweils eine Kugel der Fleischfüllung setzen.

Mit dem gezackten Teigrädchen die Rechtecke ausschneiden. Die Teigränder mit einem Pinsel mit Wasser befeuchten.

Den Teig so über die Füllung schlagen, dass Rechtecke von 4 x 3 cm entstehen, und die Ränder fest zusammendrücken.

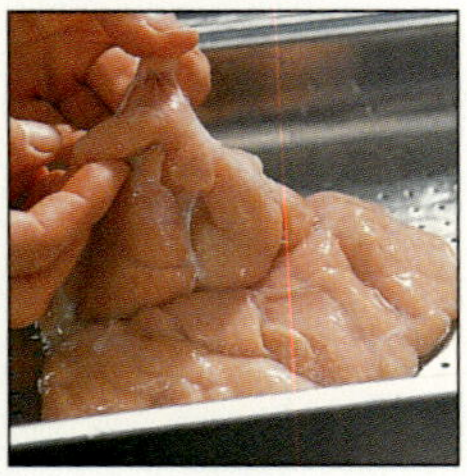

Das Kalbsbries unter fließendem kaltem Wasser mindestens 1 Stunde, besser noch 2 Stunden wässern. Mit den Fingern sorgfältig alle Häutchen abziehen und die Blutreste entfernen.

Eine besonders edle Variante dieses an sich einfachen Gerichts aus der Alltagsküche.

Kalbsbries-Ravioli

Gefüllte Pasta selbst herzustellen, bedeutet zwar einen gewissen Aufwand, doch sind hausgemachte Ravioli auf jeden Fall den gekauften überlegen. Besonders dann, wenn sie mit einer so raffinierten Farce gefüllt sind, wie sie im unten stehenden Rezept beschrieben wird. Wer will, kann übrigens die Ravioli auch, statt sie mit Trüffeln, Glace und Butter anzurichten, »in brodo« – also in einer kräftigen Rinder- oder Hühnerbrühe – auf den Tisch bringen.

Trüffeln sind eine kostspielige Delikatesse. Wie viel davon man über die Briesravioli hobeln will, bleibt natürlich jedem selbst überlassen.

Das Bries in leicht gesalzenem Wasser blanchieren, kalt abschrecken, gut abtropfen lassen und in Röschen teilen.

20 g Butter zerlassen und Schalotten und Knoblauch darin farblos anschwitzen. Das Bries hell anbraten. Abkühlen lassen.

Die Kartoffelmasse einrühren. Eigelb, Brösel und Petersilie untermischen. Mit Salz, Pfeffer und Muskatnuss würzen.

Für 10 bis 12 Portionen
Für den Nudelteig:
300 g doppelgriffiges Weizenmehl Type 405
2 Eier, 4 Eigelbe, 1/3 TL Salz
Für die Kalbsbriesfüllung:
250 g Kalbsbries
125 g mehlig kochende Kartoffeln, Salz
40 g Schalotten, 1 kleine Knoblauchzehe
30 g Butter, 2 EL heiße Milch, 1 Eigelb
1 EL Semmelbrösel, 2 EL fein gehackte Petersilie
frisch gemahlener Pfeffer
frisch geriebene Muskatnuss
Außerdem:
80 g schwarze oder Sommertrüffeln
1 Eiweiß zum Bestreichen
4 EL Kalbsglace
100 g gebräunte Butter

Das Mehl für die Ravioli auf eine Arbeitsfläche schütten und in die Mitte eine Mulde drücken. Eier, Eigelbe und Salz in die Mitte geben. Mit einer Gabel die Zutaten in der Mulde verrühren und dabei immer mehr Mehl vom Rand mit einarbeiten, bis ein dickflüssiger Teig entsteht. Mit beiden Händen den Mehlrand von außen nach innen darüber verteilen und alles zu einem glatten, festen Teig verarbeiten, bei Bedarf etwas Wasser unterkneten. Den Teig zur Kugel formen, in Folie wickeln und 1 Stunde ruhen lassen. Das Kalbsbries wässern und säubern, wie oben links gezeigt. Inzwischen für die Füllung die Kartoffeln waschen, schälen und in wenig Wasser mit etwas Salz garen. Das Kalbsbries blanchieren, wie im ersten Bild links unten gezeigt. Schalotten und Knoblauch schälen, fein hacken. Die Kartoffeln noch heiß durch die Presse drücken und mit 10 g Butter sowie der Milch zu einer glatten Masse verrühren. Weiterverfahren, wie auf den letzten beiden Steps der Bildfolge links zu sehen. Die Trüffeln sorgfältig unter fließendem Wasser abbürsten, bis auch der letzte Rest Erde herausgespült ist. Wo dies aufgrund tiefer Furchen nicht möglich ist, die Pilze sparsam schälen. Den Nudelteig auf einer bemehlten Arbeitsfläche dünn ausrollen und Kreise von 6 cm Durchmesser ausstechen. Jeweils 1 TL Füllung in die Mitte setzen. Die Ränder mit Eiweiß bestreichen und die Teigkreise halbmondförmig zusammenklappen. Die Ränder gut festdrücken und die Ravioli in sprudelnd kochendem Salzwasser 5 bis 6 Minuten garen. In der Zwischenzeit die Kalbsglace erhitzen. Die Ravioli auf vorgewärmte Teller verteilen und mit der Kalbsglace sowie der gebräunten Butter beträufeln. Die Trüffeln dünn darüber hobeln und die Kalbsbries-Ravioli sofort servieren.

Ricotta wird aus Schaf- oder Kuhmilchmolke gewonnen. Traditionell wurde die geronnene Molke zum Ablaufen in Bastkörbchen gefüllt, heute übernehmen jedoch Plastikformen diese Funktion.

Die fruchtige Tomatensauce harmoniert bestens mit der würzigen Käsefüllung.

Vollkorn-Tortelloni mit Ricotta-Kräuter-Füllung

Nudelteig aus Vollkornmehl ist kräftiger im Geschmack und »rauer« als mit ausgemahlenem Weißmehl hergestellter. Auch braucht er zusätzlich zu den Eiern noch etwas Wasser, weil das Vollkornmehl mehr Flüssigkeit bindet.

Für den Nudelteig:
300 g Weizenvollkornmehl
3 Eier, 1 TL Salz, 2 EL Wasser
Für die Füllung:
400 g Ricotta
1 Ei, 1 Eigelb
100 g frisch geriebener Pecorino toscano
3 EL gehacktes Basilikum
2 EL gehackte Petersilie
je 1 1/2 TL Thymian- und Oreganoblättchen
1 Prise frisch geriebene Muskatnuss
Salz, frisch gemahlener Pfeffer
Für die Sauce:
500 g Tomaten
1 EL Olivenöl
60 g fein gehackte Schalotten
1 fein gehackte Knoblauchzehe
1 EL Tomatenmark
1 Thymianzweig
1 Lorbeerblatt
Salz, frisch gemahlener Pfeffer
Außerdem:
1 Eiweiß zum Bestreichen, 3 EL Butter
100 g schwarze Oliven
50 g frisch gehobelter Pecorino toscano
1 EL gehackte Basilikumblätter

Aus den angegebenen Zutaten einen Nudelteig herstellen und in Folie gewickelt mindestens 1 Stunde im Kühlschrank ruhen lassen. Für die Füllung Ricotta, Ei und Eigelb verrühren. Pecorino, Kräuter und Gewürze untermischen. Die Tortelloni formen und füllen, wie in der Bildfolge rechts gezeigt. Die Tortelloni bis zur Weiterverarbeitung auf ein bemehltes Brett legen und mit Klarsichtfolie abdecken.

Für die Sauce die Tomaten blanchieren, häuten, halbieren und jeweils Samen und Stielansätze entfernen. Das Olivenöl erhitzen, Schalotten und Knoblauch darin hell anschwitzen. Tomaten und Tomatenmark untermischen. Thymianzweig und Lorbeerblatt einlegen und alles 25 Minuten köcheln lassen. Die Kräuterzweige entfernen und die gekochten Tomaten durch ein feines Sieb passieren. Die Tomatensauce salzen, pfeffern und warm halten. Reichlich Salzwasser zum Kochen bringen und die Tortelloni darin in etwa 8 Minuten gar kochen. Abgießen und gut abtropfen lassen. Die Tortelloni in der zerlassenen Butter kurz durchschwenken und mit der Tomatensauce sowie den Oliven auf Tellern anrichten. Mit reichlich gehobeltem Pecorino und gehacktem Basilikum bestreuen und sofort servieren.

Den Nudelteig mit dem Rollholz oder in der Nudelmaschine dünn ausrollen und Plätzchen von 7 cm Durchmesser ausstechen.

Auf jedes Teigplätzchen mit dem Spritzbeutel ein nussgroßes Stück Füllung spritzen. Die Ränder mit Eiweiß bestreichen.

Die runden Teigplätzchen einmal quer zusammenfalten und dabei die Ränder der Tortelloni gut festdrücken.

Italienische Feinkostgeschäfte mit entsprechender Auswahl bieten alles, was man zu einem guten Pastagericht benötigt.

Ein delikates Pasta-Gericht im Frühsommer – leicht und mild im Geschmack.

Ravioli mit Kalbfleischfüllung und Spargel

Neben dem Fleisch steckt reichlich aromatisches Gemüse in der Farce. Und der dünne grüne Spargel, eventuell auch wilder Spargel, mit seinem leicht nussigen Geschmack eignet sich als Begleiter hier besonders gut.

Für den Nudelteig:
150 g doppelgriffiges Weizenmehl
1 Ei, 2 Eigelbe, 1/4 TL Salz
Für die Kalbfleischfüllung:
250 g Kalbfleisch, 100 g Spargel, Salz
1 Knoblauchzehe, 70 g Möhre
40 g Stangensellerie, 40 g Frühlingszwiebeln
100 g Pfifferlinge
3 Salbeiblätter, 1 Thymianzweig, 1 EL Petersilie, jeweils fein gehackt
1 Ei, frisch gemahlener Pfeffer
1 TL edelsüßes Paprikapulver
Für die Sahnesauce:
1/4 l Sahne, 1 Salbeiblatt, einige Basilikumblätter, 1 Thymianzweig
2 rote Chilischoten, gehackt
1/2 sehr fein gehackte Knoblauchzehe
frisch geriebene Muskatnuss
Salz, frisch gemahlener weißer Pfeffer
4 cl Sherry
100 g frisch geriebener Asiago
Außerdem:
1 Eiweiß zum Bestreichen
300 g grüner Spargel
30 g frisch gehobelter Parmesan

Aus den angegebenen Zutaten einen geschmeidigen Nudelteig herstellen. Den Teig in Folie wickeln und 1 Stunde kühl ruhen lassen.

Für die Füllung das Kalbfleisch sehr klein würfeln. Den Spargel schälen, in sprudelndem Salzwasser weich kochen und pürieren. Den Knoblauch schälen, fein hacken. Die Möhre, den Stangensellerie und die Frühlingszwiebeln klein würfeln. Die Pilze putzen und klein hacken. Alles mit den gehackten Kräutern vermengen. Das Ei zur Bindung einarbeiten und die Masse würzen.

Den Nudelteig auf einer bemehlten Arbeitsfläche dünn ausrollen. Mit einem gezackten, ovalen Ausstecher Teigovale von etwa 6 cm Länge ausstechen. Je 1 TL der Füllung auf eine schmale Seite setzen, die Ränder mit Eiweiß bestreichen und die Ravioli zusammenklappen, dabei die Ränder gut andrücken. Die Ravioli auf einer bemehlten Arbeitsfläche leicht antrocknen lassen.

Inzwischen die Sahne für die Sauce in einer Kasserolle auf 1/3 einkochen. Die Hitze reduzieren. Die fein gehackten Kräuter sowie die Gewürze unterrühren, den Sherry einrühren und den Käse in der Sauce schmelzen, sie darf aber nicht mehr kochen. Durch ein Sieb passieren und warm halten.

Den Spargel schälen, in 5 cm lange Stücke schneiden und in sprudelnd kochendem Salzwasser 5 bis 8 Minuten kochen. Gleichzeitig in einem zweiten Topf die Ravioli in sprudelndem Salzwasser 8 bis 10 Minuten kochen; sie sind gar, wenn sie an die Oberfläche steigen. Die Ravioli mit dem Spargel auf Tellern anrichten, etwas Sauce darüber gießen, mit Parmesan bestreuen und sofort servieren.

Den Parmesan sollte man erst unmittelbar vor dem Servieren über die Nudeln hobeln, nur dann entfaltet er seinen angenehm würzigen Geschmack.

Bäckt man die Kartoffeln im Ofen, statt sie zu kochen, bleiben sie schön trocken und lassen sich wesentlich besser verarbeiten. Sie sollten noch warm durch die Presse gedrückt werden.

Mit Kartoffeln werden Ravioli in Kärnten gefüllt, eine Variante, die man auch in Slowenien kennt.

Nudeltaschen aus Kärnten

Teigwaren mit Kartoffeln zu kombinieren, mag vielen etwas gewagt vorkommen. Für die Kartoffel spricht allerdings, dass sie vitaminreich, vielseitig sowie preiswert ist und – nicht zuletzt – einen tollen Geschmack hat.

Für den Nudelteig:
300 g Weizenmehl Type 405, 3 Eier, 1 EL Öl
1/2 TL Salz, nach Bedarf 1 EL Wasser
Für die Füllung:
250 g gekochte Kartoffeln, 60 g Zwiebel
1 Knoblauchzehe, 40 g Butter, 120 g Quark
40 g frisch geriebener Hartkäse
(Parmesan oder Provolone piccante)
1/2 TL Salz, frisch gemahlener Pfeffer, 1 Eigelb
Für die Sauce:
50 g Zwiebel, 50 g Möhre
50 g Stangensellerie, 200 g Kartoffeln
30 g Butter, 1/2 TL Salz, 150 ml Gemüsefond
100 ml Sahne, 1 bis 2 EL gehackte Kräuter
frisch gemahlener Pfeffer
Außerdem:
1 Eigelb, 100 g durchwachsener Speck

Mit Ricotta di pecora oder einem frischen Kärntner Schafkäse schmeckt die Kartoffelfüllung ganz besonders würzig, ein gut gereifter Reibkäse bringt noch zusätzlich Geschmack.

Aus den angegebenen Zutaten einen Nudelteig herstellen. Kartoffeln pellen und zerdrücken. Zwiebel und Knoblauchzehe schälen und sehr fein hacken. Die Butter zerlassen und die Kartoffeln darin kross anbraten. Zwiebel und Knoblauch zugeben und kurz mitbraten. In eine Schüssel füllen und erkalten lassen. Quark und Reibkäse untermischen, salzen und pfeffern. Das Eigelb einarbeiten. Für die Sauce Zwiebel, Möhre und Stangensellerie schälen und fein hacken. Die Kartoffeln schälen und klein würfeln. Die Butter zerlassen und das Gemüse darin hell anschwitzen. Die Kartoffelwürfel zufügen, salzen und mit so viel Fond aufgießen, dass das Gemüse gerade eben bedeckt ist. Im offenen Topf weich kochen, mindestens die Hälfte der Flüssigkeit soll dabei verdampfen. Alles im Mixer pürieren, die Sahne zugießen, die Kräuter (Petersilie, Liebstöckel, Thymian und Ysop) zugeben und pfeffern. Den Teig möglichst dünn ausrollen und Rechtecke von 5 x 7 cm daraus ausradeln. Die Füllung löffelweise darauf verteilen. Die Ränder mit verquirltem Eigelb bestreichen, die Rechtecke zu Täschchen zusammenfalten und die Ränder fest andrücken. In sprudelnd kochendem Salzwasser etwa 8 Minuten garen, herausnehmen. Den Speck klein würfeln und in einer Pfanne kross anbraten. Die Nudeln mit der Sauce auf vorgewärmten Tellern anrichten, die Speckwürfel darüber streuen und servieren.

Eine deftige Nudel-Spezialität aus dem Süden Deutschlands.

Maultaschen mit Blutwurst und Sauerkraut

Mal abgesehen von ihrer Größe, sind sie in Form und Füllung den diversen italienischen Teigtaschen durchaus ähnlich. Ungewöhnlich aber ist die Kombination mit Sauerkraut und gebratener Blutwurst.

Für den Nudelteig:
300 g Mehl, 3 Eier, 1 TL Salz, 1 EL Öl
Für die Füllung:
200 g Spinat, 2 Brötchen vom Vortag (80 g)
100 ml lauwarme Milch, 80 g Räucherspeck
40 g Butter, 60 g Zwiebelwürfel
60 g gewürfelte Frühlingszwiebeln
200 g Hackfleisch vom Schwein, 2 Eier
1/2 TL Salz, frisch gemahlener weißer Pfeffer
1 EL getrockneter Majoran
1 EL fein gehackte Petersilie
Für das Sauerkraut:
100 g Zwiebeln, 1 Knoblauchzehe, 80 g Schmalz, 1 kg Sauerkraut, 2 Lorbeerblätter
6 Wacholderbeeren, 2 Gewürznelken
100 ml Weißwein, 200 ml Fleischbrühe
Salz, gemahlener Pfeffer, 1 Prise Zucker
Für die Blutwurstscheiben:
200 g Blutwurst, gehäutet, 30 g Butter
Außerdem:
1 Eiweiß, 1 l Fleischbrühe
50 g Butter
100 g Zwiebelwürfel
1 EL Schnittlauchröllchen

Alle Zutaten für die Füllung in einer Schüssel miteinander vermischen und würzen. Je 1 EL Füllung auf die Teigrechtecke geben. Die Ränder mit Eiweiß bestreichen, über die Füllung klappen und andrücken. Die Maultaschen in die kochende Fleischbrühe einlegen, die Hitze reduzieren, 10 bis 15 Minuten gar ziehen lassen.

Mit Sauerkraut und Blutwurstscheiben werden die Maultaschen angerichtet, am besten auf vorgewärmten Tellern. Dann die Maultaschen mit etwas Brühe begießen und mit gebräunten Zwiebeln und Schnittlauch bestreut servieren.

Aus den angegebenen Zutaten einen geschmeidigen Nudelteig herstellen, zur Kugel formen, in Folie einschlagen und 15 Minuten kühl ruhen lassen. Spinat für die Füllung putzen, blanchieren, kalt abschrecken, gut ausdrücken und fein hacken. Die Brötchen klein würfeln, in der lauwarmen Milch einweichen und gut ausdrücken. Den Speck klein würfeln. In einem Pfännchen die Butter zerlassen und die Zwiebel- und Frühlingszwiebelwürfel darin hell anschwitzen. Den Fleischteig zubereiten, wie im ersten Bild der Folge gezeigt. Den Nudelteig auf einer bemehlten Arbeitsfläche gleichmäßig dünn ausrollen. Mit Hilfe von Lineal und Teigrädchen Rechtecke von 6 x 12 cm ausradeln. Die Maultaschen zubereiten, wie gezeigt. Inzwischen Zwiebeln und Knoblauch für das Kraut schälen und fein hacken. Das Schweineschmalz erhitzen, Zwiebel- und Knoblauchwürfel darin glasig schwitzen. Sauerkraut kurz mitschwitzen. Lorbeerblätter, Wacholderbeeren und Nelken einlegen und das Kraut mit dem Wein und der Brühe ablöschen. Mit Salz, Pfeffer und Zucker würzen, die Hitze reduzieren und das Kraut zugedeckt etwa 45 Minuten köcheln lassen. Inzwischen die Blutwurst in 8 mm dicke Scheiben schneiden. Die Butter zerlassen und die Wurstscheiben darin von beiden Seiten kurz anbraten, aber nicht zerfallen lassen. Für die Garnitur die Butter zerlassen und die Zwiebelwürfel darin leicht bräunen.

Köstlich im Herbst! Wer will, kann statt des Rehfleisches auch anderes Wildbret verwenden.

Wildmaultaschen mit Steinpilzen

Für den Nudelteig:
300 g Mehl Type 405, 3 Eier, 1 TL Salz, EL Öl
nach Bedarf etwas Wasser
Für die Füllung:
200 g Rehlende, pariert
120 g roh geräucherter, durchwachsener Speck
3 Wacholderbeeren, 5 weiße Pfefferkörner
1 Lorbeerblatt, 4 cl Sherry Dry Fino
4 cl Rotwein (etwa Trollinger)
1/2 Eiweiß, 1 EL Crème double
40 ml Wildglace
Salz, frisch gemahlener weißer Pfeffer
Für die Sauce:
80 g Zwiebeln, 1/2 Knoblauchzehe
400 g Steinpilze
30 g Butter, 300 ml Sahne, Salz, Pfeffer
Außerdem:
1 Eiweiß, 200 ml dunkler Wildfond
1 EL gehackte Petersilie

Aus den Zutaten einen glatten Nudelteig herstellen. Zur Kugel formen, in Folie wickeln und den Teig im Kühlschrank 1 Stunde ruhen lassen.

Für die Füllung Fleisch und Speck in Streifen schneiden, durch die feine Scheibe des Fleischwolfs drehen. Wacholderbeeren, Pfefferkörner und Lorbeerblatt im Mörser zerstoßen, mit Sherry und Rotwein in eine Kasserolle geben. Aufkochen, auf 2 cl reduzieren, auskühlen lassen, durch ein feines Sieb passieren. Mit Eiweiß, Crème double und Wildglace zum Fleisch geben, salzen, pfeffern und alles zu einer glatten Farce verarbeiten.

Den Nudelteig dünn ausrollen und mit dem Teigrad Rechtecke von 5 x 10 cm ausradeln. Jeweils 1 Löffel Füllung aufsetzen und die Rechtecke zu Maultaschen zusammenklappen, wie im Bild unten zu sehen.

Für die Sauce Zwiebeln und Knoblauch schälen und sehr fein hacken. Die Steinpilze putzen und 80 g klein würfeln, den Rest beiseite stellen. 10 g Butter zerlassen, die Hälfte der Zwiebeln sowie den Knoblauch darin glasig anschwitzen. Die klein geschnittenen Pilze kurz mitschwitzen. Die Sahne angießen und diese bei reduzierter Hitze auf die Hälfte einkochen lassen. Salzen, pfeffern und nach Belieben die Sauce durch ein Sieb passieren.

Den dunklen Wildfond auf die Hälfte reduzieren, abschmecken und beiseite stellen. Die Maultaschen in kochendem Salzwasser in 5 bis 6 Minuten gar ziehen lassen, vorsichtig herausheben und abtropfen lassen. Inzwischen die restlichen Steinpilze längs in Scheiben schneiden. Die restliche Butter zerlassen, die übrigen Zwiebeln darin anschwitzen. Die Pilze darin von beiden Seiten 1 bis 2 Minuten mitbraten, salzen und pfeffern.

Die Maultaschen auf vorgewärmten Tellern anrichten, die gebratenen Steinpilze darauf verteilen. Mit der Sahnesauce umgießen und mit dem Wildfond beträufeln. Mit Petersilie bestreut servieren.

Je 1 Teelöffel der Füllung auf eine Hälfte der ausgeradelten Teigrechtecke setzen. Die Ränder mit Eiweiß bestreichen, die leere Hälfte über die Füllung klappen und gut andrücken.

Je frischer und jünger der Spargel, desto besser schmeckt er. Zum Schälen – weißer Spargel muss immer geschält werden – unter dem Kopf mit Schäler oder Messer ansetzen und nach unten dünn abschälen.

Der Spargel gibt diesen gefüllten Nudeln einen feinen Geschmack und wird dabei vom Gouda kräftig unterstützt.

Cannelloni mit Spargelfüllung

Damit der Spargel beim Backen im Ofen nicht zu weich gerät, wird er vorher nicht gar gekocht, sondern lediglich 10 Minuten in Weißwein gedünstet.

Für den Nudelteig:
150 g Mehl, 1 Ei, 1 Eigelb, 1 TL Olivenöl, Salz
etwas Wasser nach Bedarf
Für die Füllung:
500 g Spargel (geputzt 380 g), 20 g Butter
50 ml Weißwein
Salz, frisch gemahlener weißer Pfeffer
100 g gekochter Schinken
einige Basilikumblättchen, 180 g Tomatenwürfel
Für die Sauce:
10 g Butter, 10 g Mehl, 120 ml Milch
Salz, frisch gemahlener weißer Pfeffer
frisch geriebene Muskatnuss
120 g frisch geriebener alter Gouda
Außerdem:
Butter für die Form, 1/8 l Sahne, 30 g frisch geriebener Parmesan, 20 g Butterflöckchen

Aus den angegebenen Zutaten einen Teig zubereiten. In Folie etwa 1 Stunde kühl ruhen lassen.

Beim Spargelkauf darf man ruhig etwas wählerisch sein: Die Stangen sollten gerade gewachsen und von gleicher Stärke, die Köpfe fest und geschlossen und die Schnittenden hell sein. Ein Zeichen für Frische ist zudem das Knistern beim Aneinanderreiben der Stangen.

Den Spargel schälen und die Stangen halbieren. Die Butter zerlassen, den Spargel zugeben, den Wein angießen, salzen und pfeffern. Zudecken und den Spargel bei geringer Hitze 10 Minuten dünsten.

Den Schinken in Würfel mit 1/2 cm Kantenlänge schneiden. Das Basilikum in Streifen schneiden. Mit den Tomaten in eine Schüssel geben.

Für die Sauce die Butter zerlassen, das Mehl zugeben und unter Rühren 1 bis 2 Minuten ohne Farbe anschwitzen. Die Milch zugeben, glatt rühren, würzen und 10 Minuten unter Rühren köcheln lassen. Die Sauce durch ein Sieb passieren, erneut erhitzen und den Käse unter Rühren darin schmelzen. Etwas auskühlen lassen. Die Sauce zur Tomaten-Schinken-Mischung geben und alles gut vermengen.

Den Nudelteig auf einer bemehlten Arbeitsfläche dünn ausrollen und 8 Rechtecke von 10 x 15 cm ausschneiden. Diese 2 Minuten in sprudelnd kochendem Salzwasser garen, herausnehmen und auf einem feuchten Tuch ausbreiten. Den Spargel auf den Teigplatten verteilen, mit der Tomaten-Schinken-Mischung bedecken und die Teigplatten aufrollen, dabei die Teigkanten gut andrücken. Die Cannelloni in eine gebutterte Auflaufform legen. Mit der Sahne begießen, mit Parmesan bestreuen und mit Butterflöckchen besetzen. Die Cannelloni bei 200 °C im vorgeheizten Ofen 20 bis 25 Minuten backen.

Als kultureller Mittelpunkt bietet die Stadt Brüssel viele Anreize. Einen Spaziergang durch die Gassen der Altstadt bis zum Marktplatz sollte man sich jedoch keinesfalls entgehen lassen.

Eine ausgefallene Art, Nudeln zu servieren: Sie verbergen sich hier nämlich unter einer dünnen Schicht Filoteig.

Knusprige Päckchen: Nudeln und Kaninchen

Nur um Pasta zu essen, fährt sicher niemand nach Belgien; wer aber wieder einmal richtig schlemmen will, ist hier genau richtig. Denn dafür ist Brüssel und Umgebung eine gute Adresse. Bestes Beispiel sind diese raffiniert gefüllten Päckchen.

250 g Capellini, Salz
Für die Füllung:
2 Kaninchenkeulen (600 g), 60 g Zwiebel
40 g Möhre, 60 g Lauch
1 kleine Chilischote
500 g reife Tomaten

In der belebten Innenstadt findet jeder etwas für seinen Geschmack. Manche interessieren sich mehr für die berühmten Brüsseler Spitzen, aber auch Gourmets können hier in den feinsten Läden stöbern und allerhand Delikates entdecken und erwerben.

Dünne Capellini, eine Schicht Spinat und eine delikate Kaninchenfüllung mit Gemüse, Speck und Austernpilzen verbergen sich unter hauchdünnen Filoteigschichten.

500 g Austernpilze, 2 EL Öl
150 g durchwachsener Speck, gewürfelt
2 EL frisch gehackte Kräuter
Salz, frisch gemahlener Pfeffer
Außerdem:
200 g Spinat (große Blätter), 300 g Filoteig
Eiweiß zum Bestreichen, Butter für die Form
50 g zerlassene Butter zum Bepinseln
150 g frisch geriebener Passendale
10 g Semmelbrösel

Kaninchenfleisch vom Knochen lösen und klein würfeln. Gemüse schälen und putzen. Zwiebel fein hacken, Möhre und Lauch klein würfeln. Chilischote der Länge nach halbieren, von Samen und Scheidewänden befreien und das Fruchtfleisch fein würfeln. Die Tomaten blanchieren, häuten, jeweils Stielan-

satz und Samen entfernen und das Fruchtfleisch würfeln. Die Austernpilze in kleine Würfel schneiden.

In einer Pfanne das Öl erhitzen, den Speck auslassen und die Zwiebel glasig anschwitzen. Kaninchenfleisch anbraten. Gemüse- und Pilzwürfel (ohne Tomaten) 2 bis 3 Minuten mitgaren. Tomatenwürfel untermischen, etwa 15 Minuten köcheln lassen. Zum Schluss die Kräuter (Thymian, Basilikum und Petersilie) zugeben, salzen, pfeffern und abkühlen lassen. Den Spinat verlesen, von den Stielen befreien, waschen, blanchieren und abschrecken. Auf einem feuchten Tuch auslegen. Die Capellini in sprudelnd kochendem Salzwasser al dente garen.

Die Filoteigblätter in 20 x 20 cm große Stücke schneiden und sofort unter ein feuchtes Tuch legen. Jedes Teigstück einzeln füllen und aufrollen, da dieser Teig sehr schnell austrocknet und brüchig wird. Ein Teigstück mit mehreren Spinatblättern so auslegen, dass rundherum ein Rand von 2 bis 3 cm frei bleibt. Die Nudeln und knapp 2 EL Füllung auf die Spinatblätter geben. Die vordere, dann die seitlichen Ecken über die Füllung klappen. Die hintere Teigecke mit Eiweiß einpinseln und das ganze Paket nach hinten aufrollen.

Eine Auflaufform gut ausbuttern. Die Teigpäckchen mit der Naht nach unten nicht zu eng einlegen und mit zerlassener Butter bepinseln. Den Käse mit den Semmelbröseln vermischen und über die Teigpäckchen streuen. Diese bei 200 °C im vorgeheizten Ofen etwa 20 Minuten backen. Mit Radicchio, Frisée- und Feldsalat servieren.

Wo Milch und Käse zum Küchenalltag zählen, kennt man herrlich würzige Nudelgerichte.

Gefüllte Nudeln, mit Käsesauce überbacken

Nicht nur Ravioli oder Tortelli eignen sich zum Füllen mit diversen Farcen. Auch die großen getrockneten Röhrennudeln oder Muscheln eignen sich dafür hervorragend. In diesem Rezept werden sie einmal nicht mit Fleisch, sondern ganz vegetarisch, mit Spinat, Käse und Nüssen gefüllt.

250 g große Hohlnudeln (Millerighe giganti), Salz
Für die Füllung:
800 g Spinat, Salz, 40 g Butter
60 g fein gehackte Schalotten
2 cl Cognac, 3 EL Sahne
70 g gehackte Walnüsse, 1 Ei
80 g frisch geriebene Tomme de Savoie
Salz, frisch gemahlener Pfeffer
frisch geriebene Muskatnuss
Für die Sauce:
15 g Butter, 20 g Mehl, 1/4 l Milch
Salz, frisch gemahlener Pfeffer
frisch geriebene Muskatnuss, 50 ml Sahne
30 g gereifte Mimolette, 100 g Tomme de Savoie
Außerdem:
Butter für die Form
20 g zerlassene Butter zum Beträufeln
10 g Semmelbrösel zum Bestreuen

Würziger Käse steckt hier einmal in der leckeren Füllung, aber auch in der sahnigen Sauce. So kommt der Geschmack von gereifter Mimolette und zarter Tomme bestens zur Geltung.

Viel Erfahrung hat Joseph Dupont im Laufe der Zeit gesammelt: Seine Tomme-Laibe, die er nach wie vor in aufwändiger Handarbeit herstellt, sind ganz ausgezeichnet.

Den Spinat für die Füllung verlesen, waschen und gut abtropfen lassen; es sollen 600 g sein. Den Spinat in kochendem Salzwasser blanchieren, kalt abschrecken, ausdrücken und fein hacken. Die Hälfte der Butter zerlassen und die Schalotten darin glasig schwitzen. Den Cognac zugießen und etwas reduzieren. Die Sahne einrühren, den Spinat zufügen und 5 Minuten bei geringer Temperatur dünsten. In der Zwischenzeit die restliche Butter in einer Kasserolle leicht bräunen. Erst die Walnüsse, dann den Spinat zufügen. Vom Herd nehmen. Das Ei mit dem Käse verquirlen und unter die Spinatmasse rühren. Würzen und beiseite stellen.

Die Hohlnudeln in sprudelndem Salzwasser 8 bis 10 Minuten garen, abgießen und abtropfen lassen.

Für die Sauce die Butter zerlassen, Mehl zufügen und unter Rühren ohne Farbe anschwitzen. Milch zugießen, glatt rühren und würzen. Die Sauce etwa 15 Minuten unter Rühren köcheln. Die Sahne einrühren und die Sauce durch ein feines Sieb passieren. Erneut erhitzen. Beide Käsesorten reiben, in die Sauce geben und unter Rühren schmelzen.

Die Spinat-Käse-Masse mit Hilfe eines Spritzbeutels (Lochtülle Nr. 12) in die Nudeln füllen. Diese in eine gut gebutterte Auflaufform setzen und die Sauce darübergießen. Mit zerlassener Butter beträufeln und mit Semmelbröseln bestreuen. Die Millerighe bei 200 °C im vorgeheizten Ofen etwa 20 Minuten backen. Herausnehmen und sofort servieren.

Hohlnudeln – ob die großen Cannelloni oder die kleineren Millerighe – eignen sich gut zum Füllen und anschließendem Überbacken. Allerdings müssen sie in der Regel erst vorgegart werden.

Überbackene Nudelrollen, herzhaft gefüllt mit einer Mischung aus Innereien und Fleisch.

Canelones a la catalana

Aufrecht stehend werden diese spanischen »Cannelloni« gegart und mit einer Béchamelsauce übergossen, damit die Füllung nicht austrocknet. Dieses Rezept ist typisch katalanisch, sind doch Innereien ein wichtiger Bestandteil der traditionellen Küche dieser Region.

Für 6 Portionen
12 Lasagneblätter, Salz
Für die Füllung:
200 g Kalbshirn, Salz
200 g Hähnchenbrustfilet
100 g Hähnchenlebern, 100 g Zwiebeln
30 g Schweineschmalz
250 g Hackfleisch vom Schwein
2 cl Sherry, 1 EL Zitronenthymianblättchen
3 Salbeiblätter, in feine Streifen geschnitten
frisch gemahlener weißer Pfeffer
Für die Béchamelsauce:
50 g Butter, 30 g Mehl
1/4 l Sahne, 1/4 l Milch
Salz, frisch gemahlener Pfeffer, 1 Eigelb
Außerdem:
Butter für die Form
100 g Serrano-Schinken, in Würfel geschnitten
50 g frisch geriebener Manchego

Das Kalbshirn in kochendem Salzwasser 5 Minuten gar ziehen lassen. Herausnehmen, etwas abkühlen lassen, die Häutchen sorgfältig entfernen und das

Luftgetrockneter Serrano-Schinken und aromatischer Manchego vervollständigen das katalanische Nudelgericht.

Die Füllung auf den gekochten Nudelblättern gleichmäßig verteilen. Die Blätter aufrollen und quer halbieren. Stehend in die gefettete Auflaufform setzen. Mit den Schinkenwürfeln bestreuen und mit der Béchamelsauce übergießen.

Hirn fein hacken. Die Hähnchenbrust sehr klein würfeln. Die Hähnchenlebern waschen, putzen und fein hacken. Die Zwiebeln schälen und fein würfeln. Das Schmalz erhitzen und die Zwiebelwürfel darin anschwitzen. Das Kalbshirn, das Hackfleisch, die Hähnchenbrust und die Lebern zugeben. Alles kräftig anbraten, den Sherry zugießen, die Kräuter einrühren und mit Salz und Pfeffer würzen. Die Lasagneblätter in sprudelnd kochendem Salzwasser 8 Minuten garen, herausnehmen und auf einem Küchenhandtuch flach ausbreiten. Eine Auflaufform mit Butter ausfetten. Weiterverfahren, wie in der Bildfolge links gezeigt. Für die Béchamelsauce die Butter in einer Kasserolle zerlassen und das Mehl darin unter Rühren farblos anschwitzen. Die Sahne und die Milch zugießen, glatt rühren, salzen, pfeffern und unter ständigem Rühren etwa 15 Minuten kochen lassen. Das Eigelb mit 2 EL der Sauce verrühren, in die Sauce gießen und diese unter kräftigem Rühren einmal aufkochen lassen. Die Béchamelsauce über die Canelones gießen, wie links gezeigt, und mit dem geriebenen Manchego bestreuen. Die Canelones bei 190 °C im vorgeheizten Backofen 30 Minuten überbacken.

Die kleinen Nudeltäschchen werden als kleine Dreiecke, winzige Halbmonde oder vierkantige Hütchen geformt.

Mantı

Auch in der türkischen Küche schätzt man gefüllte Nudeln. Dabei gilt die Devise: je kleiner, je besser! Dem Nudelteig mischt man häufig einen Teil Maismehl bei, das den Mantı dann eine rustikalere Struktur und einen angenehmen »Biss« verleiht.

Für den Mais-Nudelteig:
150 g Maismehl
150 g Weizenmehl Type 405, 3 Eier
3 Eigelbe, 1 EL Olivenöl, 1/2 TL Salz
frisch geriebene Muskatnuss
Für die Lammfüllung:
60 g Zwiebel, 80 g Frühlingszwiebeln
1 Knoblauchzehe, 50 g Möhre
40 g Petersilienwurzel, 5 EL Olivenöl
300 g schieres Lammfleisch, 1 kleine Chilischote
je 1 EL gehackte Petersilie und Pfefferminze
1/2 TL Salz, frisch gemahlener Pfeffer
Für die Sauce:
2 Knoblauchzehen, 200 g Joghurt, 1/2 TL Salz
Außerdem:
80 g Butter, 1 EL edelsüßes Paprikapulver

Für den Teig beide Mehlsorten mischen, auf eine Arbeitsfläche häufen, in die Mitte eine Mulde drücken und die restlichen Zutaten hineingeben. Alles zu einem glatten Teig verarbeiten, in Folie wickeln und 1 Stunde ruhen lassen.

Für die Füllung die Zwiebel schälen und wie die Frühlingszwiebeln klein würfeln. Knoblauch schälen und zerdrücken. Die Möhre und die Petersilienwurzel sehr fein würfeln. 3 EL Öl in einer Pfanne erhitzen, Zwiebeln und Knoblauch darin hell anschwitzen. Das Gemüse zufügen und dünsten, bis es weich ist. Inzwischen das Fleisch würfeln und durch die feine Scheibe des Fleischwolfs treiben. In einer zweiten Pfanne das restliche Öl erhitzen und das Fleisch darin kräftig anbraten. Nach 4 Minuten zum Gemüse geben. Die Chilischote längs teilen, von Samen und Scheidewänden befreien und fein würfeln. Mit den Kräutern zur Füllung geben, salzen und

Den möglichst dünn ausgerollten Nudelteig in Quadrate von 4 x 4 cm schneiden. Jeweils ein Häufchen Füllung in die Mitte setzen.

Die Teigränder mit Wasser bepinseln. Die Quadrate so zusammenschieben, dass alle Spitzen oben in der Mitte aufeinander treffen. Die Diagonalkanten fest zusammendrücken.

Die Nudeltäschchen in sprudelnd kochendes Salzwasser geben und garen, bis sie an die Oberfläche steigen. Herausheben und gut abtropfen lassen.

pfeffern, gut durchmischen. Den Nudelteig so dünn wie möglich ausrollen. Weiterverfahren, wie oben gezeigt. Für die Sauce den Knoblauch schälen, zerdrücken, mit dem Joghurt verrühren, salzen. Die Nudeltäschchen auf Tellern anrichten und die Sauce darüber gießen. Die Butter mit dem Paprikapulver aufschäumen lassen und über die Mantı gießen.

Gänse werden in Polen noch häufig gehalten; kein Wunder bei so vielen Seen. Sie sind dort ein beliebtes Hausgeflügel und besonders ihre Leber gilt als große Delikatesse.

Feine Pilztäschchen und Gänseleber, überzogen mit Lammjus – eine wahrhaft gelungene Nudelkreation aus der polnischen Küche.

Ein Festessen in Polen sind diese gefüllten Täschchen mit ihrer delikaten Begleitung.

Champignon-Pierogi mit Gänseleber

Der Name der polnischen »pierogi« stammt – wie übrigens auch jener der russischen »pirogi«, bei uns »Piroggen« genannt – von dem Wortstamm »pir« ab, was im Russischen so viel wie »Festmahl« bedeutet. Heute reicht man hier wie dort die Nudeltäschchen, die sich auf so unterschiedliche Weise füllen lassen, nicht nur an Festtagen, sie zählen mittlerweile zur Alltagsküche. Einen Unterschied gibt es aber doch: In Polen werden sie aus Nudelteig, in Russland aus Hefeteig zubereitet.

Für den Nudelteig:
300 g Mehl, 1 Ei, 1/2 TL Salz, 1/8 l Wasser
Für die Champignonfüllung:
120 g Champignons, 60 g Zwiebel
1/2 EL Öl, Salz, frisch gemahlener Pfeffer
frisch geriebene Muskatnuss, 1 Ei

Für die Gänseleber:
20 g Butter
250 g Gänsestopfleber in dünnen Scheiben
Salz, frisch gemahlener Pfeffer
60 g fein gehackte Schalotten
6 EL Kalbsjus
Außerdem:
1 Eiweiß zum Bestreichen
Feldsalatrosetten zum Garnieren

Aus den oben im Rezept angegebenen Zutaten einen Nudelteig herstellen. Dafür das Mehl auf eine Arbeitsfläche sieben und in die Mitte eine Mulde drücken. Das Ei mit dem Salz hineingeben und das Wasser zugießen. Ei, Wasser und Salz mit einer Gabel

vorsichtig verrühren, dabei langsam immer mehr Mehl vom Rand her mit einarbeiten. Alles zu einem glatten, festen Teig verkneten. In Folie einschlagen und den Nudelteig mindestens 1 Stunde im Kühlschrank ruhen lassen.

Für die Füllung die Champignons putzen und fein würfeln. Die Zwiebel schälen und in Ringe schneiden. Das Öl in einer Pfanne erhitzen und die Zwiebelringe darin glasig anschwitzen. Die Champignons 10 Minuten mitdünsten. Mit Salz, Pfeffer und Muskatnuss würzen. Das Ei unterrühren, vom Herd ziehen und die Masse stocken lassen.

Für die Pierogi den Nudelteig dünn ausrollen und Kreise von 7 cm Durchmesser ausstechen. Die Ränder der Teigkreise mit Eiweiß bestreichen. Je 1/2 EL Füllung in die Mitte eines jeden Teigkreises setzen, diese zu Halbmonden zusammenklappen und die Ränder gut festdrücken, damit die Füllung nicht austreten kann. Portionsweise in sprudelnd kochendes Salzwasser einlegen. Sobald die Pierogi an die Oberfläche steigen, noch 5 Minuten ziehen lassen.

Für die Gänseleber die Butter in einer Pfanne zerlassen und die Leberscheiben darin von beiden Seiten nur ganz kurz braten. Mit Salz und Pfeffer würzen und aus der Pfanne nehmen. In dem verbliebenen Fett die Schalotten glasig anschwitzen, Kalbsjus zugießen und kurz aufkochen lassen.

Die Pierogi mit den Leberscheiben auf vorgewärmten Tellern anrichten, mit der Sauce gleichmäßig beträufeln und mit Feldsalatrosetten garnieren.

Mit aromatischen Steinpilzen, Pfifferlingen, Champignons oder auch mit Austernpilzen können die Teigtaschen gefüllt werden.

Pelmeni mit Pilzfüllung

Für den Teig:
200 g Mehl, 1 Ei, 1 EL Öl, Salz
60 bis 80 ml Wasser
Für die Füllung:
250 g gemischte Pilze
1 Knoblauchzehe, geschält
30 g Zwiebel, geschält
40 g roher Schinken, 80 g gekochter Schinken
2 EL Butter, 1/2 Bund Petersilie, fein gehackt
1 Zweig Liebstöckel, fein gehackt
Salz, frisch gemahlener schwarzer Pfeffer
frisch geriebene Muskatnuss
1 rohes Ei, 1 gekochtes Ei, fein gehackt
Für den Krautsalat:
500 g frisches Sauerkraut
100 g Möhren, geraspelt
1 rote Zwiebel, in Ringe geschnitten
4 EL Öl, 1/2 TL Pfeffer
Außerdem:
1 Eiweiß, 50 g Butter, leicht gebräunt
2 EL Schnittlauchröllchen zum Bestreuen

Für den Teig das Mehl auf eine Arbeitsfläche häufen und in die Mitte eine Mulde drücken. Das Ei, das Öl und das Salz zugeben. Die Zutaten zuerst mit einer Gabel in der Mulde verrühren und dann das Mehl vom Innenrand her unterrühren. Bei Bedarf etwas Wasser zugeben. Zu einem glatten Teig verarbeiten, in Folie wickeln und 1 Stunde kühl ruhen lassen. In der Zwischenzeit die Füllung zubereiten. Dafür die Pilze putzen und klein würfeln. Die Knoblauchzehe, die Zwiebel und den Schinken ebenso in kleine Würfel schneiden. Die Butter in einer Pfanne zerlassen, die Zwiebel-, Knoblauch- und Schinkenwürfel zugeben und darin anbraten. Die Pilze untermischen und so lange dünsten, bis die Flüssigkeit fast vollständig verdampft ist. Die gehackten Kräuter zugeben. Mit Salz, Pfeffer und Muskatnuss würzen. Das rohe Ei einrühren, es soll leicht stocken und dadurch alles binden. Das gekochte Ei unter die Masse mischen. Den Nudelteig dünn ausrollen und Kreise von 4 cm Durchmesser ausstechen. Die Ränder mit Eiweiß bestreichen. Weiterverfahren, wie in der Bildfolge unten gezeigt. Die Teigtaschen portionsweise in kochendes Salzwasser einlegen. Sobald sie an die Oberfläche steigen, bei starker Hitze noch 6 Minuten garen. Mit einem Schaumlöffel herausnehmen, abtropfen lassen, in eine vorgewärmte Schüssel geben. Mit der Butter beträufeln und mit dem Schnittlauch garnieren. Für den Krautsalat alle Zutaten miteinander vermengen. Diesen mit den Pelmeni auf Tellern anrichten und servieren.

Den Teig auf einer bemehlten Arbeitsfläche sehr dünn ausrollen. Kreise von 4 cm Durchmesser ausstechen. Jeweils 1 TL Füllung darauf setzen.

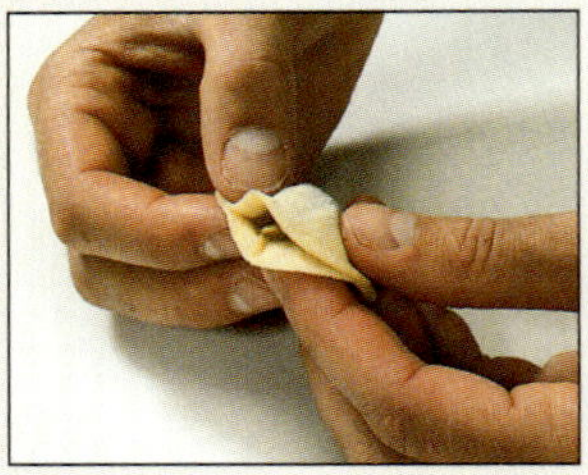

Den Teigkreis zu einem Halbkreis zusammenfalten und die Ränder etwas zudrücken, aber nicht zu fest, damit die Pelmeni nicht ihre Form verlieren.

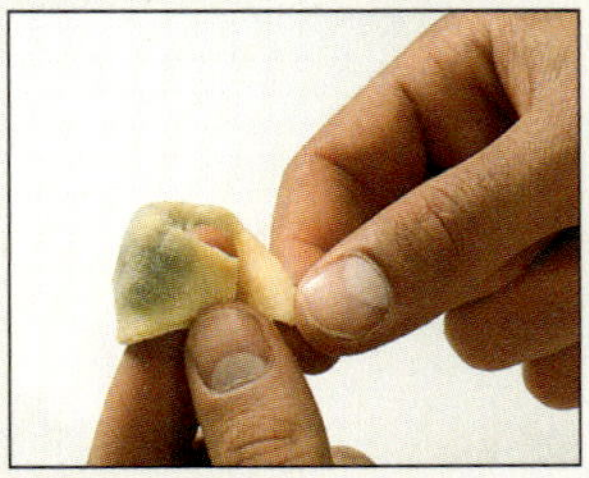

Jeden Halbkreis mit der Rundung nach unten um den Zeigefinger schlingen und die beiden Enden kräftig zusammendrücken.

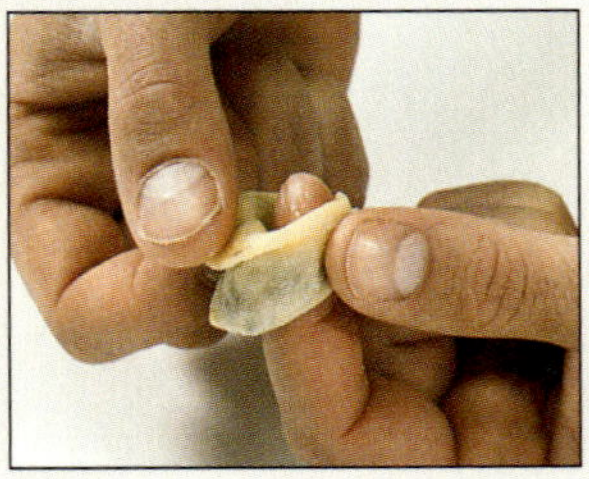

Mit der anderen Hand die runde, untere Teigkante nach oben klappen und die Pelmeni dann vorsichtig vom Finger ziehen.

Die Nudel-Häppchen aus dem Dämpftopf zählen zu den berühmten »Dim sums«.

Teigtaschen mit Pilzfüllung

Auch in der asiatischen Küche sind gefüllte Nudeltäschchen beliebt und weit verbreitet: »Dim sums« können pikante oder süßsaure, gut gewürzte Happen sein – manchmal sind sie auch süß –, die man üblicherweise als kleine Zwischenmahlzeit vom Morgen bis in den frühen Nachmittag hinein verzehrt.

In den phantasievoll geformten kleinen, aufrecht stehenden »Körbchen« steckt außer den zweierlei Pilzen noch jede Menge verschiedenes Gemüse.

Auch in der modernen chinesischen Gastronomie sind die traditionellen, kleinen Dämpfkörbe aus Bambus noch im Einsatz – hier gleich mehrere auf einmal.

Für den Teig:
75 g Mehl
20 g Speisestärke
Für die Pilzfüllung:
10 g getrocknete Mu-err-Pilze
40 g frische Shiitake-Pilze
80 g Möhren
50 g Zuckerschoten
20 g Frühlingszwiebel
1 rote Chilischote
1 Knoblauchzehe
2 EL Pflanzenöl
50 g Maiskörner
2 EL helle Sojasauce
1 EL vegetarische Austernsauce, Salz
Außerdem:
etwas Pflanzenöl zum Einfetten des Dämpfkorbs

Für die Füllung die Mu-err-Pilze 20 Minuten in lauwarmem Wasser einweichen. Von den Shiitake-Pilzen die harten Stiele

entfernen und die Hüte in etwa 1/2 cm große Stücke schneiden. Die Möhren putzen und schälen, die Zuckerschoten putzen und wie die Möhren etwa 1/2 cm groß würfeln. Die Frühlingszwiebel putzen und in feine Ringe schneiden. Die Chilischote halbieren, den Stielansatz sowie die Samen entfernen und das Fruchtfleisch fein hacken. Den Knoblauch schälen und ebenfalls fein hacken. Die Mu-err-Pilze abgießen, in einem Sieb gut abtropfen lassen und in kleine Stücke schneiden.

Das Öl im Wok erhitzen und die Frühlingszwiebelringe, die Chili- und Knoblauchwürfel darin anbraten. Die Möhren 3 Minuten mitbraten. Die Zuckerschoten sowie den Mais zufügen. Das Gemüse weitere 2 Minuten pfannenrühren. Zuletzt die Pilze kurz mitbraten. Mit der Soja-, der vegetarischen Austernsauce und Salz nach Belieben würzen.

Für den Teig das Mehl und 10 g Speisestärke in eine Schüssel sieben, 75 ml kochendes Wasser einrühren und die restliche Speisestärke einarbeiten. Aus dem Teig jeweils etwa 12 g schwere Kugeln formen und diese auf einer bemehlten Arbeitsfläche zu Kreisen von etwa 8 cm Durchmesser dünn ausrollen. Die Teigstücke nacheinander füllen. Dafür 1 Teigkreis auf der Handfläche ausbreiten und etwas von der Pilzfüllung in die Mitte setzen. Den Teig darumschlagen, dabei die Zipfel locker über der Füllung zusammendrehen, sodass kleine »Körbchen« entstehen, die aber oben noch offen bleiben.

Den Boden eines Dämpfkorbes gleichmäßig mit Öl bepinseln, die Teigtäschchen hineinsetzen und im Dampf garen. Dafür muss der Dämpfkorb mit dem Deckel fest verschlossen werden. Den Korb in einen zu 1/3 mit Wasser gefüllten Wok oder einen großen Topf setzen. Das Wasser aufkochen lassen, die Hitze etwas reduzieren und die Teigtäschchen etwa 5 Minuten garen.

Die frittierten Teigtaschen – hier mit Schweinefleisch und Garnelen – zählen zu den beliebtesten Snacks der chinesischen Küche.

Won-tans

Won-tans, auch Wan-tons genannt, sind knusprig frittierte Nudeltäschchen, die in China zum Standardrepertoire der Küche gehören. Die Nudelblätter werden so preiswert angeboten, dass sich der Aufwand für das Selbermachen des hauchdünnen Teiges nicht lohnt. Stattdessen lassen sich aber die Füllungen beliebig variieren. Won-tans werden mittlerweile in ganz Südostasien zubereitet, zumindest dort, wo der chinesische Einfluss spürbar ist, wie etwa auf den Philippinen. Dort werden sie allerdings weniger frittiert, sondern eher gekocht und dann in Hühnerbrühe serviert. Am besten, man stellt gleich eine größere Menge davon her, zumal Won-tans warm und kalt gleichermaßen gut schmecken.

80 Won-tan-Blätter
Für die Füllung:
200 g mageres Schweinefleisch
100 g rohe, geschälte Garnelen
60 g Frühlingszwiebeln
10 g frische Ingwerwurzel
1 Knoblauchzehe
50 g frische Sojasprossen
1 rote Chilischote, 2 TL Sesamöl
1 EL helle Sojasauce, 1 Eigelb
Salz, frisch gemahlener Pfeffer
Außerdem:
1 Eiweiß zum Bestreichen
Öl zum Ausbacken

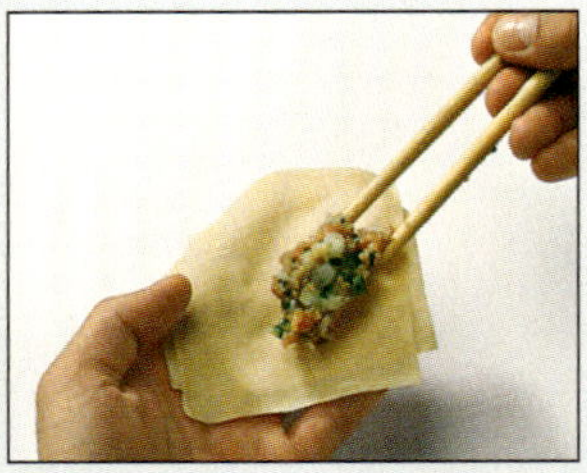

Je 2 Teigblätter übereinander auf die Handfläche legen und etwas Füllung auf das untere Drittel setzen.

Die Füllung einrollen, dabei die untere Ecke der Teigblätter über die Füllung schlagen und bis zu 2/3 der Teigfläche aufrollen.

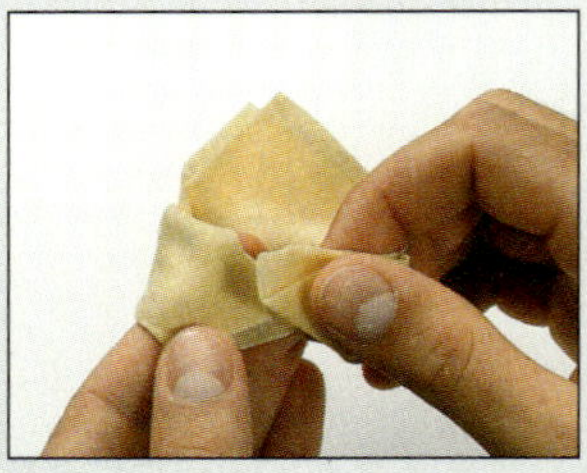

Die beiden Enden links und rechts nach vorn biegen, mit etwas Eiweiß bepinseln und fest zusammendrücken.

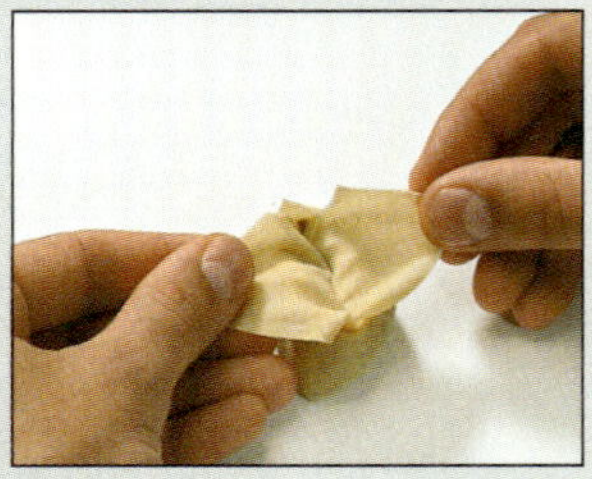

Die beiden Spitzen der Teigblätter auseinander ziehen. Bis zur weiteren Verwendung mit einem feuchten Tuch abdecken.

In Südostasien gehören die Won-tans zum festen Angebot der »food-stalls«, den mobilen Straßenrestaurants, die preiswertes, aber dennoch qualitativ hochwertiges Essen anbieten.

Für die Füllung der Won-tans das Schweinefleisch und die geschälten Garnelen sehr fein würfeln. Die Frühlingszwiebeln putzen, sehr fein hacken. Ingwer und Knoblauch schälen, beides fein hacken. Die Sojasprossen ebenfalls fein hacken. Die Chilischote halbieren, die Samen und Scheidewände entfernen und das Fruchtfleisch in sehr feine Streifen schneiden. Sämtliche vorbereitete Zutaten in eine Schüssel geben, mit dem Öl und der Sojasauce übergießen und das Eigelb unterrühren. Salzen und pfeffern und alles gut vermengen. Die Won-tans füllen, wie in der Bildfolge oben gezeigt. Das Öl im Wok oder in einer Fritteuse auf 180 °C erhitzen und die Won-tans darin schön goldbraun frittieren. Herausheben, abtropfen lassen und auf Küchenpapier entfetten.

Crossover-Küche par excellence: italienische Teigblätter mit asiatischer Füllung, gewürzt mit Galgant, Knoblauch, Chili sowie zweierlei Saucen.

Cannelloni mit Tofu & Gemüse

4 Cannelloni-Nudelröhren, Salz
Für die Füllung:
60 g thailändische rote Zwiebelchen
1 Knoblauchzehe, 1 Chilischote
5 g frische Galgantwurzel
80 g runde kleine Auberginen, 150 g Tofu
80 g gekochte Bambussprossen
3 EL Erdnussöl
3 EL helle Sojasauce
1 EL vegetarische Austernsauce
Salz, frisch gemahlener Pfeffer
Für die Sauce:
1 Chilischote, 2 Knoblauchzehen
1 TL Palmzucker, Saft von 1/2 Kaffir-Limette
2 EL gehacktes Koriandergrün
3 EL helle Sojasauce
Salz, frisch gemahlener Pfeffer
Außerdem:
Korianderblättchen zum Garnieren

Für die Füllung die Zwiebelchen und den Knoblauch schälen. Die Zwiebeln in feine Ringe, den Knoblauch in Scheibchen schneiden. Von der Chilischote Stielansatz, Samen und Scheidewände entfernen und das Fruchtfleisch fein würfeln.

Den Galgant schälen und fein hacken. Die Auberginen vom Stielansatz befreien und wie den Tofu in 1/2 cm große Würfel schneiden. Die gekochten Bambussprossen klein würfeln.

Die Chilischote für die Sauce von Stielansatz, Samen und Scheidewänden befreien und fein würfeln. Knoblauch schälen und fein hacken. 75 ml Wasser mit dem Zucker aufkochen. Die Hitze stark reduzieren und so lange köcheln, bis der Zucker sich aufgelöst hat. Limettensaft zugießen. Die Chili- und Knoblauchwürfel sowie das Koriandergrün einrühren. Sojasauce zugießen, erneut erhitzen. Salzen und pfeffern nach Belieben. Lauwarm abkühlen lassen.

Für die Füllung 1 EL Öl im Wok erhitzen und die Tofuwürfel darin 2 bis 3 Minuten unter Rühren braten. Herausnehmen und das restliche Öl zugießen. Zwiebeln, Knoblauch, Chilischote und Galgant 1 Minute pfannenrühren. Die Auberginen 2 bis 3 Minuten mitbraten und zuletzt die Bambussprossen kurz mitbraten. Den Tofu wieder untermischen. Soja- und Austernsauce einrühren, nach Belieben salzen und pfeffern, alles gut vermischen und warm halten.

Die Cannelloni-Hüllen in sprudelnd kochendem Salzwasser al dente garen. Mit dem Schaumlöffel herausheben, gut abtropfen lassen und mit dem Gemüse füllen. Die gefüllten Cannelloni auf Tellern anrichten, einmal quer halbieren, mit der Sauce beträufeln und mit Korianderblättchen garniert servieren.

Italienischen Ursprungs ist die Hülle dieser Vorspeise. Die Füllung dagegen ist nicht unbedingt klassisch, werden die Cannelloni doch nicht mit Hackfleisch, sondern rein vegetarisch gefüllt und asiatisch gewürzt.

Als edler Imbiss ist dieses Nudelgericht ebenso perfekt wie als gelungener Auftakt eines festlichen Menüs.

Kleine Lachsrouladen

Für den Teig:
150 g Mehl Type 405
1 Ei, 1 Eigelb, 1 TL Öl, Salz
Für die Füllung:
350 g Lachsfilet, gut gekühlt, Salz
frisch gemahlener weißer Pfeffer
120 ml Sahne, gut gekühlt, 1 EL gehackter Dill
Für die Safransauce:
20 g Schalotte, 100 ml Weißwein
2 cl Noilly Prat, 400 ml Fischfond
1/4 l Sahne, einige Safranfäden
Salz, Cayennepfeffer
einige Tropfen Zitronensaft
20 g kalte Butter in Stücken
Außerdem:
1 Eiweiß zum Bestreichen
1 EL Pflanzenöl für die Form, 150 ml Fischfond
Scheiben von schwarzen Trüffeln nach Belieben
Dillzweige zum Garnieren

Aus den angegebenen Zutaten einen festen und geschmeidigen Nudelteig herstellen, bei Bedarf etwas Wasser einarbeiten. Den Teig zu einer Kugel formen, in Folie wickeln und 1 Stunde im Kühlschrank ruhen lassen.

200 g Lachsfilet in Stücke schneiden, salzen, pfeffern und durch die feine Scheibe des Fleischwolfes treiben. Den Lachs in eine auf Eis gesetzte Schüssel füllen und mit der Hälfte der Sahne verrühren. Die Masse portionsweise im Mixer pürieren, dann mit einem Spatel durch ein feinmaschiges Sieb streichen. Die Farce mit der restlichen Sahne glatt rühren, bei Bedarf mit Salz und Pfeffer nachwürzen. Bis zur weiteren Verwendung kühl stellen.

Das restliche Fischfilet leicht anfrieren, damit es sich besser schneiden lässt, dann mit dem Lachsmesser in 2 mm dicke und 10 cm breite Scheiben schneiden.

Lachs in zweierlei Form verbirgt sich in den köstlichen Rouladen: zum einen Fisch pur in dünnen Filetscheiben, zum andern Lachs in Form einer sahnigen Farce.

Für die Safransauce die Schalotte schälen und in dünne Scheiben schneiden. Mit dem Weißwein und dem Noilly Prat aufkochen. Den Fischfond zugießen und die Flüssigkeit bei mittlerer Hitze auf 1/3 reduzieren. Die Sahne zugießen und einkochen lassen, bis die Sauce eine sämige Konsistenz erhält. Die Sauce durch ein Sieb passieren. Safranfäden, Gewürze und Zitronensaft einrühren und die Sauce weitere 10 Minuten köcheln lassen. Beiseite stellen.

Den Nudelteig auf einer bemehlten Arbeitsfläche dünn ausrollen und 4 Rechtecke von 15 x 10 cm ausschneiden. Je 3 Lachsscheiben auf jedes Rechteck legen, dabei an einer der kürzeren Seiten einen 1 cm breiten und an der anderen einen 4 cm breiten Rand freilassen. Den Lachs mit Salz und Pfeffer würzen. Je 1/4 der Lachsfarce gleichmäßig auf jeder Portion verstreichen und mit dem gehackten Dill bestreuen. Die Teigränder sorgfältig mit verquirltem Eiweiß bestreichen und jede Roulade vorsichtig der Länge nach aufrollen, dabei an der Seite mit dem schmaleren Randstreifen beginnen.

Eine entsprechend große feuerfeste Form mit dem Öl auspinseln und die Lachsrouladen hineinlegen. Den Fischfond angießen und die Form mit Alufolie abdecken. Die Lachsrouladen bei 150 °C im vorgeheizten Ofen 20 bis 25 Minuten garen.

Aus dem Ofen nehmen. Die Safransauce erwärmen, die Butter zufügen und mit dem Stabmixer einmontieren. Die Sauce abschmecken. Falls gewünscht, einige Trüffelscheiben nach dem Aufmixen kurz in der Safransauce erwärmen. Die Rouladen jeweils in 3 Stücke schneiden und auf vorgewärmten Tellern anrichten. Mit der Sauce umgießen, eventuell mit weiteren Trüffelscheiben belegen, mit Dillzweigen garnieren und servieren.

Aus

Wer Nudeln – mal gemischt mit Fleisch, mal mit Gemüse – überbacken möchte, sollte nicht vergessen, dass Teigwaren »trockene« Hitze weniger gut vertragen. Lieber ist ihnen eine flüssigere Umgebung, sei es nun eine Tomatensauce, eine Sauce Béchamel oder ein Sahneguss mit einer Schicht Käse obendrauf. Auf jeden Fall dürfen die Nudeln nicht zu weich sein, wenn sie in das Rohr geschoben werden, da sie immer noch ein

dem Ofen

wenig von der sie umgebenden Flüssigkeit aufnehmen und dabei etwas weitergaren. Ratsam ist außerdem, Pasta-Gerichte während des Überbackens im Auge zu behalten; denn allzu schnell kann der Genuss versprechende Goldton der Kruste doch zu dunkel werden.

Das Ragù alla bolognese schmeckt bei Gigina einfach gut – vielleicht, weil sie es besonders lange schmoren lässt oder weil ihr Restaurant in Bologna steht oder weil sie ganz einfach eine begnadete Köchin ist.

Mit »Klassikern« tut man sich in der Küche immer schwer, weil man das vermeintliche Original doch selten erreicht.

Lasagne nach Bologneser Art

Lasagneblätter lassen kreativen Köchen viel Raum zum Improvisieren. Schreibt das Rezept Rindfleisch vor, kann die Lasagne doch auch mit Schwein, Lamm oder sogar mit Wild zu höchst interessanten Ergebnissen führen. Das Fleisch muss dafür nicht unbedingt durch den Fleischwolf getrieben werden. Schneidet man es in kleine Stücke, so wird aus der Bologneser Sauce ein Ragout, das man dann einfach etwas länger schmoren lässt.

400 g trockene Lasagneblätter (16 Stück)
oder 600 g frische weiße Lasagneblätter, Salz
Für die Bologneser Fleischsauce:
60 g Zwiebel, 70 g Möhre
1/2 Petersilienwurzel
1 Stangensellerie, 40 ml Öl, 40 g Butter
500 g gehacktes, mageres Rindfleisch
2 EL Tomatenmark
250 g gehäutete Tomaten aus der Dose mit Saft
Salz, frisch gemahlener Pfeffer
1 EL frisch gehackte Petersilie
1 TL frisch gehackter Thymian
1 TL frisch gehacktes Basilikum
1/8 l kräftige Fleischbrühe, 1/8 l Rotwein

Lasagneblätter sind in verschiedenen Ausführungen im Handel. Die gewellte Form gewährleistet übrigens, dass die Sauce sich besser verteilen kann und dabei besser haften bleibt.

Die Hälfte der Fleischsauce in die Form einfüllen und gleichmäßig verstreichen. Erneut 4 Lasagneblätter überlappend einlegen. Darauf die Hälfte der Béchamelsauce verteilen. Den gesamten Vorgang noch einmal wiederholen. Die letzte Schicht besteht aus Béchamelsauce, sie wird dann mit dem frisch geriebenen Parmesan bestreut.

Für die Béchamelsauce:
25 g Butter, 30 g Mehl, 1/2 l Milch
Salz, frisch gemahlener weißer Pfeffer
1 Messerspitze frisch geriebene Muskatnuss
Außerdem:
Butter für die Form, 80 g geriebener Parmesan

Für die Fleischsauce die Zwiebel fein würfeln. Die Möhre, die Petersilienwurzel und den Stangensellerie mit den Blättern putzen und alles fein hacken. In einer Kasserolle das Öl mit der Butter erhitzen, das Hackfleisch darin kräftig anbraten, bis es grau wird und krümelig zerfällt. Das vorbereitete Gemüse mitschwitzen und das Tomatenmark einrühren. Tomaten mitsamt Saft, Gewürze und Kräuter einrühren, Brühe und Wein zugießen und alles 50 Minuten köcheln lassen. Für die Béchamelsauce die Butter zerlassen, das Mehl einrühren und ohne Farbe anschwitzen. Milch zugießen, glatt rühren und zum Kochen bringen. Würzen, bei schwacher Hitze 20 Minuten köcheln lassen und die Sauce durch ein Sieb passieren. Lasagneblätter in kochendem Salzwasser 7 bis 9 Minuten garen. Herausheben, glatt ausbreiten und mit einem feuchten Tuch bedecken. Die Form mit Butter ausstreichen und als erste Lage 4 Lasagneblätter überlappend einlegen. Weiterverfahren, wie links gezeigt. Die Lasagne bei 180 °C im vorgeheizten Ofen in 40 Minuten goldgelb backen.

Den Boden einer gebutterten Form mit 3 Lasagneblättern auslegen. Gemüsefüllung, Tomatenstreifen und Käse darauf verteilen, den Vorgang noch zweimal wiederholen. Mit Lasagneblättern abschließen.

Die etwas andere Art von Lasagne: eine Variation ganz in Grün, ganz vegetarisch, nur mit Gemüse.

Mangold-Kohlrabi-Lasagne

12 grüne Lasagneblätter, Salz
Für die Gemüsefüllung:
4 Kohlrabi (je 250 g), 60 g Butter
Salz, frisch gemahlener weißer Pfeffer
frisch geriebene Muskatnuss
1 EL Mehl, 1/2 l Milch
1/4 l Sahne
2 Schalotten
500 g Mangold
300 g Tomaten
Außerdem:
Butter für die Form
200 g frisch geriebener gereifter Provolone
4 EL Crème fraîche mit 1 Eigelb verrührt

Kohlrabi schälen und in 2 mm starke Scheiben, die zarten Blätter in Streifen schneiden. Die Hälfte der Butter zerlassen und die Kohlrabischeiben mit dem Grün darin anschwitzen. Mit Salz, Pfeffer und Muskat würzen und mit Mehl bestauben. Milch und Sahne aufgießen und 10 Minuten köcheln lassen. In eine Schüssel füllen und abkühlen lassen.

Die Schalotten schälen und fein hacken. Mangoldstiele von den Blättern trennen und die Stiele in 2 cm lange Stücke schneiden. In einer Pfanne die restliche Butter zerlassen und Schalotten sowie Mangoldstiele darin anschwitzen. Von den Blättern die Mittelrippe entfernen, das Grün in breite Streifen schneiden, blanchieren, abschrecken und abtropfen lassen. Stiele und Blätter unter die Kohlrabi mischen.

Die Tomaten blanchieren, häuten, halbieren, Stielansätze und Samen entfernen und das Fruchtfleisch in Streifen schneiden.

Lasagneblätter in sprudelndem Salzwasser 5 Minuten kochen, abseihen und kalt abschrecken. Auf einem feuchten Tuch glatt auslegen und mit einem feuchten Tuch bedecken.

Eine Form von 18 x 28 cm mit Butter ausfetten. Wie oben links gezeigt, 3 Lasagneblätter einlegen und 1/3 des Gemüses darauf verteilen, mit Tomatenstreifen belegen und mit 1/3 des Käses bestreuen. Abwechselnd Lasagne, Gemüse und Käse einschichten; mit einer Schicht Nudelblätter abschließen. Diese mit der Crème-fraîche-Mischung bestreichen und die Lasagne bei 180 °C im vorgeheizten Ofen 40 bis 45 Minuten backen.

Die Wölfin, das römische Symbol schlechthin, hier als Wasserspeier auf dem Markt Campo di fiori.

Typisch für »gnocchi alla romana«: die rund ausgestochenen Maisgrießplätzchen.

Polenta pasticciata

Auf eine Schicht Polenta-Taler folgt eine Tomaten-Fleisch-Sauce. Darauf ordnet man dann dachziegelartig die zweite Schicht Polanta-Taler an, überzieht diese mit Béchamelsauce und bestreut alles mit frisch geriebenem Parmesan. Nach etwa 1/2 Stunde Backzeit ist der Auflauf fertig.

Für 6 Portionen
Für die Polenta:
1 1/2 l Wasser, 1 TL Salz
400 g Maisgrieß (mittlere Körnung)
Für die Tomaten-Fleisch-Sauce:
100 g Zwiebeln, 60 g Möhre
60 g Stangensellerie, 600 g Tomaten
400 g Rindfleisch aus der Keule, Salz, Pfeffer
3 EL Olivenöl, 3 gehackte Salbeiblätter
1 TL gehackter Rosmarin, 300 ml Rinderfond
1 EL Tomatenmark
Für die Béchamelsauce:
60 g Butter, 30 g Mehl, 1/2 l Milch, Salz
frisch gemahlener Pfeffer
frisch geriebene Muskatnuss
Außerdem:
Butter für die Form
Rosmarinnadeln, Salbeiblüten
80 g frisch geriebener Parmesan

Das wohlschmeckende Ergebnis rechtfertigt die doch etwas aufwändige Zubereitung dieser römischen Spezialität, die man vor dem Servieren nach Belieben noch mit einigen Rosmarinnadeln und Salbeiblüten garnieren kann.

In die mit Polenta ausgelegte Form die Tomaten-Fleisch-Sauce einfüllen und gleichmäßig verteilen. Polentascheiben dachziegelartig darauf anordnen. Mit der Béchamelsauce begießen und mit Parmesan bestreuen.

Für die Polenta Wasser und Salz in einem großen Topf zum Kochen bringen. Maisgrieß in dünnem Strahl einrieseln lassen und gleichzeitig mit einem Holzlöffel kräftig rühren, damit sich keine Klumpen bilden. Solange der Brei noch nicht eingedickt ist, spritzt es nach allen Seiten, deshalb empfiehlt es sich, ein Tuch über den Topf zu legen. Die Polenta immer im Uhrzeigersinn rühren, bis sie sich vom Topf löst, das dauert etwa 20 Minuten.

Maisbrei auf ein nasses Brett schütten, mit einer Palette 1 cm dick verstreichen, abkühlen lassen. Mit einem Ring Taler mit 5,5 cm Durchmesser ausstechen.

Zwiebeln und Möhren schälen, Sellerie putzen und alles fein würfeln. Die Tomaten blanchieren, häuten, Stielansätze und Samen entfernen und das Fruchtfleisch fein würfeln. Das Fleisch salzen und pfeffern.

Das Öl in einer großen, tiefen Pfanne erhitzen und das Fleisch darin von allen Seiten anbraten. Zwiebel-, Möhren- und Selleriewürfel hell mitschwitzen, gehackte Kräuter einrühren und 2/3 des Fond zugießen, zudecken und das Fleisch bei mäßiger Hitze 20 Minuten schmoren. Die Pfanne von der Kochstelle nehmen. Das Fleisch herausnehmen und in feine Würfel schneiden.

Das Fleisch zurück in die Pfanne geben, Tomatenmark einrühren und die Tomaten sowie den restlichen Fond untermischen. Salzen, pfeffern und alles weitere 30 Minuten bei mittlerer Hitze garen. Für die Béchamelsauce die Butter zerlassen, das Mehl einstreuen und 2 Minuten unter Rühren farblos anschwitzen. Milch zugießen und unter Rühren erhitzen, 10 Minuten köcheln lassen. Abschmecken.

Eine Form mit Butter ausfetten, mit Polenta-Talern und den Resten vom Ausstechen auslegen. Weiterverfahren, wie links gezeigt. Den Auflauf bei 200 °C im vorgeheizten Ofen etwa 30 Minuten backen.

Spinat, Nudeln, Tomaten, Kräuter und Käse – daraus lassen sich herrliche Pastagerichte zaubern.

Gratinierte Spinatmakkaroni

Für ein solches Gratin sind die Makkaroni mit geringem Durchmesser empfehlenswert, wie Bucatini oder Perciatelli, aber auch die etwas stärkeren, ganz normalen Makkaroni taugen dafür.

350 g Makkaroni, Salz
Für die Spinatmischung:
400 g Frühlingsspinat
300 g Tomaten, 80 g Zwiebeln
2 Knoblauchzehen, 3 EL Olivenöl
Salz, frisch gemahlener Pfeffer
100 g pikanter Schnittkäse, gewürfelt
Außerdem:
Butter für die Form
1/2 TL frisch gehackte Rosmarinnadeln
1/2 EL frisch gehackter Thymian
40 g Butterflöckchen

Den Spinat verlesen, von den harten Stielen befreien, gründlich waschen und die Blätter in einem Sieb abtropfen lassen.

Die Tomaten blanchieren, häuten, vierteln, Samen und Stielansätze entfernen und das Fruchtfleisch in Würfel schneiden. Die Zwiebeln sowie den Knoblauch schälen und beides fein hacken.

Die Makkaroni in sprudelnd kochendem Salzwasser al dente garen. Abgießen und abtropfen lassen.

In der Zwischenzeit in einer entsprechend großen Pfanne das Olivenöl erhitzen und die Zwiebel- sowie die Knoblauchwürfel darin hell anschwitzen. Den abgetropften Spinat mit in die Pfanne geben und zusammenfallen lassen. Mit Salz und Pfeffer würzen. Das gewürfelte Tomatenfruchtfleisch kurz mitschwitzen. Die Nudeln und die Käsewürfel dazugeben und alles vorsichtig miteinander vermischen.

Eine Auflaufform gut ausbuttern und die Nudel-Spinat-Mischung einfüllen. Mit dem gehackten Rosmarin und Thymian bestreuen. Die Butterflöckchen auf den Nudeln verteilen und die Spinatmakkaroni bei 200 °C im vorgeheizten Ofen etwa 20 Minuten gratinieren.

Der Käse sollte viel Aroma mitbringen. Das kann etwa ein gut gereifter Corsica, Babolo oder auch der pikantere Taleggio sein.

Bedeckt mit einer krossen Schicht aus Nudeln und Brot, bleibt das Ragout schön saftig.

Hasenragout unter einer Nudelkruste

Die geschmackliche Ausgewogenheit macht dieses Gericht so interessant, und daran hat der verwendete Käse, der würzige »pecorino toscano«, einen großen Anteil. Denn dieser bewahrt zum einen die Nudeln vor dem Austrocknen und sorgt zum andern dafür, dass das köstliche Wildaroma erhalten bleibt.

250 g Pennette rigate, Salz
Für das Ragout:
600 g ausgelöstes Hasenfleisch
100 g Zwiebeln
30 g Butter, 2 EL Pflanzenöl
Salz, frisch gemahlener weißer Pfeffer
1 EL Tomatenmark
1/4 l Rotwein (etwa ein Chianti classico)
1/8 l Wildfond
Für die Nudelkruste:
50 g Weißbrot, entrindet
1 bis 2 Knoblauchzehen
20 g Pinienkerne
Salz, frisch gemahlener weißer Pfeffer
40 ml Olivenöl, 40 ml Sahne
60 g frisch geriebener Pecorino toscano
1 TL Thymianblättchen
Außerdem:
Butter für die Form
20 g zerlassene Butter

Röhrennudeln stammen aus Süditalien, das Gericht in seiner Zusammensetzung dagegen eher aus dem Norden des Landes. Das Ergebnis beweist einmal mehr, dass sich die Spezialitäten der italienischen Regionalküchen bestens kombinieren lassen.

Das Hasenfleisch für das Ragout sorgfältig von Haut und Sehnen befreien und in etwa 1 cm große Stücke schneiden.

Die Zwiebeln schälen und fein würfeln. Die Butter und das Öl in einer großen Deckelpfanne erhitzen und die Fleischwürfel darin von allen Seiten kräftig anbraten. Die Zwiebelwürfel kurz mitbraten. Salzen und pfeffern. Das Tomatenmark einrühren und alles gut vermischen. Mit dem Rotwein ablöschen und 2 bis 3 Minuten einkochen lassen. Den Wildfond zugießen, die Pfanne zudecken und das Ragout 30 bis 35 Minuten bei geringer Hitze schmoren.

Für die Nudelkruste das Weißbrot in wenig Wasser einweichen, gut ausdrücken. Den Knoblauch schälen und mit den Pinienkernen sowie dem ausgedrückten Weißbrot im Mixer zu einer Paste verarbeiten. In eine Schüssel umfüllen, salzen und pfeffern. Das Olivenöl unter ständigem Rühren in kleinen Mengen einrühren. Die Sahne und den geriebenen Käse unterrühren. Die Thymianblättchen einstreuen.

Die Pennette rigate in sprudelnd kochendem Salzwasser al dente garen. Abseihen, kalt abschrecken und die Nudeln gut abtropfen lassen. Salzen und pfeffern. Mit der Weißbrotmischung vermengen.

Eine Auflaufform mit Butter ausfetten. Das Ragout einfüllen und die Brot-Nudel-Mischung darauf verteilen. Bei 200 °C im vorgeheizten Ofen 25 bis 30 Minuten backen. In den letzten 10 Minuten mit der zerlassenen Butter beträufeln.

Das Gericht aus dem Ofen nehmen und servieren. Dazu passt gut ein Glas Wein als Begleiter; etwa der zum Ablöschen des Ragouts verwendete Chianti oder ein anderer kräftiger, trockener Rotwein.

Einfach in der Zubereitung, vegetarisch und sommerlich leicht. Aber die Qualität der Zutaten muss stimmen!

Gratinierte Gemüsenudeln

Die italienischen Pennoni, Rigatoni oder Tortiglioni sind für diesen Auflauf besonders geeignet. Doch kann man ebenso gut zu dünneren Röhren- oder zu Hörnchennudeln greifen.

300 g kurze Röhrennudeln, Salz
Für das Gemüse:
60 g Zwiebel, 1 Knoblauchzehe
250 g Aubergine, 200 g Zucchini
100 g Stangensellerie, 300 g Tomaten
4 EL Olivenöl
1 TL gehackter Thymian, 1 TL gehackter Salbei
1/2 TL Salz, frisch gemahlener schwarzer Pfeffer
1/8 l trockener Rotwein
Für die Käsesauce:
100 g frisch geriebener Pecorino
200 ml Sahne, 3 Eigelbe
1 EL gehackte Kräuter
Salz, frisch gemahlener Pfeffer
frisch geriebene Muskatnuss
Außerdem:
Butter für die Form, 50 g zerlassene Butter

Gemüse von guter Qualität ist wichtig für das Gelingen dieses Gratins. Bei der Zusammenstellung der Gemüsesorten muss man sich nicht unbedingt genau an das Rezept halten, sondern sollte lieber das auswählen, was gerade frisch auf dem Markt angeboten wird.

Zwiebel und Knoblauch schälen und ganz fein hacken. Gemüse waschen, trocknen und ungeschält verarbeiten. Die Aubergine vom Stiel befreien, längs in 1 cm dicke Scheiben, daraus Streifen und diese wiederum in Würfel schneiden. Zucchini und Stangensellerie in Scheibchen schneiden. Tomaten blanchieren, häuten, halbieren, Stielansätze und Samen entfernen, das Fruchtfleisch würfeln.

Öl in einer entsprechend großen Pfanne erhitzen und die Zwiebel- und Knoblauchwürfel darin hell anschwitzen. Auberginenwürfel, Zucchini- und Selleriescheibchen 4 bis 5 Minuten mitbraten. Tomatenwürfel zum Gemüse geben und mit Thymian, Salbei, Salz und Pfeffer würzen. Rotwein zugießen. Bei offener Pfanne und guter Hitze dünsten, bis das Gemüse weich und der Rotwein auf die Hälfte reduziert ist.

Die Nudeln in sprudelnd kochendem Salzwasser al dente garen, abgießen und mit dem Gemüse vermischen. Eine Gratinform ausbuttern und die Nudel-Gemüse-Mischung einfüllen.

Den Käse mit der Sahne und den Eigelben verrühren, die Kräuter (Petersilie, Liebstöckel, Bohnenkraut und Rosmarin) zugeben und würzen.

Die Käsesauce über die Nudeln verteilen, die Form bei 200 °C in den vorgeheizten Ofen schieben und 20 bis 25 Minuten backen. Ab und zu die Oberfläche mit der zerlassenen Butter beträufeln. Besonders knusprig wird das Gratin, wenn die Oberfläche nach der halben Garzeit mit einer Mischung aus feinen Semmelbröseln und frisch geriebenem Parmesan bestreut wird.

Kartoffelnocken auf Italienisch: eingebettet in fruchtigem Tomatensugo, gratiniert mit würzigem Käse.

Gnocchi in Tomatensauce

Zwar kann man die Kartoffeln für Gnocchi natürlich auch in Salzwasser garen. Doch werden sie, so wie hier, im Ofen gebacken, bleibt der damit zubereitete Teig trockener und gerät schön luftig.

Für die Gnocchi:
900 g mehlig kochende Kartoffeln
150 g Mehl, 2 Eigelbe, Salz
Für die Tomatensauce:
800 g Eiertomaten, 50 g Möhre, fein gewürfelt
100 g Zwiebeln, fein gehackt
100 g Stangensellerie, klein gewürfelt
1 TL Salz, frisch gemahlener schwarzer Pfeffer
1 Prise Zucker, 4 EL Olivenöl
1 EL in Streifen geschnittenes rotes Buschbasilikum, 1 TL Thymianblättchen
Außerdem:
Salz, Butter für die Form
40 g frisch geriebener Pecorino sardo
30 g frisch geriebener Parmesan
20 g Butterflöckchen
rotes Buschbasilikum zum Garnieren

Die Kartoffeln waschen, abtrocknen und einzeln in Alufolie wickeln. Bei 200 °C im vorgeheizten Ofen etwa 1 Stunde backen.

Die Tomaten waschen, halbieren, Stielansätze und Samen entfernen und das Fruchtfleisch klein schneiden. Mit den Möhren-, Zwiebel- und Selleriewürfeln in einem Topf zugedeckt bei niedriger Temperatur etwa 40 Minuten köcheln lassen. Das gekochte Gemüse portionsweise in ein grobmaschiges Sieb füllen und in eine Kasserolle passieren. Das am Sieb anhaftende Püree abstreifen und unterrühren.

Für die Gnocchi die gebackenen Kartoffeln schälen. Das Mehl auf eine Arbeitsfläche häufen, in die Mitte eine Mulde drücken. Eigelbe und Salz hineingeben. Die noch heißen Kartoffeln durch eine Kartoffelpresse kranzförmig auf den Mehlrand drücken und alles zügig zu einem glatten Teig verkneten. Diesen 10 bis 15 Minuten ruhen lassen. Anschließend zu 2 Strängen von 2 cm Durchmesser rollen und mit Mehl bestauben. Weiterverfahren, wie links gezeigt. Die Gnocchi portionsweise in sprudelnd kochendes Salzwasser einlegen und die Hitze reduzieren. Sobald sie an die Oberfläche steigen, sind die Gnocchi gar. Herausnehmen, gut abtropfen lassen.

Die Tomatensauce erwärmen, salzen, pfeffern und den Zucker zufügen. Das Olivenöl löffelweise unterziehen und verrühren, Kräuter einstreuen. Die Gnocchi unter die Sauce mischen und in eine gebutterte Auflaufform füllen. Mit Pecorino sardo und Parmesan bestreuen und mit Butterflöckchen besetzen. Im vorgeheizten Ofen bei 200 °C 15 bis 20 Minuten backen. Mit Buschbasilikumblättern garnieren.

Die Teigstränge ein wenig flach drücken und mit einem scharfen Messer in etwa 1 cm große Stücke schneiden.

Die Gnocchi einzeln über die Rückseite einer Gemüseraspel rollen, um ein dekoratives Gittermuster zu erhalten.

Mit Kürbis und Nudelkruste: Wildragout einmal auf nicht alltägliche Art serviert.

Wildschweingratin

Wenn die bunten Speisekürbisse im Frühherbst auf den Märkten auftauchen, sollte man dieses ebenso unkomplizierte wie schmackhafte Wildgericht unbedingt einmal ausprobieren.

Für die Nudelkruste:
250 g Makkaroni, Salz
3 Eier, 1/8 l Sahne, frisch gemahlener Pfeffer
Für das Ragout:
750 g Wildschweinfleisch aus der Keule
75 g weiße Zwiebel, 1 Knoblauchzehe
120 g Möhren, 90 g Stangensellerie
Salz, frisch gemahlener Pfeffer, 4 EL Olivenöl
25 g Tomatenmark, 300 ml Rotwein
300 ml Wildfond, 1 TL edelsüßes Paprikapulver
1 1/2 EL gehackte Kräuter
Für den Kürbis:
700 g Speisekürbis, 75 g Zwiebel, 2 EL Olivenöl
Salz, frisch gemahlener Pfeffer
Außerdem:
Butter für die Form
50 g frisch geriebener Parmesan
1 TL gehackte Petersilie, 40 g Butterflöckchen

Schicht für Schicht ein Genuss: Auf das Kürbisgemüse folgt das Wildragout. Dieses wird wiederum von Nudeln bedeckt, die zusammen mit Eiern, Sahne und Parmesan für die leckere Kruste sorgen.

Das Wildschweinfleisch in etwa 2 cm große Würfel schneiden. Die Zwiebel und den Knoblauch schälen und sehr fein hacken. Die Möhren schälen und in etwa 1/2 cm große Würfel schneiden. Den Sellerie putzen, eventuell vorhandene Fäden abziehen und die Stangen in Scheibchen schneiden. Das Fleisch mit Salz und Pfeffer würzen.

Das Öl in einer entsprechend großen Pfanne erhitzen und das Fleisch darin von allen Seiten anbraten, bis es leicht gebräunt ist. Die Zwiebel-, Knoblauch- und Möhrenwürfel sowie die Selleriescheibchen unterrühren und kurz mitbraten. Das Tomatenmark zufügen und unter Rühren kurz mitbraten. Mit dem Rotwein ablöschen und die Flüssigkeit um die Hälfte einkochen lassen. Wildfond zugießen. Mit Salz, Pfeffer und Paprikapulver würzen, die Kräuter (Petersilie, Thymian, Salbei und Rosmarin) einstreuen und das Ragout bei schwacher Hitze 40 bis 45 Minuten köcheln lassen.

Den Kürbis schälen, die Samen sowie das faserige Innere entfernen. Das Fruchtfleisch in etwa 1,5 cm große Stücke schneiden. Die Zwiebel schälen und fein hacken. Das Öl in einer Pfanne erhitzen und die Zwiebelwürfel darin glasig anschwitzen. Die Kürbisstücke 8 bis 10 Minuten unter Rühren mitbraten. Salzen und pfeffern.

Die Makkaroni in sprudelnd kochendem Salzwasser al dente garen, abseihen und abtropfen lassen. Die Eier mit der Sahne verquirlen, pfeffern, salzen und unter die Nudeln mischen.

Eine Form mit Butter ausstreichen, den Kürbis einfüllen. Das Wildschweinragout darüber verteilen und mit den Nudeln bedecken. Mit Parmesan sowie Petersilie bestreuen und die Butterflöckchen darauf setzen. Das Gericht bei 190 °C im vorgeheizten Ofen 20 Minuten backen. Das Gratin herausnehmen und servieren.

Eine kräuterwürzige Gemüsesauce ergänzt in diesem Gericht die Pasta und den Fisch aufs Beste.

Gratin von Nudeln und Sardinen

Perciatellini sind lang und dünn wie Spaghetti, weisen jedoch in der Mitte einen Hohlraum auf wie Makkaroni und sind deshalb für Gratins ideal.

200 g Perciatellini, Salz, 300 g Sardinen
Für die Sauce:
80 g Zwiebeln, 2 Knoblauchzehen
70 g Möhre, 300 g Tomaten
3 gesalzene Sardellenfilets, gewässert
1 grüne Chilischote, 1 Rosmarinzweig
einige Salbeiblättchen, 1/2 Bund Petersilie
3 EL Olivenöl, 1 EL Tomatenmark
150 ml Rotwein, Salz, frisch gemahlener Pfeffer
Außerdem:
Öl für die Form, 1/8 l Sahne
100 g frisch geriebener Pecorino fiore sardo

Die Nudeln in sprudelnd kochendem Salzwasser knapp al dente garen. Abseihen, kalt abschrecken und gut abtropfen lassen.

Die Sardinen mit einer kleinen Schere am Bauch aufschneiden, unter fließend kaltem Wasser vollständig ausnehmen und mit Küchenpapier trockentupfen. Köpfe und Flossen abschneiden. An der Schnittstelle jeweils die Rückengräte mit Daumen und Zeigefinger fassen, mit der anderen Hand die Sardine festhalten und die Rückengräte langsam herausziehen. Das Rückgrat und die Schwanzflossen abschneiden. Die Sardinen längs halbieren.

Die Zwiebeln und den Knoblauch schälen und fein hacken. Die Möhre schälen und fein würfeln. Die Tomaten blanchieren, häuten, vierteln, Stielansätze und Samen entfernen und das Fruchtfleisch würfeln. Die Sardellenfilets klein schneiden. Die Chilischote halbieren, Samen und Scheidewände entfernen und das Fruchtfleisch fein hacken. Rosmarin, Salbei und Petersilie waschen, von den groben Stielen befreien und fein hacken.

Das Öl in einer Pfanne erhitzen und die Zwiebel- und Knoblauchwürfel darin hell anschwitzen. Die Möhren- und Tomatenwürfel kurz durchschwenken. Das Tomatenmark einrühren, mit dem Rotwein ablöschen und 5 Minuten leicht köcheln lassen. Die Sardellenstücke unterrühren. Chiliwürfel und Kräuter zufügen, salzen und pfeffern. Die Nudeln und die Sardinenfilets untermischen, dabei darauf achten, dass die Filets nicht zerfallen.

Eine Auflaufform mit Öl ausstreichen und den Pfanneninhalt einfüllen. Die Sahne mit 2/3 des Käses verrühren und gleichmäßig über das Gratin gießen. Mit dem restlichen Käse bestreuen. Bei 200 °C im vorgeheizten Ofen gratinieren.

Brunello
di Montalcino

Eine sämige Käsesauce, geriebener Pecorino und Butterflöckchen sorgen für eine leckere Kruste.

Makkaroni-Gemüse-Gratin

Für den besonderen Geschmack der Gemüsemischung in diesem Nudelgratin ist Cima di rapa verantwortlich. Bei dieser Kohlsorte, die in Süditalien kultiviert wird, können Blätter, Stiele und Röschen verwendet werden. Neben seinem kräftigen Kohlgeschmack hat Cima di rapa eine leicht bittere Komponente, die hervorragend mit Zwiebeln, Knoblauch und frischen Tomaten harmoniert.

300 g Maccheroncini, Salz
Für die Gemüsemischung:
80 g Zwiebeln
2 Knoblauchzehen
40 g Stangensellerie
3 EL Olivenöl
400 g Cima di rapa
1/4 l Gemüsefond
650 g Tomaten
Salz, frisch gemahlener Pfeffer
Für die Sauce:
10 g Butter, 15 g Mehl, 1/4 l Milch
Salz, frisch gemahlener weißer Pfeffer
frisch geriebene Muskatnuss
1 Eigelb, 50 ml Sahne
20 g frisch geriebener Casena di Valtellina
1 EL geschlagene Sahne
Außerdem:
Butter für die Form
30 g frisch geriebener Pecorino
20 g Butterflöckchen
1 TL gehackter Oregano
grob zerstoßener Pfeffer

Cima di rapa ist nicht überall zu bekommen. Als Ersatz kann man auch Brokkoli verwenden. Ihm fehlt jedoch der bittere Geschmack.

Die Zwiebeln und den Knoblauch schälen und fein hacken. Den Sellerie putzen, die gröbsten Fäden entfernen und den Sellerie klein würfeln. Das Öl in einem Topf erhitzen und die Zwiebel-, Knoblauch- und Selleriewürfel darin 2 Minuten anschwitzen.

Cima di rapa putzen, die Stiele in etwa 6 cm lange Stücke schneiden, dickere Stiele halbieren. Die jüngeren, zarteren Blätter und die Röschen ganz belassen, die größeren Blätter zerkleinern. Die Stiele in einem Topf mit dem Fond übergießen und 20 Minuten köcheln lassen. In der Zwischenzeit die Tomaten blanchieren, häuten, vierteln, Stielansätze und Sa-

men entfernen und die Viertel quer halbieren. Die Tomaten mit den Kohlblättern und -röschen zufügen und noch 5 Minuten mitköcheln lassen. Mit Salz und Pfeffer würzen.

Die Maccheroncini in sprudelnd kochendem Salzwasser al dente garen, abgießen und kalt abschrecken. Mit dem Gemüse vermischen und in eine gebutterte Auflaufform füllen.

Für die Sauce die Butter in einer Kasserolle zerlassen und das Mehl darin unter ständigem Rühren farblos anschwitzen. Die Milch zugießen, glatt rühren und mit Salz, Pfeffer und Muskatnuss würzen. Unter Rühren etwa 20 Minuten köcheln lassen. Das Eigelb mit der Sahne verquirlen und die Sauce damit legieren. Einmal kräftig aufkochen lassen und die Sauce durch ein Sieb passieren. Erneut erhitzen, den Käse einstreuen und unter Rühren schmelzen. Zuletzt die geschlagene Sahne vorsichtig unterziehen.

Die Sauce über die Gemüse-Nudel-Mischung gießen, den Pecorino darüber verteilen und mit den Butterflöckchen belegen. Bei 200 °C im vorgeheizten Ofen 20 Minuten überbacken. Mit Oregano und Pfeffer bestreuen und servieren.

Aus römischer Zeit haben viele steinerne Zeugen überlebt. Antike Kochtraditionen sind jedoch in der heutigen römischen Küche kaum mehr auszumachen – außer vielleicht der Vorliebe für frische Kräuter.

Mit der pikanten Tomatensauce werden die römischen Maisgrießplätzchen zu einem delikaten Hauptgericht.

Gnocchi alla romana

Diese Gnocchi aus Maisbrei gehören zu den Gerichten, die international bekannt wurden. Der Maisgrieß verleiht ihnen ein herrlich nussiges Aroma, das sehr gut zu der Würze der Sauce passt.

Für die Polenta (Maisbrei):
1/2 l Wasser
1 TL Salz
150 g Maisgrieß (mittlere Körnung)
Für die pikante Tomatensauce:
500 g reife, saftige Tomaten
80 g Zwiebeln
1 Knoblauchzehe
1 kleine rote Peperoni
5 EL Olivenöl
2 EL gehackte Petersilie
1 EL gehackte Kräuter
100 ml Fleischbrühe
30 g Ricotta salata (gesalzene Ricotta)
Salz
Für die Kräuterbutter:
100 g Butter
1 zerdrückte Knoblauchzehe
2 EL gehackte Kräuter
Außerdem:
Butter für die Form
40 g frisch geriebener Parmesan

Mit einem Ring von 6,5 cm Durchmesser ovale Scheiben ausstechen. Dachziegelartig in eine gebutterte Auflaufform schichten, mit Parmesan bestreuen. Die zerlassene Kräuterbutter darüber verteilen.

Für die Polenta das Wasser mit dem Salz in einem Topf zum Kochen bringen. Den Maisgrieß in dünnem Strahl in das Wasser rieseln lassen und gleichzeitig mit einem Holzlöffel kräftig rühren, damit sich keine Klumpen bilden. Diese entstehen vor allem, wenn die Temperatur des Wassers unter den Siedepunkt fällt. Da der Brei am Anfang sehr spritzt, sollte der Topf abgedeckt werden. Die Polenta rühren, bis sie sich nach etwa 20 Minuten vom Topf löst. Den Maisbrei auf ein nasses Brett schütten, mit einer Palette 1 cm dick verstreichen und abkühlen lassen.

Die Polenta-Gnocchi werden aus einer Maisbreiplatte ausgestochen und erhalten so ihre typisch runde Form. Sie schmecken ebenfalls sehr gut zu einem Wildragout.

Für die Sauce die Tomaten blanchieren, häuten, halbieren, Stielansätze und Samen entfernen und das Fruchtfleisch klein würfeln. Die Zwiebeln schälen und fein würfeln. Die Knoblauchzehe schälen und in dünne Scheibchen schneiden. Die Peperoni waschen, der Länge nach halbieren, von den Samen und Scheidewänden befreien und fein hacken.

In einer Kasserolle das Öl erhitzen, die Zwiebel- und die Knoblauchwürfel darin anschwitzen. Die Petersilie und die gehackten Kräuter (Oregano, Salbei und Rosmarin) sowie die Peperoni mit den gewürfelten Tomaten zugeben, mit der Fleischbrühe aufgießen und 20 Minuten zugedeckt schmoren lassen.

Für die Kräuterbutter die Butter in einem Topf zerlassen und den Knoblauch darin kurz anschwitzen. Die Kräuter (Petersilie, Oregano, Rosmarin) einrühren und den Topf beiseite stellen. Weiterverfahren, wie in der Bildfolge links gezeigt.

Die gefüllte Auflaufform bei 220 °C in den vorgeheizten Ofen schieben. Die Gnocchi etwa 10 Minuten backen und zum Schluss noch 1 Minute unter den Grill stellen. Vor dem Servieren die frisch geriebene Ricotta unter die Tomatensauce rühren und nach Bedarf mit Salz abschmecken.

Krautfleckerln werden im Wiener Interconti als Beilage gereicht. À la minute in der Pfanne zubereitet und zur gepökelten Entenbrust gereicht – eine wahre Delikatesse.

Eine besonders feine Variante der beliebten Schinkenfleckerln.

Krautfleckerln

Das ist sozusagen die österreichische Version vom Nudelauflauf, richtig etwas zum Sattessen – und wenn der Nudelteig selbst gemacht und der Schinken von bester Qualität ist, dann ist das Ganze zwar ein einfaches, aber delikates Gericht.

Für den Nudelteig:
200 g Mehl, 2 Eier, 1 EL Öl, 1/2 TL Salz
Für den Auflauf:
300 g frisches Weißkraut
100 g durchwachsener Räucherspeck
150 g gekochter Schinken
90 g Zwiebeln, 30 g Butter
Für die Eiermilch:
3 Eier, 125 g Crème fraîche, 1/8 l Milch
Salz, frisch gemahlener Pfeffer
Außerdem:
30 g Butter für die Form, 60 g zerlassene Butter

Weißkraut ist nicht jedermanns Sache. Will man die Kraut- zu Schinkenfleckerln umfunktionieren, braucht man nur das Kraut wegzulassen und den Anteil an gekochtem Schinken auf 250 g zu erhöhen.

Die Zwiebeln, das Weißkraut, den Speck und den Schinken in eine Schüssel geben. Die gekochten Fleckerln untermischen.

Eine Form mit Butter fetten und die Mischung einfüllen. Die Oberfläche glatt streichen. Die Eiermilch gleichmäßig darüber gießen.

Aus den angegebenen Zutaten einen Nudelteig zubereiten. Den Teig in Folie wickeln und im Kühlschrank 1 Stunde ruhen lassen. Den Teig auf einer bemehlten Arbeitsfläche dünn ausrollen und leicht antrocknen lassen. Anschließend zu Fleckerln, das sind kleine Quadrate mit 1,5 cm Kantenlänge, schneiden, in sprudelnd kochendem Salzwasser al dente garen und abseihen. Kurz mit kaltem Wasser abbrausen, sodass sie nicht zusammenkleben und sich später gut mischen lassen.

In der Zwischenzeit das Weißkraut blanchieren, abschrecken, die groben Rippen herausschneiden und die Krautstücke in Streifen schneiden. Den Speck in feine, den Schinken in gröbere Würfel schneiden. Die Zwiebeln fein hacken. Die Butter in einer kleinen Pfanne zerlassen und die Zwiebelwürfel darin hell anschwitzen.

Für die Eiermilch die Eier mit der Crème fraîche verrühren, die Milch zugeben und würzen. Weiterverfahren, wie in der Bildfolge links gezeigt.

Die gefüllte Auflaufform bei 200 °C in den vorgeheizten Ofen schieben und 40 bis 45 Minuten backen, bis die Oberfläche schön kross gebräunt ist. Zwischendurch mit der zerlassenen Butter bepinseln, damit die Oberfläche nicht trocken wird.

Der Kartoffelteig wird durch Mehl und Eigelb geschmeidig und lässt sich gut formen. Neben den kleinen Gnocchetti werden daraus auch die bekannteren größeren Gnocchi zubereitet.

Die italienischen Teigwaren, aus selbst gemachtem frischem Kartoffelteig, mit einem Ragout von Lammfleisch.

Gnocchetti-Gratin

Frisch muss der Teig sein und zügig zu den kleinen Nudeln verarbeitet werden, damit er die richtige Konsistenz zum Formen hat. Es eignen sich nur mehlige Kartoffeln dafür, die im Ofen gebacken werden, damit sie für das weitere Verarbeiten schön trocken sind.

Für die Gnocchetti:
500 g mehlig kochende Kartoffeln
100 g Mehl, 50 g Grieß, 1 TL Salz, 1 Eigelb
Für das Lammragout:
400 g Lammfleisch aus der Keule
80 g Zwiebeln, 2 Knoblauchzehen
40 g Stangensellerie, 80 g rote Paprikaschote
1 kleine grüne Peperoni, 100 g Zucchini
Salz, frisch gemahlener Pfeffer
3 EL Olivenöl, 100 ml Rotwein
1 EL gehackte Kräuter
(Thymian, Rosmarin, Petersilie)
200 ml Lammfond
Außerdem:
Öl für die Form
100 g leicht gereifter Ziegenfrischkäse
30 g zerlassene Butter zum Beträufeln
1 TL gehackte Kräuter (Thymian, Rosmarin)

Für die Gnocchetti die Kartoffeln waschen, in Alufolie wickeln und 1 Stunde bei 200 °C im vorgeheizten Ofen backen.

Für das Ragout Lammfleisch in etwa 1 cm große Würfel schneiden. Zwiebeln und Knoblauch schälen und fein hacken. Stangensellerie ebenfalls fein hacken. Paprikaschote und Peperoni halbieren, Samen und Scheidewände entfernen, Paprika in kleine Würfel, Peperoni in feine Streifen schneiden. Zucchini von Blüten- und Stielansatz befreien, das Fruchtfleisch in 5 mm große Würfel schneiden.

Das Lammfleisch salzen und pfeffern. Öl in einem Topf erhitzen und das Fleisch darin von allen Seiten kräftig anbraten. Zwiebel-, Knoblauch- und Selleriewürfel kurz mitbraten. Mit dem Rotwein ablöschen. Thymian, Rosmarin, Petersilie, Peperoni und Paprika zugeben, den Lammfond zugießen und 20 Minuten schmoren. Die Zucchiniwürfel zum Fleisch geben, weitere 5 Minuten schmoren lassen. Abschmecken.

Für die Gnocchetti die Folie von den Kartoffeln entfernen und mit einem Löffel den Inhalt aus der Schale holen. Das Mehl auf eine Arbeitsfläche häufen, in die Mitte eine Mulde drücken und Grieß, Salz und Eigelb hineingeben. Die heißen Kartoffeln durch die Kartoffelpresse kranzförmig auf den Mehlrand drücken. Alles zu einem glatten Teig verkneten, kurz ruhen lassen. Den Teig zu Strängen von etwa 5 mm Dicke rollen, mit Mehl bestauben und 1 cm lange Stücke abschneiden. Die Gnocchetti in sprudelnd kochendes Salzwasser einlegen und gar ziehen lassen. Sobald sie an die Oberfläche steigen, mit einem Schaumlöffel vorsichtig herausheben.

Eine Auflaufform ausfetten, das Lammragout einfüllen und die Gnocchetti darauf verteilen. Den Ziegenfrischkäse in Würfel schneiden und darüber streuen. Alles mit zerlassener Butter beträufeln und bei 200 °C im vorgeheizten Ofen 15 Minuten überbacken. Mit den gehackten Kräutern bestreuen.

Merlot ist der Hauswein der Tessiner. Er passt ganz ausgezeichnet zu den Gerichten der Region.

Die Kartoffelklößchen werden mit einer kräftigen und aromatischen Sauce gemischt.

Gratinierte Gnocchi mit zweierlei Käse

Die Gnocchi vertragen bestens den kräftigen Geschmack der zwei Käsesorten. Der gut gereifte Bergkäse gibt dem Gericht die Würze und der Gorgonzola sein unvergleichliches Blauschimmel-Aroma.

Für die Gnocchi:
600 bis 700 g mehlig kochende Kartoffeln
200 g Mehl, 2 Eier
Salz, frisch gemahlener weißer Pfeffer
Für die Sauce:
20 g Zwiebel, 1 Knoblauchzehe
50 g roher Schinken (Parma oder Graubündner)
100 g gekochter Schinken
100 g Bergkäse aus dem Tessin
200 g Gorgonzola
250 g Tomaten, 300 ml Sahne, 20 g Butter
Salz, frisch gemahlener weißer Pfeffer

Solche Kartoffelgnocchi erfreuen sich im Tessin großer Beliebtheit. Sie lassen sich mit den landestypischen Käse- und Schinkenspezialitäten bestens kombinieren.

In der Altstadt von Lugano lässt es sich hervorragend einkaufen – das Angebot der Märkte ist sowohl italienisch als auch typisch schweizerisch.

Außerdem:
Butter für die Förmchen

Für die Gnocchi die Kartoffeln waschen und bürsten. Einzeln in Alufolie wickeln und bei 200 °C im vorgeheizten Ofen 1 Stunde garen. Die Kartoffeln aus der Folie nehmen und pellen. Das Mehl auf eine Arbeitsfläche häufen und in die Mitte eine Mulde drücken. Die heißen Kartoffeln durch eine Kartoffelpresse kranzförmig auf den Mehlrand drücken und dabei gleichmäßig verteilen. Die Eier nacheinander in die Mulde aufschlagen, Salz und Pfeffer hineingeben und von außen etwas Mehl und Kartoffeln mit den Händen darüber häufen. Mit den Fingern die Zutaten von innen nach außen miteinander vermischen, bis daraus Krümel entstanden sind. Durch kräftiges Drücken mit beiden Händen möglichst rasch einen

glatten Teig kneten, dabei nicht länger als nötig bearbeiten und 5 Minuten ruhen lassen.

Den Kartoffelteig zu 2 Strängen von 2 cm Durchmesser rollen und mit Mehl bestauben. Etwa 1 cm breite Stücke abschneiden, diese über eine Raspel abrollen und dabei das Gittermuster eindrücken. Die Gnocchi portionsweise in sprudelnd kochendes, leicht gesalzenes Wasser einlegen, die Hitze reduzieren und die Gnocchi in 5 bis 8 Minuten gar ziehen lassen. Herausheben und gut abtropfen lassen.

Für die Sauce die Zwiebel und den Knoblauch schälen und fein hacken. Den rohen Schinken fein würfeln, den gekochten Schinken in 1/2 cm große Würfel schneiden. Den Bergkäse und den Gorgonzola klein würfeln. Die Tomaten blanchieren, häuten, die Stielansätze und Samen entfernen und das Fruchtfleisch ebenfalls klein würfeln. Die Sahne in einem Topf auf 2/3 reduzieren.

Die Butter in einem entsprechend großen Topf zerlassen und die Zwiebel- und Knoblauchwürfel darin hell anschwitzen. Die beiden Schinkensorten kurz mitbraten. Die reduzierte Sahne zugießen. Beide Käsesorten in der Sahne-Schinken-Mischung schmelzen lassen. Die Tomatenwürfel in die Sauce einrühren. Salzen und pfeffern.

4 Portionsförmchen, am besten solche aus Steingut, mit Butter ausfetten und die Gnocchi darin verteilen. Die Sauce über die Gnocchi gießen und 20 Minuten bei 200 °C im vorgeheizten Ofen backen, bis das Gericht eine goldene Kruste hat.

In den Dörfern des Tessins, aber auch der Lombardei, ist die Küche deftig und man ist durchaus erfinderisch, wie das folgende Rezept beweist.

Eine Pasta-Delikatesse für den Frühsommer, wenn es die ersten zarten Zucchini gibt.

Nudelgratin mit jungen Zucchini

Man nimmt für dieses Rezept nur die jungen Zucchini mit Blüten, und für das Ragout nicht einfach Schweinefleisch, sondern das vom zarten Ferkel. Übrigens kann man die Capellini nach Lust und Laune auch einmal durch selbst gemachte dünne Bandnudeln ersetzen.

150 g Capellini, Salz
Für das Ragout:
60 g Zwiebel, 2 Knoblauchzehen
400 g Fleisch aus der Keule vom Spanferkel
500 g Tomaten, 100 g Möhren
100 g Stangensellerie, 2 EL Olivenöl
1 EL Tomatenmark, 1/4 l Weißwein
Salz, frisch gemahlener schwarzer Pfeffer
1/2 EL Thymianblätter
1 EL gehackte Petersilie
10 kleine Zucchini mit Blüten
Außerdem:
60 g frisch geriebener Schweizer Bergkäse, 20 g Semmelbrösel
Butter für die Form
20 g Butterflöckchen

Die Hälfte der Nudeln in die Auflaufform geben. Darauf die Hälfte des Ragouts gleichmäßig verteilen und mit der Hälfte der Zucchini belegen. Den Vorgang wiederholen. Mit der Käse-Semmelbrösel-Mischung bestreuen und die Butterflöckchen darauf verteilen.

Zwiebel und Knoblauch schälen und fein hacken. Spanferkelfleisch von Haut und Sehnen befreien, in kleine Würfelchen schneiden. Tomaten blanchieren, abschrecken und häuten, Stielansätze und Samen entfernen und das Fruchtfleisch in feine Würfel schneiden. Möhren schälen und fein würfeln. Stangensellerie waschen und in Scheiben schneiden.

In einer Pfanne das Öl erhitzen und darin die Zwiebel- und Fleischwürfel scharf anbraten. Möhren, Sellerie und Knoblauch mitdünsten. Das Tomatenmark unterrühren und kurz anbraten. Sofort den Wein angießen, 30 Minuten köcheln lassen. Die Tomatenwürfel zufügen und mit Salz und Pfeffer würzen. Erneut 30 Minuten bei geringer Hitze schmoren und zum Schluss die Kräuter unterrühren.

In der Zwischenzeit die Nudeln in sprudelnd kochendem Salzwasser al dente garen, abseihen und kalt abschrecken. Die gewaschenen und abgetrockneten Zucchini mit den Blüten der Länge nach halbieren, den Blütenstempel entfernen und die Schnittflächen ganz leicht salzen und pfeffern. Den Käse mit den Semmelbröseln vermischen. Eine Auflaufform mit Butter ausstreichen und die Zutaten einschichten, wie in der Bildfolge links gezeigt. Bei 190 °C im vorgeheizten Ofen 30 bis 40 Minuten backen, bis das Gericht eine goldbraune Kruste hat.

Neugierig aus dem Stall blickend, beobachten die Ziegen die Umgebung. Aus ihrer Milch wird Ziegenkäse nach traditioneller Art hergestellt.

Einfach und köstlich: Die Kombination von würzigem gereiftem und mildem frischem Ziegenkäse mit Röhrennudeln.

Makkaroni mit Ziegenkäse gratiniert

Röhrennudeln sind für solche gratinierten Nudelgerichte besonders gut geeignet, weil sie den anderen Zutaten in der Auflaufform genügend Raum lassen, und der Käse sich dazwischen gut verteilen und sein köstliches Aroma voll entfalten kann.

300 g Makkaroni oder Zite, Salz
Für die Sauce:
1 Knoblauchzehe, 80 g Zwiebeln
600 g Tomaten, 20 g Butter
2 EL gehackte Kräuter
Salz, frisch gemahlener Pfeffer

Die Ziegenmilch verarbeitet Frau Ager auf dem Bauernhof »Les Embêts« selbst zu Käse, der manchmal frisch verzehrt wird, manchmal länger reift.

Außerdem:
Butter für die Form
30 g geriebener gereifter Ziegenkäse
100 g frischer Ziegenkäse

Die Nudeln in sprudelnd kochendem Salzwasser al dente garen. In einem Sieb abseihen.

Den Knoblauch und die Zwiebeln schälen und fein hacken. Die Tomaten blanchieren, häuten, vierteln, Stielansätze und Samen entfernen und das Fruchtfleisch würfeln. Die Butter in der Pfanne zerlassen, den Knoblauch und die Zwiebeln kurz anschwitzen. Die Tomaten zugeben und 2 bis 3 Minuten mitdünsten. Die Kräuter (Basilikum, Thymian, Oregano und Petersilie) zugeben, salzen und pfeffern. Die Nudeln untermischen.

Eine Auflaufform mit Butter ausstreichen und die Nudelmischung einfüllen. Mit dem geriebenen Ziegenkäse bestreuen. Den frischen Ziegenkäse in Scheiben schneiden und auf den Nudeln verteilen. Bei 200 °C in den vorgeheizten Ofen schieben und 20 Minuten backen.

Ziegenkäse verändert mit zunehmender Reife sein Aroma. Ein frischer, nur wenige Tage alter Käse ist mild und fast ohne den typischen »Ziegengeschmack«, während bei dem gereiften, harten Ziegenkäse eben dieses Aroma sehr stark ist.

Leicht gebräunt unter knuspriger Kruste – ein klassisches Gericht aus der Pasta-Küche.

Nudelauflauf mit Schinken und Gemüse

Locker in der Struktur ist dieser Auflauf – dafür sorgen die kleinen Hohlnudeln –, der zugleich durch sein mediterranes Aroma besticht, für das die verschiedenen Gemüsesorten, die Oliven, frische Kräuter und der würzige Schafkäse sorgen. Und leicht ist er obendrein, denn hier reichen relativ wenig Ei und Sahne aus, um ihn saftig zu halten und ihm dennoch die gewünschte Bindung zu geben.

250 g Malloreddus sardi oder andere kurze Röhrennudeln, Salz
Für das Gemüse:
500 g Tomaten, 200 g Zucchini
300 g Erbsenschoten
100 g Zwiebeln, 2 Knoblauchzehen
12 schwarze Oliven
200 g gekochter Schinken
5 EL Pflanzenöl
Salz, frisch gemahlener Pfeffer
1/2 TL gehackter Thymian

Schichtweise eingefüllt, bleibt das Gemüse zwischen den zwei Lagen von Nudeln schön saftig.

Frische Kräuter gehören in viele Pastagerichte. Wer sie selbst auf der Fensterbank oder gar im Gewächshaus zieht, hat immer welche zur Hand.

2 EL in Streifen geschnittenes Basilikum
1 EL gehackte Petersilie
60 g frisch geriebener Pecorino
1 Ei, 100 ml Sahne
Außerdem:
Öl für die Form
2 bis 3 EL zerlassene Butter

Die Tomaten blanchieren, häuten, Stielansätze und Samen entfernen und das Fruchtfleisch in Achtel schneiden. Die Zucchini waschen, die Blüten- und Stielansätze entfernen und das Fruchtfleisch in 3 cm lange, nicht zu feine Stifte schneiden. Die Erbsen auspalen. Die Zwiebeln und die Knoblauchzehen

schälen und fein hacken. Die Oliven halbieren und entsteinen. Den Schinken in Streifen schneiden.

Die Malloreddus sardi oder die Röhrennudeln in sprudelnd kochendem Salzwasser al dente garen, abgießen und gut abtropfen lassen.

In der Zwischenzeit das Öl in einer entsprechend großen Pfanne erhitzen und die Zwiebel- und Knoblauchwürfel darin hell anschwitzen. Die Tomaten sowie die Zucchini 1 bis 2 Minuten mitschwitzen. Salzen und pfeffern und mit der Hälfte der Kräuter bestreuen. Den Schinken mit den ausgepalten Erbsen und den Oliven unter das Gemüse mischen.

Eine feuerfeste Form mit Öl ausstreichen und die Hälfte der Nudeln einfüllen. Die Gemüsemischung darauf verteilen und mit den restlichen Nudeln bedecken. Mit dem Käse bestreuen. Das Ei mit der Sahne und den restlichen Kräutern gut verrühren und gleichmäßig über die Nudeln gießen. Den Auflauf bei 200 °C im vorgeheizten Ofen 30 bis 40 Minuten backen, dabei ab und zu mit der zerlassenen Butter beträufeln.

Auberginen gehören auf dem Balkan zur täglichen Küche. Mit kräftigen Gewürzen wie Paprika harmonieren sie immer zu Pasta-Gerichten.

Das klassische Duett von Auberginen und Lammfleisch wird hier einmal mit Nudeln ergänzt.

Auberginenauflauf mit Spaghetti

Eine »Musaka« wird im Original zwar ohne Spaghetti zubereitet, diese ergänzen bei der folgenden Variante aber das Lammragout und das Gemüse dennoch perfekt. Darüber hinaus ist dieser Auflauf auch nicht so kalorienreich wie eine »echte« Musaka, da die Auberginenscheiben hier nicht, wie sonst üblich, zuvor in Olivenöl gebraten werden.

250 g Spaghetti, Salz
Für die Füllung:
400 g Auberginen, 1 TL Salz
100 g Zwiebeln, 1 Knoblauchzehe
300 g Lammfleisch ohne Knochen
250 g Tomaten
4 EL Olivenöl
1/2 TL Salz, frisch gemahlener Pfeffer
2 TL edelsüßes Paprikapulver
Für die Sauce:
20 g Butter, 10 g Mehl
1/8 l Fleischbrühe
1/8 l Sahne
100 g geriebener Käse (Balkanski kaskaval)
Außerdem:
30 g Butter für die Form
1 EL gehackte Petersilie zum Bestreuen

Die Auberginenscheiben mit Küchenpapier abtrocknen und eine Schicht in die ausgebutterte Form legen. Darauf die Hälfte der Spaghetti geben. Die halbe Menge der Fleischfüllung aufstreichen und mit den restlichen Spaghetti bedecken. Die restliche Fleischfüllung darauf verteilen und die verbliebenen Auberginenscheiben auflegen. Die Käsesauce so darüber gießen, dass sie sich gleichmäßig in dem Auflauf verteilen kann.

Auberginen waschen, abtrocknen und in 1 cm dicke Scheiben schneiden, in ein Gefäß legen und mit Salz bestreuen, um die Bitterstoffe zu entfernen.

Die Zwiebeln schälen und fein hacken, die Knoblauchzehe schälen und zerdrücken. Lammfleisch in ganz kleine Würfel schneiden. Tomaten blanchieren, häuten, halbieren, Stielansätze und Samen entfernen und das Fruchtfleisch würfeln. Öl in einer Pfanne erhitzen, Zwiebelwürfel und Knoblauch darin anschwitzen. Fleisch zugeben, bei großer Hitze schnell anbraten. Tomatenwürfel zufügen. Mit Salz, Pfeffer und dem Paprikapulver würzen und bei reduzierter Hitze 8 bis 10 Minuten dünsten.

Die Spaghetti in sprudelnd kochendem Salzwasser al dente garen und ablaufen lassen, aber nicht kalt abbrausen. Für die Sauce die Butter in einer Kasserolle zerlassen, das Mehl zugeben und hell anschwitzen. Mit der Fleischbrühe unter Rühren ablöschen und etwas einkochen lassen. Die Sahne zugießen und nochmals weitere 6 bis 8 Minuten kochen, bis eine glatte, aber nicht zu dicke Sauce entstanden ist. Den Käse unter Rühren in der Sauce schmelzen. Den Auflauf einschichten, wie in der Bildfolge links gezeigt. Bei 200 °C im vorgeheizten Ofen 25 bis 30 Minuten backen, bis die Oberfläche gleichmäßig gebräunt ist. Mit Petersilie bestreuen und servieren.

Die Auberginenscheiben in eine Form einschichten, würzen, mit dem Öl übergießen und zugedeckt mindestens 1 Stunde durchziehen lassen.

Die Nudeln für diesen legendären Nudelauflauf werden im Kalbsfond gekocht, dadurch erhält das Gericht eine besonders würzige Note.

Pastítsio

Für die Auberginenscheiben:
300 bis 400 g Auberginen, 2 Knoblauchzehen
1/2 TL Salz, frisch gemahlener Pfeffer
1/8 l Pflanzenöl
Für die Füllung:
300 g Makkaroni, 1 1/2 l Kalbsfond
600 g Lammfleisch, 1/2 TL Salz
frisch gemahlener Pfeffer
1 kleine Chilischote
150 g durchwachsener Räucherspeck
60 g Zwiebel, 40 g Möhre, 60 g Lauch
500 g reife Tomaten, 2 EL Pflanzenöl
2 EL gehackte frische Kräuter
Für die Käsesauce:
20 g Butter, 20 g Mehl, 1/4 l Milch
Salz, frisch gemahlener Pfeffer
60 g geriebener Kefalotiri
Außerdem:
Butter für die Form

Die Auberginen in etwa 1/2 cm starke Scheiben schneiden, die Knoblauchzehen zerdrücken. Weiterverfahren, wie im Bild oben links gezeigt. Die Makkaroni in dem sprudelnd kochenden Kalbsfond al dente garen, abseihen, dabei den Fond auffangen und die Makkaroni zugedeckt beiseite stellen. Den Fond auf 1/8 l reduzieren. Das Fleisch sehr klein würfeln, in eine Schüssel füllen, salzen und pfeffern, beiseite stellen. Die Chilischote halbieren, von Samen und Scheidewänden befreien, das Fruchtfleisch ganz fein schneiden und über das Fleisch streuen. Den Speck, die Zwiebel, die Möhre und den Lauch ganz klein würfeln. Tomaten blanchieren, kalt abschrecken, häuten, halbieren, Stielansätze und Samen entfernen und das Fruchtfleisch würfeln. In einer Kasserolle das Öl erhitzen, den Räucherspeck, die Zwiebel-, Möhren- und Lauchwürfel zugeben und bei starker Hitze kurz anschwitzen. Das Lammfleisch zufügen und unter ständigem Rühren einige Minuten anbraten. Die Tomatenwürfel einrühren und weitere 5 bis 10 Minuten schmoren. Die reduzierte Kalbsbrühe zugießen, die gehackten Kräuter (Thymian, Petersilie, Liebstöckel) einstreuen und, wenn nötig, salzen und pfeffern. In der offenen Kasserolle weiterschmoren, bis die Flüssigkeit fast verdunstet ist. Für die Sauce die Butter zerlassen und das Mehl ohne Farbe anschwitzen. Mit der Milch glatt rühren, würzen und unter Rühren etwa 20 Minuten kochen. Den Käse darin schmelzen. Eine Form von 2,5 l Inhalt mit Butter ausstreichen und, wie in der Bildfolge unten gezeigt, füllen. Bei 200 °C im vorgeheizten Ofen 30 bis 40 Minuten garen.

Den Boden einer gebutterten Form mit einer Schicht Makkaroni auslegen und darauf die Hälfte der Lammfleischfüllung gleichmäßig verteilen.

Eine Lage Nudeln auflegen, darauf die Auberginen überlappend einschichten. Die restliche Füllung darauf verteilen.

Die letzte Makkaronischicht darüber legen, gleichmäßig mit der Käsesauce übergießen und die Oberfläche mit einem Spatel glatt streichen.

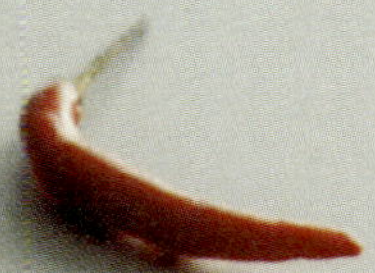

Fruchtige Tomaten und zweierlei Paprika geben dem Gericht frischen Geschmack und reichlich Vitamine.

Gratin vom Huhn mit Nudeln

Hühnerfleisch mit Nudeln, wie hier mit viel Gemüse und exotischen Gewürzen kombiniert, ist ein leichtes, sommerliches Gericht. Wer sich die Mühe sparen und auf fertige Nudeln zurückgreifen möchte, kann breite Bandnudeln, die auch unter dem Namen Lasagnette bekannt sind, verwenden.

Für den Nudelteig:
125 g Mehl, 125 g Hartweizengrieß
2 Eier, 1 Eigelb, 1/3 TL Salz
Für das Hähnchen:
1 küchenfertiges Hähnchen (etwa 1,2 kg)
Salz, frisch gemahlener Pfeffer
2 TL edelsüßes Paprikapulver, 4 EL Olivenöl
je 200 g rote und grüne Paprikaschoten
600 g Tomaten, 60 g Zwiebel
2 Knoblauchzehen, 2 TL Zitronensaft
1 Messerspitze gemahlener Zimt, 1/2 TL Zucker
1 EL gehackter Oregano, 1 EL gehackte Petersilie
Außerdem:
Butter für die Form
60 g frisch geriebener Kefalotiri

Für den Teig das Mehl auf eine Arbeitsfläche sieben, den Grieß zugeben und in die Mitte eine Mulde drücken. Eier, Eigelb und Salz hineingeben. Die Zutaten in der Mulde verrühren, dabei immer mehr Mehl vom Rand mit hineinnehmen. Mit den Händen zu einem Teig verkneten, zu einer Kugel formen, in Folie wickeln und 1 Stunde kühl ruhen lassen.

Das Hähnchen innen und außen unter fließendem kaltem Wasser waschen, trockentupfen. Der Länge nach halbieren, salzen, pfeffern und mit Paprikapulver bestreuen.

In einer entsprechend großen Pfanne 2 EL Öl erhitzen und die Hähnchenhälften darin rundherum anbraten. Bei 200 °C im vorgeheizten Ofen weitere 30 Minuten braten, dabei hin und wieder mit dem Bratsatz bestreichen. Herausnehmen und abkühlen lassen. Das Fleisch von den Knochen lösen und in Stücke schneiden.

Die Paprikaschoten halbieren, Samen und Scheidewände entfernen und das Fruchtfleisch in 1 cm große Stücke schneiden. Die Tomaten blanchieren, häuten, vierteln, Stielansätze und Samen entfernen und die Viertel quer halbieren. Die Zwiebel und die Knoblauchzehen schälen und fein hacken.

Das restliche Öl in einer Pfanne erhitzen und die Zwiebel- und Knoblauchwürfel darin anschwitzen. Die Paprikastücke 5 Minuten mitdünsten. Tomaten, Zitronensaft, Zimt, Zucker, Salz und Pfeffer zugeben und weitere 3 Minuten mitdünsten. Das Hähnchenfleisch untermischen und beiseite stellen.

Für die Lasagnette den Teig auf einer bemehlten Arbeitsfläche dünn ausrollen und in 1,5 bis 2 cm breite Streifen schneiden. Die Nudeln in sprudelnd kochendem Salzwasser al dente garen, abseihen und gut abtropfen lassen.

Die Lasagnette unter die Hähnchen-Paprika-Mischung heben. Alles zusammen 2 bis 3 Minuten erhitzen und mit Oregano und Petersilie würzen. Eine feuerfeste Form mit Butter ausfetten. Die Mischung einfüllen und mit dem Käse bestreuen. Bei 200 °C im vorgeheizten Ofen 10 bis 15 Minuten überbacken, bis die Oberfläche schön gebräunt ist.

Halbierte Sepien zu der Gemüsemischung geben und weitere 5 Minuten köcheln lassen. Die gekochten Nudeln untermischen.

Meeresfrüchte und Gemüse frisch vom Markt: Das ist Küchenalltag in Mexiko.

Nudelauflauf mit Tomaten und Sepien

Eine Kombination für Feinschmecker – kleine Hohlnudeln und Tintenfische mit einer fruchtigen Tomatensauce serviert. Die verdankt ihre Schärfe dem mexikanischen Habanero-Chili – der wahrscheinlich schärfsten Chilisorte der Welt. Wer's nicht ganz so scharf liebt, greift besser zu anderen Chilisorten oder zu Peperoni. Dieser Auflauf verlangt zudem nach dem mexikanischen Queso añejo, einem trockenen weißen Käse aus Kuhmilch, der sich – fein gerieben – bestens zum Überbacken eignet, da er beim Schmelzen keine Fäden zieht. Ersatzweise kommt ein Pecorino romano, Parmesan oder ein anderer guter Extrahartkäse in Frage.

Auf manchem Markt in Mexiko ist das Angebot der einzelnen Verkäufer eher bescheiden. Aber die Vielzahl der Stände gewährleistet, dass man dennoch aus einer Fülle an Waren auswählen kann.

Nudeln und Sepien vertragen bestens die intensive Würze des Knoblauchs und die Schärfe des Habanero-Chilis.

500 g kleine Sepien, küchenfertig
100 g weiße Zwiebeln
2 Knoblauchzehen
1 Habanero-Chili
60 g Stangensellerie
60 g Möhre
500 g Tomaten
3 EL Pflanzenöl
Salz
frisch gemahlener Pfeffer
1 EL gehackte Petersilie
400 g Hörnchennudeln
Außerdem:
Öl für die Form
60 g frisch geriebener Queso añejo
1/8 l Sahne

Die Sepien quer halbieren. Zwiebeln und Knoblauch schälen und fein hacken. Die Chilischote halbieren, Samen und Scheidewände entfernen und das Fruchtfleisch fein würfeln (Tipp: dabei am besten Handschuhe tragen). Stangensellerie putzen, die Möhre schälen und das Gemüse in feine Würfel schneiden. Tomaten blanchieren, häuten, Stielansätze und Samen entfernen, das Fruchtfleisch würfeln.

Das Öl in einer entsprechend großen Pfanne erhitzen und die Zwiebel- und Knoblauchwürfel darin anschwitzen, bis sie leicht Farbe annehmen. Die Chili-, Möhren-, Stangensellerie- und Tomatenwürfel zufügen, mit Salz und Pfeffer würzen und 5 Minuten köcheln lassen. Die Petersilie einstreuen. Weiterverfahren, wie im ersten Bild oben links gezeigt.

In der Zwischenzeit die Nudeln in sprudelnd kochendem Salzwasser al dente garen, abseihen und gut abtropfen lassen.

Eine Auflaufform mit Öl auspinseln. Die Nudeln mit der Gemüse-Sepien-Mischung vermengen, wie links oben im zweiten Bild zu sehen, und in die Form einfüllen. Den Käse mit der Sahne verrühren und über die Nudelmischung gießen. Bei 180 bis 200 °C im vorgeheizten Ofen 20 Minuten backen, bis das Gericht eine leichte, helle Kruste bekommen hat.

Sü

Für viele Genießer mag es ein ungewöhnlicher Gedanke sein: Pasta einmal als Dessert oder süßes Hauptgericht serviert. Dennoch gibt es viele gelungene Kreationen – darunter vor allem traditionelle Mehl-

ße Nudeln

speisen aus der österreichischen oder böhmischen Küche –, bei denen Teigwaren aus Mehl oder Kartoffeln mit Schokolade, Nüssen, Früchten und süßen Saucen auf den Tisch kommen. Man muss sich allerdings die Mühe machen und die Nudeln dafür selbst herstellen, denn bereits vorgefertigte »süße« sind nicht im Handel.

Mit Sauerkirschen und Sahne wird diese süße Köstlichkeit zu einem feinen Dessert.

Schokoladennudeln

Solche Schokonudeln können aber durchaus auch einmal als Hauptgericht gereicht werden. Und wer mag, serviert sie statt mit Sahne und Kompott mit Vanillesauce. Dafür 3 Eigelbe und 50 g Zucker in einer Schüssel mit einem Schneebesen cremig rühren. In einem Topf 1/4 l Milch mit dem ausgeschabten Mark von 1/4 Vanilleschote aufkochen. Die heiße Milch portionsweise unter die Eigelbmasse rühren, alles zurück in den Topf gießen und unter Rühren erhitzen, bis die Sauce beginnt, dickflüssig zu werden, dabei aber nicht kochen lassen.

Für die Nudeln:
250 g Weizenmehl, 100 g Kakaopulver
30 g Puderzucker, ausgeschabtes Mark von 1 Vanilleschote, 4 Eier, Salz
Für das Sauerkirschkompott:
1 Glas Sauerkirschen (350 g Abtropfgewicht)
10 g Speisestärke
40 g Zucker, 1 Stück Zimtstange, 1 Nelke
Für die Vanillesahne:
1/8 l Sahne, 20 g Puderzucker
ausgeschabtes Mark von 1/2 Vanilleschote
Zum Garnieren:
Minzeblättchen

Für die Nudeln die Zutaten auf eine Arbeitsfläche geben, wie rechts gezeigt. Alles schnell zu einem glatten Teig kneten. In Folie wickeln und 30 Minuten ruhen lassen. Den Teig mit der Nudelmaschine in mehreren Durchgängen bis zur gewünschten Stärke ausrollen, dabei die Walzen immer enger stellen. Trenette von etwa 3 mm Breite mit dem entsprechenden Vorsatz schneiden. Die Nudeln auf ein Tuch legen und kurz trocknen lassen.

Den Nudelteig mit Kakaopulver sollte man beim Ausrollen reichlich mit Mehl bestauben, weil er sehr leicht festklebt.

Die Sauerkirschen in einem Sieb abtropfen lassen, den Saft auffangen und 1/8 l abmessen, einige Kirschen für die Garnitur zur Seite stellen. Die Speisestärke mit 2 EL Saft anrühren. Den restlichen Saft in einem Topf mit dem Zucker, der Zimtstange und der Nelke aufkochen. Die Speisestärke einrühren und

Das Mehl zusammen mit dem Kakaopulver auf eine Arbeitsfläche sieben. In die Mitte eine Mulde drücken.

Den Puderzucker und das Vanillemark hineingeben, die Eier aufschlagen und in die Mulde gleiten lassen.

unter ständigem Rühren mit dem Schneebesen aufwallen lassen, bis der Saft bindet. Die Kirschen zugeben und gut durchrühren, die Zimtstange und die Nelke entfernen, beiseite stellen.

Für die Vanillesahne die Sahne mit dem Puderzucker und dem Vanillemark halbsteif schlagen. Die Trenette in leicht gesalzenem, sprudelnd kochendem Wasser al dente garen. Abseihen und auf tiefe Teller verteilen. Jeweils mit etwas Sahne und Kirschkompott anrichten, mit Minze garnieren und sofort servieren.

Die Canache-Creme ist eigentlich der Pralinenherstellung abgeschaut. Doch sie eignet sich auch für die Füllung von Schokoladen-Ravioli.

Mit zweierlei Füllungen: Marzipan mit feinem Orangenaroma und zarte Canache-Creme.

Schokoladen-Ravioli mit Sauerkirschen

Ergibt etwa 60 Stück
Für die Canache-Creme:
200 g Halbbitter-Kuvertüre, 1/2 l Sahne
Für den Teig:
250 g Mehl, 100 g Kakaopulver
4 Eier, 30 g Puderzucker
Mark von 1 Vanilleschote
Für die Marzipanfüllung:
30 g Orangeat, 200 g Marzipanrohmasse
80 g Puderzucker, 4 cl Cointreau
Für das Kompott:
250 g Sauerkirschen, 60 g Zucker
40 ml Rotwein, 1 Prise gemahlene Nelken
1 Prise gemahlener Zimt, 1 TL Speisestärke
Für die Vanillesauce:
6 Eigelbe, 100 g Zucker, 1/2 l Milch
1/2 aufgeschlitzte Vanilleschote
Außerdem:
1 Eiweiß zum Bestreichen, Salz
Ananassalbei zum Garnieren

Für die Canache-Creme die Kuvertüre zerkleinern. Die Sahne in einer Kasserolle aufkochen, die Kuvertüre einrühren und unter ständigem gleichmäßigem Rühren in der Sahne schmelzen. Die Masse mit dem Mixstab homogenisieren und einige Stunden, am besten über Nacht, in den Kühlschrank stellen.

Für den Teig Mehl und Kakaopulver auf eine Arbeitsfläche sieben. Mit Eiern, Puderzucker und Vanillemark zu einem glatten Teig kneten.

Für die Marzipanfüllung Orangeat sehr fein würfeln. Marzipan mit Puderzucker und Cointreau verkneten, das Orangeat untermischen. Die Canache-Creme steif schlagen und in einen Spritzbeutel mit Lochtülle Nr. 9 füllen, in den Kühlschrank legen.

Für das Kompott die Kirschen waschen und entsteinen. 80 ml Wasser mit dem Zucker, dem Rotwein und den Gewürzen aufkochen, die Hitze reduzieren und die Kirschen darin 3 bis 4 Minuten dünsten. Die Speisestärke mit etwas kaltem Wasser anrühren, sodass sich keine Klümpchen bilden. Das Kompott damit binden und abkühlen lassen.

Für die Sauce Eigelbe und Zucker mit einem Schneebesen so lange cremig schlagen, bis sich der Zucker gelöst hat. Die Milch mit der Vanilleschote aufkochen. Die Schote herausnehmen, das anhaftende Mark in die Milch zurückstreifen. Die Vanillemilch langsam unter die Eigelbmischung rühren. In einer Kasserolle unter ständigem Rühren erhitzen, bis die Sauce dickflüssig wird; jedoch nicht kochen. Die Sauce durch ein feines Sieb passieren.

Den Teig zu Streifen von 15 x 50 cm ausrollen. Mit einem glatten Teigrädchen 5 x 10 cm große Rechtecke ausradeln. Jeweils etwas Marzipanmasse darauf setzen und einen Canache-Tupfer daneben spritzen. Die Teigränder mit Eiweiß bestreichen und den Teig über der Füllung zusammenschlagen. Die Ränder fest zusammendrücken.

Die Schokoladen-Ravioli in sprudelnd kochendem Salzwasser etwa 5 Minuten garen, herausheben und abtropfen lassen. Die Vanillesauce auf Tellern verteilen. Die Ravioli auf und die Kirschen neben dem Saucenspiegel anrichten. Mit Ananassalbei garnieren und servieren.

Die Füllung der Teigwaren überzeugt durch ihr dezentes Bittermandelaroma, perfekt ergänzt durch eine schaumige Zabaione.

Rote Ravioli mit Ricotta-Amaretti-Füllung

Zunächst mag es verwundern, dass ein Teig für süße Pasta mit Rote-Bete-Saft gefärbt werden soll, doch keine Angst: Der Saft ist ein nahezu geschmacksneutrales Färbemittel. Bei diesen Ravioli ist der farbliche Kontrast zwischen der hellen Füllung und dem tiefroten Teig besonders interessant.

Für den roten Nudelteig:
80 ml Rote-Bete-Saft
250 g Mehl, 2 Eier
1 Eigelb, 2 EL Öl
1/2 TL Salz
Für die Füllung:
50 g Amaretti
200 g Ricotta
50 g Puderzucker
Saft von 1/2 Zitrone
abgeriebene Schale von
1 unbehandelten Zitrone
1 cl Amaretto
Für die Zabaione:
3 Eigelbe, 1 Ei
120 g Zucker, 8 cl Marsala
Außerdem:
1 Eiweiß zum Bestreichen, Salz
einige Blättchen Zitronenmelisse

Ricotta und Puderzucker glatt rühren, dann den Zitronensaft, die Zitronenschale, den Amaretto und die Brösel untermischen.

Mit einem Teelöffel nussgroße Häufchen von der Ricottamischung abnehmen, in die Mitte der markierten Quadrate setzen.

Die Ränder sorgfältig mit Eiweiß bepinseln. Das Eiweiß »klebt« den Teig fest zusammen und verhindert ein Auslaufen der Füllung.

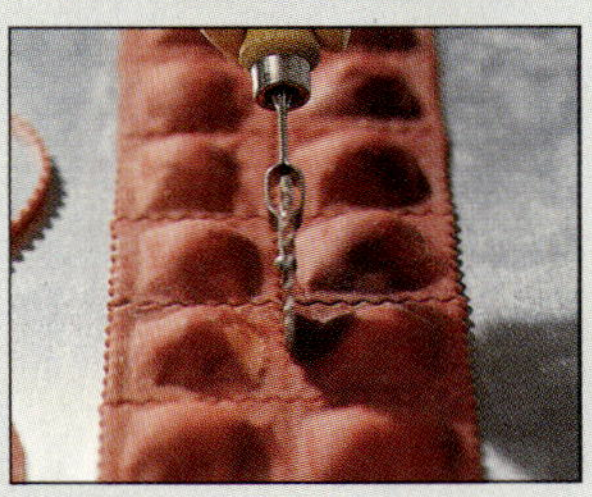

Die Ränder fest andrücken, eventuell entstandene Luftblasen aufstechen und mit dem Teigrad die Ravioli ausschneiden.

Für den Teig den Rote-Bete-Saft auf 30 ml einkochen und abkühlen lassen. Mit den restlichen angegebenen Zutaten zu einem glatten Teig verkneten, in Folie wickeln und 1 Stunde im Kühlschrank ruhen lassen.

Für die Füllung die Amaretti zerbröseln. Dazu am besten das Gebäck in einen Gefrierbeutel füllen und mit dem Nudelholz einige Male darüber rollen. Die Füllung fertig stellen, wie im ersten Bild links gezeigt.

Den Teig auf einer bemehlten Arbeitsfläche möglichst dünn ausrollen und in zwei gleich große Platten teilen. Auf einer der Platten Quadrate von 5 cm Kantenlänge markieren. Weiterverfahren, wie in den restlichen Bildern der Folge links beschrieben, und die Ravioli auf der bemehlten Arbeitsfläche kurz trocknen lassen.

In der Zwischenzeit für die Zabaione die Eigelbe, das Ei und den Zucker in einer Schüssel cremig rühren. Die Schüssel auf ein heißes Wasserbad setzen. Dabei darauf achten, dass das Wasser nicht kocht, sondern stets gerade unter dem Siedepunkt bleibt – und den Marsala zugießen.

Die Masse mit einem Schneebesen schaumig schlagen, bis sie ihr ursprüngliches Volumen verdoppelt hat. Die Schüssel aus dem Wasserbad heben und auf ein Gefäß mit Eiswasser setzen. Die Zabaione mit dem Schneebesen kalt schlagen.

Die Ravioli 5 bis 6 Minuten in kochendem, nur leicht gesalzenem Wasser garen, herausheben und gut abtropfen lassen, aber nicht kalt abbrausen. Mit der Zabaione auf Tellern anrichten und mit Zitronenmelisse-Blättchen garnieren.

Viele solcher Mehlspeisen haben ihren Ursprung in den Ländern der ehemaligen k.u.k.-Monarchie.

Skubanki mit Mohn und Kompott

Nicht nur in ihrer Heimat Böhmen, sondern auch in Österreich – dort heißen sie mancherorts auch Kartoffelsterz – sind Skubanki beliebt. Und zwar außer in der hier vorgestellten süßen Variante mit Mohn, auch herzhaft, dann mit goldbraun gebratenen Zwiebelringen angerichtet oder mit Käse bestreut, stets aber mit zerlassener Butter beträufelt. Wie auch immer, nach dem Formen sollten die Kartoffelnudeln möglichst schnell gekocht werden, damit sie ihren zarten Schmelz nicht verlieren.

Nicht zu süß sollte das Apfelkompott sein, das man zu den Skubanki serviert – dann ergibt sich ein willkommener geschmacklicher Kontrast zu der doch recht üppigen Mehlspeise.

In den blauen Kapseln des Speisemohns verbergen sich die kleinen, graublauen Samenkörner, die vor allem in Osteuropa zum Kochen und Backen beliebt sind. Da die Samen viel Öl enthalten, sollte man sie erst kurz vor der Verwendung mahlen, damit sie nicht ranzig werden.

Für das Apfelkompott:
500 g Äpfel (säuerliche Sorte)
1/4 l Wasser
60 g Zucker
Schale und Saft von 1/2 unbehandelten Zitrone
Für die Kartoffelnudeln:
500 bis 600 g mehlig kochende Kartoffeln
150 g Mehl, Salz, 1 Ei
Außerdem:
70 g Butter
80 g gemahlener Mohn
30 g Puderzucker

Für das Kompott die Äpfel schälen, vierteln, achteln und das Kerngehäuse entfernen. Das Wasser mit dem Zucker und der Zitronenschale aufkochen. Die Apfelstücke einlegen und bei milder Hitze kurz kochen, sie dürfen nicht zerfallen. Mit Zitronensaft abschmecken und auskühlen lassen.

Für die Kartoffelnudeln die Kartoffeln in Alufolie wickeln, auf ein Backblech legen und im Ofen ungefähr 40 Minuten bei 200 °C garen. Die Kartoffeln aus der Folie nehmen und pellen.

Das Mehl auf die Arbeitsfläche häufen, in die Mitte eine Mulde drücken und etwas Salz hineinstreuen. Die Kartoffeln noch warm durch die Presse kranzförmig auf den Mehlrand drücken. Das Ei in die Mulde schlagen, Mehl und Kartoffeln mit den Händen von außen darüber häufen und alles zu einem glatten Teig verkneten. Diesen mit einem Tuch bedecken und kurz ruhen lassen.

Den Kartoffelteig zu zwei Strängen von 4 cm Durchmesser rollen und mit Mehl bestauben. Etwa 1 cm breite Stücke abschneiden. Diese mit der Hand zu Nudeln rollen, die an beiden Enden spitz zulaufen. Die Nudeln in leicht gesalzenes, sprudelnd kochendes Wasser einlegen und 6 Minuten ziehen lassen. Wenn sie an die Oberfläche steigen, sind sie gar. Herausnehmen und gut abtropfen lassen.

Die Butter zerlassen und den Mohn zufügen. Die Nudeln auf Tellern anrichten, die warme Mohnbutter darüber gießen, mit Puderzucker besieben und das Kompott separat dazu servieren.

Üppige Teigtaschen – mit einer Grießfüllung versehen, in Kokosmilch gegart und in gerösteten Bröseln gewendet.

Ravioli mit Süßkirschragout

Für den Nudelteig:
50 g Hartweizengrieß, 100 g Weizenmehl Type 405, 1 Ei, 1 bis 2 Eigelbe
1 Prise Zimt, gemahlen, 1 Prise Salz
Für die Grießfüllung:
1/4 l Milch, 60 g Butter
10 g Zucker, 10 g Vanillezucker
Mark von 1/2 Vanilleschote, 1 Prise Salz
60 g Hartweizengrieß, 1 Ei
abgeriebene Schale von 1/2 Zitrone
Für das Kirschragout:
500 g Süßkirschen, 80 g Zucker
je 1 Stück Zimtstange und unbehandelte Orangenschale, 6 cl Kirschwasser
Saft von 1 Zitrone, Saft von 2 Orangen
6 cl Cassis, etwas Speisestärke
Für die Bröselmischung:
120 g Butter, 100 g Amarettibrösel
50 g Cantuccinibrösel, 1 Prise Zimt, gemahlen
Für das Vanilleeis:
4 Eigelbe, 100 g Zucker, 1/4 l Milch
1/8 l Sahne
1/2 Vanilleschote, längs aufgeschlitzt
Außerdem:
100 g frisches Kokosfleisch, etwas Puderzucker, 1 Eiweiß
1/2 l Kokosmilch, 80 g Zucker
1 Stück Zimtstange

Den Grieß mit dem Mehl vermischen und auf eine Arbeitsfläche häufen. In die Mitte eine Mulde drücken. Das Ei, die Eigelbe, den Zimt und das Salz hineingeben. Die Zutaten in der Mulde zunächst mit der Gabel verrühren und dabei nach und nach das Mehl vom Rand einrühren. Mit den Händen das übrige Mehl von außen nach innen einarbeiten und zu einem Teig verkneten. Eine Kugel formen, in Folie wickeln und 1 Stunde kühl ruhen lassen. Für die Grießfüllung die Milch, die Butter, den Zucker, den Vanillezucker, das Vanillemark und das Salz in einer Kasserolle zum Kochen bringen, den Grieß einrühren und einkochen lassen. Vom Herd nehmen und abkühlen lassen. Ei und Zitronenschale einrühren, abkühlen lassen. Für das Kirschragout die Kirschen waschen und abtrocknen. 3/4 der Früchte vom Stiel befreien, entsteinen und halbieren. Restliche Kirschen einschließlich der Stiele ganz belassen. Zucker, Zimtstange und Orangenschale in einer Kasserolle hell karamellisieren. Mit Kirschwasser ablöschen, Zitronen- und Orangensaft zufügen und

die Mischung auf die Hälfte reduzieren. Die halbierten und die ganzen Kirschen zugeben, 1 bis 2 Minuten köcheln lassen. Cassis einrühren. Speisestärke in etwas Wasser anrühren, kurz im Ragout aufkochen, sodass dieses leicht bindet. Kirschen abkühlen lassen. Für die Bröselmischung Butter in einer Pfanne zerlassen, beide Bröselsorten hell darin rösten und mit Zimt würzen. Für das Vanilleeis Eigelbe mit Zucker cremig, aber nicht schaumig rühren. Die Milch mit der Sahne und der Vanilleschote aufkochen. Schote entfernen, das anhaftende Vanillemark herauskratzen und unter die Milch rühren. Erneut aufkochen lassen und unter Rühren zur Eigelbmasse geben. In eine Kasserolle umfüllen, bei geringer Hitze unter ständigem Rühren mit dem Holzspatel erhitzen, aber keinesfalls kochen lassen. So lange rühren, bis die Creme dickflüssig zu werden beginnt. Durch ein feines Sieb passieren. Auf ein Wasserbad mit Eiswasser stellen und unter Rühren abkühlen lassen. Die erkaltete Creme in eine Eismaschine umfüllen und nach Belieben cremiger oder fester gefrieren lassen. Das Kokosfleisch in feine Späne hobeln und auf ein Backblech legen. Mit dem Puderzucker besieben. Bei 180 °C im vorgeheizten Ofen hell anrösten und abkühlen lassen. Den Nudelteig dünn ausrollen und mit einem gezackten Teigrädchen Quadrate von 6,5 cm Kantenlänge ausradeln. Die Grießfüllung in einen Spritzbeutel mit Lochtülle Nr. 9 füllen und in die Mitte eines jeden Quadrats ein Häufchen der Masse setzen. Die Ränder der Teigquadrate mit verquirltem Eiweiß bestreichen, zu Dreiecken zusammenklappen und die Ränder gut festdrücken. Die Kokosmilch mit dem Zucker und der Zimtstange in einem Topf aufkochen lassen. Die gefüllten Teigtaschen einlegen und 3 bis 4 Minuten darin gar ziehen lassen. Mit einem Schaumlöffel herausheben und gut abtropfen lassen. Die gefüllten Nudeln in den gerösteten Bröseln wenden und auf Teller verteilen. Mit dem Eisportionierer Vanilleeiskugeln formen und diese zusammen mit dem Kirschragout und den Ravioli anrichten. Mit den Kokosspänen garnieren und servieren.

Zur Tradition der Wiener Küche gehören süße, üppige Mehlspeisen. In den Restaurants und Cafés werden sie in vielen Varianten angeboten.

Ein süßes Hauptgericht, das nicht nur Kinder begeistert. Soll es als Dessert dienen, einfach die Zutaten halbieren.

Haselnuss-Kartoffelnudeln

Nussnudeln sind eine typisch österreichische Spezialität und, im Unterschied zu manch anderer Traditions-Mehlspeise, einfach in der Zubereitung: gekochte Nudeln werden lediglich in Butter geschwenkt und in gemahlenen Nüssen sowie Zucker gewendet. Wer variieren möchte, kann statt der Kartoffelnudeln auch gekochte Bandnudeln verwenden.

Für den Kartoffelteig:
600 g mehlig kochende Kartoffeln, 200 g Mehl
50 g Butter, 50 g Grieß, 2 Eigelbe, 1 Prise Salz
Für die Nussmischung:
50 g Butter, 40 g Zucker, 3 EL Orangensaft
120 g gemahlene Haselnüsse, abgeriebene Schale von 1/2 unbehandelten Orange
Außerdem:
Salz, Puderzucker
Zesten von 1 unbehandelten Orange

Für den Teig die Kartoffeln in Alufolie wickeln und bei 200 °C im vorgeheizten Ofen 1 Stunde backen, anschließend pellen. Das Mehl auf eine Arbeitsfläche häufen, in die Mitte eine Mulde drücken. Die Butter in Stücken, den Grieß, Eigelbe und Salz hineingeben. Die heißen Kartoffeln kranzförmig durch die Kartoffelpresse auf den Mehlrand drücken und alles schnell zu einem glatten Teig kneten. Abgedeckt 10 bis 15 Minuten ruhen lassen.

Den Teig auf einer bemehlten Arbeitsfläche zu Strängen von 3 bis 4 cm Durchmesser rollen und mit Mehl bestauben. Jeweils 1 cm große Stücke abschneiden und mit der Hand zu Nudeln rollen, die an beiden Enden spitz zulaufen. In kochendes, leicht gesalzenes Wasser einlegen und in 6 Minuten gar ziehen lassen. Abseihen und abtropfen lassen. Butter in einer Pfanne aufschäumen lassen, Zucker und Orangensaft zugeben und köcheln, bis die Mischung leicht karamellisiert. Nüsse und abgeriebene Orangenschale zufügen und rühren, bis sich die Butter-Zucker-Mischung mit den Nüssen vermischt hat. Mit den Nudeln vermengen. Die Nudeln auf Tellern anrichten. Mit etwas Puderzucker und Orangenzesten bestreuen, servieren.

Gezuckert werden solche Mehlspeisen nach Belieben bei Tisch. Deshalb werden sie in Österreich mit einer Staubzuckerdose serviert. »Staubzucker« ist eine Art Puderzucker, aber etwas körniger.

Vanillesauce oder ein nicht zu süßes Obstkompott wäre die ideale Begleitung für diesen Auflauf.

Nudelauflauf mit Haselnüssen

Für die Schoko-Nuss-Masse die Butter mit der Hälfte des Puderzuckers und Eigelben schaumig rühren.

Die Eiweiße mit dem restlichen Puderzucker zu Schnee schlagen und unter die Eigelbmischung heben.

Haselnüsse, Kuvertüre, Semmelbrösel, Zimt und Zitronenschale mischen, unter den Eischnee heben.

Die kalt abgebrausten Nudeln unter die Schoko-Nuss-Masse heben und in die vorbereitete Form füllen.

Wer süße Hauptgerichte liebt, wird von diesem Auflauf begeistert sein: selbst gemachte Bandnudeln, eingebettet in eine lockere Schokoladen-Nuss-Masse.

Für den Nudelteig:
200 g Mehl
2 Eier, 1 TL Öl, 1 Prise Salz
Wasser nach Bedarf
Für die Schokoladen-Haselnuss-Mischung:
80 g Butter
80 g Puderzucker
4 Eigelbe, 4 Eiweiße
80 g geriebene, geröstete Haselnüsse
80 g Kuvertüre, gerieben
20 g Semmelbrösel
1/2 TL gemahlener Zimt
abgeriebene Schale 1/2 unbehandelten Zitrone

Außerdem:
Salz
Butter für die Form
Semmelbrösel zum Ausstreuen
Puderzucker zum Besieben

Für den Nudelteig das Mehl auf eine Arbeitsfläche sieben und in die Mitte eine Mulde drücken. Die restlichen Zutaten hineingeben und zunächst mit einer Gabel mit etwas Mehl vom Rand verrühren. Das restliche Mehl unterarbeiten und alles zu einem glatten Teig verkneten. In Folie wickeln und 30 Minuten im Kühlschrank ruhen lassen.

Den Teig ausrollen und mit einem Messer oder mit dem entsprechenden Vorsatz der Nudelmaschine zu 6 mm breiten Bandnudeln schneiden, dabei aufpassen, dass die Nudeln nicht zusammenkleben. In leicht gesalzenem, sprudelnd kochendem Wasser al dente garen. Abseihen und kalt abbrausen.

Die Schokoladen-Haselnuss-Mischung zubereiten, wie in der Bildfolge links gezeigt. In eine mit Butter ausgestrichene und mit reichlich Semmelbröseln ausgestreute Auflaufform füllen. 25 bis 30 Minuten bei 200 °C im vorgeheizten Ofen backen, bis die Nudeln goldbraun sind. Mit Puderzucker besieben.

O

P

Q

R

Impressum

Copyright	© 2001 Gräfe und Unzer Verlag GmbH, München
Administration	Brigitte Falke, Andrea Mohr, Claudia Hill
Kochstudio	Barbara Mayr (Rezeptentwicklung) Eftichia Simopoulou
Fotografie	Christian Teubner, Odette Teubner Andreas Nimptsch
Redaktion	Dr. Alexandra Cappel, Katrin Wittmann Mischa Gallé, Katrin Himmel-Heimisch, Pascale Veldboer
Layout/DTP	Christian Teubner Dietmar Pachlhofer, Annegret Rösler, Gabriele Wahl
Herstellung	Annegret Rösler, Gabriele Wahl
Reproduktion	Repromayer GmbH & Co. KG, 72770 Reutlingen-Betzingen
Produktion	Ute Hausleiter
Umschlaggestaltung	Grafikhaus, München
Umschlagfotos	Teubner Foodfoto GmbH, Schwangau Michael Brauner, Stockfood, München

Bildnachweis
S. 184 Foto: Ulla Mayer-Raichle
S. 268 Foto: Tourismusverein Kaltern am See

ISBN 3-7742-5541-5

Foreword

Soil science is a very important and complex subject. Often people find it difficult to understand various terminologies. Dr. Subhash Chand has made an attempt to prepare a dictionary of terms and terminology used in soil science by the soil scientists, agronomists and engineers in a very lucid and simple way. It will definitely help the students and agricultural scientists especially those deeply involved in aspects of soils and agronomy. It is a very good attempt and I compliment Dr. Subhash Chand for his work and hope that this publication will be well received by the students and practitioners of agriculture alike.

Prof. Anwar Alam

Vice-Chancellor

S.K. University of Agricultural Sciences and Technology of Kashmir, Shalimar, Srinagar – 191 121, J&K

Preface

Soil is a mixture of mineral and organic materials that capable of supporting plant life, hence a vital natural resource. Soil Science deals the study of natural resource on the surface of the earth including its formation, composition and uses. Present time is a time of knowledge and information. A sound knowledge about the soil science words provides a basis for better understanding about soils for their conservation and best uses. There are several branches of soil science like soil physics, soil chemistry, soil mineralogy, soil biology, pedology, soil survey and soil technology. Information about soil science words is wider and scattered, hence an effort has been made to compiled a book in the form of "Dictionary of Soil Science" in Alphabatic fasion "A to Z"

This dictionary is the result of the assimilation of knowledge and work of various scientists and researcher which have been appropriately compiled with suitable modification and explanations, wherever needed. The author express his gratitude to the writers of numerous books, dictionaries which may have been consulted for this compilation.

The present dictionary consists about 750 words involving nearly all sphere of soil science. It includes the words like Integrated Plant Nutrition System (IPNS), Organic farming, Precision agriculture, Sustainable agriculture and Geographical Information System (GIS) which have been directly or indirectly most popularity and widely accepted in Soil Science. Though the manuscript has been prepared in all the due cares, yet may lack in / errors because of the nature of the subject. For providing some important comprehensive and details informations, appendices (I to XI) has been given in the last pages of the manuscript.

I hope and wish that the Dictionary of Soil Science will be fruitful for agriculture graduate, post graduate students, researchers, environmentalist, soil scientist, faculty members of agriculture colleges and universities, aspirants of agriculture related competitive examinations, research institutes etc.

I am thankful to Dr. L.L. Somani, Ex-Director and Professor, MPUAT, Udaipur for encouragement and right advise at right time. Sincere thanks to Dr. A.R.Trag, Director of Research and Dr. G.M. Wani, Director of Extension, SKUAST-K, Srinagar. Thanks are always due to my colleagues Dr.D.Ram, Dr.Tahir Ali, Dr.M.A. Malik, SKUAST-K, Srinagar. Sincere thanks to Dr. Sunil Pabbi, Senior Scientist CCUBGA, IARI, New Delhi. The dedicated computerized composing and setting by M/S Aadil Computers, Shalimar, Srinagar and the help rendered in designing, printing this book by Daya Publisher, New Delhi is also greatly acknowledged.

Lastly the author wishes to expresses his sincere gratitude to his wife Ms. Anju Singh for her untired efforts. Thiscompilation is dedicated to my loving parents and each and every member of MADERNA family who inspired me to do something best among all.

Dr. Subhash Chand

A

A horizon: The surface horizon of a mineral soil having maximum organic matter accumulation, biological activity and/or eluviation of materials such as iron and aluminum oxides and silicate clays.

ABC soil: A soil with a distinctly developed profile, including A,B, and C horizons.

Absorption: The process by which a substance is taken into and included within another substance, *i.e.* intake of water by soil or intake of nutrients by plants.

Absorption, active: Movement of ions and water into the plant root as a result of metabolic processes against an activity gradient.

Absorption, passive: Movement of ions and water into the plant root as a result of diffusion along a gradient.

AC soil: A soil having a profile containing only A and C horizons with no clearly developed B horizon.

Accessory Structural Elements: The nutrients or elements forming parts of more active and vital living plant tissues particularly proteins. For example:

Nitrogen–a constituent of proteins, and constitutes 1-3 per cent of the plant tissue.

Phosphorus–a constituent of nucleoproteins, phytin and lecithin constitutes 0.05 to 1.0 per cent of plant tissues.

Sulphur–a constituent of many proteins; its content varies from 0.05 to 1.50 per cent in plant tissues.

Acid rain: Atmospheric precipitation with pH values less than about 5.6, the acidity being due to inorganic acids such as nitric and sulfuric that are formed when oxides of nitrogen and sulphur are emitted into the atmosphere.

Acid sulphate soils: Soils having sufficient sulphides (FeS_2 and others) and pH < 3 and when drained and aerated enough for cultivation also termed as cat clays.

Acidity active: The activity of hydrogen ion in the aqueous phase of a soil. It is measured and expressed as a pH value.

Acidity, residual: Soil acidity that can be neutralized by lime or other alkaline materials but cannot be replaced by an unbuffered salt solution.

Acidity, salt replaceable: Exchangeable hydrogen and aluminum that can be replaced from an acid soil by an unbuffered salt solution such as KCl or NaCl.

Acid soil: A soil that is acid in reaction throughout the root zone. Practically, this means a soil having pH less than 6.6; precisely, a soil with a pH value less than 7.0. Such a soil has more hydrogen (H) than hydroxyl (OH) ions in the soil solution. Acid soils are grouped into five categories.

Extremely acid: pH below 4.5

Very strongly acid: 4.5-5.0

Strongly acid: 5.1-5.5

Medium acid: 5.6-6.0

Slightly acid: 6.1-6.5.

Acid soils are reclaimed by addition of liming materials.

Acidity, total: The total acidity in a soil. It is approximated by the sum of the salt replaceable acidity plus the residual acidity.

Acid-forming: A term applied to commercial fertilizers which leave an acid residue in the soil. The amount of calcium carbonate required to neutralize the acid residue is referred to its equivalent acidity. Common fertilizers along with their equivalent acidity. Common fertilizers along with their equivalent acidity.

Actinomycetes: A group of microorganisms intermediate between the bacteria and the true fungi that usually produce a characteristic branched mycelium. Includes many, but not all, organisms belonging to the order of Actinomycetales.

Activity index: Index for measuring availability of water insoluble nitrogen in fertilizers. Activity index as per AOAC method is determined by the following formula:

$$\text{Activity index (\%)} = \frac{(\%\text{CWIN} - \%\text{HWIN})}{(\%\text{CWIN})} \times 100$$

CWIN: Cold water insoluble nitrogen

HWIN: Hot water (98–100°C) insoluble N

Used as a measure of availability of nitrogen from slow release fertilizers. For urea formaldehyde, which is a slow release fertilizer, activity index should not test less than 40 per cent.

Additive: A material added to fertilizer to improve its physical condition.

Adhesion: It is process of molecular attraction that holds the surfaces of two substances (*e.g.* water and sand particles) in contact.

Adsorption complex: The group of organic and inorganic substances in soil capable of adsorbing ions and molecules.

Adsorption: It is a process of the attraction of ions or compounds to the surface of a solid. Soil colloids adsorb large amounts of ions and water.

Aerate: To impregnate with gas, usually air.

Aeration, soil: The process by which air in the soil is replaced by air from the atmosphere. In a well-aerated soil, the soil air is similar in composition to the atmosphere above the soil. Poorly aerated soils usually contain more carbon dioxide and correspondingly less oxygen than the atmosphere above the soil.

Aerobic: 1) Having molecular oxygen as a part of the environment 2) Growing only in the presence of molecular oxygen, as aerobic organisms 3) Occurring only in the presence of molecular oxygen (said of certain chemical or biochemical processes, such as aerobic decomposition).

Aggregate (soil): Many soil particles held in a single mass or cluster such as a clod, crumb, block, or prism.

Agricultural Chemistry: Includes almost all branches of chemistry, namely, analytical chemistry, inorganic chemistry, organic chemistry, bio-chemistry, radiation chemistry, physical chemistry, as applicable to agriculture system. It is an application of chemistry to soil, water, plant and animal systems. It involves the use of chemistry in fertilizers, amendments, pesticides and insecticides, herbicides and growth hormones.

Agronomy: A specialization of agriculture concerned with the theory and practice of field crop production and soil management. The scientisific management of land.

Air porosity: The proportion of the bulk volume of soil that is filled with air at any given time or under a given condition such as a specified moisture potential, usually the large pores.

Air-dry: 1) The state of dryness (of a soil) at equilibrium with the moisture content in the surrounding atmosphere. The actual moisture content will depend upon the relative humidity and the temperature of the surrounding atmosphere. 2) To allow to reach equilibrium in moisture content with the surrounding atmosphere.

Alkali Soil: A soil that contains sufficient sodium salt to interfere with the growth of most crop plants.

Alkaline forming: A term applied to commercial fertilizers that leaves an alkaline or basic residue in the soil. The basic residual effect is expressed in terms of 'equivalent basicity'. More the basic residue, more will be the equivalent basicity.

Alkaline soil: A soil that is alkaline in reaction throughout the root zone or for a major part of the root zone. Precisely, any soil having a pH value greater than 7.0. Practically, a soil having a pH above 7.3 is called alkaline. An alkaline soil is reclaimed by addition of gypsum or sulphur. Soils having pH from 7 to 7.5 are sometimes referred to as alkali soils. They correspond to black alkali soils and occur in irregular patches. They can be reclaimed by adding calcium or magnesium.

Allophane: An aluminosilicate mineral that has an amorphous or poorly crystalline structure and is commonly found in soils developed from volcanic ash.

Alluvial soil: A soil developing from recently deposited alluvium and exhibiting essentially no horizon development or modification of the recently deposited materials.

Alluvium: A general term for the detrital material deposited or in transit by streams, including gravel, sand, silt, clay and all variations and unconsolidated mixtures of these.

Alpha particle: A positively charged particle (consisting of two protons and two neutrons) that is emitted by certain radioactive compounds.

Aluminosilicates: Compounds containing aluminum, silicon and oxygen as main constituents. An example is microcline, $KAlSi_3O_8$.

AM: Abbreviated terms for 2-ammino-4-chloro-6 methylpyridine used as a nitrification inhibitor. Toxic to bacteria *nitrosomonas* which oxidize ammonium ions to nitrate and hence control nitrification. Rate of application is 4-10 ppm (on soil basis) on mixing with fertilizer. Efficiently reduces nitrification of urea and can also be used as coating material for solid fertilizers using oil as a binder. The effect of AM can last upto 40 days.

Amendment, soil: Any substance other than fertilizers, such as lime, sulfur, gypsum, and sawdust, used to alter the chemical or physical properties of a soil, generally to make it more productive.

Amino acids: Nitrogen-containing organic acids that couple together to form proteins. Each acid molecule contains one or more amino groups ($-NH_2$) and at least one carboxyl group (-COOH). In addition, some amino acids contain sulphur.

Ammonification: It is biochemical process whereby ammoniacal nitrogen is released from nitrogen-containing organic compounds.

Ammonium fixation: The entrapment of ammonium ions by the mineral or organic fractions of the soil in forms that are insoluble in water and at least temporarily nonexchangeable.

Ammo-Phos: It is the trade name generally used in the USA and Canada to designate a series of products of commercial monoammonium phosphate, either alone or in combination with ammonium sulphate or other material. Two grades namely Ammo-Phos A and Ammo-Phos B are marketed. Ammo-Phos A is a product of phosphoric acid neutralization with ammonia. It contains 11 per cent N and 48 per cent available P_2O_5. Ammo-Phos B is manufactured by neutralizing phosphoric acid-sulphuric acid mixture with ammonia. It contains 16 per cent N and 20 per cent available P_2O_5.

Ammonium sulphate: Chemically produced sulphur containing nitrogenous fertilizer. A crystalline colourless salt. Due to impurities its colour sometime appears to be brown or grey. Highly soluble in water; not hygroscopic in nature and can be stored and handled without any difficulty. In addition to nitrogen, it also supplies 24 percent sulphur. It is manufactured by three processes. Its specifications as laid down in the Indian Fertiliser Legislation (FCO, 1985) are;

1. Moisture percent by weight maximum	1.0
2. Ammonical nitrogen percent by weight minimum	20.6
3. Free acidity (as H_2SO_4) percent by wt., minimum (0.04 for material obtained from by-product ammonia and by product gypsum)	0.025
4. Arsenic (as As_2O_3) percent by weight, maximum	0.01

All the nitrogen supplied by ammonium sulphate is in ammoniacal form. It is also a carrier of sulphur, hence, favoured for legume crops, tea and coffee. Its equivalent acidity is 110.

Ammonium nitrate: A synthetically produced nitrogenous fertilizer containing one half of its nitrogen in ammonia cal form and the other half in nitrate form. Commercial grade carries 33 per cent nitrogen. It is acid-forming in reaction with 60 equivalent acidity. This fertilizer needs to be stored carefully to avoid fire hazards.

Ammonium phosphate: A series of fertilizer materials containing a chemically combined form of ammonium nitrate and dicalcium phosphate. Two commercial grades of ammonium phosphate being manufactured in India during the Fourth Five Year Plan are 20-20-0 and 28-28-0. These fertilizers are acidic in residual effect. The 20-20-0 grade ammonium phosphate has 25 equivalent acidity.

Ammonium sulphate-nitrate: A synthetically produced nitrogenous fertilizer containing nitrogen in ammoniacal and nitrate form. Commercial grade of this fertilizer contains 26 per cent nitrogen. It is acid-forming in nature, with 93 equivalent acidity.

Anhydrous ammonia: Contains 82 per cent nitrogen in liquid form obtained by compressing ammonia gas. It is highly acidic, with 148 equivalent acidity. It requires special equipment to apply to the soil.

Anion: An ion carrying a negative charge of electricity.

Amphiboles: A group of aluminosilicate minerals having a structure containing double chains of link silica tetrahedral.

Anaerobic: Without molecular oxygen. The opposite of aerobic.

Anion: Negatively charged ion; during electrolysis it is attracted to the positively charged anode.

Anion sorption: The process by which an anion, such as phosphate, replaces OH^- groups on mineral surfaces and edges.

Antagonistic Effect: The application of one nutrient element may accentuate or induce deficiency of another nutrient due to related antagonism. For example, excess copper adversely affects the iron nutrition. Iron and manganese have an antagonistic effect on each other. Zinc and iron behave in a similar way. Heavy doses of phosphorus application induce zinc deficiency. High levels of potassium and calcium depress boron absorption.

AOAC: Abbreviation for Association of Official Analytical Chemists. The new name for the earstwhile American Association which was called the Association of Official Agricultural Chemists. The association was founded in Philadelphia on September 9, 1884. The membership of the association is institutional and includes State Departments of Agriculture, State Agricultural Colleges and Experimental Stations, the Federal Department of Agriculture and the Federal State and City officers charged with enforcement of food, feed, drug, fertilizer, insecticide and fungicide control law.

Ap: The surface layer of a soil disturbed by cultivation or pasturing.

Apatite: A phosphate bearing mineral contained in rock phosphate. There are five types of apatites.

1. Hydroxy apatite $Ca_{10}(PO_4)_6(OH)_2$

2 Chloroapatit $Ca_{10}(PO_4)_6Cl_2$

3. Fluoroapatite $Ca_{10}(PO_4)_6 F_2$

4. Carbonatoapatite $Ca_{10}(PO_4)_6 CO_3$

5. Sulphatoapatite $Ca_{10}(PO_4)_6 SO_4$

Apatite is a source of phosphorus and phosphoric acid used in fertilizer and other industries. Also used for manufacturing bone chine. Fluorine rich apatite yields hydrofluosilicic acid as a by-product.

AR Grade: An abbreviation for Analytical Reagent Grade. AR grade chemicals are high purity chemical reagents which are used in any standard analytical work requiring high precision. Generally, on packings of such reagents, detailed assay including maximum impurities that can be found in the reagent are given.

Arid climate: Climate in regions that lack sufficient moisture for crop production without irrigation. In cool regions annual precipitation is usually less than 25 cm. It may be as high as 50 cm in tropical regions. Natural vegetation is desert shrubs.

Arnon's criteria of essential elements: Plants absorb a number of elements from soil during their growth. All these elements are not essential for plants. The criteria proposed by Arnon for deciding whether an element is essential for plants or not are;

1. The deficiency of the element makes it impossible for the plant to complete the vegetative or reproductive stages of its life cycle.
2. The deficiency is specific to the element in question: and as such, can be prevented or corrected only by supplying that particular nutrient element to the plant.
3. The element must have a direct influence on the plant and must be directly involved in the nutrition and metabolism of the plant quite apart from its possible effect on correcting some unfavourable microbiological or chemical conditions of the soil or other growing medium.

Atom: The smallest existing unit of an element. The term is derived from the Greak word meaning "individual". It consists of a nucleus which contains protons (positively changed particles) and neutrons (neutral particles). The nucleus is surrounded by electrons (negatively charged particles) which move in their respective orbits. The atom is electrically neutral as the number of electrons in an atom is equal to number of protons.

Atomic Absorption Spectrophotometer (AAS): An instrument used in analysis of a variety of products (plant, soil and water) including fertilizers based on the absorption of light by atoms. More than 60 elements can be determined by AAS.

The basic components of an atomic absorption spectrophotometer are: Atomizer, Light sources (cathode lamps) Optics, Monochromators and Detector.

Available nutrients in soils: A part of the plant nutrient in the soil that can be taken up by growing plants immediately. Available nitrogen is defined as the water soluble nitrogen plus the part that can be made soluble or converted into free ammonia. Available phosphoric acid is that part which is soluble in water or in a week dilute acid such as 2 per cent citric acid. Available potash is defined as that portion which is soluble in water or in a solution of ammonium oxalate.

Autotrophs: Group of micro organisms which obtain their energy from sunlight or by oxidation of inorganic compounds. If the energy is derived from sunlight, the group is called photo-autotroph. The other group which derives energy from oxidation of inorganic material is called chemo-autotroph. Algae are photo-autotrophs. Some autotroph bacteria which play an important part in availability of plant nutrients are:

1. *Nitrosomonas*–oxidize ammonium to nitrate

2. *Thiobacillus*–oxidize inorganic S to sulphate

3. *Nitrobacters*–oxidize nitrite to nitrate.

4. *T.ferroxidans-oxidise* ferrous iron to ferric form.

Azofication: Non-symbiotic nitrogen fixation by the *azotobacter* group of soil bacteria which use organic matter as a source of energy and are able to obtain nitrogen from the atmosphere to build up their body protein. After the death of the bacterial cell, this nitrogen is returned to the soil for use by higher plants.

Azolla: A small floating aquatic fern that is found in the tropics and sub-tropics and some temperate zones of the world. It is a member of order Salviniales and comprises of seven recognized living species, namely:

1. *Careliniana*	5. *Nilotica*
2. *Filiculoides*	6. *Pinnata*
3. *Mexicana*	7. *Rubra*
4. *Microphylla*	

For rice cultivation azolla is applied as green manure both by basal application and as top dressing. Under optimum conditions an azola crop may produce 3 kg or more N/ha/day. Thus a 20 day old azolla crop can produce 60 kg N/ha. Two basal crops of 20 days each thus can produce almost 120 kg N/ha for the following rice crop.

Azola provides nutrients and protective cavity to anabaena algae, which in exchange fixes atmospheric nitrogen. In addition to nitrogen fixation, the azolla is also used as fodder or feed for animals and as a weed suppressor in flooded rice. In some places like lakes, ponds, waterways and aquatic crops, azolla may be considered as a weed.

Azotobacter: Free living bacteria capable of utilizing atmospheric nitrogen and fixing it for their biosynthetic reaction. These can also utilize ammonium, nitrate, nitrite, urea and sometimes organic nitrogen.

Azotobacter are essentially aerobic. There are five species of azotobacter recognized on the basis of cell shape, pigmentation and mobility:

1. *Azotobacter chroococcum*
2. *Azotobacter beijerinckii*
3. *Azotobacter vinelandii*
4. *Azotobacter macrocytogenes*
5. *Azotobacter agilis*.

B

B horizon: Soil horizon usually beneath the A that is characterized by one or more of the following: q) a concentration of silicate clays, iron and aluminum oxides, and humus, alone or in combination b) a blocky or prismatic structure and c) coatings of iron and aluminum oxides that give darker, stronger, or redder color.

Bacterial culture: Any media enriched with any particular bacteria. The culture describes the bacteria contained in it *e.g.*

1. Rhizobium culture: is used for inoculating seeds of leguminous crops.
2. Azotobacter culture: are of a general nature and same culture can be used for inoculating seeds of a number of crops.

Band placement: The placement of fertilizers in the soil in continuous band or narrow ribbons in between the plant rows or around each plant. The fertilizer applied in band is covered by the soil but is not mixed with it. Phosphatic fertilizers are normally placed in bands to reduce phosphatic fixation.

Bar: A unit of pressure equal to one million dynes per square centimeter (10^6 dynes/ cm^2).

Base saturation percentage: The extent to which the adsorption complex of a soil is saturated with exchangeable cations other than hydrogen and aluminum. It is expressed as a percentage of the total cation exchange capacity.

$$\%BS = \frac{BC}{CEC} \times 100$$

where,

%BS: Base saturation

BC: Me of basic cations per 100 gram soil.

CEC: Total cation exchange capacity (me/100 g soil)

Basic slag: A by-product of steel industry obtained from phosphate iron ores. It contains about 6 to 18 per cent total phosphoric acid and 5 to 15 per cent in available form (soluble in two per cent citric acid). Basic slag produced in India being of low grade is not used as a commercial fertilizer.

BC soil: A soil profile with B and C horizons but with little or no A horizon. Most BC soils have lost their A horizons by erosion.

Bedrock: The solid rock derlying soils and the regolith in depths ranging from zero (where exposd by erosion) to several hundred feet.

Beer-Lambert law: Beer's law and Lambert's law combined together to form the Beer-Lambert Law. According to this law the magnitude of light absorption is proportional to concentration, thickness of media and intensity of light. Spectrophotometric instruments are based on the Beer-Lambert Law.

Mathematically it is expressed as:

$$\text{Log} \frac{lo}{It} = KCH$$

where,

lo: Intensity of incident light

It: Intensity of transmitted light

C: Concentration

H: Thickness of media

K: Equilibrium Constant depending on the nature of the substance.

Biogas: The gas produced from organic waste by microbiological reaction under anaerobic conditions. The organic wastes used in the production of biogas are generally cattle yard waste, human waste, vegetative crop residues, unwanted aquatic plants and weeds. Biogas is sometimes termed after the material or method of gas production, *e.g.* marsh gas, sewage gas, sludge gas, digestor gas and gobar (cowdung) gas, etc. As a fuel, biogas is a potential source of energy. It is usually have the following composing.

Methane: 50-60 per cent

Carbondioxide: 30-40 per cent

Hydrogen: 5-10 per cent

Hydrogensulphide: traces

Water vapour: traces

Biological test: A technique for assessing nutrient status of soil using biological material. The following types of tests are commonly used:

1. Field test: Involves use of field crops in experimental or farmers' fields.
2. Laboratory or green house tests:
   (a) Mitscherlich pot culture
   (b) Lettuce pot culture
   (c) Neubauer seedling method
   (d) Sunflower pot culture
3. Microbiological tests:
   (a) Azotobacter culture
   (b) Sackett and Stewart technique
   (c) Aspergillus Niger test
   (d) Mehlich's Cunninghamella Plaque method.

Biomass: The amount of living matter in a given area.

Biuret ($C_2O_2N_3H_5$): A chemical compound formed by the combination of two molecules of urea with the release of a molecule of ammonia, when the temperature during the urea manufacturing process exceeds a certain level. Fertiliser grade urea contains variable amounts of biuret. Biuret is toxic to plants, particularly when it is applied through sprays. As per the Indian fertilizer Legislation (FCO, 1985) the biuret content in urea should not exceed 1.5 per cent.

Blood Meal: Dried blood obtained from a slaughter house. The blood lot is treated with copper sulphate at the rate of 2 oz per 100 lb of blood lot. It is then heated to evaporate from moisture and then dried under the sun. After drying it is powered, bagged and sold as blood meal. Various other treatments like tresting blood serum or clots with lime or very dilute hydrochloric acid or absorbing the blood in organic wastes and then drying in the sun, are also used in the preparation of blood meal. It is quite good organic fertilizer containing 10 to 12 per cent nitrogen and 1-2 per cent P_2O_3.

Blocky soil structure: Soil aggregates with block like shapes, common in B horizons of soils in humid regions.

Blown-out land: Areas from which all or almost all of the soil and soil material has been removed by wind erosion. Usually unfit or crop production. A miscellaneous land type.

Blue-Green Algae (BGA): Blue-green algae belong to the class Cyanophyceae or Myxophyceae. These are blue-green in colour because of the presence of pigments like chlorophyll, carotenes, xanthophylls, physcocyanin and phycoerythrin. The majority of blue-green algae species are found in fresh water and are often abundantly found in the standing water of rice fields. They reproduce vegetatively and multiply at a very fast rate. Blue green algae are divided into five orders:

1. *Chroococcales*
2. *Chmaesiphonates*
3. *Plerocapsales*
4. *Nostocales*
5. *Stigonematales.*

Important genera concerned with nitrogen-fixing activity are: Anabaena, Nostoc, Cylindrospermum. According to conservative estimates, blue-green algae can fix about 25-30 kg N/ha per cropping season.

The algae also give some additional benefits.

1. Because of photosynthetic activity they release oxygen which is a key factor in rice culture.
2. They increase the organic content of soil.
3. They improve the physical structure by increasing water stable aggregates.
4. They supply growth promoting substances like Vitamin B_{12}, IAA-IPA, Anthramilic acid and other allied compounds.

Bonemeal, raw: A fertilizer made of dried animal bones finely ground. It contains 20 to 24 per cent P_2O_5. The availability of its plant food depends largely upon how fine it is ground.

Bonemeal, steamed: A product made from grinding bones previously treated with steam under pressure. It contains one to two per cent nitrogen and 22 per cent phosphorus.

Borax: A chemical compound that contains approximately 11 per cent boron. Borax is applied to boron-deficient soil or sprayed on the plant's foliage which indicate boron deficiency.

Boron: One of the essential elements absorbed by plants as BO_3^{-3} and $HB_4O_7^-$ ions. It is required in a very small quantity, hence is classified as a micronutrient. It is primarily concerned with calcium uptake and its assimilation. It effects cell division, fruit formation, viability of pollen grains, carbohydrate metabolism and protein synthesis in plants. Its deficiency leads to symptoms like heart rot of sugarbeet, browning in cauliflower, corking in apple etc.

Bray's nutrient mobility concept: It states that as the mobility of a nutrient in the soil decreases, the amount of that nutrient needed in the soil to produce a maximum yield (the soil nutrient requirement) increases from a variable net value, determined principally by the magnitude of the yield and the optimum percentage composition of the crop, to an optimum percentage composition of the crop, to an amount whose value tends to be constant.

Breccia: A rock composed of coarse angular fragments cemented together.

Buffering capacity: The ability of a soil to resist changes in pH. Commonly determined by presence of clay, humus, and other colloidal materials.

Bulky organic manures: These manures are bulky in nature and supply plant nutrients in small quantities and organic matter in large quantities.

C

C horizon: A mineral horizon generally beneath the solum that is relatively unaffected by biological activity and pedogenesis and is lacking properties diagnostic of an A or B horizon. It may or may not be like the material from which the A and B have formed.

Calcareous soil: Soil containing sufficient calcium carbonate (often with magnesium carbonate) to effervesce visibly when treated with cold 0.1 N hydrochloric acid.

Calcium ammonium nitrate (CAN): This commercial nitrogenous fertilizer, prepared by mixing powdered limestone or dolomite with ammonium nitrate. It contain 25 percent nitrogen. One half of the nitrogen in calcium ammonium nitrate is in the nitrate form, the remaining half in the ammoniacal form. CAN is suitable for basal dressing as well as for top dressing.

Calcium sulphate or gypsum: Gypsum is hydrated calcium sulphate. The material can be manufactured by treating lime or calcium phosphate with sulphuric acid. It is applied to the soil to reclaim saline and alkaline soils or to bring down soil pH.

Caliche: A layer near the surface, more or less cemented by secondary carbonates of calcium or magnesium precipitated from the soil solution. It may occur as a soft, thin soil horizon, as a hard, thick bed just beneath the solum, or as a surface layer exposed by erosion.

Carbon: An essential plant element. Plants take their carbon requirement from atmospheric carbon dioxide. Since it is never deficient in the atmosphere to become a limiting factor in growth, it is not supplied in any form as fertilizer. Carbon present in organic compounds in soil cannot be used as a nutrient source of carbon.

Carbon cycle: The sequence of transformations whereby carbon dioxide is fixed in living organisms by photosynthesis or by chemosynthesis, liberated by respiration and by the death and decomposition of the fixing organism, used by heterotrophic species, and ultimately returned to its original state.

Carbon-nitrogen ratio: The ratio of the weight of total organic carbon to the weight of total nitrogen in a soil or in an organic material. C:N ratio of wheat straw is nearly 80:1 while that of soil is 10:1. When undecomposed straw with a high C:N ratio is applied to the soil, its C:N ratio is reduced through bacterial decomposition. To speed up bacterial decomposition, nitrogenous fertilizer is added to the soil at the time of turning under straw.

Catalyst: An element or compound that accelerates the rate of a chemical reaction, but itself does not take part in the reaction. Common characteristics of a catalyst are:

1. The quantity of catalyst required is very small.
2. It does not disturb or has no influence on state of equilibrium of a system.
3. It remains chemically unchanged at the end of a reaction.
4. It cannot start a reaction but can only accelerate the speed of reaction.
5. Catalysts are very specific in nature.

Catalysts are extensively used in the fertilizer industry. The most important example is the use of iron oxide catalyst promoted by metals like aluminium, potassium, calcium and magnesium in the synthesis reaction of ammonia. Nickel is used as a catalyst in steam reforming of natural gas or naptha.

Capillary water: The water held in the "capillary" or *small* pores of a soil, usually with a tension >60 cm of water.

Catena: A sequence of soils of about the same age, derived from similar parent material, and occurring under similar climatic conditions but having different characteristics because of variation in relief and in drainage.

Cation: An ion carrying positive charge of electricity. The common soil cations are calcium, magnesium, sodium, potassium and hydrogen.

Cation exchange: The exchange of cations held by the soil absorbing complex is rich in sodium (as is the case in alkali and alkaline soil), application of gypsum (calcium sulphate) causes calcium cations to exchange with sodium cations.

Cation exchange capacity: The sum total of exchangeable cations that a soil can adsorb. Sometimes called "total-exchange capacity" "base-exchange capacity", or "cation-adsorption capacity." Expressed in centimoles per kilogram (cmol/kg) of soil (or of other adsorbing material such as clay).

Channery: Thin, flat fragments of limestone, sandstone, or schist up to 15 cm (6 in.) in major diameter.

Chelates: An organic compound capable of holding the plant nutrient in a form which prevents it from getting tied with other elements in the soil, thus keeping it more or less in available form for the plant. The term refers to the claws of a crab illustrative of the way in which the atom is held. For examples EDTA, DTPA, HEEDTA and CDTA.

Chert: A structureless form of silica, closely related to flint, that breaks into angular fragments.

Chisel, subsoil: A tillage implement with one or more cultivator-type feet to which are attached strong knife like units used to shatter or loosen hard, compact layers, usually in the subsoil, to depths below normal plow depth.

Chlorite: A 2:1:1 type layer structured silicate mineral having 2:1 layers alternating with a magnesium dominated octahedral sheet.

Chlorosis: A condition in plants relating to the failure of chlorophyll (the green coloring matter) to develop. Chlorotic leaves range from light green through yellow to almost white.

Class, soil: A group of soils having a definite range in a particular property such as acidity, degree of slope, texture, structure, land use capability, degree of erosion, or drainage.

Clastic: Composed of brokwn fragments of rocks and minerals.

Clay: (1) A soil separate consisting of particles <0.002 mm in equivalent diameter (2) A soil textural class containing >40 per cent clay, <45 per cent sand, and <40 per cent silt.

Claypan: A dense, compact, slowly permeable layer in the subsoil having a much higher clay content than the overlying material, from which it is separated by a sharply defined boundary. Claypans are usually hard when dry and plastic and sticky when wet.

Clay humus complex: It is a complex formed due to interaction of the clay and humus colloids through different mechanisms and force like, cation bridge, hydrogen bonding, vander waals forces.

Clod: A compact, coherent mass of soil produced artificially, usually by such human activities as plowing and digging, especially when these operations are performed on soils that are either too wet or too dry for normal tillage operations.

Closed formula mixed fertilizers: The fertilizers grade is disclosed on each bag of such fertilizer mixture, but the ingredients or straight fertilizers used in formulating the mixture are not disclosed. In India, fertilizer mixtures sold to the cultivators are usually of the closed formula type.

Cohension: Holding together: force holding a solid or liquid together, owing to attraction between like molecules. Decreases with rise in temperature.

Colloid, soil (Greek, glue-like) Organis and inorganic matter with very small particle size and a correspondingly large surface area per unit of mass.

Colluvium: A deposit of rock gragments and soil material accumulated at the base of steep slopes as a result of gravitational action.

Complex fertilizers: The commercial fertilizers containing a least two or more of the primary essential nutrients. When such fertilizers contain only two of the primary nutrients, they are designed as incomplete complex fertilizers. While those containing all three primary nutrients are called as complex fertilizers. See multiple-nutrient materials for more information.

Compost: A mass of rotted organic matter made from waste.

Compost: Organic residues, or a mixture of organic residues and soil, that have been piled, moistened, and allowed to undergo biological decomposition. Mineral fertilizers are sometimes added. Often called "artificial manure" or "synthetic manure" if produced primarily from plant residues.

Composting: It is largely a biological process in which micro-organisms of both types namely aerobic and anaerobic, decompose the organic matter and lower the carbon-nitrogen ratio of the refuse. The final product of composting is a well-rooted manure known as compost.

Concretion: A local concentration of a chemical compound, such as calcium carbonate or iron oxide, in the form of grains or nodules of varying size, shape, hardness, and color.

Conditioner (of fertilizer)**:** A material added to a fertilizer to prevent caking and to keep is free-flowing.

Conduction: The transfer of heat by physical contact between two or more objects.

Consumptive use: The net surface charge of mineral particles, the magnitude of which depends only on the chemical and structural composition of the mineral. The charge arises from isomorphous substitution and is not affected by soil pH.

Contour: An imaginary line connecting points of equal elevation on the surface of the soil. A contour terrace is laid out on a sloping soil at right angles to the direction of the slope and nearly level throughout its course.

Convention: The transfer of heat through a gas or solution because of molecular movement.

Copper sulphate: It is the most common copper salt used in fertilizers, insecticides and fungicides. Used as a fertilizer, commercial grade of copper sulphate supplies 25 to 35 per cent copper (Cu).

Cotton seed cake: A by-product of the cotton seed crushing industry, when it is undecorticated, it is non-edible containing 3.9 per cent nitrogen, 18 1.8 per cent phosphoric acid and 1.6 per cent potash. When decorticated, cotton seed cake becomes edible oilcake containing higher percentages of plant nutrients. Decorticated cotton seed cake contains 6.4 per cent nitrogen, 2.9 per cent phosphoric acid and 2.2 per cent potash.

Crop rotation: A planned sequence of crops growing in a regularly recurring succession on the same area of land, as contrasted to continuous culture of one crop or growing different crops in haphazard order.

Crust: A surface layer on soils, ranging in thidkness from a few millimeters to perhaps as much as 3 cm, that is much more compact, hard, and brittle, when dry, than the material immediately beneath it.

D

Darcy's law: Darcy stated that the rate of flow increased with an increased depth of water above the bottom of the soil and decreased with an increased depth of soil through which water followed and

$$Qw = \frac{-K(\Delta dw)At}{\Delta ds}$$

where,

Qw: Quantity of water in c.c.

K: Hydraulic conductivity cm/ sec.

Δdw: Water of hydraulic head in cm.

A: Soil area in sq. cm.

t: Time in second

Δds: Soil depth in cm.

Deficiency: A condition of insufficient supply of essential plant nutrients required for various metabolic functions.

Plants cannot reach optimum growth, if any one of the essential elements is limited in supply. Deficiency may be caused due to any one of the following reasons:

1. The nutrient is in short supply in soil.
2. The nutrient is there in soil, but is not in the available form in which plants can absorb it.

3. There is the antagonistic effect of other elements. See also Antagonistic effect. This is called induced deficiency as the nutrient in question is not being metabolized because of the excess of other antagonistic elements.

Denitrification: The process by which nitrates or nitrites in the soil or in farmyard manure are reduced to ammonia or free nitrogen by bacterial action. The process results in the escape of nitrogen into the air and is therefore wasteful.

Desalinization: Removal of salts from saline soil, usually be leaching.

Diagnostic subsurface horizons: The following diagnostic subsurface horizons are used in *Soil taxonomy.*

Agric horizon: A mineral soil horizon in which clay, silt, and humus derived from an overlying cultivated and fertilized layer have accumulated. The wormholes and illuvial clay, silt, and humus occupy at least 5 per cent of the horizon by volume.

Argillic horizon: A mineral soil horizon characterized by the illuvial accumulation of layer lattice silicate clays.

Calcic horizon: A mineral soil horizon of secondary carbonate enrichment that is more than 15 cm thick, has a calcium carbonate equivalent of more than 15 per cent and has a least 5 per cent more calcium carbonate equivalent than the underlying C horizon.

Cambic horizon: A mineral soil horizon that has a texture of loamy very fine sand or diner, contains some weatherable minerals, and is characterized by the alteration or removal of mineral material. The cambic horizon lacks cementation or induration and has too few evidences of illuviation to meet the requirements of the argillic or spodic horizon.

Duripan: A mineral soil horizon that is cemented by silica, to the point that air-dry fragments will not slake in water or HCl.

Gypsic horizon: A mineral soil horizon of seconday calcium sulfate enrichment that is more than 15 cm thick.

Kandic horizon: A horizon having a sharp clay increase relative to overlying horizons and having low-activity clays.

Natric horizon: A mineral soil horizon that satisfies the requirements of an argillic horizon, but that also has prismatic, columnar, or blocky structure and a subhorizon having more than 15 per cent saturation with exchangeable sodium.

Oxic horizon: A mineral soil horizon that is at least 30 cm thick and characterized by the virtual absence of weatherable primary minerals or 2:1 latice clays and the presence of 1:1 lattice clays and highly insoluble minerals such as quartz sand, hydrated oxides of iron and aluminum, low cation exchange capacity, and small amounts of exchangeable bases.

Spodic horizon: A mineral soil horizon characterized by the illuvial accumulation of amorphous materials composed of aluminum and organic carbon with or without iron.

Diatomaceous earch: A geologic deposit of fine, grayish, siliceous material composed chiefly or wholly of the remains of diatoms. It may occur as a powder or as a porous, rigid material.

Diatoms: Algae having siliceous cell walls that persist as a skeleton after death, any of the microscopic unicellular or colonial algae constituting the class Bacillariaceae. They occur abundantly in fresh and salt waters and their remains are widely distributed in soils.

Diffusion: The transport of matter as a result of the movement of the constituent particles. The intermingling of two gases or liquids in contact with each other takes place by diffusion.

Dilution: The process of lowering the concentration of any component of mixture (say a solution, slurry, suspension or solid) by adding any other suitable substance called a diluant. It is very common practice undertaken in any chemical laboratory and is done to bring the elemental concentration within the working range of the equipment or method. For instance, zinc sulphate heptahydrate is guaranteed to contain 21 per cent or 210000 ppm zinc. To bring it to the working range (about 1 ppm Zn) of the atomic absorption spectrophotometery it is diluted 2,00,000 times by adding distilled water.

Dioctahedral: An octahedral sheet, or a mineral containing such a sheet, that has two thirds of the octahedral sites filled with trivalent ions such as aluminum or ferric iron.

Disintegration: The breakdown of rock and mineral particles into smaller particles by physical forces such as frost action.

Disperse (1) To break up compound particles, such as aggregates, into the individual component particles. (2) To distribute or suspend fine particles, such as clay, in or throughout a dispersion medium, such as water.

Diversion dam: A structure or barrier built to divert part or all of the water of a stream to a different course.

Dolomite: A natural mineral composed of calcium and magnesium carbonate widely used as liming material and as an ingredient in fertilizer mixtures. Dolomite is used in fertilizers to render them non-acid forming. It also supplies available magnesium.

Drain (1) To provide channels, such as open ditches or drain tile, so that excess water can be removed by surface or by internal flow (2) To lose water (from the soil) by percolation.

Drainage, soil: The frequency and duration of periods when the soil is free from saturation with water.

Drift: Material of any sort deposited by geological processes in one place after having been removed from another. Glacial drift includes material moved by the glaciers and by the streams and lakes associated with them.

Drumlin: Long, smooth cigar-shaped low hills of glacial till, with their long axes parallel to the direction of ice movement.

Dry farming: The system in which field crops are raised with an annual rainfall of less than 25 inches, without irrigation facilities. From plant nutrition point of view, lesser doses of fertilizers are recommended to dry farming areas for all field crops, compared to irrigated farming.

Dryland farming: The practice of crop production in lo rainfall areas without irrigation.

DTPA: It is abbreviated term of diethylene trinitrilopenta acetic acid. It is a chelating agent and used for making metal chelates keeping the different metellic cations available in the soil and also increases the translocation of metallic cations within the plant body.

Duff: The matted, partly decomposed organic surface layer of forest soils.

Duripan: A mineral soil horizon that is cemented by silica, to the point that air-dry fragments will not slake in water or HCl.

E

Edaphology: The science which deals with the influence of soil on living things, particularly plants. It also include the use of soil by men for plant growth.

Efficacy of fertilizer: The whole of the amount of nutrient from the applied fertilizer is not recovered by the crop as a part of it is lost or remains in the soil. The extent of recovery of applied nutrient by a crop or crop rotation indicates the efficacy of a fertilizer. Some factors for controlling efficiency of fertilizer application are listed below:

1. The nature of crop and its variety.
2. Method and time of application of fertilizer.
3. Crop management
4. Cropping system.
5. Chemical composition of soil and its pH.
6. Organic matter content of the soil.
7. Physical condition including drainage, aeration, etc.
8. Weather conditions.
9. Soil moisture.
10. Balance of nutrients.

E horizon: Horizon characterized by maximum illuviation (washing out) of silicate clays and iron and aluminum oxides, commonly occurs above the B horizon and below the A horizon.

Earth flow: The process of saturated soil moving down a slope under the force of gravity. The term is also used to describe the results of the process.

Effective precipitation: The amount of proportion of precipitation that infiltrates into soil.

Effluent: Liquid waste from either a septic tank or a sewage treatment plant.

Eutrofication: Pollution with unwanted nutrients.

Electromagnetic spectrum: Range of energy and wavelengths of electromagnetic radiation. The range from shortwave high energy radiation to longwave low energy radiation includes X-ray, ultraviolet, visible light, infrared and radio waves.

Electron: A small, negatively charged atomic particle.

Electrostatic (Attraction or repulsion): Interaction between electrically charged objects.

Element: Any substance that cannot be further separated except by nuclear disintegration.

Eluvial horizon: A soil layer (horizon) formed by the removal of constituents such as clay or iron.

Eluviation: Process of removing from a soil layer any soil constituents in suspension.

Emissivity: Relative measure of an objects ability to emit radiant energy at a given temperature.

Emulsion: The light-sensitive coating on photographic film, usually containing a silver salt such as silver chloride.

Enzymes: Protein catalysts produced in cells of living oranisms that direct and control the cells chemical reactions.

Eolian soil material: Soil material accumulated through wind erosion.

Epidermis: In plants, the outside layer of cells.

Epipedons: Surface layers of soil with specific characteristics used in classifying soils by soil taxonomy (*e.g.*, the mollic epipedon).

Equivalent: The unit formerly used to describe cation exchange capacity or quantities of ions. One gram atomic weight of hydrogen or the amount of any other ion that will combine with or displace this amount of hydrogen. The amount that provides 1 mol of charge. Equals 1 mol.

Equivalent acidity: A term used to express the calcium carbonate equivalent of acidic residue left by a fertilizer material.

Equivalent basicity: A term used to express the calcium carbonate equivalent of basic residue left by a fertilizer material See 'alkaline-forming' for further details.

Equivalent weight: The weight of an element that will combine with 7.9997 of oxygen or 1.0079 of hydrogen. Equivalent weight of molecules is calculated by dividing molecular weight with the number of hydrogen cations or protons/electrons that will take part in any reaction with the molecule, *e.g.* Equivalent weight of sulphuric acid = 98/ 2 = 49 where 98 is the molecular weight of sulphuric acid and 2 is the number of hydrogen cations that will take part in any reaction with sulphuric acid.

Erosion: The wearing away of the land surface by water, wind, ice, or gravity.

Essential plant nutrient: A nutrient essential for plants for proper growth and development. At present, there are sixteen essential plant nutrients recognized by plant physiologists. These are carbon, hydrogen, oxygen, nitrogen, phosphorus, calcium, potassium, magnesium, sulphur, manganese, boron, copper, zinc, iron, molybdenum and chlorine.

Eucaryotic: In biology, referring to the type of cells with a distinct nucleus with a nuclear membrane, characteristic of fungi, protozoa, algae, plants and animals.

Evapotranspiration: Evaporation plus transpiration.

Exchange complex: All the materials (clay, humus) that contribute to a soils exchange capacity.

Exchangeable base saturation: Exchangeable cations other than Al^{3+} and H^{+}, expressed as a percentage of cation exchange capacity measured at neutrality.

Exchangeable ions: Ions (charged atoms or molecules) held by electrical attraction at charged surfaces, can be displaced by exchange with other ions.

Exchangeable potassium: That form of potassium is soil exchange complex which is not recovered by water solution, but is recovered by the exchange process using a suitable reagent. The most commonly used reagent is ammonium acetate. Exchangeable potassium is the primary source of potassium for plants. The level of exchangeable potassium in soil is an important factor in determining the responsiveness of any crop to application of potassic fertilizers.

Exchangeable sodium percentage (ESP): Amount of exchangeable Na expressed as a percentage of total exchangeable cations. It can be expressed by given formula.

$$\text{ESP} = \frac{\text{Exchangeable sodium (Cmol/kg soil)}}{\text{Cation exchange capacity (Cmol/kg soil)}} \times 100$$

Extracellular: Outside the cell. Extracellular enzymes are excreted by some bacteria and fungi.

Extracellular enzyme: A protein substance that acts as an organic catalyst excreted outside the bacterial or plant cell. Also called an *exoenzyme.*

Extrusive rock: Any rock that forms from hot molten material by solidifying at the earths surface

F

Facultative organism: An organism capable of both aerobic and anaerobic metabolism.

Fallow: Cropland left idle in order to restore productivity, mainly through accumulation of water, nutrients, or both. Summer fallow is a common stage before cereal grain in regions of limited rainfall. The soil is kept free of weeds and other vegetation, thereby conserving nutrients and water for the next years crop.

Fallowing: Keeping the land free of a crop or weeds for a period of time. This is done to restore soil productivity mainly through accumulation of water, nutrients or both. Fallow during the kharif season is a common practice in wheat-growing regions which receive limited rainfall. During fallow, the field is cultivated to control weeds and to help the storage of moisture for the succeeding crop.

Family, soil: In soil classification, one of the categories intermediate between the great group and the soil series. Families are defined largely on the basis of physical and mineralogical properties of importance to plant growth.

Farmyard manure (FYM): It is a product of decomposition of the liquid and solid excreta of animals stored in the farm. In western countries, straw or other litter used as bedding is also included along with the animal excreta. In India, since straw is used mainly for fodder purposes, farmyard manure is made mainly from animal excreta. The composition of FYM varies with the nutrient content in excreta and with the method of preparation. On an average it contains 0.5 per cent N, 0.2 per cent P_2O_5 and 0.5 per cent K_2O.

Fauna: The animal life of a region.

Fermentation: A set of metabolic processes by which anaerobic organisms obtain energy by converting sugars to alsohols or acids and CO_2.

Ferrihydrite: A dark raddish brown poorly crystalline iron oxide that forms in wet soils.

Fertigation: The addition of soluble fertilizer through an irrigation system.

Fertility, soil: The quality of a soil that enables it to provide essential chemical elements in quantities and proportions for the growth of specified plants.

Fertility index: It is defined as the relative sufficiency expressed as a percentage of the amount of nutrient adequate for optimum yields. It is related with soil test values and crop response as follows:

Soil Test Rating	*Crop Response*	*Fertility Index*
Very low	Highly probable	0–10
Low	Probable	10–25
Medium	Possible	25–50
High	Unlikely	50–100
Very high	Highly unlikely	100+

Fertilizer (Control) order, (1985): An order issued by the Government of India under powers conferred by section-3 of the Essential Commodities Act, 1955. Under the powers, the Government controls the production, marketing, price and quality of fertilizers. There are 39 clauses of this order covering definitions, prices, registration of dealers and fertilizer mixtures, regulation on manufacture, sale, packing requirement, disposal of non-standard fertilizers, enforcement authorities, analysis of samples, etc. The Schedule I of the order includes detailed specifications of fertilizer covered by it. In Schedule II detailed procedure regarding sampling technique and methods of analysis is given.

Fertilizer grade: An expression that indicates the percentage of plant nutrients in a fertilizer, *e.g.* a 10-55 grade of fertilizer indicates 10 per cent nitrogen, 5 per cent phosphoric acid (P_2O_5) and 5 per cent potash (K_2O).

Fertilizer legislation: This refers to laws and regulations enforced by the Government to regulate the quality of fertilizers or fertilizer mixtures sold to consumers. According to the Fertilizer Control Order of the Govt.of India of 1957, each brand and grade of commercial fertilizer and fertilizer mixture is to be registered and each bag of fertilizer to be labeled with fertilizer grade clearly written on it.

Fertilizer ratio: The fertilizer ratio designates the relative proportion of three major plant nutrients, keeping the percentage of nitrogen as one of the ratio. Thus a 5-10-5 fertilizer mixture which contains 5 per cent total nitrogen. 10 per cent available P_2O_5 and 5 per cent soluble potash, has a nutrient ratio 1:2:1.

Fertilizer requirement: The quantity of certain plant nutrient elements needed, in addition to the amount supplied by the soil, to increase plant growth to a designated optimum.

Fertilizer: Any natural or manufactured material, dry or liquid, added to the soil in order to supply one or more plant nutrients. The term is generally applied to commercially manufactured materials other than lime or gypsum. When fertilizers are sold on a large scale, they are called commercial fertilizers. Fertilizers consumed in India on a large scale are of five types; nitrogenous fertilizers, phosphatic fertilizers, potassic fertilizers, complex fertilizers or fertilizers supplying more than one major plant nutrient and fertilizer mixtures.

Field capacity (field moisture capacity): The percentage of water remaining in a soil two or three days after its harving been saturated and after free drainage has practically ceased.

Field experiments: Experiments conducted in the field to determine the type and amount of fertilizers to suit particular soil type and crop.

Filler: Material added to a fertilizer mixture or fertilizer material to make up the difference between the weight of an added ingredient required and the total fertilizer that should be made according to the fertilizer formula. Materials commonly used as fillers are sand, dolomitic limestone, gypsum, furfural, vermiculite, rock salt, coal ashes, chalk grit, spent foundry sand, peanut hulls, saw dust and rice husk, etc.

Fixation (in soil): Conversion of a soluble material such as a plant nutrient like phosphorus, from a soluble or exchangeable form to a relatively insoluble form. To reduce fixation of phosphate, phosphatic fertilizers are brought in lesser contact with the soil particles and applied closer to the plant root through band placement.

Flocculation: Joining of colloidal particles to form clusters (flocs).

Foliar diagnosis: Diagnostic technique based on analyzing plant tissues for the total content of nitrogen, phosphorus, potassium, boron, etc. Low values of nutrient percentages in plants under test compared to nutrient percentage in high yielding plants indicate deficiency of nutrients. The nutrients commonly tested by this method are nitrogen, phosphorus and potash.

Foliar fertilization: Fertilization of plants, or feeding nutrients to plants, by applying chemical fertilizers to be foliage. This is also known as foliar feeding or spray fertilization.

Fortification: The process of putting an additional quantity of fertilizer to increase the nutrient content of manure/ compost, *e.g.* in the ADCO process of compost-making superphosphate is added to fortify the phosphate content of the manure.

Frictional resistance: Resistance to the movement of fluids or particles caused by the interaction (rubbing) of surfaces.

G

Gamma ray: A high energy ray (photon) emitted during radioactive decay of certain elements.

Geostatistics: Statistics that describe the variability of properties from place to place.

Geographical Information System (GIS): It is a computerised data base management system for capturing, storing, validation, analysing, displaying and managing spatially referenced data sources in addition to the primary data such as agro-climatic and soil characteristics. It can be used to generate map on erosion hazard, land suitability for a specified alternative land use type.

Genesis, Soil: The mode of origin of the soil, with special reference to the processes responsible for the development of the solum, or true soil, from the unconsolidated parent material.

Geological erosion: As opposed to accelerated erosion, erosion at natural rates, unaffected by human activity.

Geothite (FeOOH): A yellow-brown iron oxide mineral that account for the brown colour in many soils.

Gibbsite $Al(OH)_3$: An alluminium trihydroxide mineral most common in highly weathered soils such as oxisols.

Glacial outwash: Geological material moved by glaciers and subsequently sorted and depositied by streams flowing from melting ice. Also called *glaciofluvial deposits.*

Glacial till: Unsorted and unstratified geological material deposited directly by glacial ice.

Glaciation: The process of geological erosion by means of glacial ice.

Gleying: A process that produces reduction of iron and other elements under conditions of prolonged saturation.

Granular fertilizer: A fertilizer composed of particles of roughly the same composition, and about one-tenth of an inch in diameter. This kind of fertilizer is superior in efficiency compared to the fine or powdery fertilizer due to ease in handling and less fixation in soil.

Green leaf manuring: This refers to turning under of green leaves and tender green twigs collected from shrubs and trees grown on bunds, waste lands and nearby forest areas. The common shrubs and trees useful for this purpose are glyricidia *(Glyricidia maculate)*, *Sesbania speciosa*, karanj *(Pongamia pinnata)* etc.

Green manure crop: Any crop grown and buried into the soil for improving the soil condition by addition of organic matter. Such crops are legumes and non-legumes, but mostly legumes *e.g.* sannhamp *(Crotolaria juncia)*, Dhaincha–*(Sesbania aculeata)*

Green manuring: A practice of ploughing or turning into the soil undecomposed green plant material for improving the physical condition of the soil or for adding nitrogen when the green manure crop is legume. Two types of green manuring are being practiced by the cultivators of India. These are i) green manuring in situ and ii) Greenleaf manuring.

Green manuring in situ: A practice in which green manure crops are grown and buried in the same field which is to be green-manured. The crops are grown alone or intercropped with the main crop. Important green manure crops used in this system are sannhemp *(Crotalaria juncea)*, dhaincha *(Seshania aculeate)*, pillipesara *(Phaseolus trilobus)*, and guar *(Cyamopsis psoraloides* or *tetragonoloba)*.

Greenhouse effect: The warming of the earth's surface and atmosphere owing to absorption of out-going radiation by CO_2, CH_4 and H_2O (like absorption by glass).

Groundnut cake: A by-product of the oil industry. This is an edible oil cake. It contains 7.3 per cent nitrogen, 1.5 per cent phosphoric acid and 1.3 per cent potash. In the Deccan tract of Maharashtra. Karnataka. Andhra Pradesh and Tamil Nadu, groundnut cake is applied to sugarcane and bananas on a very large scale. Besides the nutrients, it supplies organic matter to the soil.

Guano: In some parts of America used synonymously with fertilizer. It is derived from the Spanish word meaning dung. Guano is made up of excrement of seafowl, together with their body remains. Deposits of guano found in many islands may vary from a few inches to over 200 feet in thickness. Peru is one of the pioneer producers and exporters of guano. It is also obtained from excrement and dead remains of sea creatures other than seafowl. It is also called bat guano, seal guano, fish guano, whale guano, etc. Some guanos produced from sheep and goat herds are called sheep guano or goat guano. The colour of guano may vary from grey to dark brown. The chemical composition of guano also varies. Its nitrogen content may vary from 4 to 16 per cent and total P_2O_5 may range between 12 and 26 per cent. When nitrogen content is very high, say, 8-16 per cent, it is termed as nitrogenous guano. When phosphorus content is very high, say, 20-25 per cent P_2O_5, it is termed as phosphatic guano. The potash (K_2O) content of guano is 2 to 3 per cent.

The product obtained after treatment of guano with sulphuric acid is called dissolved guano. The available phosphorus and nitrogen content increase as a result of this treatment. Some times any one or all of the three nutrients, namely, N, P_2O_5 and K_2O are added to guano to make it a balanced fertilizer. This is called rectified or fortified guano.

Gypsum: Hydrated calcium sulphate ($CaSO_4$, $2H_2O$) also known as land plaster. Agricultural grade gypsum contains 55 to 95 per cent gypsum. Gypsum is mined from sedimentary deposits. It is also obtained as a by product of phosphoric acid industry and is termed as phospo-gypsum. Gypsum is calcimined to produce plaster of paris which has wide industrial usage. It is also used in cement, pain and many other industries. In agriculture its main use is in reclamation of alkali soils. It is also a source of calcium, which is an essential plant element.

H

Halophyte: A plant that requires or tolerates a saline (high salt) environment.

Hardpan: A hardened soil layer, in the lower A or in the B horizon, caused by cementation of soil particles with organic matter or with materials such as silica, sesquioxides, or calcium carbonate. The hardness does not change appreciably with changes in moisture content and pieces of the hard layer do not slake in water.

Harrowing: A secondary broadcast tillage operation that pulverizes, smooths, and firms the soil in seedbed preparation, controls weeds, or incorporates material spread on the surface.

Heaving: The partial lifting of plants, buildings, road-ways, fenceposts, etc., out of the ground, as a result of freezing and thawing of the surface soil during the winter.

Heavy metals: Metals with particle densities > 5.0 Mg/m^3.

Heavy soil: A soil with a high content of the fine separates, particularly clay, or one with a high drawbar pull, hence difficult to cultivate.

Hematite, Fe_2O_3: A red iron oxide mineral that contributes red color to many soils.

Hemicellulose: A group of complex carbohydrates; polysaccharides that, unlike starch and cellulose, contain other sugars besides glucose. Important to plant cell walls.

Herbicide: A chemical that kills plants or inhibits their growth; intended for weed control.

Herbivore: A plant-eating animal.

Heterotroph: An organism capable of deriving energy for life processes only from the decomposition of organic compounds and incapable of using inorganic compounds as sole sources of energy or for organic synthesis.

High-analysis fertilizer material: The fertilizers containing a higher percentage of the plant nutrients. Such as urea containing 46 per cent nitrogen, triple superphosphate containing 45 to 47 per cent P_2O_5 and muriate of potash containing 60 per cent K_2O. High-analysis fertilizers have an advantage in the cost of bagging, handling and transportation per unit of plant.

Hill placement: This refers to applying fertilizer either in bands or near plants. This method is usually employed when relatively small quantities are to be applied. In Egypt, nitrogenous fertilizer is applied in pinches at the base of each plant of cotton. Maize, cauliflower, cabbage, brinjal, tomato, and other vegetable crops are fertilized by this method.

Horizon, soil: A layer of soil, approximately parallel to the soil surface, differing in properties and characteristics from adjacent layers below or above it.

Horn-and-hoof-meal: A manure prepared from horns and hoofs of animals. Such a meal contains about 13 per cent nitrogen.

Horticulture: The art and science of growing fruits, vegetables, and ornamental plants.

Humic acid: A mixture of variable or indefinite composition of dark organic substances, precipitated upon acidification of a dilute alkali extract from soil.

Humid climate: Climate in regions where moisture, when distributed normally throughout the year, should not limit crop production. In cool climate annual precipitation may be as little as 25 cm; in hot climates, 150 cm or even more. Natural vegetation in uncultivated areas is forests.

Humification: The process involved in the decomposition of organic matter and leading to the formation of humus.

Humin: The fraction of the soil organic matter that is not dissolved upon extraction of the soil with dilute alkali.

Humus: That more or less stable fraction of the soil organic matter remaining after the major portions of added plant and animal residues have decomposed. Usually it is dark in colour. The term is often used synonymously with soil organic matter.

Hydrated: Having water attached or incorporated as part of a chemical substance.

Hydration: The chemical combination of water with another substance.

Hydraulic conductivity: An expression of the readiness with which a liquid such as water flows through a solid such as soil in response to a given potential gradient.

Hydrologic cycle: The circuit of water movement from the atmosphere to the Earth and back to the atmosphere through various stages or processes, as precipitation, interception, runoff, infiltration, percolation, storage, evaporation, and transpiration.

Hydrolysis: A reaction that involves products (H^+ or OH^-) of the dissociation of water. A mineral weathering reaction that adds H^+ to a mineral structure.

Hydromulching: Technique of spraying a slurry of fiber, seed, fertilizer, and chemicals onto roadsides for erosion control.

Hydroscopic coefficient: The amount of moisture in a dry soil when it is in equilibrium with some standard relative humidity near a saturated atmosphere (about 98 per cent), expressed in terms of percentage on the basis of oven-dry soil.

Hydrous oxides, hydroxyoxides: Sesquioxides. Oxides of Fe, Al, or similar metals, with different proportions of water and hydroxyl in the structure.

Hydroxyl: A OH ion or group.

Hygroscopic: A term used to designate materials that absorb moisture from the air.

Hygroscopicity of fertilizer materials: Some fertilizer materials absorb moisture from the air, which causes them to become sticky. Such hygroscopic fertilizers are calcium ammonium nitrate, sodium nitrate, ammonium chloride and urea.

I

Igneous Rock: The earliest rocks formed by cooling of the earth's molten magma. Based on silicic acid content igneous rocks are classified in four groups:

1. Acid rocks: Silicic acid content is more than 65 per cent, *e.g.* granite.
2. Sub-Acid Rocks: Silicic acid content is 60-65 per cent, *e.g.* syenite.
3. Sub-Basic Rocks: Silicic acid content is 55-60 per cent, *e.g.* diorite.
4. Basic Rocks: Silicic acid content is 40-45 per cent, *e.g.* golomite, basalt.

Illuvial horizon: A soil layer or horizon in which material carried from an overlying layer has been precipitated from solution or deposited from suspension. The layer of accumulation.

Immature soil: A soil with indistinct or only slightly developed horizons because of the relatively short time it has been subjected to the various soil-forming processes. A soil that has not reached equilibrium with its environment.

Immobilization: The conversion of an element from the inorganic to the organic form in microbial tissues or in plant tissues, thus rendering the element not readily available to other organisms or to plants.

Imogolite: A poorly crystalline aluminosilicate mineral with an approximate formula $SiO_2Al_2O_3.5H_2O$; occurs mostly in soils formed from volcanic ash.

Impermeable: Unable to transmit water. A term of ten used with dense soil horizons through which water moves extremely slowly.

Impervious: Resistant to penetration by fluids or by roots.

Inactivated organisms: In waste disposal, harmful organisms made harmless by reaction with the soil and soil organisms.

Inclusion: One or more polypedons within a map unit, not identified by the map unit name.

Indicator plant: A plant that indicates, in general, and often in a specific manner, a deficiency of plant nutrient in the soil.

Indurated (soil): Soil material cemented into a hard mass that will not soften on wetting.

Inferred properties: Soil properties that are not seen or measured but are assumed from other properties. Suitability for a use is an inferred property.

Infiltration rate: A soil characteristic determining or describing the maximum rate at which water can enter the soil under specified conditions, including the presence of an excess of water.

Infrared: Refers to the electromagnetic radiation of wavelength longer than light but shorter than radio. Sometimes called heat radiation.

Inhibitor: The opposite of catalyst as it retards or reduces the rate of a chemical reaction. It is also known as a retarder. Antioxidants are well known inhibitors of oxidation reactions. Benzoic acid and salicylic acid are added to food products to prevent rancidity.

Inoculation: The process of introducing pure or mixed cultures of microorganisms into natural or artificial culture media.

Inorganic compounds: All chemical compounds in nature except compounds of carbon other than carbon monoxide, carbon dioxide, and carbonates.

In-place parent material: Parent material that has not been transported from its original location, for example, a bedrock is an in-place parent material.

Insecticide: A chemical that kills insects.

Insulator: A material (or space) that transmits heat or electricity poorly.

Interaction: A combined effect of two or more factors or variables such that the variables modify each other's effects.

Interaction, electrostatic: Adsorption caused by the electrical attraction of ions to a charged surface.

Intercrop: Two or more crops grown together on the same piece of land at the same time.

Intergrade: A soil that possesses moderately well developed distinguishing characteristics of two or more genetically related great soil groups.

Integrated plant nutrition system (IPNS): It is a concept proposed by FAO where the basic goal is the maintenance or adjustment and possibly improvement of soil fertility and of plant nutrient supply to an optimum level for sustaining the desired crop productivity through optimization of the benefits from all possible sources of plant nutrients in an integrated manner.

Interlayer (mineralogy): Materials between layers within a given crystal, including cations, hydrated cations, organic molecules, and hydroxide groups or sheets.

Interveinal: Between veins.

Interveinal chlorosis: Chlorosis only between leaf veins.

Intrusive rock: Any rock that forms by cooling from a hot molten mass below the earth's surface. Granite is an intrusive rock.

Ion exchange: The interchange between an ion in solution and another ion on the surface of any surface-active material such as clay or humus.

Ions: Electrically charged particles. As used in soils, an ion refers to an electrically charged element, resulting from the breaking up of many substances like acids, salts, and alkalines. Positively charged ions are called 'cations' and negatively charged as 'anions'. For further information see cation and anion.

Iron-pan: An indurated soil horizon in which iron oxide is the principal camenting agent.

Irrigation efficiency: The ratio of the water actually consumed by crops on an irrigated area to the amount of water diverted from the source onto the area.

Irrigation methods: Methods by which water is artificially applied to an area. The methods and the manner of applying the water are as follows.

border-strip: The water is applied at the upper end of a strip with earth borders to confine the water to the strip.

center pivot: Automated sprinkler irrigation achieved by automatically rotating the sprinkler pipe or boom, supplying water to the sprinkler heads or nozzles, as a radius from the center of the field to be irrigated.

check-basin: The water is applied rapidly to relatively level plots surrounded by levees. The basin is a small check.

corrugation: The water is applied to small, closely spaced furrows, frequently in grain and forage crops, to confine the flow of irrigation water to one direction.

drip: A planned irrigation system where all necessary facilities have been installed for the efficient application of water directly to the root zone of plants by means of applicators (orifices, emitters, porous tubing, perforated pipe, etc.) operated under low pressure. The applicators may be placed on or below the surface of the ground.

Flooding: The water is released from field ditches and allowed to flood over the land.

furrow: The water is applied to row crops in ditches made by tillage implements.

spinkler: The water issprayed over the soil surface through nozzles from a pressure system.

subirrigation: The water is applied in open ditches or tile lines until the water table is raised sufficiently to wet the soil.

wild-flooding: The water is released at high points in the field and distribution is uncontrolled.

Interstratification: Mixing of silicate layers within the structural framework of a given silicate clay.

Isomorphous substitution: The replacement of one atom by another of similar size in a crystal lattice without disrupting or changing the crystal structure of the mineral.

Isotopes: Two or more atoms of the same element that have different atomic masses because of different numbers of neutrons in the nucleus.

J

Jevenile: New or young animal or plant or soil.

Joule: The SI energy unit defined as a force of one newton applied over a distance of one meter, 1 joule = 0.239 calorie.

K

Kame: A conical hill or ridge of sand or gravel deposited in contact with glacial ice.

Kainite [KMg $(SO_4)Cl.3H_2O$] A mineral used as a source for potassic fertilizers and potassic salts. It is an impure mixture of potassium and magnesium chloride, sometimes containing sulphate of magnesia. It contains about 12 per cent K_2O. It is quite soluble in water and is non-hygroscopic.

Kalium: The Latin word for alkali. In chemistry it stands for potassium and the symbol 'K' used for potassium is derived from kalium.

Kaolinite: An aluminosilicate mineral of the 1:1 crystal lattice group, that is, consisting of single silicon tetrahedral sheets alternating with single aluminium octahedral sheets.

Kinetic energy: Energy resulting from motion. In equation form, KE= ½ mass x (velocity squared).

Kjedahl nitrogen: The amount of nitrogen contained in organic material as determined by a method based on the digestion of the sample in a sulphuric acid base reagent, which converts the nitrogenous organic material to carbon dioxide, water and ammonia. Subsequently the ammonia is quantified.

L

Labile: Descriptive of a substance in soil that readily undergoes transformation or is readily available to plants.

Lacustrine deposit: Material deposited in lake water and later exposed either by lowering of the water level or by the elevation of the land.

Lambert's Law: The law states that light absorbed by homogeneous transparent media is proportional to the thickness of the media and intensity of light. Mathematically, Lambert's law is described as:

$$\text{Log}\ \frac{Io}{It} = KH$$

where,

Io: Intensity of incident light

It: Intensity of transmitted light

H: Thickness of media

K: Constant.

Land: A broad term embodying the total natural environmental of the areas of the Earth not covered by water. In addition to soil, its attributes include other physical conditions such as mineral deposits and water supply; location in relation to centers of commerce, populations, and other land, the size of the individual tracts or holdings, and existing plant cover, works of improvement, and the like.

Land capability classification: A grouping of kinds of soil into special units, subclasses, and classes according to their capability for intensive use and the treatments required for sustained use. One such system has been prepared by the USDA Soil Conservation Service.

Land classification: The arrangement of land units into various categories based upon the properties of the land or its suitability for some particular purpose.

Landslide: A rapid downhill movement of soil and rock under the force of gravity. A term also used to described the resulting landform.

Land-use planning: The development of plans for the uses of land that, over long periods, will best serve the general welfare, together with the formulation of ways and means for achieving such uses.

Latent heat: A property of a material. The amount of heat involved per unit mass when the material undergoes a change of phase (*e.g.*, the heat of melting or the heat of vaporization).

Laterite: An iron-rich subsoil layer found in some highly weathered humid tropical soils that, when exposed and allowed to dry, becomes very hard and will not soften when rewetted. When erosion removes the overlying layers, the laterite is exposed and a virtual pavement results.

Layer silicates: Another term for aluminosilicate minerals that are platelike in form and composed of layers of atoms. Mica and the aluminosilicate clay minerals are layer silicates.

Leaching: Removal of plant nutrients in solution by the passage of water through soil. This is one of the ways in which plant nutrients are lost from the soil. Among the major nutrients, nitrogen is lost in large quantities by leaching.

Leaf area index (LAI): Area of leaves per unit of land on which the plants are growing.

Legume Inoculation: Treatment of legume seed with rhizobium culture. There is a specific symbiotic relationship between different species of rhizobium and various legume crops. For example, a rhizobium specie that will live symbiotically with soyabean will not do so with alfalfa. It is, therefore, necessary to use only specific cultures for different crops.

Legume: A pod-bearing member of the leguninosae family, one of the most important and widely distributed plant families. Includes many valuable food and forage species, such as peas, beans, peanuts, clovers, alfalfas, sweet clovers, lespedezas, vetches, and kudzu. Nearly all legumes are associated with nitrogen-fixing organisms.

Lichen: Symbiosis between fungi and algae or bluegreen bacteria, commonly forming a flat, speading growth on surfaces of rocks and tree trunks.

Liebig's law: In 1862, Justus Von Liebing (A German Chemist) stated that the growth and reproduction of an organism are determined by the nutrient substance (oxygen, carbon dioxide, calcium, etc) that is available in minimum quantity, the limiting factor.

Ligand exchange: A class of surface reactions on minerals in which anions from solution take the place of some of the anions (ligands) normally bound to cations in the mineral.

Light soil: A term used for sandy or coarse-textured soil. Leaching of nutrients is more in light soils, as such it is advisable to apply nitrogenous fertilizers in small doses. Wherever practicable, green manuring should be done to improve the physical condition of a light soil.

Lignin: The complex organic constituent of woody fibers in plant tissue that, along with cellulose, cements the cells together and provides strength. Lignins resist microbial attack and after some modification may be come part of the soil organic matter.

Lime (agricultural): In strict chemical terms, calcium oxide. In practical terms, a material containing the carbonates, oxides and/or hydroxides of calcium and/or magnesium used to neutralize soil and acidity.

Lime: Generally, the term lime, or a agricultural lime, is applied to ground limestone, hydrated lime or burned lime. These materials are used as amendments to reduce the acidity of acid soils. In strict chemical terminology, lime refers to calcium oxide (CaO), but by an extension of the meaning, it is now used for all limestone-derived materials applied to neutralize acid soils.

Lime requirement: The amount of standard ground limestone required to bring a 6 inch layer of an acre (about two million pounds) of acid soil to some specific lesser degree of acidity. In common practice, lime requirements are given in tons per acre of nearly pure limestone.

Limestone: The term refers to rocks consisting chiefly of calcium carbonate ($CaCO_3$) or calcium and magnesium carbonate $CaMg(CO_3)_2$. When magnesium carbonate is present in a large percentage, limestone is called dolomite limestone.

Liming: Addition of ground limestone (calcium carbonate), hydrated lime (calcium hydroxide) or burned lime (calcium oxide) to acid soils to permit growth of deeply rooted legumes and many other valuable crops, and to create soil conditions favourable for the utilization of plant nutrients.

Liquid fertilizers: Commercial fertilizers in liquid form. Such fertilizers are chiefly anhydrous ammonia, aqueous solution of nitrogen, and some mixed fertilizers. Liquid fertilizers are applied to the soil, through irrigation water, starter solutions, or with the help of special equipment. Use of liquid fertilizers is common in the United States of America.

Liquid limit: In engineering, the water content corresponding to the limit between a soil's liquid and plastic states of consistency.

Lithosequence: Two or more soils in which the soil forming factor that varies the most is the parent material. Other soil-forming factors are constant or vary much less than parent material.

Loam: The textural class name for soil having a moderate amount of sand, silt, and clay. Loam soils contain 7-27 per cent clay, 28-50 per cent silt, and 23-52 per cent sand.

Loamy: Intermediate in texture and properties between fine-textured and coarse-textured soils. Includes all textural classes with the words loam or loamy as a part of the class name, such as clay loam or loamy sand.

Localized placement of fertilizers: This refers to the application of fertilizers into the soil close to the seed or plant. This method is specifically adopted with phosphatic fertilizers for three reasons, namely;

1. Restricted contact of fertilizers with soil lessens fixation of phosphate,
2. Necessary plant food is placed within easy reach of plant roots, and
3. Application of fertilizers in a band along the rows does not readily furnish nutrients to weeds growing between the rows.

Loess: Material transported and deposited by wind and consisting of predominantly silt-sized particles.

London forces: Weak, close-range attraction between atoms, molecules, or colloid particles due to transitory dipole-dipole interactions between their electrons.

Longwave radation: In meteorology, radiation in the infrared and radio wavelengths, emitted at the earth's fsurface and partly absorbed in the stomosphere. Distinct from the sun's shortwave radiation.

Low-analysis fertilizer materials: The fertilizers containing a low percentage of plant nutrients. Such fertilizers are Chilean nitrate containing 16 per cent nitrogen and single superphosphate containing 16 per cent nitrogen and single superphosphate containing 16 to 18 per cent P_2O_5.

Luxury consumption: The intake by a plant of an essential nutrient in amounts exceeding what is needs. For example, if potassium is abundant in the soil, alfalfa may take in more than it requires.

Lysimeter: A device for measuring perolation and leaching and evapotranspiration losses from a column of soil under controlled conditions.

M

Macronutrient: A nutrient required by plants in relatively large amounts. There are three macronutrients namely, nitrogen, phosphorus and potassium which are also called major nutrients or macro elements. Other nutrients which are normally required in lesser but still considerable amounts like calcium, magnesium and sulphur are called secondary nutrients. Some authors group secondary nutrients along with macronutrients.

Magnesium sulphate: ($MgSO_4 7H_2O$) is commonly used to supply magnesium to the soil through fertilizer mixtures or foliar sprays.

Manure: The excreta of animals–dung and urine, with straw or other materials used as the absorbent. The decomposed manure is called farmyard manure or farm manure or barnyard manure. The average composition of well-rotted farmyard manure is 0.5 per cent nitrogen, 0.3 per cent P_2O_5 and 0.5 per cent K_2O.

Marl: Soft and unconsolidated calcium carbonate, usually mixed with varying amounts of clay or other impurities.

Marsh: Periodically wet or continually flooded area with the surface not deeply submerged. Covered dominantly with sedges, cattails, rushes, or other hydrophytic plants. Subclasses include freshwater and saltwater marshes.

Marsh spot of pea: Disease caused in peas due to deficiency of manganese.

Mature soil: A soil with well developed soil horizons produced by the natural processes of soil formation and essentially in equibrium with its present environment.

Maximum water-holding capacity: The average moisture content of a disturbed sample of soil, 1 cm hgh, which is at equilibrium with a water table at its lower surface.

Medium texture: Intermediate between fine-textured and coarse textured (soils). It includes the following textural classes: very fine sandy loam, loam, silt loam, and silt.

Mellow Soil: A very soft, very friable, prorous soil without any tendency toward hardness or harshness.

Metamorphic rock: A rock that has been greatly altered from its previous condition through the combined action of heat and pressure. For example, marble is a metamorphic rock produced from limestone, gneiss is produced from granite, and slate from shale.

Metamorphic rock: Rocks which have undergone change in structure and mineral composition due to very high pressure and temperature conditions, *e.g.* when limestone is altered to marble.

Methane, CH_4: An odorless, colorless gas commonly produced under anaerobic conditions. When released to the upper atmosphere, methane contributes to global warming.

Micas: Primary aluminosilicate minerals in which two silica tetrahedral sheets alternate with one alumina/ magnesia octahedral sheet with entrapped potassium atoms fitting between sheets. They separate readily into thin sheets or flakes.

Micron (μ): A unit of length denoting a millionth part of a metre.

$$1\ \mu = 10^{-6}\ \text{metre.}$$

In instrumental analysis it is used to measure wavelength of radiation.

Microfauna: That part of the animal population which consists of individuals too small to be clearly distinguished without the use of a microscope. Includes protozoans and nematodes.

Microflora: That part of the plant population which consists of individuals too small to be clearly distinguished without the use of a microscope. Includes actinomycetes, algae, bacteria, and fungi.

Micronutrients: The essential plant nutrients required in minute quantities. These nutrients are seven in number, namely, iron, manganese, boron, molybdenum, copper, zinc and chlorine. Micronutrients are also called 'minor elements' or 'trace elements'.

Micro-organisms: The most primitive plant and animal life whose structure is very simple. Their size being small, they are often found in soil and have direct or indirect bearing on soil formation and soil fertility. They are divided into two main groups:

1. Micro flora, *e.g.* bacteria, actinomycetes, fungi and algae.
2. Micro fauna, *e.g.* protozoa.

Microrelief: Small-scale local differences in topography, including mounds, swales, or pits that are only a meter or so in diameter and with elevation differences of up to 2 m.

Mineral soil: A soil consisting predominantly of, and having its properties determined predominantly by mineral matter. Usually contains <20 per cent organic matter, but may contain an organic surface layer upto 30 cm thick.

Mineralization: The conversion of an element from an organic form to an inorganic state as a result of microbial decomposition.

Mitscherlich's growth law: It states that increase in the yield of a crop as a result of increasing a single growth factor is proportional to the decrement from the maximum yield obtainable by increasing the particular growth factor.

Mixed fertilizers: Mixed fertilizers consist of individual or straight fertilizer materials blended together to permit application in the field in one operation. Mixed fertilizers supply two or three major plant nutrients. The percentage of these nutrients are expressed as fertilizer grade, like 10-5-5. See 'fertilizer grade' for further information.

Moderately coarse texture: Consisting predominantly of coarse particles. In soil textural classification, it includes all the sandy loams except the very fine sandy loam.

Moderately fine texture: Consisting predominantly of intermediate-sized (soil) particles or with relatively small amounts of fine or coarse particles. In soil textureal classification, it includes clay loam, sandy loam, sandy clay loam, and silty clay loam.

Moisture equivalent: The weight percentage of water retained by a previously saturated sample of soil 1 cm in thickness after it has been subjected to a centirifugal force of 1000 times gravity for 30 min.

Molar solution: One mole (gram molecular weight) of a substance dissolved in solvent and the fiinal volume made to one litre of solution, *e.g.* the gram molecular weight of sodium dydroxide is 40. Therefore a molar solution is prepared by dissolving 40 g of sodium hydroxide in water and making up the final volume of the solution (by adding water) to one litre.

Molar concentration refers to number of moles in one litre solution, *e.g.* 2 molar concentration of sodium hydroxide solution means 2 moles (40 x 2 = 80 g) of sodium hydroxide present in one litre of solution.

Mole drain: It is unlined drain formed by pulling a bullet-shaped cylinder through the soil.

Montmorillonite: An aluminosilicate clay mineral in the smectite group with a 2:1 expanding crystal lattice, with two silicon tetrahedral sheets enclosing an aluminum octahedral sheet. Isomorphous substition of magnesium for some of the aluminum has occurred in the octahedral sheet. Considerable expansion may be caused by water moving between silica sheets of contiguous layers.

Mor raw: It is a type of forest humus layer of unincorporated organic material, usually matted or compacted or both, distinct from the mineral soil, unless the latter has been blackened by washing in organic matter.

Moraine: An accumulation of drift, with an initial topographic expression of its own, built within a glaciated region chiefly by the direct action of glacial ice. Examples are ground, lateral, recessional, and terminal moraines.

Morphology, soil: The constitution of the soil including the texture, structure, consistence, color, and other physical, chemical and biological properties of the various soil horizons that make up the soil profile.

Most profitable rate or MPR or optimum dose: Refers to the amount of fertilizer that produces the greatest profit per acre. If, more than the optimum dose is given, the profit will fall and less than the optimum is used, some profit will be sacrificed.

Motting: Spots or blotches of different color or shades of color interspersed with the dominant color.

Mucigel: The gelatinous material at the surface of roots grown in unsterilized soil.

Muck: Highly decomposed organic material in which the original plant parts are not recognizable. Contains more mineral matter and is usually darker in color than peat.

Muck soil: (1) A soil containing 20-50 per cent organic matter. (2) An organic soil in which the organic matter is well decomposed.

Mull: A humus-rich layer of forested soils consisting of mixed organic and mineral matter. A mull blends into the upper mineral layers without an abrupt change in soil characteristics.

Multiple nutrient materials: The fertilizers containing more than one nutrient element. When fertilizers supply two major plant nutrients they are called binary fertilizers. Ammonium phosphate and nitrophosphate are binary fertilizers. Fertilizers supplying three major plant nutrients are termed ternary fertilizer. Ammonium potassium phosphate is a ternary fertilizer.

Muriate of potash: It is potassium chloride, of 90 to 99 per cent grade. It contains nearly 60 per cent K_2O. It is sold in granular as well as powder form.

Mycorrhiza: A mycorrhiza is an infected root system arising from the root lets of a seed plant. The word mycorrhiza (my-koe-rye-zee), derived from Greek meaning "fungus root" Mycorrhizae are fungi that form symbiotic association of a fungus with the roots of a higher plants.

N

Necrosis: Death associated with discoloration and dehydration of all or parts of plant organs, such as leaves.

Neem coated urea: Neem has a nitrification inhibition property, hence is used in India for coating of urea granules to produce slow release fertilizer. The technique as developed at the Indian Agriculture Research Institute for coating urea with neem cake is as follows: About 100 kg urea is mixed in a drum with a solution of 1 kg coaltar in 2 litres of kerosene. To this, 20 kg of powdered neem cake is added and thoroughly mixed.

Nematodes: Very small worms abundant in many soils and important because some of them attack and destroy plant roots.

Neutral soil: A soil in which the surface layer, at least to normal plow depth, is neither acid nor alkaline in reaction. In practice this means the soil is within the pH range of 6.6–7.3.

Night soil: Night soil is human excreta, solid and liquid, In India, it is directly applied to the soil to a limited extent but converted mainly as town compost. In cities which have sewage facilities, sewage water and sludge are used directly to raise crops. On an average nigh-soil contains 5.5 per cent nitrogen, 4.0 per cent phosphorus (P_2O_5) and 2.0 per cent potash (K_2O) on oven dry basis.

Niter (KNO_3): Potassium bearing mineral also known as potassium nitrate or saltpeter. It contains about 46 per cent K_2O.

Nitrate of soda: A commercial nitrogenous fertilizer carrying 16 per cent nitrogen in nitrate form. Nitrate of soda is imported from Chile hence the name Chilean nitrate. In other countries, it is manufactured synthetically.

Nitrification: The formation of nitrates and nitrites from ammonia (or ammonium compounds) as in soils, by micro-organisms.

$$NH_3 \xrightarrow{\textit{Nitrosomonas}} NO_2 + 3\,H+$$

$$NH_3 \xrightarrow{\textit{Nitrobactor}} NO_3$$

Nitrification inhibitors: Chemicals which inhibits the nitrification process, used extensively to check mineralization of nitrogen and thereby control the release of nitrogen. Some of the important nitrification inhibitors are N-serve, AM, DD, Thiourea and ST.

Nitrogen cyle: The sequence of chemical and biological changes undergone by nitrogen as it moves from the atmosphere into water, soil, and living organisms, and upon death of these organisms (plants and animals) is recycled through a part or all of the entire process.

Nitrogen fixation: The assimilation of free nitrogen from the soil air by soil micro-organisms and the formation of nitrogen compounds that eventually become available to plants. The nitrogen fixing organisms associated with legumes are called symbiotic; those not definitely associated with higher plants are non-symbiotic.

Nitrophosphate: This fertilizer contains 20 per cent phosphorus. Nitrophosphate is manufactured by treating rock phosphate with nitric acid and neutralizing this solution with gaseous ammonia. The nitrogen is present in ammonium nitrate form, and P_2O_5 partly in water-soluble and partly in citrate-soluble form.

Nucleic acids: Complex compounds found in plant and animal cells may be combined with proteins as nucleoproteins.

Nutrient deficiency symptoms: When any essential plant nutrient is seriously lacking in the soil, plants growing on it show certain colour development in leaves and certain changes in growth. These symptoms varies from crop to crop and with the degree of deficiency. On the basis of deficiency symptoms, fertilizer recommendations can be done.

Nutrient: Any mineral element that functions in plant, animal and other organism, metabolisms, whether or not its action is specific.

O

O horizon: Organic horizon of mineral soils.

Oilcakes: When oil is extracted from oilseeds, the remaining solid portion is the oilcake. Oilcakes are of two types, edible oilcakes which can be safely fed to livestock, and non-edible oilcakes which are not fit for feeding to livestock. Oilcakes are added to the soil as concentrated organic manures. They supply organic matter and all the three major plant nutrients (N, P_2O_5, and K_2O) but mostly they supply nitrogen.

Open-formula mixed fertilizers: Fertilizer mixtures of which the composition and the complete make up are disclosed by manufacturers. Thus the fertilizer grade, the straight fertilizers and the filler used are disclosed on each bag. Cultivators and extension workers are in a better position to know the quantity and quality of nutrients contained in such a fertilizer mixture.

Organic colloids: In soils, these present as humus which is a temporary intermediate product left after considerable decomposition of plant and animal residues. Organic colloids having high surface area with higher charge density and higher cation exchange capacity.

Organic farming: According to the U.S. Department of Agriculture "a production system which avoids or largely excludes the use of synthetically compounded fertilizers, pesticides, growth regulators and livestock feed additives. To the maximum extent feasible, organic forming systems rely upon crop rotations, crop resideues, animal manures, legumes, green manures, off-farm organic waste, mechanical cultivation, mineral bearing rocks and aspects of biological pest control to maintain soil productivity and tilth, to supply plant nutrients and to control insects, weeds and other pests".

Organic fertilizer: By product from the processing of animal or vegetable substances that contain sufficient plant nutrients to be of value as fertilizers.

Organic soil: A soil that contains at least 20 per cent organic matter (by weight) if the clay content is low and at least 30 per cent if the clay content is as high as 60 per cent.

Organic soil materials (As used in Soil taxonomy in the United States). (1) Saturated with water for prolonged periods unless artificially drained and having 18 per cent or more organic carbon (by weight) if the mineral fraction is more than 60 per cent clay, more than 12 per cent, organic carbon if the mineral fraction has no clay, or between 12 and 18 per cent carbon if the clay content of the mineral fraction is between 0 and 60 per cent. (2) Never saturated with water for more than a few days and having more than 20 per cent organic carbon. Histosols develop on these organic soil materials.

Organic matter: The terms organic means "living", therefore, organic matter is any material derived from living organism like plants and animals. The organic matter content in soil is an important indicator of nutrient status especially of nitrogen content in soils. Generally, the status of soil organic carbon content less than 0.5 per cent is termed as low and more than 0.75 per cent as high.

Ortstein: An indurated layer in the B horizon of spodosols in which the cementing material consists of illuviated sesquioxides (mostly iron) and organic matter.

Osmotic pressure: Pressure exerted in living bodies as a result of unequal concentrations of salts on both sides of a cell wall or membrane. Water moves from the area having the lower salt concentration through the membrane into the area having the higher salt concentration and, therefore, exerts additional pressure on the side with higher salt concentration.

Outwash plain: A deposit of coarse-textured materials (*e.g.*, sands, gravels) left by streams of melt water flowing from receding glaciers.

Oven-dry soil: Soil that has been dried at 105°C until it reaches constant weight.

Oxidation ditch: An artificial open channel for partial digestion of liquid organic wastes in which the wastes are circulated and aerated by a mechanical device.

Oxisols: A soil order which is highly weathered dominant in oxides of iron and aluminium but depleted of silica. Oxisols are reddish, yellowish or greyish soils of tropical and sub-tropical regions and low in fertility.

Pedon: The smallest volume that can be called "a soil". It has three dimensions. It extends downward to the depth of plant roots or to the lower limit of the genetic soil horizons. Its lateral cross section is roughly hexagonal and ranges from 1 to 10 m^2 in size depending on the variability in the horizons.

Pedology: It is branch of soil science which deals with the survey, genesis and classification of soils for land use planning.

Petrology: It is science of rocks which form the units of the earth's crust.

Peneplain: A once high, rugged area that has been reduced by erosion to a lower, gently rolling surface resembling a plain.

Penetrability: The ease with which a probe can be pushed into the soil. May be expressed in units of distance speed, force, or work depending on the type of penetrometer used.

Percolation, soil water: The downward movement of water through soil. Especially, the downward flow of water in saturated or nearly saturated soil at hydraulic gradients of the order of 1.0 or less.

Permafrost: (1) Permanently frozen material underlying the solum. (2) A perennially frozen soil horizon.

Permeability, soil: The ease with which gases, liquids, or plant roots penetrate or pass through a bulk mass of soil or a layer of soil.

pH: A term used to indicate the degree of acidity or alkalinity, Technically, pH is the common logarithm of the reciprocal of the hydrogen ion concentration of a solution. A pH of 7.0 indicates precise neutrality, higher values indicate increasing alkalinity, and lower values indicate increasing acidity.

Phase, soil: A subdivision of a soil series or other unit of classification having characteristics that affect the use and management of the soil but do not vary sufficiently to differentiate it as a separate series. Included are such characteristics as degree of slope, degree of erosion, and content of stones.

pH-dependent charge: That portion of the total charge of the soil particles that is affected by, and varies with, changes in pH.

P

Pans: Horizons or layers, in soils, that are strongly compacted, indurated, or very high in clay content.

Parent material: The unconsolidated and more or less chemically weathered mineral or organic matter from which the solemn of soils is developed by pedogenic processes.

Particle density: The mass per unit volume of the soil particles. In technical work, usually expressed as mega gram per cubic meter (Mg/m^3) grams per cubic centimeter (g/cm^3).

Particle size: The effective diameter of a particle measured by sedimentation, sieving, or micro-metric methods.

Particle-size analysis: Determination of the various amounts of the different separates in a soil sample, usually by sedimentation, sieving, micrometry, or combinations of these methods.

Particle-size distribution: The amounts of the various soil separates in a soil sample, usually expressed as weight percentages.

Pascal: An SI unit of pressure equal to one newton per square meter.

Peat: Unconsolidated soil material consisting largely of undecomposed, or only slightly decomposed, organic matter accumulated under conditions of excessive moisture.

Ped: A unit of soil structure such as an aggregate, crumb, prism, block, or granule, formed by natural processes (in contrast to a clod, which is formed artificially).

Phosphobacterium: A microbial culture containing bacteria which increases the availability of applied and native soil phosphorus. Several species of bacteria are effective for increasing phosphorus availability but *Bacillus magatherium var phosphaticum* is most commonly used. In Russia and several Eastern European countries phosphobacterium culture is sold commercially and is used to inoculate the soil for increasing phosphorus availability.

Phosphoric acid: A term that refers to the phosphorus content of a fertilizer, expressed as phosphoric acid (P_2O_5).

Photomap: A mosaic map made from aerial photographs to which place names, marginal data, and other map information have been added.

Phyllosphere: The leaf surface.

Physical properties (of soils): Those characteristics, processes, or reactions of a soil that are caused by physical forces and that can be described by or expressed in, physical terms or equations. Examples of physical properties are bulk density, water holding capacity, hydraulic conductivity, porosity, pore-size distribution, and so on.

Plant tissue test: This refers to the rapid chemical testing of plant tissue, which is analogous to chemical testing and diagnosis in medicine. The basis of rapid chemical testing of plant tissue is the colorimetric determination of the levels of nitrate, phosphorus and potassium in the sap of fresh plant tissue. Sometimes, tests are also carried out for magnesium, calcium, manganese and zinc. Plant tissue tests, though only qualitative, are highly useful guides to interpretation of the relative supply of nutrients actually being taken by the plant. The underlying assumption is that an adequate supply of the elements is indicated by abundance in the plant sap.

Plastic soil: A soil capable of being molded or deformed continuously and permanently, by relatively moderate pressure, into various shapes.

Platy: Consisting of soil aggregates that are developed predominantly along the horizontal axes, laminated, flaky.

Plinthite (brick): A highly weathered mixture of sesquioxides or iron and aluminum with quartz and other diluents that occurs as red mottles and that changes irreversibly to hardpan upon alternate wetting and drying.

Plough-sole placement: With the plough-sole method, the fertilizer is placed in a continuous band on the bottom of a furrow in the process of ploughing. Each band is covered as the next furrow is turned. This method is advocated in areas where the soil becomes quite dry for a few centimeters below the surface during the growing season.

Plow layer: The soil ordinarily moved when land is plowed, equivalent to surface soil.

Plow pan: A subsurface soil layer having a higher bulk density and lower total porosity than layers above or below it, as a result of pressure applied by normal plowing and other tillage operations.

Plowing: A primary broad base tillage operation that is performed to shatter soil uniformly with partial to complete inversion.

Polynutrient fertilizer: A fertilizer containing more than one major plant nutrient. It is synonymous for multiple nutrient material and complex fertilizers.

Polypedon (as used in soil taxonomy)**:**Two or more contiguous pedons, all of which are within the defined limits of a single soil series, commonly referred to as a soil individual.

Pore size distribution: The volume of the various sizes of pores in a soil. Expressed as percentages of the bulk volume (soil plus pore space).

Porosity, soil: The volume percentage of the total soil bulk not occupied by solid particles.

Potash (potassium oxide)**:** The potassium content of fertilizer is expressed as K_2O.

Potassium chloride: Commercial potassium chloride is a potash salt that contains not less than 48 per cent potash, chiefly as chloride, Normally, potassium chloride or muriate of potash sold in India supplies 60 per cent K_2O.

Potassium sulphate: Commercial potassium sulphate contains not less than 48 per cent potash (K_2O) chiefly as sulphate, and not more than 20.5 per cent as chloride.

Precision agriculture: It is the application of modern information technologies and makes uses of information system and planning software to provide, process and analyze multi-source data of high spatial and temporal resolution for decision making and operation in the management of crop production.

Primary mineral: A mineral that has not been altered chemically since deposition and crystallization from molten lava.

Primary plant foods: The primary plant foods are nitrogen (N)., phosphoric acid (P_2O_5) and potash (K_2O). These nutrients are also called major plant nutrients.

Prismatic soil structure: A soil structure type with prism-like aggregates that have a vertical axis much longer than the horizontal axes.

Productivity, soil: The capacity of a soil for producing a specified plant or sequence of plants under a specified system of management. Productivity emphasizes the capacity of soil to produce crops and should be expressed in terms of yields.

Profile, soil: A vertical section of the soil through all its horizons and extending into the parent material.

Protein: Any of a group of nitrogen-containing organic compounds formed by the polymerization of a large number of amino acid molecules and that, upon hydrolysis, yield these amino acids. They are essential parts of living matter and are one of the essential food substances of animals.

Puddled soil: Dense, massive soil artificially compacted when wet and having no aggregated structure. The condition commonly results from the tillage of a clayey soil when it is wet.

Putrefaction: A process of degradation by which protein rich material is decomposed under anaerobic conditions thereby releasing foul smelling gases. The final products in putrefaction are ammonia, amines, carbon dioxide, organic acids, hydrogen sulphide etc.

Q

Quartz (SiO_2): Hard crystalline silica found extensively in igneous and sedimentary rocks. The sand used as filler in fertilizers has quartz as the main constituent.

Quantitative chemical analysis: The chemical testing of a substance to determine its chemical nature. It identifies chemical substance in a product.

Quick soil tests: These are simple and rapid chemical tests of soils designed to give an approximation of the nutrients available to plants. Interpretation of results depends upon previous standardization of soil tests with responses to fertilizers. It varies for different kinds of soil.

R

Radiation: Processes in which energy is sent out as waves and particles through space from atoms and molecules as they rotate, vibrate, and undergo internal change.

Rangeland: Land used for free-grazing livestock.

Reagent: Any chemical compound used to produce a chemical reaction in laboratory analysis to detect and identify specific constituents of a substance being examined.

Recalcitrant: The property of a material to stub-bornly resist decomposition. A chemical such as a pesticide that is not decomposed by microorganisms is a recalcitrant pesticide.

Reclamation: In regard to soil, the treatment of soil to correct waterlogging or severe excesses such as salinity or sodicity.

Reduction: Addition of electron(s) to an atom or molecule. Opposite of *axidation*.

Reemitted energy: Radiation of previously absorbed energy.

Reflected energy: Radiant energy that is thrown back from an object, with no change except direction.

Regolith: The unconsolidated mantle of weathered rock and soil material on the earth's surface, loose earth materials above solid rock. (Approximately equivalent to the term "soil" as used by many engineers).

Relative humidity: The concentration of water in the air or soil atmosphere relative to the maximum concentration it can hold at the given temperature.

Remote sensing: Identifying and observing objects without having any contact with the object. It is feasible through the use of aerial photographs or setellite imagery.

Reradiation: Radiant emission of energy previously absorbed.

Residual effect of fertilizers: This refers to the amount of fertilizer that remains in the soil after one or more cropping seasons. This is particularly true of phosphatic fertilizers.

Residual effect of manure: This refers to the residual beneficial effect of application of farmyard manure on the succeeding crops. This beneficial effect is due to improvement in the physical condition of the soil, and also due to the unutilized plant nutrients. It is estimated that only one third of the nitrogen present in farmyard manure is utilized by the first crop. Similarly, about two third of the phosphate is effective but most of the potash is available for the first crop.

Residual sodium carbonate (RSC): It is a parameter to assess the quality of irrigation water can be expressed by following formula:

$$RSC = (CO_3^{2-} + HCO_3^{-}) - (Ca^{2+} + Mg^{2+})$$

All concentrations are expressed in me/L.

Residual material: Unconsolidated and partly weathered mineral materials accumulated by disintegration of consolidated rock in place.

Residual parent material: Unconsolidated and partly weathered mineral materials accumulated by disintegration of consolidated rock in place.

Residue conservation: Leaving straw, stubble, trash–crop residues– to rot on or in the ground instead of removing or burning them.

Resistance: A measure of the difficulty with which a material conducts heat, ions, electricity, or water. Reciprocal of *conductance.*

Respiration: The set of metabolic processes in which an organism obtains energy from the oxidation of sugars to CO_2 and water, usually with O_2 as the oxidizing agent.

Response curve: A graph relating a plant's quantitative response-changes in growth, yield, or any desired attribute-to different levels o a treatment such as fertilizer application.

Rhizobia: Bacteria capable of living symbiotically with higher plants, usually in nodules on the roots of legumes, from which they receive their energy, and capable of converting atmospheric nitrogen to combined organic forms; hence, the term *symbiotic nitrogen-fixing bacteria.* (Derived from the generic name *Rhizobium).*

Rhizosphere: The term was introduced by L. Hiltner (1904) to describe that portion of the soil which is in close contact with roots and is influenced by the root system with regard to microbial activity and other related phenomena.

Rill: A small, intermittent water course with steep sides, usually only a few centimeters deep and hence no obstacle to tillage operations.

Ripening: The process by which reclaimed land develops characteristics suitable for farming. It includes drainage, cultivation, and neutralizing acidity.

Riprap: Broken rock, cobbles or boulders placed on earth surfaces, such as the face of a dam or the bank of a stream, for protection against the action of water (waves); also applied to brush or pole mattresses, or brush and stone, or other similar materials used for soil erosion control.

Rock: The material that forms the essential part of the Earth's solid crust, including loose incoherent masses such as sand and gravel, as well as solid masses of granite and limestone.

Rock phosphate: Rock containing phos-phorus such as tricalcium phosphate. Rock phosphate is treated with strong acids to make superphosphate. Finely ground rock phosphate is used in strongly acid soils to supply P_2O_5. The finer the rock phosphate, more effective it will be on acid soils.

Root cap: Cells at the tip of the root protecting the growing cells as the root pushes through the soil.

Root density: Number mass or length of roots within a given soil volume.

Root distribution: Arrangement of roots in space within the soil, especially the vertical root density profile.

Root exudate: A mixture of organic acids, sugars, and other soluble plant components that escape from roots.

Root hair: A hairlike structure produced from a root epidermal cell. Probably helps obtain water and immobile nutrients.

Rotational slide: Mass wasting in which the mass rotates about a point rather than sliding horizontally.

Runoff: The portion of the precipitation on an area that is discharged from the area through stream channels. That which is lost without entering the soil is called surface runoff and that which enters the soil before reaching the stream is called *groundwater runoff or seepage flow* from groundwater. (In soil science "runoff" usually refers to the water lost by surface flow; in geology and hydraulics "runoff" usually includes both surface and subsurface flow).

S

Saline: Containing large concentrations of soluble salts. Operationally defined as the electrical conductivity of a saturation extract of > 4 deciSiemens per meter ($dS\ m^{-1}$)

Saline soil: A saline soil contains enough soluble salts so distributed in the soil that they interfere with growth of most crop plants. Ordinarily the saline soil is only slightly alkaline in reaction (pH 7.4 to 8.5) and contains very little absorbed sodium. Saline soils are often recognized by the presence of white salt crusts. As such, a saline soil is sometimes referred to as white alkali soil.

Salinization: The process of accumulation of salts in soil.

Saltation: Particle movement in water or wind where particles skip or bounce along the stream bed or soil surface.

Salt index: It is one of criteria for evaluating the quality of an irrigation water. It can be expressed as follows:

$$SI = (\text{Total Na-24.5}) - [\text{Total Ca} - \text{Ca in } CaCO_3) \times 4.85]$$

Sand: Soil of particle size ranging from 0.02 to 2 mm in diameter formed as a result of the weathering of rocks. Sand is one of the fillers commonly used in fertilizer mixtures.

Saturated: Generally, occupying all of a capacity. With respect to water, the condition of a soil when all pores are filled with water. With respect to a particular cation or group of cations, the condition in which cations of the specified kind occupy all the exchange capacity.

Saturation extract: The solution extracted from a saturated soil paste.

Saturation percentage: The water content of a saturated soil paste, expressed as a dry weight percentage.

Savanna mineral: A mineral resulting from the decomposition of a primary mineral or from the repreipitation of the products of decomposition of a primary mineral.

Seal: A thin, dense layer that develops when the soil is wet.

Second bottom: The first terrace above the normal flood-plain of a stream.

Secondary plant nutrients: The secondary plant nutrients are calcium, magnesium and sulphur. These nutrients are called secondary because these are not applied as straightcommercial fertilizer but are applied to the soil, indirectly while adding N, P_2O_5 and K_2O in the form of commercial fertilizers. Thus for manufacturers of fertilizers containing major plant nutrients, calcium, magnesium and sulphur are of secondary importance.

Section-range system: A legal survey system used to accurately locate a parcel of land.

Sedimentary rock: A rock fo4med from materials deposited from suspension or precipitated from solution and usually being more or less consolidated. The principal sedimentary rock are sandstones, shales, limestones, and conglomerates.

Sedimentation: A technique for determining particle size distribution. Particles fall through water at a rate proportional to their size.

Seedbed: The soil prepared to promote the germination of seed and the growth of seedlings.

Self-mulching soil: A soil in which the surface layer becomes so well aggregated that it does not crust and seal under the impact of rain but instead serves as a surface mulch upon drying.

Semiarid: Term applied to regions or climates where moisture s more

Sensible heat: Ordinary everyday heat, sensed by feel or by thermometer.

Separate, soil: One of the individual-sized groups of mineral soil particles–sand, silt, or clay.

Septic tank: An underground tank used in the deposition of domestic wastes. Organic matter decomposes in the tank, and the effluent is drained into the surrounding soil.

Sesquioxides: The general term for the aluminum and iron oxides in soil.

Seventh Approximation: The first widely distributed version of the present U.S. soil classification system.

Sewage sludge: Settled sewage solids combined with varying amounts of water and dissolved materials, removed from sewage by screening, sedimentation, chemical precipitation, or bacterial digestion.

Shear: Force, as of a tillage implement, acting at right angles to the direction of movement.

Shear strength: The resistance of a soil to forces acting at right angles to the soil body. A plow produces shearing forces.

Sheet (mineralogy): A flat array of more than one atomic thickness and composed of one or more levels of linked coordination polyhedra. A sheet is thicker than a plane and thinner than a layer. Example, tetrahhedral sheet, octahedral sheet.

Sheet erosion: Water erosion that removes a uniform layer of soil from the land surface.

Sheet flow: A thin, relatively uniform water runoff (a few millimeters deep), in which the water is not concentrated in channels.

Shelterbelt: A wind barrier of living trees and shrubs established and maintained for protection of farm fields. Syn. Windbreak.

Shifting cultivation: A farming system in which land is cleared, the debris burned, and crops grown for 2-3 years. When the farmer moves on to another plot, the land is then left idle for 5-15 years, then the burning and planting process is repeated.

Shortwave radiation: In meteorology, high-energy radiation of the ultraviolet, visible, and near infrared wavelengths, sunshine. Unlike longwave radiation, it passes freely through air.

Shrinkage limit: The maximum water content at which a reduction in water content will not cause a decrease in the soil's volume.

Side dressing: The application of fertilizer alongside row crop plants, usually on the soil surface. Nitrogen materials are most commonly side-dressed.

Silica/ alumina ratio: The molecules of silicon dioxide (SiO_2) per molecule of aluminum oxide (Al_2O_3) plus ferric oxide (Fe_2O_3) in clay minerals or in soils.

Silicates: Those mineals in which silicon and oxygen are the major elemental constituents.

Silt: 1) A soil separate consisting of particles between 0.05 and 0.002 mm in equivalent diameter. 2) A soil textural class.

Silting: The deposition of water-borne sediments in stream channels, lakes, reservoirs, or on floodplains, usually resulting from a decrease in the velocity of the water.

Sink: Somewhere or something for the disposal of wastewater.

Site index: A quantitative evaluation of the productivity of a soil for forest growth under the existing or specified environment.

Size separate: Individual mineral particles less than 2.0 mm in diameter, ranging between specified size limits. Sand, silt, and clay are common soil size separates.

Slag: A product of smelting, containing mostly silicates, the substances not sought to be produced as matte or metal and having a lower specific gravity.

Slake: A process of aggregate breakdown caused by internal pressures generated as water enters aggregates and air escapes.

Slash spots: Small areas in a field field that are slich when wet because of a high content of alkali or exchangeable sodium.

Slope: The degree of deviation of a surface from horizontal, measured in a numerical ratio, percent, or degrees.

Sludge: The solid portion of sewage. The sludge is obtained by treating sewage by different methods. Accordingly, sludges of different types are formed. Various types of sludges are settled sludge, digested sludge, activated sludge, digested activatedsludge and chemically precipitated sludge, On an average, sludge contains 1.5 to 3.5 per cent nitrogen, 0.75 to 4.0 per cent P_2O_5 and 0.3 to 0.6 per K_2O.

Slump: Collapse of soil and rock due to gravity.

Smectite: A group of silicate clays having a 2:1 type lattice structure with sufficent isomorphous substitution in either or both the tetrahedral and octahedral sheets to give a high interlayer negative charge and high cation exchange capacity and to permit significant interlayer expansion and consequent shrinking and swelling of the clay. Montmorillonite, beidellite, and saponite are in the smectite group.

Sodic soil: A soil containing sufficient exchangeable sodium to interfere with the growth of most crop plants and containing appreciable quantities of soluble salts. The exchangeable sodium adsorption ratio is > 13, the conductivity of the saturation extract is >4 dS/m (at 25°C), and the pH is usually 8.5 or less in the saturated soil.

Sodium (Na): It is one of the most common alkali metals. Its atomic number is 11 and atomic weight 22.9 per cent. It forms a number of chemical compounds used very widely in industry.

It is found in plant ash but is not yet accepted as an essential element. However, it is known to have influence on plant cell osmotic pressure and metabolism. From the angle of agriculture, sodium is useful for the following purposes:

1. It is an essential element for certain plants like sugar beet.
2. It acts as a substitute for potassium in certain plant metabolic functions.
3. It acts as an agent to maintain a high degree of availability of phosphates applied to the soil as superphosphate.

Its excess in soil is harmful for growth of plants. It is a dominanating cation in alkali soils.

Sodium adsorption ratio (SAR): The concentration of Na divided by the square root of the sum of Ca and Mg concentrations, both expressed as molarities and measured in the saturation extract.

$$SAR = \frac{Na+}{\sqrt{\frac{Ca^{2+} + Mg^{2+}}{2}}}$$

Soil acidity factors: A set of related factors often inhibiting plant growth in acidic soils (deficiency of Ca^{2+} and excess of H^{+}, Al^{3+}, and Mn^{2+}).

Soil air: The soil atmosphere; the gaseous phase of the soil, being that volume not occupied by soil or liquid.

Soil alkalinity: The degree or intensity of alkalinity of a soil, expressed by a value > 7.0 on the pH scale.

Soil amendment: Any material, such as lime, gypsum, sawdust, or synthetic conditioner, that is worked into the soil to make it more amenable to plant growth.

Soil association: A group of defined and named taxonomic soil units occurring together in an individual and characteristic pattern over a geographic region, comparable to plant associations in many ways.

Soil classification (Soil Taxonomy): The systematic arrangement of soils into groups or categories on the basis of their characteristics.

Soil complex: A mapping unit used in detailed soil surveys where two or more defined taxonomic units are so intimately intermixed geographically that it is undesirable or impractical, because of the scale being used, to separate them. A more intimate mixing of smaller areas of individual taxonomic units than that described under *soil association*.

Soil conditioners: Are chemicals which are added to maintain physical condition of the soil. Such chemicals are polyvinytites polyacrylates, cellulose gums, lignin derivatives and silicates.

Soil conservation: A combination of all management and land-use methods that safeguard the soil against depletion or deterioriation caused by nature and / or humans.

Soil correlation: The process of defining, mapping, naming, and classifying the kinds of soils in a specific soil syrvey area, the purpose being to ensure that soils are adequately defined, accurately mapped and uniformly named.

Soil density: A measure of the relative amount of pores and solid particles. The mass per unit volume.

Soil drainage class: An interpretive grouping of soils based on the level of the water table during the growing season and the rate of water flow through soil.

Soil fabric: The pattern resulting from the arrangement of solids and pores.

Soil fertility: Soil fertility refers to the inherent capacity of a soil to supply nutrients to plants in adequate amount and in suitable proportion.

Soil forming factors: The five interrelated natural factors that are active in the formation of soil: parent material, climate, organisms, topography, and time.

Soil forming process: The biological, chemical and physical processes that act under the influence of the soil forming factors to create soils.

Soil genesis: The mode of origin of the soil, with special reference to the processes or soil-forming factors responsible for the development of the solum, or true soil, from the unconsolidated parent material.

Soil geography: A subspecialization of physical geography concerned with the areal distributions of soil types.

Soil individual: The pedon; a three-dimensional body large enough to contain all the properties necessary to describe a soil completely.

Soil management: The sum total of all tillage operations, cropping practices, fertilizer, lime, and other treatments conducted on or appliedto a soil for the production of plants.

Soil map: A map showing the distribution of soil types or other soil mapping units in relation to the promiment physical and cultural features of the Earth's surface.

Soil matrix: Like soil fabric, the combination of solids and pores in a soil.

Soil mechanics and engineering: A subspecialization of soil science concerned with the effect of forces on the soil and the application of engineering principles to problems involving the soil.

Soil monolith: A vertical section of a soil profile removed from the soil and mounted for display or study.

Soil morphology: The physical constitution, particularly the structural properties, of a soil profile as exhibited by the kinds, thicknesses, and arrangement of the horizons in the profile, and by the texture, structure, consistence, and porosity of each horizon.

Soil order: In soil classification, the most general level of classification. All soils fit into 12 orders.

Soil organic matter: The organic fraction of the soil that includes plant and animal residues at various stages of decomposition, cells and tissues of soil organisms, and substances synthesized by the soil population. Commonly determined as the amount of organic material contained in a soil sample passed through a 2 mm sieve.

Soil pH: It refers to reaction of the soil as expressed in terms of pH. Soil having pH 7 is neutral and with less than pH 7 is acidic. If the soil pH is more than 7, it is alkaline in reaction.

Soil potential: The usefulness of a site for a specific purpose using available technology at a cost expressed in economic, social, or environmental units of value.

Soil productivity: Productivity is the present capacity of a soil to produce crop yield under a defined set of management practices.

It is measured in terms of the yield in relation to the input of production factors.

Soil profile: A vertical section of the soil from the surface through all its horizons, including C horizons.

Soil reaction: The degree of acidity of alkalinity of a soil mass, expressed in either pH value or in words

Soil Reaction		*pH*
Extremely acid	-	Below 4.5
Very strongly acid	-	4.5–5.0
Strongly acid	-	5.1–5.5
Medium acid	-	5.6–6.0
Slightly acid	-	6.1–6.5
Neutral	-	6.6–7.4
Mildly alkaline	-	7.4–7.8
Moderately alkaline	-	7.9–8.4
Strongly alkaline	-	8.5–9.0
Very strongly alkaline	-	9.1 and higher

Soil salinity: The amount of soluble salts in a soil, expressed in terms of percentage, milligrams per kilogram, parts per million (ppm), or other convenient ratios.

Soil solution: The aqueous liquid phase of the soil and its solutes consisting of ions dissociated from the surfaces of the soil particles and of other soluble materials.

Soil structure: The combination or arrangement of primary soil particles into secondary particles, units, or peds. These secondary units may be but usually are not, arranged in the profile in such a manner as to give a distinctive characteristic pattern. The secondary units are characterized and classified on the basis of size, shape, and degree of distinctness into classes, types, and grades, respectively.

Soil structure classes: A grouping of soil structural units or peds on the basis of size from the very fine to very coarse.

Soil structure grades: A grouping or classification of soil structure on the basis of inter- and intra-aggregate adhesion, cohesion, or stability within the profile. Four grades of structure, designated from 0 to 3, are recognized.

0: *Structureless–no observable aggregation.*

1: Weakly durable peds.

2: moderately durable peds.

3: *Strong, durable peds.*

Soil structure types: A classification of soil stucture based on the shape of the aggregates or peds and their arrangement in the profile, including platy, prismatic, columnar, blocky, subangular blocky, granulated, and crumb.

Soil survey: The systematic examination, description, classification, and mapping of soils in an area. Soil surveys are classified according to the kind and intensity of field examination.

Soil taxonomy: The U.S. Department of Agriculture system of soil classification.

Soil temperature classes: Classes are based on mean annual soil temperature and on differences between summer and winter temperatures at a depth of 50 cm.

1. Soils with 5°C and greater difference between summer and winter temperatures are classed on the basis of mean annual temperatures.

   Frigid: < 8°C mean annual temperature.

   Mesic: 8-15 °C mean annual temperature.

   Thermic: 15-22 °C mean annual temperature.

   Hyperthermic: > 22°C mean annual temperature.

2. Soils with < 5°C difference between summer and winter temperatures are classed on the basis of mean annual temperatures.

   Isofrigid: < 8°C mean annual temperature.

   Isomesic: 8-15 °C mean annual temperature.

   Isothermic: 15-22 °C mean annual temperature.

   Isohyperthermic: <22°C mean annual temperature.

Soil-testing: This refers to chemical tests of the soil that can be made rapidly and with low cost, as compared to conventional methods of soil chemical analysis which are more accurate but more time-consuming and expensive. Soil-testing covers both rapid analysis in the field and in the laboratory.

Soil textural class: A grouping of soil textural units based on the relative proportions of the various soil separates (sand, silt, and clay). These textural classes, listed from the coarsest to the finest in texture, are sand, loamy sand, sandy loam, loam, silt loam, silt, sandy clay loam, clay loam, silty clay loam, sandy clay, silty clay, and clay. There are several subclasses of the sand, loamy sand, and sandy loam, classes based on the dominant particle size of the sand fraction (*e.g.*, loamy fine sand, coarse sandy loam).

Soil texture: The relative proportions of the various soil separates in a soil.

Soil water potential (total): A measure of the difference between the free energy state of soil water and that of pure water. Technically it is defined as "that amount of work that must be done per unit quantity of pure water in order to transport reversibly and isothermically an infinitesimal quantity of water from a pool of pure water, at a specified elevation and at atmospheric pressure to the soil water (at the point under consideration)." This total potential consists of the following potentials.

Matric potential: That portion of the total soil water potential due to the attractive forces between water and soil solids as represented through adsorption and capillarity. It will always be negative.

*Osmotic potential:*That portion of the total soil water potential due to the presence of solutes in soil water. It will generally be negative.

Gravitational potential: That portion of the total soil water potential due to differences in elevation of the reference pool of pure water and that of the soil water. Since the soil water elevation is usually chosen to be higher than that of the reference pool, the gravitational potential is usually positive.

Solid waste: Waste other than sewage, mostly solid. Household garbage is a familiar form of solid waste.

Solum (plural **sola**)**:** The upper and most weathered part of the soil profile; the A, E, and B horizons.

Solute: A material dissolved in a solvent to form a solution.

Specific gravity: The ratio of the weight or mass of a given volume of a substance to that of an equal volume of a reference substance. Water is the reference for liquids and solids.

Specific surface: The solid particle surface area per unit mass or volume of the solid particles.

Spectral signature: In remote sensing, an objects spectral reflectance pattern. The wavelength and intensity of reflectance.

Splash erosion: The detachment and airborne movement of small soil particles by raindrop impact.

Spoil (overburden): Material overlying sought after resources that is removed and piled to gain access to the minerals, coal, or other underground materials of value. Also, the material remaining after rock has been crushed to remove valuable minerals.

Starter solutions: The term refers to solutions of fertilizers, generally consisting of N-P_2O_5-K_2O in the ratio of 1:2:1 and 1:1:2. These solutions are applied to young vegetable plants at the time of transplanting to help the plants to establish.

Stele: The central conductive tissue of a root or some kinds of stem.

Stereo pair: Two photographs of the same object taken from slightly different positions that when viewed together give the viewer a three dimensional image.

Stomates (or stomata): The controllable openings in the epidermis of leaves and other parts of a plant shoot.

Straight fertilizers: Are the fertilizers containing only one plant nutrient *e.g.* ammonium sulphate, superphosphate, muriate of potash etc.

Stratified: Arranged in or composed of strata or layers.

Stress: A force exerted on a body, especially one that strains or deforms its shape. An adverse condition imposed on an organism.

Strip cropping: The practice of growing crops that require different types of tillage, such as row and sod, in alternate strips along contours or across the prevailing direction of wind.

Strip mining: A process in which rock and top soil strata overlying ore or fuel deposits are scraped away to expose the desired deposits.

Stubble mulch: The stubble of crops or crop residues left essentially in place on the land as a surface cover before and during the preparation of the seedbed and at least partly during the growing of a succeeding crop.

Subangular blocky: A structure type whose aggregates are nearly equidimensional, square, or blocklike with rounded edges.

Subsoil: That part of the soil below the plow layer.

Subsoiling: Breaking of compact subsoils, without inverting them, with a special knife-like instrument (chisel), which is pulled through the soil at depths usually of 30-60 cm and at spacings usually of 1-2 m.

Substrata::Layers of material underlying the soil horizons–for example, sediment or rock.

Substrate: A substratum. More often, the reactant or starting compound for a biochemical reaction or a material that provides food for microbes.

Subsurface diagnostic horizons: One or more soil horizons below the surface horizon with specific properties as described in the soil taxonomy (*e.g.* the argillic horizon).

Subtractive trial: A fertility trial in which deficiencies are detected by observing plant response to the elimination of individual elements from a complete mixture.

Sugar: A simple carbohydrate, consisting of one or two monomer units, each usually containing five or six Catoms, Rapidly used food sources for microbes in soil. Examples are glucose, fructose, and sucrose.

Sulphur coated urea: Urea granules or prills uniformly coated with a layer of sulphur used as slow release fertilizer. The average composition of sulphur coated urea is:

Urea	80-85 per cent
Sulphur	13-16 per cent
Wax	2 per cent

Rate of release of nitrogen from sulphur coated urea is governed by thickness of coating, placement of fertilizer, use of micobicide like coaltar oil, soil temperature, redox potential etc.

Summer fallow: A cropping system that involves management of uncropped land during the summer to control weeds and store moisture in the soil for the growth of a later crop.

Superphosphate: This term is most commonly used to denote ordinary superphosphate which contains nearly 16 percent available phosphoric acid. This fertiliseris made by treating rock phosphate with concentrated sulphuric acid.

Surface soil: The uppermost part of the soil, ordinarily moved in tillage, or its equivalent in uncultivated soils. Ranges in depth from 7 to 25 cm. Frequently designated as the "plow layer" the "Ap layer", or the "Ap horizon".

Surface chelation: A chelation reaction that holds a cation at the surface.

Surface tension: The force required per unit length to separate or pull apart a liquid surface.

Suspension: A fluid, usually liquid, bearing small particles held suspended but not dissolved.

Sustainable agriculture: According to Consultative Group on International Agricultural Research (CGIAR), it is the successful management of resources to satisfy the changing needs, while maintaining or enhancing the quality of environment and conserving natural resources.

Symbiosis: The living together in intimate association of two dissimilar organisms, the cohabitation being mutually beneficial.

Synthesis: Combination of simple molecules to form another substance *e.g.*, the union of carbon dioxide and waer under the action of sunlight in photosynthesis. Adjective from synthesis is synthetic, *e.g.* synthetic ammonia.

T

Talus: Fragments of rock and other soil material accumulated by gravity at the foot of cliffs or steep slopes.

Taxonomy, soil: The science of classification of soils; laws and principles governing the classifying the soil.

Technical classification: A soil classification of inferred rather than observed properties.

Temperature gradient: The rate at which temperature changes with distance, in soil, usually vertical distance.

Tensile strength: The resistance of a soil to forces pulling from opposite directions.

Tensiometer: A device for measuring the negative pressure (or tension) of water in soil in situ; a porous, permeable ceramic cup connected through a tube to a manometer or vacuum guage.

Terrace: (1) A level, usually narrow, plain bordering a river, lake, or the sea. Rivers sometimes are bordered by terraces at different levels. (2) A raised, more or less level or horizontal strip of earth usually constructed on or nearly on a contour and designed to make the land suitable for tillage and to prevent accelerated erosion by diverting water from undesirable channels of concentration; sometimes called diversion terrace.

Tetrahedron: A four sided arrangement of atoms with a cation, such as Si, in the center surrounded by four oxygen atoms or hydroxyls.

Texture: The relative proportion of the various soil separates–sand, silt, and clay–that make up the soil texture classes as described by the textural triangle.

Thermal analysis (differential thermal analysis): A method of analyzing a soil sample for constituents, based on a differential rate of heating of the unknown and standard samples when a uniform source of heat is applied.

Thermophilic organisms: Organisms that grow readily at temperatures above 45°C.

Thiobacillus: Sulphur oxidizing chemoautotrophic bacteria that convert inorganic sulphur to sulphate.

Tile, drain: Pipe made of burned clay, concrete, or ceramic material, in short lengths, usually laid with open joints to collect and carry excess water from the soil.

Till: (1) Unstratified glacial drift deposited directly by the ice and consisting of clay, sand, gravel, and boulders intermingled in any proportion. (2) To plow and prepare for seeding; to seed or cultivate the soil.

Tillage: The mechanical manipulation of soil for any purpose; but in agriculture it is usually restricted to the modifying of soil conditions for crop production.

Tillage, conservation: Any tillage sequence that reduces loss of soil or water relative to conventional tillage, including the following systems.

Minimum tillage: The minimum soil manipulation necessary for crop production or meeting tillage requirements under the existing soil and climatic conditions.

Mulch tillage: Tillage or preparation of the soil in such a way that plant residues or other materials are left to cover the surface; also called *mulch farming, trash farming, stubble mulch tillage, plowless farming.*

No-tillage system: A procedure whereby a crop is planted directly into a seedbed not tilled since harvest of the previous crop; also zero tillage.

Plow-planting: The plowing and planting of land in a single trip over the field by drawing both plowing and planting tools with the same power source.

Ridge till: Planting on ridges formed by cultivation during the previous growing period.

Sod planting: A method of planting in sod with little or no tillage.

Strip till: Planting is done ina narrow strip that has been tilled and mixed, leaving the remainder of the soil surface undisturbed.

Subsurface tillage: Tillage with a special sweep like plow or blade that is drawn beneath the surface, cutting plant roots and loosening the soil without inverting it or without incorporating residues of the surface cover.

Wheel track planting: A practice of planting in which the seed is planted in tracks formed by wheels rolling immediately ahead of the planter.

Tillage, conventional: The combined primary and secondary tillage operations normally performed in preparing a seedbed for a given crop grown in a given geographic area.

Tillage, primary: Tillage that contributes to the major soil manipulation, commonly with a plow.

Tillage, rotary: An operation using a power-driven rotary tillage tool to loosen and mix soil.

Tillage secondary: Any tillage operations following primary tillage designed to prepare a satisfactory seedbed for planting.

Tilth: The physical condition of soil as related to its ease of tillage, fitness as a seedbed, and its impedance to seedling emergence and root penetration.

Top dressing: An application of fertilizer to a soil after the crop stand has been established.

Toposequence: A sequence of related soils that differ, one from the other, primarily because of *topography* as a soil formation factor.

Topsoil: (1) The layer of soil moved in cultivation. (2) Presumably fertile soil material used to top-dress roadbanks, gardens, and lawns.

Tortuosity: A term describing the winding, twisting, and crooked nature of soil pores. A factor contributing to the rate of water movement in soil.

Trace elements: An old term used for the nutrients required in small quantities. Such nutrients are called 'micronutrients' or 'minor elements'.

Transitional horizon: A horizon with properties intermediate between the horizons above and below.

Transitional slide: A break causing a mass to slide along the face of the supporting mass under the force of gravity.

Transmitted energy: In remote sensing, energy that passes through an object.

Transpiration: Evaporation from leaves, the flow of water through plants from soil to atmosphere.

Transported parent material: The opposite of *residual parent material,* unconsolidated material carried by wind or water that, once stabilized, acts as the starting material for soil.

Trial: A term often used to describe a field or container experiment designed to determine nutrient deficiencies.

Triple superphosphate: A fertilizer which contains about 45 to 46 per cent available phosphoric acid. This differs from ordinary superphosphate in that it contains very little calcium sulphate. In the fertilizer trade, the product is also called treble superphosphate or multiple super-phosphate.

Truncated: Having lost all or part of the upper soil horizon or horizons.

Tuff: Volcanic ash usually more or less stratified and in various states of consolidation.

Tundra: A level or undulating treeless plain characteristic of arctic regions.

Turgulent transfer: Diffusion-like movement of heat, gases, and solutes greatly accelerated by irregular mixing motion–turbulence–in the fluid medium.

Turgor: The normal state of turgidity in living cells produced by pressure of the cell contents on the cell walls.

Turgor pressure: Pressure exerted on a cell wall by the cell's constituents (and vice versa).

U

Ultisols: Strongly weathered soils formed in warm, humid regions under forest vegetation.

Undifferentiated group: A soil map unit consisting of two or more similar soil units not in a regular geographic association. The soil units have the same or very similar use and management.

Unit cell: The smallest deinable repeating structural unit in a crystalline material.

Universal soil loss equation (USLE)**:** An equation for predicting the average annual soil loss per unit area per year, A = RKLSPC, where R is the climatic erosivity factor (rainfall plus runoff), K is the soil erodibility factor, L is the length of slope, S is the percent slope, C is the cropping and management factor, and P is the soil erosion practice factor.

Unsaturated flow: The movement of water in a soil that is not filled to capacity with water.

Urease: A crystalizabale protein enzyme that activates hydrolysis of urea.

$$\underset{\text{Urea}}{NH_2CO.NH_2} + \underset{\text{Water}}{2H_2O} \longrightarrow \underset{\text{Amm.Carbonate}}{(NH_4)_2CO_3}$$

Its richest source is soyabean. It is found extensively in jack beans and numerous fungi. It is marketed as white tablets or powder. It is soluble in dilute alkali. Its isoelectric point is pH

5.5. It is activated by the presence of metals. Urease is found in soils in various degrees. If its concentration is high, urea hydrolysis in soils takes place very rapidly. Urease enzyme taken from soyabean or jack bean is also used to determine urea in mixed fertilizers.

Uronite: A sugar with a COOH group.

V

Van der Waal's forces: Combined polar and London attractions between molecules in close proximity.

Variable charge: An electrical charge on clay or organic matter that changes with changes in soil pH.

Varnish, desert: A glossy sheen or coating on stones and gravel in arid regions.

Vascular: Having to do with veins.

Vermiculite: A 2:1-type silicate clay usually formed from mica that has a high net negative charge stemming mostly from extensive isomorphous substitution of aluminum for silicon in the tetrahedral sheet.

Vertical photo: In remote sensing, a photo taken from directly above an object rather than at an angle to the object.

Vertisols: Soils high in clay that form deep cracks at least one centimeter wide during dry season.

Vesicular arbuscular mycorrhiza (VAM): A common endomycorrhizal association produced by phycomycetous fungi of the genus *Endogone* and characterized by the development of two types of fungal structures: a) within root cells small structures known as arbuscles and b) between root cells storage organs known as vesicles. Host range includes many agricultural and horticultural crops.

Vesicular pore: A soil pore not connected to other pores.

Virgin soil: A soil that has not been significantly disturbed from its natural environment.

Visible spectrum: Electromagnetic radiations which are within the range of 400-700 nm and visible to the naked eye. The beam formed due to these is called the visible spectrum. It consists of seven colours corresponding to the following wavelength:

Colour of Light	*Range of Wavelength (in nm)*
Red	747-700
Orange	585-647
Yellow	575-585
Green	491-575
Blue	424-491
Violet	400-424

Void ratio: A measurement of porosity. The ratio of void volume to soil bulk volume.

Volcanic ash: Fine particles of rock blown into the air by a volcano. Settles, often in layers, to become soil parent material. Often consists of short-range-order minerals.

Volumetric analysis: A group of methods of quantitative analysis based on accurate measurement of the volume of a reagent of known concentration used in the analysis. These are extensively used in fertilizer analysis of three types: Neutralization, oxidation reduction and complex formation.

W

Washed in zone: Formed by clay separating from the top few tenths of a millimeter of soil and being translocated into the next few tenths to clog the pores.

Water erosion: The natural wearing away of the earth's surface by rainfall and surface runoff.

Waterlogged: Soils saturated with water.

Water potential: The tendency of soil water to move, the sum of gravity, pressure, matric and solute components.

Water profile: The pattern of vertical variation in water content or potential with depth in the soil.

Water retention curve or soil water characteristic curve: The graphical relationship between soil water content (by mass or colume) and the soil water matric potential (the energy required to remove the water).

Water stable aggregate: A soil aggregate stable to the action of water such as falling drops, or agitation as in wet-sieving analysis.

Water table: The upper surface of groundwater or that level below which the soil is saturated with water.

Water table, perched: The surface of a local zone of saturation held above the main body of groundwater by an impermeable layer of stratum, usually clay, and separated from the main body of groundwater by an unsaturated zone.

Water use efficiency: Dry matter or harvested portion of crop produced per unit of water consumed.

Weathering: All physical and chemical changes produced in rocks, at or near the Earth's surface, by atmospheric agents.

Wetting front: The advancing boundary between dry soil and wetted soil during infiltration.

Wilting point (permanent wilting point)**:** The moisture content of soil, on an oven-dry basis, at which plants wilt and fail to recover their turgidity when placed in a dark humid atmosphere.

Windbreak: Planting of trees, shrubs, or other vegetation perpendicular, or nearly so to the principal wind direction to protect soils, crops, homesteads, etc., from wind and snow.

X

X-ray diffraction: An analytical method that involves the exposing of samples to X-rays. The radiation is reflected from the sample in response to structure of the crystals that compose the sample. It is useful in identification of elements in materials and coatings.

Xeric: Refers to a dry environment *e.g.* desert.

Xerophytes: Plants that grow in or on extremely dry soils or soil materials.

Xenon: A nobal gas, which found in atmosphere in trace amount.

Xylem: One of two main kinds of conductive tissue in plants. Xylem has tubelike cells that conduct water and ions rapidly from roots to leaves. Wood is xylem tissue.

Y

Yellow cake: Uranium oxide (U_3O_8) that results from the refining of uranium ore. The purified material contain 93.3 percent uranium-238 and 0.7 percent uranium-235. The term yellow cake is applied because of the colour and texture of the material.

Yield: The individuals or biomass removed when the plant population is harvested.

Yield potential: The total production capacity of a crop.

Z

Zero order reaction: A chemical reaction in which the rate of reaction is independent of reactants concentration.

Zero tillage: It is a system which refers to planting crops with minimum of soil disturbance. In this seed are placed directly into narrow slits 2–4 cm wide and 4–7 cm deep made with a drill fitted with chisel "inverted T" or double disc openers without land preparation. In this soil macro and micro fauna builds and maintain an open-pore structure of the soil.

Zeolite: Natural hydrated silicate of calcium and aluminium used in water softening process by the ion exchange method.

Zone of depletion: Top layer of A horizon of a soil, characterised by the removal of soluble and insoluble soil components through leaching and eluviation by gravitational water.

Zinc (Zn): An essential plant micronutrient found deficient in a variety of cultivated soils all over the world. Its atomic number in 30 and atomic weight is 65.37. Total zinc content in soils varies from 5–50 ppm. In some soils its deficiency is attributed to phosphate application. Plants contain zinc in the range of 1-50 ppm.

Appendices

Appendix-I

Commonly Used SI Prefixes

Order of Magnitude	*Prefix*	*Symbol*
10^{15}	Peta	P
10^{12}	Tera	T
10^{9}	Giga	G
10^{6}	Mega	M
10^{3}	Kilo	k
10^{2}	Hecto	h
10^{1}	deca	da
10^{-1}	deci	d
10^{-2}	centi	c
10^{-3}	milli	m
10^{-6}	micro	μ
10^{-9}	nano	n
10^{-12}	pico	p

Appendix-II

Factor for Converting Nonmetric to SI-metric Unit

Nonmetric Unit		*SI-metric Unit*
Length		
inches	x 25.4	= millimeters
feet	x 0.305	= meters
miles	x 1.61	= kilometers
Area		
square inches	x 645	= square millimeters
square feet	x 0.0929	= square meters
acres	x 0.405	= hectares
square mile	x 2.54	= square kilometers
Volume		
cubic inches	x 1.64×10^{-5}	= cubic meters
cubic feet	x 0.028	= cubic meters
gallons	x 3.78	= liters
pints	x 0.473	= liters
Mass		
ounces	x 28.4	= grams
pounds	x 454	= grams
tons	x 907	= kilograms
Yield		
Pound/ acre	x 1.12	= kilograms / hectare
Tons/ acre	x 2.24	= megagrams/ hectare.
Other units		
temp. (°F-32)	x 0.556	= temperature (°C)
horse power	x 7.46	= watts
kilocalories	x 1.163	= watt-hours
kilocalories	x 4.190	= joules

Appendix-III

Important Gravimetric Conversion Factors

Multiply the weight of	*By this Factor*	*To Obtain Weight of*
Al	1.8895	Al_2O_3
Al_2O_3	0.52913	Al
Ba	1.6994	$BaSO_4$
$BaSO_4$	0.58845	Ba
$BaSO_4$	0.13737	S
$BaSO_4$	0.41154	SO_4
Ca	2.4973	$CaSO_4$
Ca	4.2959	$CaSO_{4.}2H_2O$
$CaCO_3$	0.4004	Ca
$CaSO_{4.}2H_2O$	0.23277	Ca
CaO	0.715	Ca
CaC_2C_4 (oxalate)	0.3128	Ca
$CaSO_{4.}$ $2H_2O$	0.5579	SO_4
$CaCO_3$	0.43971	CO_2
AgCl	0.24737	Cl
Cl	4.0426	AgCl
KCl	0.47557	Cl
Cl	2.1027	KCl
NaCl	0.60664	Cl
Cl	1.6484	NaCl
Cu	3.9296	$CuSO_4.2H_2O$
$CuSO_4$ $5H_2O$	0.25448	Cu
$FeSO_4$ $(NH_4)_2$ $SO_4.6H_2O$	0.14242	Fe

Contd...

Appendix-III Contd...

Multiply the weight of	*By this Factor*	*To Obtain Weight of*
Fe	1.4297	Fe_2O_3
Fe_2O_3	0.69944	Fe
$FeSO_4$. 7 H_2O	0.20088	Fe
$FeSO_4$. 7 H_2O	0.28720	Fe_2O_3
MgO	0.60317	Mg
Mg_2 P_2O_7	0.2185	Mg
$MgSO_4$. $7H_2O$	0.09866	Mg
MgP_2O_7	0.36228	MgO
N	1.2159	NH_3
N	4.7168	$(NH_4)_2$ SO_4
N	4.4266	NO_3
NH_3	0.82245	N
NH_3	3.6407	NO_3
$NaNO_3$	0.1648	N
$(NH_4)_2$ SO_4	0.21201	N
NO_3	0.22591	N
NO_3	0.27467	NH_3
NO_2	0.30447	N
P	2.2914	P_2O_5
P	3.0661	PO_4
PO_4	0.32613	P
PO_4	0.7473	P
P_2O_5	0.43642	P
P_2O_5	2.18	$Ca(PO_4)_2$
P_2O_5	1.3381	PO_4
$Ca(PO_4)_2$	0.45762	P
$Ca(PO_4)_2$	0.1997	P
$Ca(H_2PO_4)2H_2O$	0.2457	P
KH_2PO_4	0.2276	P
K	1.2046	K_2O
KCl	0.52443	K

Contd...

Appendix-III Contd...

Multiply the weight of	*By this Factor*	*To Obtain Weight of*
K_2O	0.83015	K
K_2SO_4	0.44874	K
$KC1O_4$	0.28219	K
AgCl	0.2473	Cl
$AgNO_3$	0.84371	AgCl
$AgNO_3$	0.2087	Cl
Na	1.5422	Cl
Na_2CO_3	1.2855	$CaSO_4$
NaCl	0.6066	Cl
NaCl	0.39336	Na.
$NaHCO_3$	0.27367	Na
Na_2SO_4	0.32371	Na.
S	5.3695	$CaSO_4.2H_2O$
S	7.2795	$BaSO_4$
S	2.995	SO_4
$CaSO_4.2H_2O$	0.1862	S
$CaSO_4.2H_2O$	0.5566	SO_4
SO_4	1.7812	$CaSO_4.2H_2O$
SO_4	0.3217	S
$BaSO_4$	0.13737	S
$BaSO_4$	0.41155	SO_4
ZnO	0.8033	Zn
Zn	1.2447	ZnO
$Zn\ SO_4.\ 7H_2O$	0.22736	Zn
Zn	4.3982	$ZnSO_4.\ 7H_2O$

Appendix-IV

Nutrients (N, P_2O_5 and K_2O) content of some organic waste materials, FYM, compost, cakes and residues

Class	*Nutrient Source*	*Nutrient Content (%)*		
		N	*P_2O_5*	*K_2O*
Animal wastes	Sheep dung	0.65	0.5	0.03
	Night soil	1.2-1.5	0.8	0.5
	Cattle dung	0.3-0.4	0.10-0.15	0.15-0.20
	Cattle urine	0.80	0.01-0.2	0.5-0.70
	Human urine	1.0-1.2	0.1-0.2	0.2-0.3
	Leather waste	7.0	0.1	0.2
	Hair and wool waste	12.3	0.1	0.3
FYM and compost	Farmyard manure	0.5-1.0	0.15-0.20	0.5-0.6
	Poultry manure	2.87	2.90	2.35
	Town compost	1.5-2.0	1.0	1.5
	Rural compost	0.5-1.0	0.2	0.5
	Water hyacinth compost	2.0	1.0	2.3
Oil cakes	Cotton seed	3.9	1.8	1.6
	Groundnut	4.5	1.7	1.5
	Castor	5.5-5.8	1.8	1.0
	Coconut	3.0-3.2	1.8	1.7
	Karanj *(Pongamia pinnata)*	3.9-4.0	0.9-1.0	1.3
	Neem *(Azadirachta indica)*	5.2	1.0	1.4
	Mahua *(B.latifolia)*	2.5-2.6	0.8	1.8
	Rapeseed	5.1	1.8	1.0
	Linseed	5.5	1.4	1.2
	Safflower	4.8	1.4	1.2
	Sesame	6.2	2.0	1.2

Contd...

Appendix-IV Contd...

Class	*Nutrient Source*	*Nutrient Content (%)*		
		N	P_2O_5	K_2O
Animal meals	Blood meal	10-12	1.2	1.0
	Fish meal	4-10	3-9	1-8
	Meat meal	10.5	2.5	0.5
	Horn and hoof	13.0	0.3-1.5	-
	Raw bone	3-4	20-25	-
	Steamed bone	1-2	25-30	1.8

Appendix-V

Level of Nutrient Element in Plants

Deficient	When an essential element is at low concentration that severely limits yield and produces more or less distinct deficiency symptoms. Extreme deficiency will lead to death of the plant.
Insufficient	When the level of an essential plant nutrient is below that required for optimum yields or when there is an imbalance with another nutrient. Symptoms of this condition are seldom evident.
Toxic	When the concentration of either essential or other elements is sufficiently high to reduce plant growth severely. Severe toxicity will result in death of plants.
Excessive	When the concentration of an essential plant nutrient is sufficiently high to result in a corresponding shortage of another nutrient.

Appendix-VI

Some Common Term Used to Describe Nutrient Deficiency Symptoms

Bronzing	Development of bronze copper colour on the tissues.
Chlorosis	Loss of chlorophyll, resulting in loss of green colour, result paleness, yellow tissue.
Decline	Onset of general weakness as indicated by loss of vigour, poor growth and low productivity.
Die-back	Collapse of the growing tip affecting the youngest leaves.
Firing	Burning of tissue accompanied with dark brown or reddish brown colour.
Lesion	A localised wound of the tissue accompanied with loss of normal colour.
Necrosis	Death of tissue.
Scorching	Burning of the tissue accompanied with the light brown colour.

Appendix-VII

Disease Caused by the Deficiency of Nutrients

Sl.No.	*Name of Diseases*	*Nutrient Responsible*
1.	Khaira disease of rice	Zn
2.	White bud of maize	Zn
3.	Little leaf of cotton	Zn
4.	Mottle leaf/frenching in citrus	Zn
5.	Fern leaf in potato	Zn
6.	Grey speack of oat/cereals	Mn
7.	Marsh spot of field peas	Mn
8.	Speckled yellow of sugarbeet	Mn
9.	Streak disease of sugarcane	Mn
10.	Yellow spot of citrus	Mo
11.	Whiptail in cauliflower	Mo
12.	Blacknened heart of sugarbeet	B
13.	Corking of apple	B
14.	Gummosis of apple	B
15.	Crinckle leaf of cotton	Mn toxicity
16.	Molydenosis of cattle	Mo toxicity in forages

Appendix-VIII

Rhizobium Species and their Cross Inoculation Group

Rhizobium sps.	*Cross Inoculation Group*	*Legumes*
R. trifolii	Clover group	Trifolium
R.meliloti	Alfalfa group	Melilotus
		Medicago
		Trigonella
R. phaseoli	Bean group	Phaseolus
R. lupini	Lupine group	Lupinus,
		Ornithopus
R. leguminosarum	Pea group	Pisum, Vicia, Lens
R. japonicum	Soybean group	Glyciine
Rhizobium sp.	Cowpea group	Vigna, Arachis.
(Miscellany)	(Miscellany)	

Appendix-IX

Nutrient Susceptibility

Sl.No.	*Nutrient*	*Most Susceptible Crops*
1.	Nitrogen	Maize, wheat, rice, mustard
2.	Phosphorus	Maize, barley, lettuce, tomato
3.	Potassium	Potato, clover, lucerne, cotton, bean
4.	Calcium	Lucerne, legumes
5.	Magnesium	Potato, cauliflower
6.	Sulphur	Lucerne, clover, raya
7.	Zinc	Maize, rice, onion, citrus, apple.
8.	Iron	Sorghum, rice, soybean, citrus
9.	Manganese	Beans, oat, peas, wheat, citrus, maize, reddish, apple
10.	Copper	Wheat, oat, alfalfa, apple, citrus, barley, maize, lettuce
11.	Boron	Alfalfa, cauliflower, sugarbeet, turnip, apple, roses, peach
12.	Molybdenum	Cauliflower, clover, lettuce, spinach, citrus, oat
13.	Chlorine	Sugarbeet, barley, maize, spinach, tomato
14.	Cobalt	Legume

Appendix-X

Multiple Deficiencies and Nutrient Interactions

Antagonistic Effects

— Excess of Ca may induce P deficiency

— Excess of Ca & Mg may depress K uptake

— Excess of Ca may reduce Mg uptake if ratio widen than 7:1

— Higher concentration of K & NH_4 may restrict Mg uptake

— Excess application of N, K & Ca control B toxicity

— Higher availability of Fe and SO_4 accentuate Mo deficiency

— Higher concentration of Cu, Mn and NH_4-N depresses Mo uptake

— High P availability induce Zn deficiency

— Excess accumulation of P shows symptoms resembling Zn deficiency

— Increasing use of N, P, K may aggravate Cu deficiency

— Higher concentration of Zn & Al dipresses Cu absorption

— Excess of P and Mo may cause Fe deficiency

— Nitrate-N application may cause Fe deficiency

— High pH, CO_3 & HCO_3 may induce Fe deficiency

Synergistic Effects

— Application of Cl containing and acid forming N fertilizers will boost Mn uptake

— Application of N-usually enhance micronutrient uptake and utilization

— Mg may induce P-uptake

— Application of NH_4-N improve P uptake

— N & P fertilization improve K uptake

— Higher availability of Mg and NO_3-N boost Mo uptake

Appendix-XI

General Descriptions of the Soil Orders

Alfisols	Soils with medium-to-light-colored A horizons and with significant clay accumulation in their B horizons. Most Alfisols formed under forest vegetation.
Andisols	Soils with relatively high contents of glass and/or extractable aluminum and iron. Most Andisols are formed in relatively young volcanic ash materials.
Aridisols	Soils of arid regions. Aridisols are light colored and most are alkaline in reaction.
Entisols	Very young soils that have little or no horizon differentiation.
Histosols	Soils dominated by organic materials. Histosols form in wet and/or cold conditions.
Inceptisols	Soils in an early stage of development that lack significant clay accumulations. Most Inceptisols formed under forest vegetation in humid climaties.
Mollisols	Soils with thick, dark-colored A horizons. Most Mollisols formed under grass vegetation in temperate climates.
Oxisols	Very highly weathered soils. Most Oxisols occur in the tropics and have low natural fertility.
Spodosols	Very strongly leached soils of cool, humid areas. Spodosols have bright colors, high acidity, and low fertility.
Ultisols	Strongly weathered soils formed in warm, humid regions under forest vegetation. Ultisols are redder and less fertile thn Alfisols.
Vertisols	Soils high in clay that form deep cracks at least 1 cm wide during dry seasons.
Gallisols	Newly identified order.

www.ingramcontent.com/pod-product-compliance
Ingram Content Group UK Ltd.
Pitfield, Milton Keynes, MK11 3LW, UK
UKHW020207290926
15470UKWH00001B/52

9 789351 240006